3
ESO

LENGUA Y LITERATURA

SALVADOR GUTIÉRREZ, REMEDIOS LUNA,
CRISTINA NÚÑEZ, DESIRÉE PÉREZ,
JOAQUÍN SERRANO

TRIMESTRE 3

USA ESTE CÓDIGO PARA:

acceder al
BANCO DE RECURSOS
disponible en www.anayaeducacion.es

Hazlo siguiendo los pasos que se indican en el apartado «Así es el banco de recursos».

ANAYA

ASÍ ES TU LIBRO

APERTURA

Lectura cuyo tema está vinculado a un ODS.

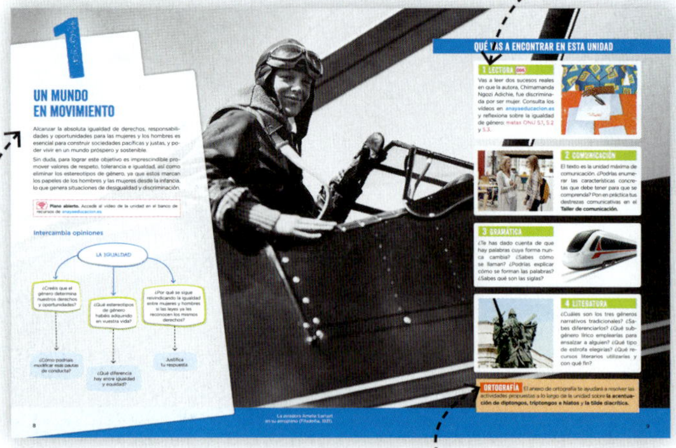

Un **texto,** un **vídeo** y unas **preguntas** para reflexionar sobre un tema relacionado con la lectura inicial.

Anexo de ortografía que permite consultar las normas y ponerlas en práctica.

COMPRENSIÓN LECTORA Y VOCABULARIO

Actividades especialmente diseñadas para mejorar tu **comprensión oral** y **lectora.**

Actividades de ampliación y enriquecimiento de un **vocabulario** relacionado con la lectura.

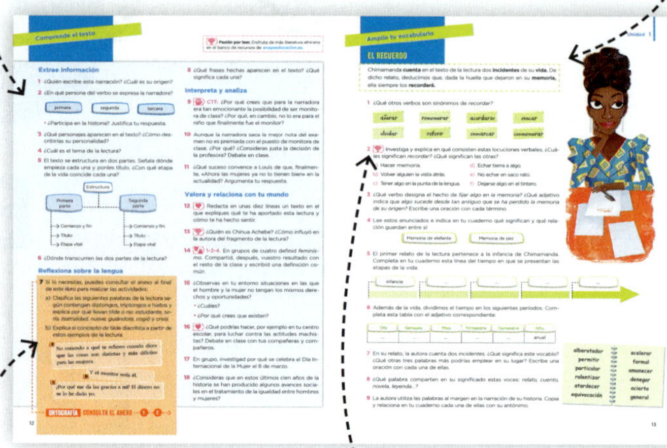

Actividades para fijar la **ortografía.**

Iconos que sugieren qué clave del proyecto puede aplicarse en cada caso.

DESARROLLO DE LOS CONTENIDOS

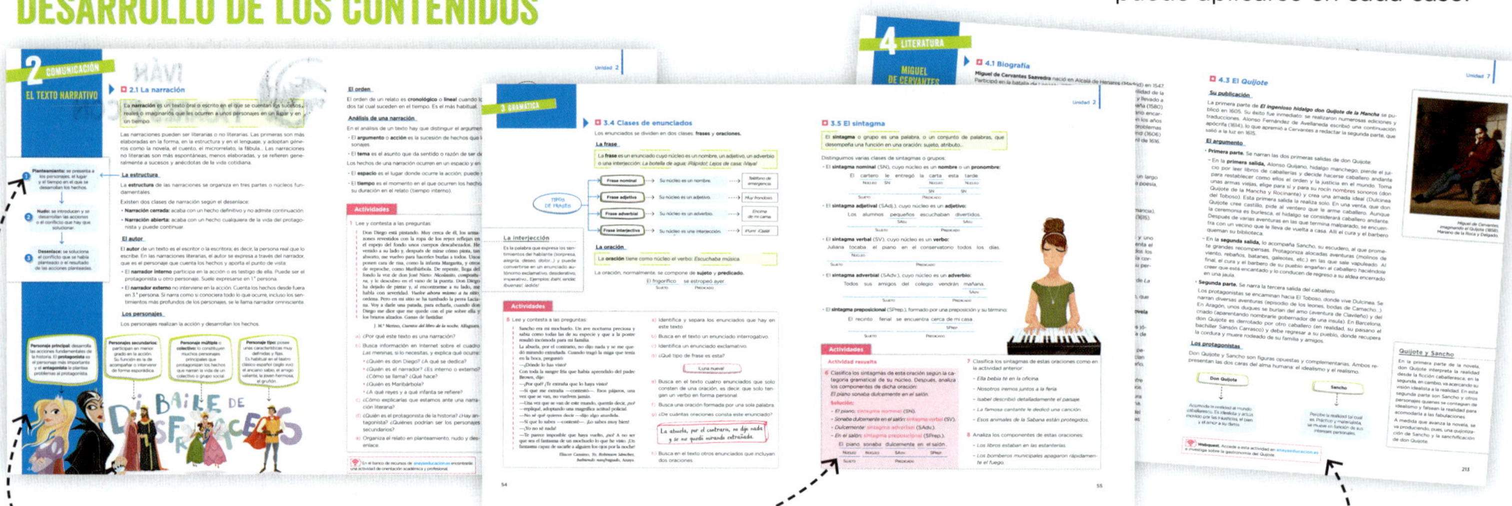

Organizadores visuales para favorecer el aprendizaje.

Actividades resueltas que sirven de modelo.

Recursos digitales para ampliar los contenidos.

LAS CLAVES DEL PROYECTO

Compromiso ODS

Descubre los Objetivos de Desarrollo Sostenible y forma parte activa de nuestro compromiso para lograr un mundo más igualitario y habitable.

Plan Lingüístico

Pon en práctica tus destrezas comunicativas en los diferentes tipos de texto que te proponemos. El lenguaje siempre está presente, ¡comunícate!

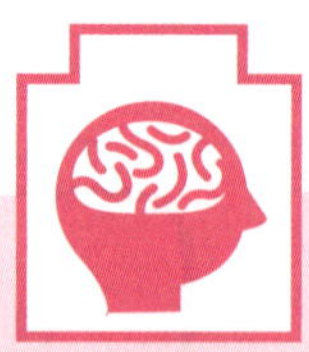

Desarrollo del pensamiento

Trabaja estrategias de pensamiento: reflexiona sobre los contenidos que estás aprendiendo y genera ideas, organízalas, priorízalas, arguméntalas, exponlas...

Aprendizaje cooperativo

Implícate en tu aprendizaje y participa en el de todo el grupo; comprobarás que cooperar mejora el rendimiento y la convivencia en clase.

TALLER DE COMUNICACIÓN

Taller de comunicación: una interesante propuesta para mejorar tus **destrezas comunicativas** en un contexto cercano y atractivo.

Proyectos para desarrollar tus **habilidades emprendedoras.**

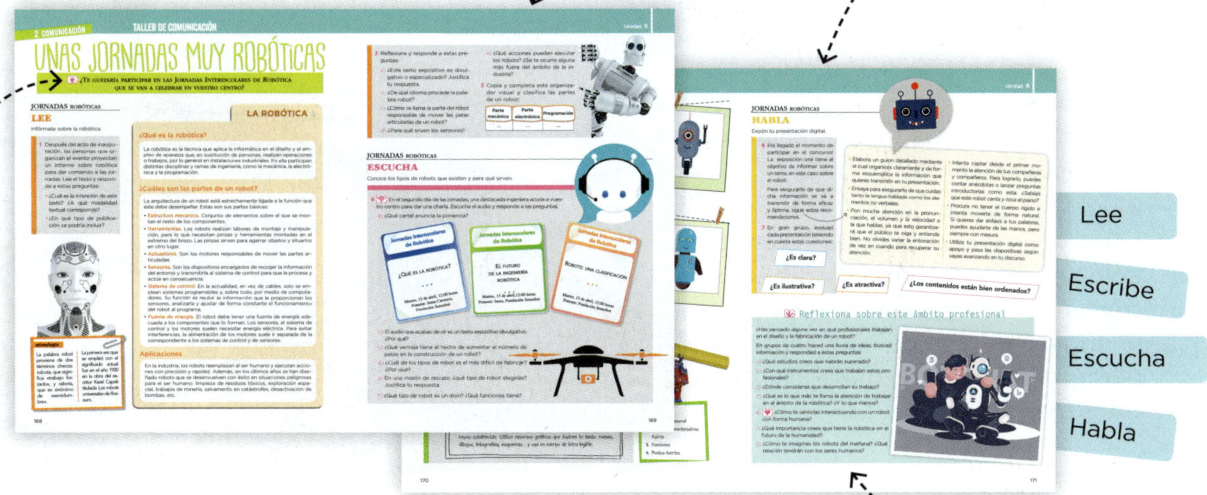

Organizador visual de los contenidos gramaticales.

Reflexión sobre un **ámbito profesional.**

APLICA LO APRENDIDO

Análisis de un texto literario que pertenece a la época estudiada.

Un repaso práctico que contiene una **actividad** solucionada **paso a paso.**

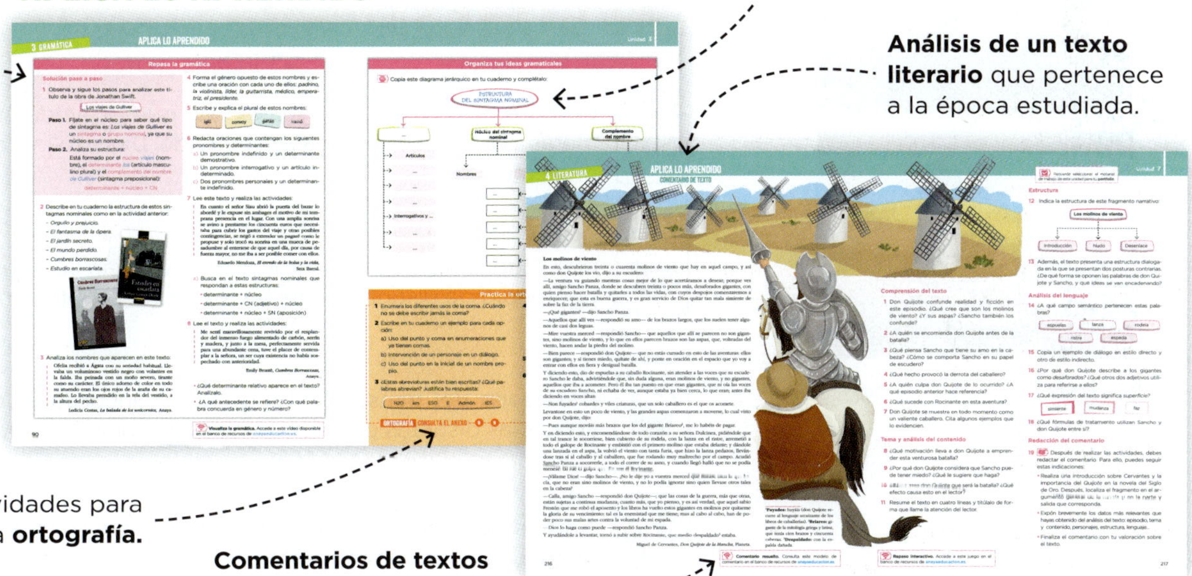

Más actividades para fijar la **ortografía.**

Comentarios de textos resueltos en la web.

Educación emocional

Aprende a conocerte; identifica las situaciones que te generan emociones bloqueantes y gestiónalas con experiencias de autoafirmación constructiva.

Cultura emprendedora

Confía en tus aptitudes y conocimientos, desarrolla la creatividad, adáptate a las situaciones cambiantes y ten una actitud proactiva y responsable.

TIC

Aprende a obtener información, seleccionarla y aplicarla; a planificar, gestionar y elaborar trabajos; a colaborar en Red de forma ética y segura.

Orientación académica y profesional

Valora tus capacidades personales, descubre y despierta tu vocación, entrénate en la toma de decisiones y aprende a orientarte entre distintas opciones.

Evaluación

Descubre diversas estrategias para analizar qué has aprendido y cómo lo has aprendido; entrénate para asumir compromisos o superar dificultades.

ASÍ ES

EL BANCO DE RECURSOS

www.anayaeducacion.es

Un espacio con recursos, técnicas y actividades diseñado para afianzar tus conocimientos.

Accede al banco de recursos registrándote en www.anayaeducacion.es. Solo necesitas tener un correo electrónico, el código que se indica en la primera página de este libro y el permiso de tu padre, madre, tutor o tutora legales.

Más sobre las claves

RECURSOS RELACIONADOS CON LAS CLAVES DEL PROYECTO

Compromiso ODS, con microvídeos que te ayudarán a conocer cuáles son las metas para alcanzar los Objetivos de Desarrollo Sostenible trabajados en el proyecto.

Plan Lingüístico, con infografías que te darán las pautas para abordar el trabajo por medio de distintos tipos de textos (descriptivo, narrativo, expositivo, etc.).

Desarrollo del pensamiento, donde se incorporan explicaciones sobre cómo aplicar las distintas estrategias de pensamiento planteadas en el proyecto.

Aprendizaje cooperativo, que incluye la descripción de las técnicas de aprendizaje cooperativo propuestas en el proyecto.

Educación emocional, con orientaciones para superar la inquietud generada en diferentes situaciones de tu proceso de aprendizaje (inicio del curso, enfrentarte a un examen, etcétera.).

TIC, mediante fichas que reforzarán tu uso saludable, correcto y seguro de las tecnologías de la información y la comunicación.

Orientación académica y profesional, con información sobre diferentes profesiones vinculadas a los contenidos tratados en la asignatura.

Evaluación, se presentan orientaciones para hacer tu portfolio, así como rúbricas y dianas que facilitan tu autoevaluación.

RECURSOS DESTACADOS DE LA MATERIA

- ☐ La brújula del español
- ☐ Visualiza la gramática
- ☐ Webquest
- ☐ Ortografía
- ☐ Línea del tiempo
- ☐ Repaso interactivo
- ☐ Portfolio

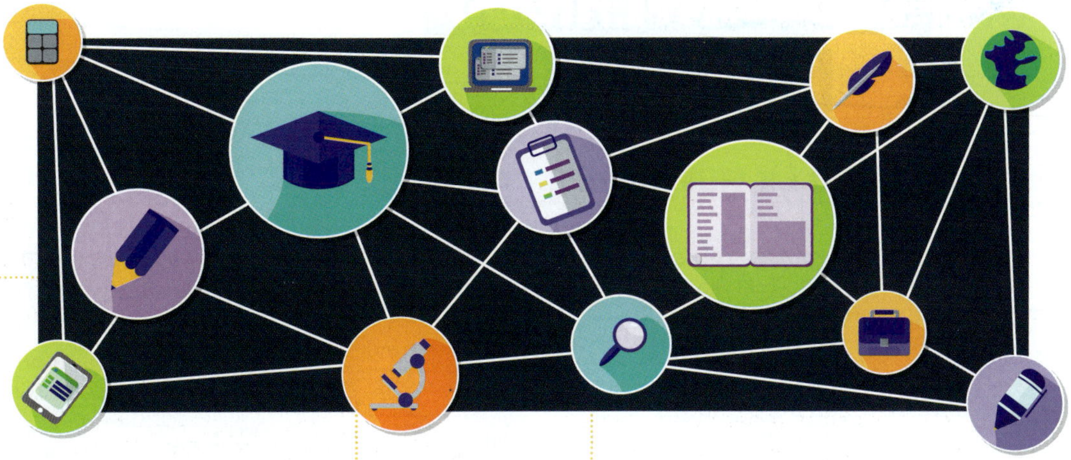

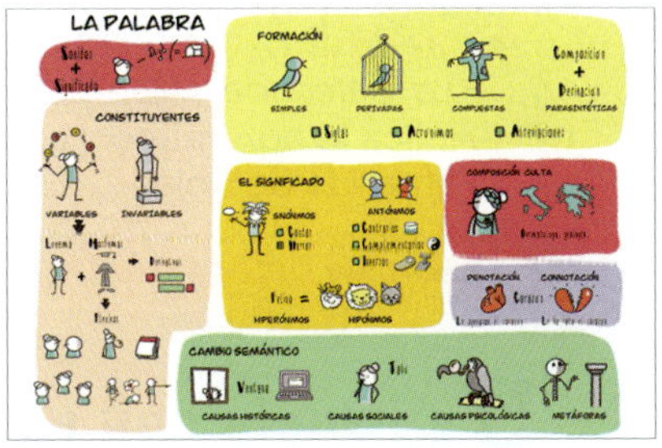

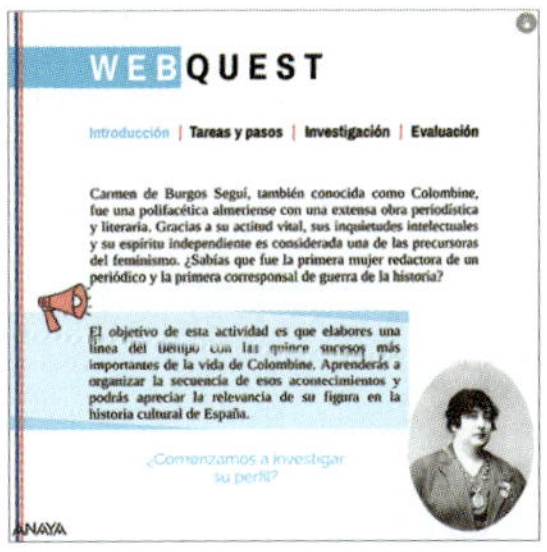

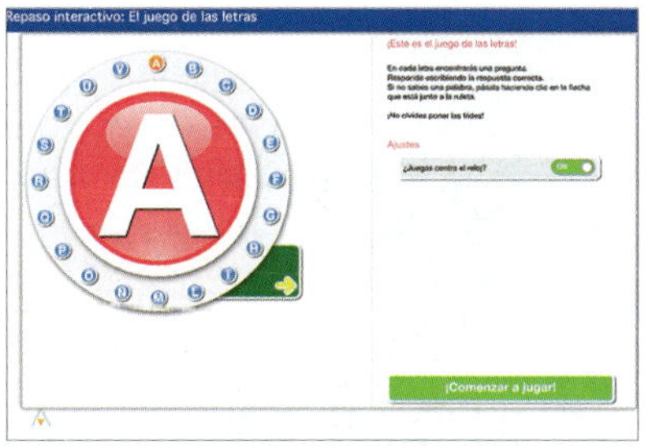

RECURSOS CLASIFICADOS POR UNIDADES

Todos los recursos clasificados para que puedas localizar fácilmente los relacionados con cada apartado de tu unidad.

ASÍ SON
LOS CONTENIDOS DEL CURSO

ANEXO

Ortografía

7

APRENDER A SER

La humanidad se enfrenta a muchos retos en el futuro; desafíos para cuya superación todas las personas deben formarse y adquirir conocimientos y habilidades que las ayuden a desarrollarse plenamente.

La educación es la herramienta indispensable para el progreso y el bienestar, pero no es suficiente una educación académica o escolar, se necesita también aquella cuyo objetivo sea crear modelos de convivencia, respeto, empatía e igualdad; un argumento que la filósofa Adela Cortina defiende en el texto de la lectura de esta unidad.

Plano abierto. Accede al vídeo de la unidad en el banco de recursos de **anayaeducacion.es**.

Intercambia opiniones

LA EDUCACIÓN

- ¿Es la educación la manera de mejorar nuestra vida? ¿Por qué?
  - ¿Qué beneficios aporta a todas las personas y comunidades?
- ¿Por qué es esencial que todas las niñas y los niños puedan acceder a la educación y terminar la educación obligatoria?
  - ¿Cómo se podría conseguir?
- ¿Crees que la educación contribuye a reducir las desigualdades sociales? ¿Por qué?
  - ¿Hay límite de edad para aprender? ¿Qué cosas aprendes por tu cuenta?

QUÉ VAS A ENCONTRAR EN ESTA UNIDAD

1 LECTURA ODS

Vas a leer un artículo en el que la filósofa Adela Cortina opina sobre la educación en valores. Consulta estos vídeos en **anayaeducacion.es** y reflexiona sobre la educación de calidad: metas ONU 4.1, 4.2, 4.5, 4.6, 4.a y 4.b.

2 COMUNICACIÓN

¿En qué momentos cotidianos necesitas argumentar? ¿Qué tipos de razones empleas? ¿Sabrías identificar un texto argumentativo? Pon en práctica tus destrezas comunicativas en el **Taller de comunicación.**

3 GRAMÁTICA

¿Conoces la conjugación verbal? ¿Te has dado cuenta de que el núcleo del sintagma verbal es siempre el verbo? ¿Podrías identificar todos los complementos verbales que lo acompañan?

4 LITERATURA

El ingenioso hidalgo don Quijote de la Mancha se concibió como una parodia de los libros de caballerías. ¿Podrías explicar por qué es una obra cumbre de la literatura universal? ¿Sabes que su autor, Cervantes, consolidó la novela moderna?

ORTOGRAFÍA El anexo de ortografía te ayudará a resolver las actividades propuestas a lo largo de la unidad sobre **los signos de puntuación.**

1 LECTURA

Educar en valores éticos

Establecer una asignatura de valores cívicos en la educación española es una buena noticia porque de esa manera los futuros profesionales tendrán un espacio para reflexionar sobre las metas y valores de su actividad.

ADELA CORTINA

El 17 de junio pasado llegó a Valencia el buque *Aquarius* con 630 inmigrantes a bordo, rescatados días antes en el Mediterráneo. Aunque el viaje era largo, otros puertos más próximos no se prestaron a recibirlos y fue el puerto valenciano el que lo hizo. Naturalmente, los comentarios de todo tipo inundaron las páginas de la prensa, las cadenas de radio y televisión y las redes sociales, [...]

Los tres poderes sociales —el ciudadano, el político y el económico— se unían para atender a los más vulnerables. Era el momento mágico de las sinergias entre las fuerzas sociales a favor de lo mejor que tenemos los seres humanos. Era un brote valioso de hospitalidad.

Claro que aquello era solo un comienzo, y a partir de ese punto debía empezar el proceso de organizar, discernir y, en su caso, llevar a cabo la integración, porque la acogida es un bien menor, cuando no se han logrado resolver los problemas en los países de origen para que nadie se vea obligado a dejar su hogar, pero integrar a los recién llegados era todavía la asignatura pendiente.

Recuerdo la ingeniosa respuesta de un profesor latinoamericano a quien pregunté cómo no mejoraba la situación de su país, teniendo en cuenta la creatividad de sus gentes: «Es que», me dijo, «tenemos muchas iniciativas, pero pocas acabativas». Y tenía razón, pero no solo para su país, sino para muchos otros; entre ellos, España [...]

Los problemas políticos y económicos han venido poniéndole trabas desde el comienzo, pero hoy en día se han sumado las deficiencias éticas: la falta de acuerdo real en los valores de los que queremos vivir, que son los que constituyen nuestras señas éticas de identidad. Como diría José Luis Aranguren, nuestra moral vivida, además de nuestra moral pensada.

En la forja de esa moral es una pieza clave la educación, tanto formal como informal, tanto la que se plasma en currículos escolares y universitarios como la que se propaga a través de la vida cotidiana.

Porque las personas no nacen ciudadanas, sino que se hacen. La persona —recordaba Kant— lo es por la educación, es lo que la educación le hace ser. [...]

A fin de cuentas, hace años constaba una asignatura con el título «La vida moral y la reflexión ética», que se ocupaba del conjunto de valores éticos compartidos en las sociedades pluralistas y democráticas, es decir, de su ética cívica, y de los proyectos que desde ella se han ido incorporando. Una asignatura que

Llegada del buque *Aquarius* al puerto de Valencia.

Comprensión oral

Escucha el texto locutado de la lectura y responde a las siguientes preguntas:

- ¿De qué trata el texto?
- ¿En qué tipo de medio de comunicación crees que se ha publicado este texto?
- ¿Al puerto de qué ciudad llegó el buque *Aquarius*? ¿Quiénes iban a bordo? ¿En qué mar fueron rescatados?
- ¿Cuáles son los tres poderes sociales?
- ¿Qué asignatura se ocupaba del conjunto de valores éticos?
- ¿Cómo se llama el periodista que menciona la autora en esta lectura?
- ¿Qué se celebra el 10 de diciembre?

Adela Cortina.

contaba con el apoyo de todos los grupos sociales.

Cuál sería el hilo conductor de esa materia no es difícil de imaginar: reflexionar sobre la superioridad de la libertad frente a la esclavitud, el adoctrinamiento y la manipulación; degustar el valor de la igualdad entre las personas, que tienen dignidad y no un simple precio, sea cual fuere su raza, religión, edad, género o su orientación sexual; respetar activamente, y no solo tolerar, las ideas de quienes piensan de forma distinta, pero moralmente aceptable; apreciar el diálogo como camino para resolver los conflictos, cuando están puestas las condiciones para que el diálogo sea auténtico, y tomar nota de que la apuesta por la justicia no es un mero consejo, sino la exigencia indeclinable que constituye el quicio de cualquier sociedad pluralista y democrática. Si la justicia falla, como valor y como virtud social, la sociedad está desquiciada. Con claro perjuicio para todos, pero sobre todo para los más vulnerables.

Contar con una materia semejante en el currículo escolar es imprescindible, entre otras razones, porque una sociedad demuestra qué materias considera indispensables para la formación cuando las incluye en un plan de estudios; en este caso, para ayudar a formar una buena ciudadanía, conocedora de sus derechos y de sus responsabilidades y capaz de vivirlos en la práctica.

La escuela y la universidad bien pueden vincularse con actividades que encarnen la moral pensada en la moral vivida como parte del currículo escolar. El trabajo conjunto con organizaciones cívicas solidarias se hace aquí imprescindible.

Es verdad que educamos en tiempos de incertidumbre, ignoramos qué habilidades y competencias científicas y técnicas serán las más adecuadas para encontrar un lugar en el mundo laboral, pero sí que sabemos que es desde los valores éticos mencionados desde los que debería orientarse el quehacer de las ciencias y las técnicas.

Por eso sería aconsejable introducir en el temario de la educación española una asignatura de ética en cada uno de los grados universitarios y en la formación profesional, de modo que los futuros profesionales tengan un espacio para reflexionar sobre las metas y valores de su actividad.

Naturalmente, la ética, que es «filosofía moral», igual que hay filosofía de la ciencia o de la técnica, es una parte de la filosofía, ese saber de tan larga y acreditada historia que con ella empezó el conjunto de la sabiduría secularizada, al menos en Occidente.

Mantener la asignatura de filosofía como obligatoria en primero de bachillerato y aumentar su peso en segundo es una de las reivindicaciones, más que justificadas, de la Red Española de Filosofía, a las que hace unos días dedicó un espacio Juan Cruz en las páginas de este diario.

Pero en su calidad de ética para la Enseñanza Secundaria Obligatoria, con un alumnado más joven, es necesario potenciarla muy especialmente para que tome cuerpo en la vida social esa Declaración Universal de Derechos Humanos, que el 10 de diciembre cumplirá setenta años, y que tiene por base explícitamente la dignidad de las personas, la dignidad de todos los miembros de la familia humana.

www.elpais.com

Vocabulario

Sinergia: acción de dos o más causas cuyo efecto es superior a la suma de los efectos individuales.

Discernir: distinguir y diferenciar por medio de los sentidos o de la inteligencia.

Deficiencia: defecto o imperfección.

Ético: que se ajusta a la moral o a las normas y costumbres que regulan las relaciones humanas.

Pluralista: que defiende la diversidad de doctrinas o posiciones.

Cívico: se aplica a la persona que actúa con civismo, respeto por las nomas de convivencia pública.

Adoctrinamiento: acción de inculcar determinadas ideas o creencias en alguien.

Indeclinable: que no se puede evitar o rehuir,

Quicio: parte de una puerta o ventana en la que están las bisagras.

Encarnar: personificar, representar una idea, doctrina o tema.

Acreditado: que tiene reputación, prestigioso.

Hipertexto. Conoce a la autora y contextualiza su obra en el banco de recursos de **anayaeducacion.es**.

Comprende el texto

Pasión por leer. Disfruta de otros textos argumentativos en el banco de recursos de **anayaeducacion.es**.

Extrae información

1 ¿Qué intención tiene el texto?

opinar | informar | ordenar

2 ¿Por qué el barco atracó en Valencia y no en otros puertos más próximos?

3 ¿Por qué crees que la autora define *la acogida* como «un bien menor»? Argumenta tu respuesta.

4 ¿Qué es lo más importante después de la acogida a los recién llegados? ¿Por qué?

discernir | organizar | integrar

5 ¿Por qué, según la autora, es imprescindible una materia como la filosofía en el currículo escolar?

6 ¿Qué reivindica la Red Española de Filosofía?

7 Copia este organizador visual e indica qué párrafos o líneas forman cada parte y su contenido:

Estructura → Introducción | Desarrollo | Conclusión

Reflexiona sobre la lengua

8 ¿Qué indica el sufijo *-dad* en estas palabras del texto? ¿A partir de qué adjetivo deriva cada palabra?: *creatividad, identidad, dignidad, habilidad, igualdad, sociedad.*

- ¿Hay alguna más en la lectura?

9 Indica el recurso literario que se utiliza en esta expresión: «Tenemos muchas iniciativas, pero pocas *acabativas*».

10 Realiza estas actividades:

a) ¿Para qué se emplea este signo en el texto? **[...]**

b) Busca en el texto un ejemplo de cada uno de estos usos de las comillas:

Reproducir palabras textuales | Resaltar una palabra o sintagma

ORTOGRAFÍA CONSULTA EL ANEXO 9

11 Relaciona en tu cuaderno estas parejas de sinónimos que aparecen en el texto:

problemas	indispensable
respetar	trabas
imprescindible	tolerar

12 Completa esta línea del tiempo con los nombres de los niveles académicos de la educación española que se mencionan en el texto:

.... → .... → .... → Universidad

Interpreta y analiza

13 ¿Fue importante el hecho de que actuaran conjuntamente los tres poderes sociales a la hora de atender a los inmigrantes? ¿Por qué?

14 **Brújula.** La autora piensa que la educación es una pieza clave, pero ¿se refiere solo a la educación académica? ¿Qué opinas tú?

15 ¿De qué trataba la asignatura «La vida moral y la reflexión ética»? ¿Consideras importantes estos contenidos? ¿Por qué?

16 Explica estas afirmaciones:

a) Las personas no nacen ciudadanas, sino que se hacen.

b) Una sociedad demuestra qué materias considera indispensables para la formación cuando las incluye en un plan de estudios.

Valora y relaciona con tu mundo

17 ¿Crees que es beneficiosa una educación basada en valores éticos como la igualdad, la tolerancia o la justicia? ¿Por qué?

18 **Cabezas numeradas.** Buscad información sobre la autora y sobre otros filósofos que se citan en el texto. ¿Son contemporáneos? ¿Representan a algún movimiento filosófico importante?

19 ¿Crees que la nuestra es una sociedad pluralista y democrática? Justifica tu respuesta.

20 **Asamblea de ideas.** ¿Qué materia o materias incorporaríais al currículo de Secundaria? ¿Eliminaríais alguna? Justificad vuestra respuesta.

Amplía tu vocabulario

LA EDUCACIÓN

La filósofa Adela Cortina considera imprescindible la **educación** basada en valores como base para lograr la **dignidad** de todas las personas. **Aprender** es un proceso continuo a lo largo de la vida en el que el ser humano siempre es alumno.

1 La educación es una actividad humana, por tanto, debe atender a la totalidad de la persona y a su dignidad. ¿Cuál de estos conceptos se corresponde con este significado?

ética | filosofía | ciencia | épica

2 **Parada de 5 minutos.** ¿Qué tipo de antónimos son estas parejas de palabras? Justifica tu respuesta.

enseñar/aprender | profesora/alumno | discípulo/maestra

3 ¿Cómo se llama la persona que aprende algún arte u oficio? Es una palabra derivada de *aprender*.

4 ¿Qué nombre reciben las novelas que relatan el proceso de formación de la personalidad de su protagonista?

a) Novelas pastoriles.

b) Novelas de tesis.

c) Novelas de aprendizaje.

5 ¿Qué adjetivo hace referencia a la persona que se instruye a sí misma? ¿De qué lengua procede este término? Analiza su morfología.

autista | autodidacta | autómata

6 ¿Qué cuatro adjetivos utilizarías para describir una acción que tiene buenas condiciones para enseñar? ¿Qué significa el adjetivo que no has elegido? ¿Qué relación tiene con los otros cuatro?

pedagógica | didáctica | instructiva | ofuscadora | educacional

7 Construye adjetivos acabados en *-ivo/-iva* para cada uno de estos verbos: *instruir, comprender, informar, pensar, reflexionar, valorar*.

8 ¿Qué dos verbos emplearías para decir que alguien se dedica a la docencia?

ejerce | hace | practica | imparte

9 Son muchas las acciones que pueden realizarse *dignamente*. Elige dos de estos verbos y escribe una oración con cada uno ellos en la que los combines con *dignamente*.

vivir | defender
envejecer | trabajar
resolver | presidir

2 COMUNICACIÓN

EL TEXTO ARGUMENTATIVO

2.1 La argumentación

La **argumentación** es una actividad que, mediante el razonamiento, pretende convencer de una idea o influir en las actitudes o los comportamientos de los receptores.

La argumentación puede darse en un contexto informal, como, por ejemplo, una conversación entre amigos; o en un contexto formal, como, por ejemplo, cuando un periodista justifica sus puntos de vista en un medio de información sobre un hecho de actualidad.

Dos clases de razonamiento

Hay dos tipos principales de razonamiento:

Razonamiento inductivo

Parte de datos particulares para llegar a una conclusión general. Va desde las consecuencias a las causas, desde los hechos concretos a la ley o principio general.

Ejemplos

- *Están pasando muchos coches de bomberos y ambulancias, y huele a quemado.*
- *Seguro que hay un incendio.*

Razonamiento deductivo

Parte de una premisa general. Desde ella, llega mediante el razonamiento a conclusiones particulares.

Ejemplos

- *Los que trabajan de forma organizada consiguen lo que persiguen.*
- *Como eres muy trabajador y constante, conseguirás triunfar.*

La estructura

En toda argumentación, se distinguen dos partes:

- La **tesis** o **idea** que se quiere defender.
- Los **argumentos** o **razonamientos** que se utilizan para apoyarla.

Los textos argumentativos formales se organizan de manera más estructurada. En ellos suelen diferenciarse tres partes:

- La **introducción,** en la que se presenta la tesis u opinión.
- La **argumentación** o **cuerpo central,** que suele tener varias partes: la exposición de ideas contrarias a la tesis; los puntos débiles de esas ideas contrarias, para rebatirlos; y los argumentos a favor de la tesis.

  A veces, en estos razonamientos se acude a palabras de otros autores que, con su prestigio, apoyan la tesis. Es lo que se llama el argumento de autoridad.
- La **conclusión,** que no siempre es necesaria, porque puede estar ya incluida en la argumentación. Suele ser un resumen y una vuelta a la idea inicial para confirmarla.

En el banco de recursos de anayaeducacion.es encontrarás una actividad de orientación académica y profesional.

Las características del lenguaje argumentativo

Los textos argumentativos se caracterizan por los siguientes rasgos:

- Enunciados extensos y bien conectados.
- Uso de conectores y enlaces que expresan diferentes valores:
  - Causal: *pues, por ello, por ese motivo, como, ya que...*
  - Consecutivo: *luego, conque, en consecuencia, de ahí que, por lo tanto...*
  - Adversativo: *pero, sin embargo, no obstante, sino...*
  - Concesivo: *aunque, a pesar de, de todas formas...*
  - Rectificativo: *mejor dicho, todo lo contrario...*
  - De apertura y conclusión: *en primer lugar, en conclusión, en síntesis...*
- Empleo de citas: se incluyen las opiniones de expertas y expertos en el tema para dar una mayor validez a los argumentos.
- Uso de ejemplos y comparaciones y tendencia al léxico especializado y técnico.

Tipos de argumentos

Los argumentos que utilizamos para convencer a los demás se basan en ideas generales aceptadas por la mayoría, de manera que se convierten en tópicos o lugares comunes.

Son muy variados:

- La **utilidad.** Por ejemplo: *Es mejor que traigas la escalera, porque te será más fácil coger la maleta del altillo.*
- La **calidad.** Por ejemplo: *No lo dudes, ese restaurante es el mejor.*
- La **cantidad.** Si lo hace mucha gente, es que está bien: *Hemos decidido esto porque todo el mundo piensa que es lo mejor.*
- La **necesidad.** El razonamiento consiste en hacer ver que es necesario. Por ejemplo: *Si no quieres pillar atasco, debes madrugar un poco.*
- Lo **ético.** Este tipo de argumentos defienden o descalifican un hecho basándose en principios éticos o morales: *Si reciclas, habrás contribuido a la defensa de la naturaleza.*
- El **prestigio.** Se defiende una tesis apoyándose en su fama o en un personaje conocido. Por ejemplo: *Veranear en ese sitio debe de estar bien porque muchas personas famosas y aristócratas van.*

Otro argumento que podemos emplear para convencer a los demás es la salud. Por ejemplo: *Haced deporte porque os sentiréis mejor.*

Argumentación y demostración

La argumentación y la demostración son dos procesos que presentan numerosos puntos en común, pero también diferencias:

a) La demostración pertenece a la ciencia. La persuasión, a la vida diaria.

b) La demostración se basa en principios generales y en la experimentación científica. La argumentación, en el conocimiento cotidiano, cultural.

c) La demostración es objetiva, independiente del contexto. La argumentación incorpora elementos subjetivos y es contextual: lo que ante determinado auditorio es una razón eficiente, puede no serlo en otras situaciones.

d) La demostración es racional. La argumentación acude con frecuencia a los sentimientos.

Actividades

1 Lee este texto y responde a las preguntas:

> La lectura es el azote de la infancia y casi la única ocupación que saben darle. [...] ¿Por qué prodigio este arte tan útil y tan agradable se ha convertido en un tormento para la infancia? Porque se la obliga a aplicarse a él a pesar suyo y se la somete a usos de los que nada comprende. Un niño no siente demasiada curiosidad por perfeccionar el instrumento con que se le atormenta; pero haced que ese instrumento sirva a sus placeres y muy pronto se aplicará a él a pesar vuestro.
>
> Han convertido en asunto fundamental la búsqueda de los mejores métodos para aprender a leer, se inventan escritorios, mapas, se hace de la habitación de un niño un taller de imprenta: Locke pretende que aprendan a leer con dados. ¿No es esa una invención feliz? ¡Qué lástima! Un medio más seguro que todos esos, y que siempre se olvida, es el deseo de aprender. Dad al niño ese deseo, luego olvidaos de vuestros escritorios y vuestros dados: cualquier método será bueno para él.
>
> El interés presente: he ahí el gran móvil, el único que lleva con seguridad y lejos.

J. J. Rousseau, *Emilio* o *De la educación sentimental,* Alianza Editorial.

a) ¿Por qué este texto es una argumentación? ¿De qué intenta convencer al lector?

b) Identifica las distintas partes y resúmelas.

c) Indica el argumento de autoridad que se utiliza. ¿Quién es este personaje?

Jean Jacques Rousseau.

2 **Rueda lógica.** Lee y contesta a las preguntas:

> **La enseñanza de las humanidades**
>
> En el terreno de la educación, uno de los fantasmas es la hipotética desaparición en los planes de estudio de las humanidades, sustituidas por especialidades técnicas que mutilarán a las generaciones futuras de la visión histórica, literaria y filosófica imprescindible para el cabal desarrollo de la plena humanidad. [...]
>
> Según se dice, las facultades que el humanismo pretende desarrollar son la capacidad crítica de análisis, la curiosidad que no respeta dogmas ni ocultamientos, el sentido del razonamiento lógico, la sensibilidad para apreciar las más altas realizaciones del espíritu humano, la visión de conjunto ante el panorama del saber, etc. Francamente, no conozco ningún argumento serio para probar que el estudio del latín y el griego favorecen más estas deseables cualidades que el de las matemáticas o la química.
>
> La cuestión de las humanidades no estriba primordialmente, a mi juicio, en el título de las materias que van a ser enseñadas, ni en su carácter científico o literario: todas son útiles, muchas resultan oportunas y las hay imprescindibles. ¡Ser hombre o mujer en el mundo moderno no es cosa fácil: nadie puede ir ligero de equipaje! Resulta fácil argumentar a favor de todos estos aprendizajes y de otros muchos, que pueden completar excelentemente la formación de los alumnos.
>
> El verdadero problema de fondo no es cómo se repartirán las horas lectivas, ni cuántas deben corresponder a las ciencias, a las letras, a la gimnasia o a los recreos. François de Closets lo ha señalado con tino: «Poco importa lo que se enseñe, con tal de que se despierten la curiosidad y el gusto por aprender». Aquí está el secreto: la virtud humanista y formadora de las asignaturas no estriba en su contenido intrínseco, sino en la manera de impartirlas. No es cuestión del qué, sino del cómo.

Fernando Savater, *El valor de educar,* Ariel.

a) ¿El texto argumenta sobre ideas y opiniones o sobre hechos?

b) ¿El autor refuta opiniones de otros diferentes a las suyas? Argumenta tu respuesta.

c) ¿A qué destinatarios se dirige el texto?

d) ¿Cómo explicarías que en este texto estamos ante una argumentación y no ante una demostración?

e) ¿Qué tipo de razonamiento predomina en el texto de Savater?

3 Lee detenidamente estos titulares reales de periódicos. ¿Qué comunican? ¿Información u opinión? Justifica tu respuesta:

Brexit: gana Europa *(El País)*

¿Cuál fue el primer color del universo? *(ABC)*

El tiempo en Sevilla: cielos cubiertos y ligero descenso del termómetro *(Diario de Sevilla)*

Eres más de barrio que... *(El País)*

¿Identidad o intimidad? Un debate pertinente *(El Mundo)*

Hallan vida de hace 3500 millones de años *(ABC)*

4 Escribe dos argumentos para cada una de estas tesis:

a) La sociedad invierte cada vez menos en espectáculos culturales.

b) El verano es la época del año en que se producen más desplazamientos por carretera.

5 Señala a qué tipo de argumento corresponden los ejemplos siguientes:

- *Ven a Baeza; irá toda la familia.*
- *Me compré estas gafas porque sus cristales son muy buenos y no dañan la vista.*
- *Ayuda a tu compañero y él podrá ayudarte en un futuro.*
- *No bebas tantos refrescos, perjudicarán tu aparato digestivo.*
- *Lo bueno del ordenador portátil es que te lo puedes llevar a cualquier sitio.*
- *Si no duermes lo suficiente, nunca lograrás mejorar en tus estudios.*

6 Comparte tu opinión sobre un asunto de actualidad a través de las «Cartas al director», una de las secciones más leídas de un periódico, donde el lector encuentra los temas más variados y cercanos expuestos por personas como él, no por profesionales. Pero ten en cuenta que a la dirección de un periódico llegan muchas cartas. Si deseas que la tuya se publique, debes cuidar la forma, la organización de tus ideas y la redacción. Toma este ejemplo como modelo:

> No pretendáis cambiar la manera de interrelacionarse de vuestros hijos. Las reglas del juego han cambiado y cambiarán todavía más. Esto no ha hecho más que empezar. Nuestros parchís, petanca, Scrabble, Risk, Tente, yoyó y nuestras tertulias han sido sustituidos por (múltiples) dispositivos digitales que interrelacionan a nuestros hijos con sus diferentes comunidades. Y ante ello, hay que intentar no prohibir. Hemos de ayudar a utilizarlos y gestionarlos mejor.
>
> Si se piensa fríamente, nuestros hijos disponen de unas herramientas que, aparte de contener nuestras mejores distracciones de los sesenta y setenta, disponen de plataformas didácticas, lúdicas y de interacción inimaginables en aquellos años. ¡Qué envidia! La mejor manera de hacernos creíbles, acercarnos e interactuar con ellos no es prohibiendo ni intentando llevarlos a nuestros maravillosos años. La mejor manera es entendiendo lo que tienen entre manos, su potencial, sus ventajas e inconvenientes, para ayudarles a escoger. Y por qué no, de vez en cuando, retándoles a una buena partida de Clash of clans (...y obviamente, ganándoles).

V. C. P., www.lavanguardia.es

a) Elige un tema entre las noticias o los artículos de opinión aparecidos en el periódico de hoy.

b) Organiza la carta en tres partes: la introducción de tu opinión, cuerpo central o argumentación y conclusión.

c) Redacta tu carta. Has de ser concreto y breve, sin dejar de exponer lo que deseas.

d) Repasa tu redacción. Realiza los cambios necesarios para que todo tenga coherencia, para que la exposición sea clara y para que no haya nada inconveniente o inadecuado. No te olvides de escribir tu firma al final de la carta.

UNA ASOCIACIÓN A DOS RUEDAS

¿TE ANIMAS A COLABORAR CON LA ASOCIACIÓN JUVENIL MÁS PEDALES PARA LOGRAR QUE SE IMPLANTE UN CARRIL BICI EN TU LOCALIDAD?

MÁS PEDALES

ESCUCHA

Infórmate sobre las ventajas y los inconvenientes de los carriles bici.

1 Escucha el audio y responde a las preguntas:

a) ¿Cuántas personas participan en la conversación?

b) ¿Todas ellas defienden una postura? ¿Cuál no lo hace? ¿Cuál es la labor de esta otra persona? ¿Cómo se la denomina?

c) ¿Qué crees que ocurriría si no existiera esta figura en el desarrollo del debate?

2 Copia y completa en tu cuaderno esta tabla para reunir la información básica de todas las personas que participan en el debate:

	Nombre	Tipo de usario	Postura	Argumentos
Participante 1	....	....	....	....
Participante 2	....	....	....	....
Participante 3	....	....	....	....
Participante 4	....	....	....	....

3 ¿Cómo consigue la moderadora introducir una idea de consenso?

4 ¿Se te ocurren otras razones para que las personas que están en contra del carril bici cambien de opinión?

Más PEDALES

LEE

Conoce más argumentos a favor del uso de las bicicletas y de la instalación de los carriles bici.

5 Lee esta carta al director y responde a las preguntas:

a) ¿Por qué motivo escribe Leonor esta carta?

b) Localiza en el texto la tesis que defiende Leonor Rivera y anota todos los argumentos que aporta para apoyarla.

c) ¿Con qué datos respalda Leonor sus argumentos? ¿De dónde los toma?

d) Por parejas, reflexionad: ¿de qué modo se pueden aprovechar los argumentos de Leonor Rivera para defender la construcción del carril bici? Podéis conectar las ideas de esta lectora con lo que habéis escuchado en el debate.

Una última pedalada

Señora directora:

Me llamo Leonor Rivera y soy una lectora de todos los artículos que sobre ciclismo se publican en el periódico que usted dirige y considero que hay un tema muy relacionado con este deporte que no tiene la presencia que merece en sus páginas: la creación de un carril bici en nuestra ciudad.

Es evidente que el número de ciclistas en nuestras carreteras ha aumentado considerablemente en los últimos años y, sin embargo, todavía no se ha creado un carril bici para que puedan circular, al menos, por las zonas urbanas. De hecho, los veo pedalear por nuestras calles y avenidas mientras esquivan coches, taxis, motocicletas y autobuses. Observo cómo disfrutan al desplazarse en sus bicis a la vez que corren riesgos que un carril bici evitaría.

Según la información que he leído en revistas médicas, desplazarse en bicicleta disminuye considerablemente el riesgo de padecer una enfermedad cardiaca y también las probabilidades de desarrollar cáncer. Así las cosas, deberíamos promover el uso de la bicicleta entre los ciudadanos y las ciudadanas como una medida que beneficie la salud de todos y todas. La bicicleta es otro medio de transporte que hay que potenciar, sin duda.

Por otra parte, actualmente nuestra ciudad está congestionada de vehículos de todo tipo, una visión estresante. No solo por la estética y el ruido, sino por la cantidad de zonas que hay en toda la ciudad reservadas al estacionamiento. Apenas se puede dar un paseo libre de coches... Y además el uso de la bicicleta es una actividad de ocio que todos podemos realizar y que favorece la interacción con el espacio que nos rodea y la naturaleza.

Yo imagino un futuro sin tanto tráfico, con más zonas verdes y numerosos ciclistas alegres y respetuosos circulando por carriles que adornen el espacio y lo hagan más hermoso.

Y también fantaseo, por lo tanto, con un aire menos contaminado, fresco y vital. Y así se evitaría el hecho de que, según he leído, en España se producen casi veintiuna mil muertes prematuras al año a causa de la contaminación ambiental...

Les agradecería mucho que publiquen todas las noticias y los artículos que favorezcan este debate. ¡Queremos que todo vaya sobre ruedas!

Leonor Rivera Moro

MÁS PEDALES

HABLA

Debate sobre las acciones más adecuadas para conseguir la construcción de un carril bici en vuestra ciudad.

6 Te reúnes con la asociación para ver qué acciones podéis emprender para conseguir vuestro objetivo. Lee estas propuestas:

- Formad equipos de cuatro o cinco personas y anotad dos acciones más.
- Ordenadlas del 1 al 7 en relación con su adecuación a vuestro objetivo.
- Haced una tormenta de ideas y plantead argumentos relacionados con estos aspectos:

  económicos · estéticos · ambientales · emocionales · de seguridad vial · relacionados con la salud

- Anotad un argumento a favor y otro en contra de cada una de las propuestas.

A Conseguir firmas de ciudadanas y ciudadanos como respaldo a vuestra petición.

B Hacer una maqueta de la ciudad con el carril bici y exponerla para dar una idea de cómo quedaría.

C Componer una canción en la que se destaque la importancia de la creación de un carril bici.

D Contactar con otras asociaciones y juntar fuerzas para lograr más visibilidad.

E Organizar una carrera ciclista para conseguir fondos para la creación del carril bici.

7 Ahora organizad un debate para decidir las tres acciones que vais a llevar a cabo para conseguir que vuestra ciudad tenga un carril bici. El profesor o profesora presidirá y moderará la reunión. Iniciará el debate con una breve exposición sobre el tema y presentará a los participantes.

Antes de comenzar tened en cuenta lo siguiente:

1. Estableced las normas del debate: participantes, duración del debate, normas de petición de palabra, tiempo máximo de cada intervención.
2. Mostrad respeto hacia todos los participantes y respetad los turnos de palabra.
3. Sed claros y concisos.
4. Pronunciad correctamente y con la velocidad y la entonación apropiadas a la situación.
5. Haced caso de las indicaciones del moderador o moderadora.

MÁS PEDALES

ESCRIBE

Redacta un texto argumentativo dirigido al ayuntamiento.

8 Tú serás la persona encargada de recoger todos los argumentos que habéis aportado en la actividad anterior y que acompañarán a la instancia que tenéis que enviar al ayuntamiento para solicitar permiso y apoyo financiero y logístico para llevar a cabo vuestras acciones.

Como sabes, el texto argumentativo tiene la finalidad de defender una postura, en este caso, las acciones que habéis decidido llevar a cabo para conseguir fondos para el carril bici de tu ciudad. Por ello, es importante que aportes razones que convenzan al ayuntamiento de que esta idea es beneficiosa para la comunidad.

Antes de redactar tu texto sigue estas recomendaciones:

1. Primero, enuncia brevemente tu tesis mediante una oración.

Por ejemplo:
Organizar una carrera ciclista es un modo saludable y coherente de recaudar los fondos necesarios para construir un carril bici.

2. A continuación, completa una tabla con los argumentos que apoyan la tesis y los datos, hechos u opiniones que los respaldan. Te vendrá muy bien tenerla a mano a la hora de redactar:

Argumento	Hecho, opinión que lo apoya
....	....

3. Luego, redacta el texto:

I. Escribe un párrafo introductorio en el que expongas en nombre de quién escribes el texto y en el que enuncies la tesis.

II. Desgrana los argumentos a favor. Puedes dedicar un párrafo a exponer cada argumento y los datos u opiniones que los respaldan.

III. Enumera los argumentos en contra y aporta los datos y opiniones que refutan esta postura.

IV. Enlaza los párrafos recurriendo a conectores textuales como estos: «En primer lugar...», «Por otra parte...», «Además...».

V. Escribe un párrafo de conclusión o resumen en el que retomes la tesis inicial.

VI. Por último, titula tu texto.

Reflexiona sobre este ámbito profesional

Una asociación es la agrupación de personas que realizan una actividad de forma estable y que están organizadas democráticamente.

¿Sabías que han de tener personas responsables de la presidencia, vicepresidencia, secretaría y tesorería?

En grupos, investigad sobre estas figuras y funciones, y escribid un texto en el que expliquéis la importancia de que cada figura la asuma una persona diferente.

A continuación, explicad argumentadamente para cuál de estas funciones te sientes más capacitado.

3 GRAMÁTICA

EL SINTAGMA VERBAL

Los complementos verbales

Las funciones que pueden aparecer en el predicado son las siguientes:

- el complemento directo,
- el complemento indirecto,
- el complemento de régimen,
- el complemento agente,
- el atributo,
- el complemento predicativo,
- los complementos circunstanciales.

Las formas no personales del verbo

Las **formas no personales** del verbo son el **infinitivo** *(hablar)*, el **gerundio** *(hablando)*, y el **participio** *(hablado)*.

Las formas no personales son derivados verbales que se forman añadiendo un sufijo a la raíz (**-ar, -er, -ir** en el infinitivo; **-ando, -iendo** en el gerundio, y **-ado, -ido** en el participio).

Formas compuestas

En las formas compuestas, el verbo *haber* aporta a la forma verbal las desinencias de la conjugación.

El infinitivo y el gerundio también tienen formas compuestas: infinitivo *(haber comido)* y gerundio *(habiendo comido)*.

3.1 La estructura del sintagma verbal

El **sintagma verbal (SV)** realiza la función sintáctica de predicado.

Está formado por el núcleo, un verbo, que puede estar acompañado por distintos complementos verbales, que estudiaremos en las páginas siguientes.

3.2 El verbo núcleo del sintagma verbal

El **verbo** es una clase de palabras variables que expresan una acción *(hablar, caminar)* o un estado *(descansar, permanecer)* que suceden en el tiempo.

El verbo se compone de la raíz, que expresa su significado léxico *(cantar, leer, escribir)* y las desinencias, que añaden información gramatical sobre:

- El **número:** las formas verbales pueden estar en **singular** *(canto)* o **plural** *(cantamos)*.
- La **persona:** las formas verbales pueden pertenecer a la primera persona *(canto, cantamos)*, a la **segunda** *(cantas, cantáis)* o a la **tercera** *(canta, cantan)*.
- El **tiempo:** indica el momento en que se produce la acción o el estado al que se refiere el verbo. Puede ser **pasado** *(canté)*, **presente** *(canto)*, **futuro** *(cantaré)*.
- El **modo:** expresa la actitud del hablante ante la acción o el estado a los que hace referencia el verbo. Se distinguen tres modos: el **modo indicativo,** que presenta la acción o el estado como hechos reales *(cantaba)*; el **modo subjuntivo,** que presenta los hechos como posibles, irreales o deseados *(cantara)*; y el **modo imperativo,** que expresa una orden o un ruego *(canta)*.
- El **aspecto:** informa sobre el final de la acción del verbo. Los verbos pueden clasificarse en **tiempos perfectos,** cuando presentan la acción como acabada *(canté)*, o **tiempos imperfectos,** cuando no indican si la acción ha terminado *(cantaba)*.

3.3 La conjugación verbal

La **conjugación verbal** está constituida por todas las formas personales del verbo; es decir, todas las formas verbales formadas por la raíz y sus desinencias.

Según las terminaciones del infinitivo, distinguimos tres conjugaciones:

- la **primera** *(nadar, soñar, podar)*,
- la **segunda** *(poner, comer, coser)*,
- la **tercera** *(vivir, mentir, sufrir)*.

Las formas verbales se clasifican según su composición en:

- **Formas simples,** que constan de la raíz más sus desinencias: *canto, beben...*
- **Formas compuestas,** que son el resultado de unir una forma simple del verbo auxiliar *haber* más el participio del verbo que se conjuga: *han llegado, habían comido...*

La brújula del español. Accede a esta guía del uso del español correcto en el banco de recursos de **anayaeducacion.es**.

Formas del modo indicativo (1.ª persona del singular)			
Formas simples		Formas compuestas	
Presente	*canto*	Pretérito perfecto compuesto	*he cantado*
Préterito imperfecto	*cantaba*	Pretérito pluscuamperfecto	*había cantado*
Pretérito perfecto simple	*canté*	Pretérito anterior	*hube cantado*
Futuro simple	*cantaré*	Futuro compuesto	*habré cantado*
Condicional simple	*cantaría*	Condicional compuesto	*habría cantado*

Formas del modo subjuntivo (1.ª persona del singular)			
Formas simples		Formas compuestas	
Presente	*cante*	Pretérito perfecto compuesto	*haya cantado*
Préterito imperfecto	*cantara o cantase*	Pretérito pluscuamperfecto	*hubiera o hubiese cantado*
Futuro simple	*cantare*	Futuro compuesto	*hubiere cantado*

Modo imperativo	
2.ª persona del singular	*canta (tú)*
2.ª persona del plural	*cantad (vosotros)*

Cuando el imperativo se construye con negación, se utiliza el presente de subjuntivo: *No te olvides de regar las plantas, por favor.*

3.4 Los verbos irregulares

Los **verbos irregulares** no siguen los modelos de conjugación porque modifican la raíz, las desinencias o ambas.

MODIFICACIONES DE LOS VERBOS IRREGULARES

Modifican la raíz cuando...

- Diptongan la vocal tónica:
  - *perder → pierdo...*
- Cambian una vocal o una consonante:
  - *medir → mido*
  - *hacer → hago...*
- Introducen la consonante **c** o la consonante **g** al final de la raíz:
  - *merecer → merezco*
  - *tener → tengo...*

Modifican las desinencias cuando...

- Eliminan una vocal:
  - *saber → sab[e]remos.*
- Suprimen una vocal y añaden una consonante:
  - *valer, val[e]dré.*

Modifican la raíz y las desinencias cuando...

- Modifican la raíz y las desinencias los verbos que tienen irregularidades especiales:
  - *ser → fui*
  - *estar → estuve*
  - *ir → fui*
  - *dar → doy...*

3.5 Las perífrasis verbales

La **perífrasis verbal** es la combinación de un verbo auxiliar y una forma no personal (infinitivo, gerundio o participio) que funciona unitariamente como un verbo.

El **verbo auxiliar** lleva las desinencias verbales. El **derivado verbal** (infinitivo, gerundio o participio) aporta el significado léxico. A veces, están unidos por un **elemento de enlace** (preposición o conjunción).

Clases de perífrasis según su significado

Denominación	Significado	Ejemplos
Perfectivas	Final de la acción	*Dejó de leer a las ocho; Acabamos de recoger la cocina muy pronto.*
Incoativas	Inicio de la acción	*Empezó a nevar de madrugada; Se puso a ladrar al ver al veterinario.*
Obligativas	Obligación	*Tienes que beberte esto; Has de llegar pronto; Debes hacer los deberes.*
De posibilidad	Posibilidad o probabilidad	*Podrán venir si acaban pronto; Deben de ser las cinco.*
Durativas	Acción en su transcurso	*Anda buscando su regalo.*
Iterativas	Acción repetida	*Suele salir por la mañana; Volvió a ver la película.*

Actividades

Actividad resuelta

1 Analiza estos verbos: *tengo, miréis.*

Solución:

- *Tengo:* verbo **irregular** de la 2.ª conjugación, *tener.* 1.ª persona del singular, presente de indicativo.
- *Miréis:* verbo **regular** de la 1.ª conjugación, *mirar.* 2.ª persona del plural, presente de subjuntivo.

2 Analiza estos verbos como en la actividad anterior: *hubieras andado, saltaste, hablarás, tocaste, habíamos leído, acerque.*

3 Lee con atención el texto siguiente y realiza las actividades:

> La última vez que vi a Miguel Desvern o Deverne fue también la última que lo vio su mujer, Luisa, lo cual no dejó de ser extraño y quizá injusto, ya que ella era eso, su mujer, y yo era en cambio una desconocida y jamás había cruzado con él una palabra. Ni siquiera sabía su nombre, lo supe solo cuando ya era tarde, cuando apareció su foto en el periódico, apuñalado y medio descamisado y a punto de convertirse en un muerto, si es que no lo era ya para su propia conciencia ausente que nunca volvió a presentarse: lo último de lo que se debió de dar cuenta fue de que lo acuchillaban por confusión y sin causa; es decir, imbécilmente [...]
>
> Javier Marías, *Los enamoramientos,* Alfaguara.

a) Analiza las formas verbales subrayadas.

b) Extrae del texto dos perífrasis verbales y defínelas.

c) Indica cuáles de los verbos subrayados son regulares, y cuáles, irregulares. ¿Dónde presentan la irregularidad?

d) Escribe todas las formas no personales del verbo *ver.*

4 Escribe tres ejemplos de cada uno de los casos siguientes de verbos irregulares:

a) Modifica la desinencia.

b) Modifica la raíz.

c) Modifica la raíz y la desinencia.

5 Clasifica las perífrasis siguientes según la forma no personal que aparece en ella e indica a continuación de qué tipo son según su significado:

- *Pedro y María deben de ser hermanos.*
- *Esta tarde hay que salir temprano.*
- *La tormenta iba acercándose poco a poco.*
- *Lleva escritos varios libros.*
- *No podemos hablar tanto tiempo.*
- *Empezarán a jugar a las diez de la noche.*
- *Anda preguntando por sus tíos.*

3.6 Los complementos verbales

El complemento directo

El **complemento directo (CD)** es el complemento verbal más fuertemente ligado al significado del verbo, ya que completa su significado.

El complemento directo se puede sustituir por uno de estos pronombres: *lo-le, la, los, las.*

Funciona como complemento directo un sintagma nominal: *Su madre leía el periódico (Lo leía); Diego estudiaba la mente humana (La estudiaba); Mira el campo (Lo mira).*

Los complementos directos que hacen referencia a seres animados (personas o seres personificados) llevan delante la preposición *a: Convocaron a Luis; Amaba a su ciudad; Avisó a María.*

También pueden ser complementos directos las construcciones de infinitivo *(Prefiere estudiar)* o los adjetivos sustantivados *(Describe lo bello).*

Identificar el CD

Para saber si una palabra o un grupo de palabras funcionan como complemento directo, podemos sustituirlas por los pronombres *lo, la, los* y *las*:

- *Limpian el bosque → Lo limpian.*
- *Hicieron una foto → La hicieron.*
- *Curan a los enfermos → Los curan.*
- *Tocan unas canciones → Las tocan.*

El complemento indirecto

El **complemento indirecto (CI)** suele expresar la idea de destinatario o del beneficiario del significado del verbo.

Funciona como complemento indirecto un sintagma nominal precedido siempre por la preposición *a: Ella envió el regalo a su hermana.*

Para saber si una palabra o un grupo de palabras funcionan como complemento indirecto, podemos sustituirlas por los pronombres *le* y *les*: *El periodista daba de comer a su gato (Le daba de comer); Escribe una nota a los profesores (Les escribe una nota).*

Cuando el complemento directo y el complemento indirecto de una misma oración se sustituyen por pronombres, el complemento indirecto debe sustituirse por el pronombre *se*: *La peluquera pintaba las uñas a sus compañeras (La peluquera se las pintaba).*

Recuerda

- Los **pronombres reflexivos** *(me, te, se, nos, os, se)* pueden funcionar como complemento directo o como complemento indirecto: *Ramiro se* (CD) *peina; Ramiro se* (CI) *peina el pelo.*
- Lo mismo ocurre con los **pronombres recíprocos (***nos, os, se***)**: *Juan y Pedro se* (CI) *enviaron un mensaje; Los profesores se* (CD) *saludaron.*

El complemento de régimen

El **complemento de régimen (CR)** es un complemento que necesitan algunos verbos como *quejarse, atreverse, recurrir, preocuparse, interesarse, insistir...* para completar su sentido.

El complemento de régimen está formado por un sintagma nominal precedido de una preposición exigida por el verbo: *Se preocupa de sus parientes; Se interesó por aquello; No me atreví a contárselo; Se reía con tu chiste; Renunció a lo más importante; Ellos confiaban mucho en ella.*

Cuando en el complemento de régimen sustituimos el sintagma nominal por un pronombre, la preposición se mantiene: *Se quejaba de la cantidad de trabajo (Se quejaba de esto); Ellos recurrieron a la suerte (Ellos recurrieron a ella); Me preocupo por los animales (Me preocupo por ellos).*

El complemento agente

Las oraciones predicativas se dividen en activas y pasivas.

- En las **oraciones activas** el sujeto es *agente*, es decir, realiza la acción del verbo (*María conduce la ambulancia*) o experimenta el proceso expresado por él (*El agua hierve*).
- Algunas oraciones transitivas de sujeto *agente* y complemento directo *paciente* pueden convertirse en pasivas. En las **oraciones pasivas** el sujeto es *paciente*; es decir, no realiza la acción verbal, sino que la recibe (*El regalo fue enviado por la empresa*). El predicado de las oraciones pasivas tiene como núcleo el verbo auxiliar ser más participio, acompañado por el complemento agente, aunque este puede omitirse a veces: *Este edificio será construido por una célebre arquitecta*.

El **complemento agente (CAg.)** se refiere a quien realiza la acción del verbo en las oraciones pasivas: *El artículo fue leído por todos los estudiantes*. Está formado por un sintagma nominal precedido por la preposición *por*.

TRANSFORMACIÓN DE UNA ORACIÓN ACTIVA EN UNA ORACIÓN PASIVA

Oración activa	Luis SUJETO AGENTE	recogió	la habitación. CD
Oración pasiva	La habitación SUJETO PACIENTE	fue recogida	por Luis. CAG.

CONVERSIÓN DE LAS ORACIONES TRANSITIVAS EN ORACIONES PASIVAS

1.º El complemento directo (*paciente*) pasa a ser sujeto *paciente*.

2.º El verbo se transforma en la estructura *ser + participio*, concordando en número y persona con el nuevo sujeto (antiguo CD en la oración transitiva).

3.º El sujeto pasa a ser **complemento agente**, con la preposición *por*.

El atributo

El **atributo (Atrib.)** es una función sintáctica que se relaciona con el sujeto a través de un verbo copulativo o de un verbo semicopulativo.

- Son verbos **copulativos** los verbos *ser*, *estar* y *parecer*. Su atributo puede ser sustituido por el pronombre átono *lo*: *Los muebles son nuevos* (*Lo son*), *La casa parece antigua* (*Lo parece*).
- Son verbos **semicopulativos** algunos usos de ciertos verbos: *hacerse* (*Se hizo mayor*), *volverse* (*Nos volvimos locos*), *ponerse* (*Se puso roja*), *resultar* (*Resultaba inútil*), *terminar* (*Terminó cansado*), *quedar* (*Quedaron solos*), *andar* (*Andábamos preocupados*), *permanecer* (*Permanecen unidas*), *hallarse* (*Se hallan contentas*)... El atributo de los verbos semicopulativos no puede sustituirse por *lo*: *Andan cabizbajos* (**Lo andan*).

Funcionan como atributo un sintagma adjetival (*Sus hijas eran muy responsables*); un sintagma nominal (*Laura es la árbitra*; *Roberto es maestro*); un sintagma preposicional (*Pepe es de Jaén*); un sintagma adverbial (*Él es así*).

Los núcleos de un sintagma adjetival y un sintagma nominal que funcionan como atributo, si tienen variación de género y número, concuerdan con el sujeto: *El día es tranquilo*; *Las noches son tranquilas*.

En la actualidad se considera que cuando *ser* y *estar* se construyen con expresiones locativas (de lugar o tiempo) funcionan como copulativos. Algunas veces, el atributo puede sustituirse por *lo*: *El reloj está en hora* (*Lo está*).

Los verbos copulativos

Los verbos copulativos se denominan así porque su significado es mínimo y sirven de enlace o cópula entre el sujeto y el atributo.

El atributo aporta la mayor parte del significado que se aplica o se predica del sujeto. Por eso tradicionalmente se le denominaba *predicado nominal*.

Sin embargo, el núcleo sintáctico de las oraciones copulativas es el verbo:

- Lleva las marcas de número y persona que concuerdan con el sujeto: *Nosotros somos nuevos*.
- Cuando el atributo se sustituye por el pronombre *lo*, depende del verbo: *Son muy hábiles* → *Lo son*.

Predicativo

El **predicativo (Pred.)** es un tipo de atributo que se construye con un verbo predicativo. Hay predicativos de sujeto (*Mis tíos llegaron preocupados*) y de complemento directo (*Encontró a las niñas agotadas*).

Mis tíos	llegaron	preocupados.
SUJETO	VERBO	PRED.

Encontró	a las niñas	agotadas.
VERBO	CD	PRED.

Recuerda

El predicativo concuerda en género y número con el núcleo del sintagma nominal con el que se relaciona: *Encontró a las niñas agotadas.*

Actividades

Actividad resuelta

6 Identifica el complemento directo y el complemento indirecto en estas oraciones sustituyéndolos por los pronombres adecuados:

- *Escuchó con atención el fandango.*
- *Lo entregué a mis padres.*

Solución:

- *El fandango* es un sintagma nominal que funciona como CD: ***Lo*** *escuchó con atención.*
- *A mis padres* es un sintagma preposicional que funciona como CI: ***Se*** *lo entregué.*

7 Identifica el CD y el CI en las siguientes oraciones y sustitúyelos por el pronombre correspondiente.

- *¡Quién no ha cometido alguna vez un error!*
- *Dio a su hija las llaves.*
- *Sintió una punzada en el músculo.*
- *Subía el periódico a sus padres.*
- *Entregó las llaves a la nueva inquilina.*
- *Vendió sus muebles al nuevo inquilino.*
- *Cambiaba los cromos a un compañero.*

8 Identifica el CR en las siguientes oraciones:

- *De viejo, se arrepentía de sus excesos juveniles.*
- *La clave del éxito reside en su constancia.*
- *Nos defendía de nuestros adversarios.*
- *En clase todos insistían en este hecho.*
- *Libró a su amigo de una muerte segura.*

9 Construye dos oraciones con cada uno de estos verbos, de manera que lleven un CR: *arrepentirse, pensar, reírse, acordarse, referirse, atreverse.*

10 Escribe tres oraciones que contengan los sintagmas siguientes en función de complemento directo:

- *los payasos del circo,*
- *el coche de mi madre,*
- *las amigas de su clase.*

11 Localiza el atributo y sustitúyelo por un pronombre:

- *Esa era una noche estrellada.*
- *Ese queso manchego está muy bueno.*
- *Los viajeros parecían fatigados.*

Actividad resuelta

12 Pasa a voz pasiva la siguiente oración:

La monitora llamó a gritos a los niños.

Solución:

- *Los niños fueron llamados a gritos por la monitora.*

13 Convierte en pasivas estas oraciones y señala su CAg.:

- *La taxista llevó al director al banco.*
- *El conserje cerró la puerta con llave.*
- *La tutora llamó uno por uno a los alumnos.*
- *Nosotros diseñamos ese calendario.*
- *Manuel recogerá a su hermano Luis de clase.*

14 Señala el complemento predicativo e indica si se relaciona con el sujeto o con el complemento directo:

- *Vi a la dueña muy preocupada.*
- *Las esquiadoras llegaron exhaustas.*
- *El día amaneció nublado.*

Los complementos circunstanciales

Los **complementos circunstanciales (CC)** expresan las circunstancias de lugar, tiempo, modo, cantidad, causa, fin, materia, medio..., que localizan o modifican la acción expresada por el verbo.

Funcionan como CC un sintagma adverbial *(Los nuevos vecinos llegaron ayer)*, un sintagma preposicional *(Ella va al gimnasio)* y un sintagma nominal *(Llega esta tarde)*. Se clasifican en adverbiales y no adverbiales.

Los complementos circunstanciales adverbiales

Los **complementos circunstanciales adverbiales** se pueden sustituir por un adverbio y expresan las circunstancias de **lugar, tiempo, modo** y **cantidad**: *Se fueron a su casa* (*Ellos se fueron allí*); *Llamó durante la cena* (*Llamó entonces*); *Cantó alto* (*Cantó así*).

CC de lugar → Señalan en el espacio el proceso verbal. Se expresan por medio de adverbios de lugar *(aquí, ahí, allí, dentro, fuera, arriba, abajo...)* o por sintagmas preposicionales: → Ejemplos
- *Los invitados vienen desde Montoro.*
- *Subieron hasta el segundo piso.*

CC de tiempo → Sitúan en el tiempo el proceso verbal. Utilizan adverbios de tiempo *(entonces, ahora, antes, después...)*, sintagmas nominales o sintagmas preposicionales: → Ejemplos
- *Ocurrió entonces.*
- *Lo sé desde el lunes.*
- *Hablé durante la cena.*
- *Sucedió esta noche.*

CC de modo → Informan de la manera en que se desarrolla el proceso verbal. Utilizan adverbios de modo *(así, bien, mal...* y adverbios acabados en *-mente)*, locuciones adverbiales *(a tontas y a locas, a todo gas...)* o sintagmas preposicionales: → Ejemplos
- *Se lo dijo con mucha ternura.*
- *Lo dijo intencionadamente.*
- *Se portará mejor.*

CC de cantidad → Cuantifican el significado del verbo. Se expresan con adverbios de cantidad *(más, menos, mucho, poco...)* o con locuciones adverbiales *(a cientos...)*. → Ejemplos
- *Le gustaba mucho.*
- *Tenéis que caminar más.*

Los complementos circunstanciales no adverbiales

Los **complementos circunstanciales no adverbiales** ni son ni pueden ser sustituidos por adverbios. Están formados por un sintagma preposicional. Expresan significados de **compañía, causa, fin, beneficiario, medio, instrumento, materia...**

El sintagma nominal no puede sustituirse por un adverbio, sino por un pronombre: *Vive con una prima (Vive con ella:* CC de compañía); *Caminan por necesidad* (*Caminan por eso*: CC de causa); *Lo dijeron para su provecho* (*Lo dijeron para eso*: CC de fin); *Lo compré para mis hijos* (*Lo compré para ellos*: CC de beneficiario); *Lo hizo de escayola* (*Lo hizo de eso*: CC de materia); *Se cuece con olla* (*Se cuece con eso*: CC de instrumento).

Actividades

15 Sustituye los complementos circunstanciales de los siguientes ejemplos por un adverbio y determina la clase a la que pertenecen:

- *Salieron el lunes a la bahía por la bocana del puerto.*
- *Este año consiguieron con dificultad una ayuda del Ministerio.*
- *Las controladoras trabajaron la semana pasada mucho tiempo preparando el vuelo.*
- *Los turistas viajaron desde Buenos Aires hasta La Patagonia.*

La Patagonia.

16 Determina a qué tipo de complementos circunstanciales pertenecen los que se incluyen en los ejemplos que siguen:

- *Roturó el campo en enero con un tractor.*
- *Construía con barro unas pequeñas estatuas para su familia.*
- *Viajará a China con toda su familia durante las Navidades.*
- *Construyó rápidamente el muro por el aviso de inundaciones.*

17 Lee este texto, observa los complementos verbales subrayados y contesta a las preguntas:

> Cuando comenzó el segundo trimestre, tuvimos un motivo más para estar más cerca la una de la otra: Adriana se matriculó en mi colegio. No somos del mismo curso, nunca lo hemos sido. Yo ahora estoy en 4.º A y ella en 3.º C. Pero desde aquel momento, nos vemos en el recreo, vamos y volvemos juntas del colegio, y muchas veces acabamos comiendo una en casa de la otra. Y, como yo me apunté a clase de danza a la misma academia que ella, y ella se vino a inglés a la mía, con el mismo horario y en el mismo nivel, tuvimos mucho más tiempo para estar juntas. Fue en esa época cuando ella comenzó a ser mi mejor amiga. Yo nunca había tenido una amiga así, de verdad. Tenía un montón de compañeras en el colegio, con las que a veces salía el fin de semana, o estudiábamos juntas para algún examen. Además de eso, en vacaciones, cuando íbamos a casa de mi abuela, yo me reencontraba con mis primas y era siempre superdivertido. Pero una gran amiga, que me pusiese en primer lugar en su vida, y con quien yo sabía que podía contar para todo... Ah, eso era una novedad. Una novedad maravillosa, además.

Ana María Machado, *Siempre con mis amigos,* SM.

a) Identifica los complementos directos subrayados en el texto y determina cuál es su núcleo.

b) ¿Qué función desempeña la secuencia «del mismo curso»? Justifica la respuesta.

c) ¿Qué función desempeñan los adverbios *nunca* y *siempre?*

d) Señala tres complementos circunstanciales de lugar y uno de fin.

e) ¿Qué función desempeña el sintagma nominal «el fin de semana»?

f) ¿A qué categoría pertenece el atributo «una novedad»?

g) ¿Consideras que «a clase de danza» es un complemento de régimen? Razona tu respuesta.

APLICA LO APRENDIDO

Repasa la gramática

Solución paso a paso

1 Observa y sigue los pasos para identificar los complementos verbales en una oración:

> La abuela contaba viejas historias a sus nietos durante las vacaciones.

Paso 1. Localiza el verbo, puesto que es el núcleo del sintagma verbal. Comprueba si es un verbo copulativo, transitivo o intransitivo: *contaba* es el núcleo del SV y es un verbo transitivo, por lo que no tendrá atributo y podrá tener CD.

Paso 2. Localizamos los complementos verbales teniendo en cuenta que el CD se puede sustituir por los pronombres *lo, la, los, las;* el CI, por los pronombres *le, les;* y que los CC indican circunstancias de lugar, tiempo, modo...: *La abuela se las contaba durante las vacaciones:*

- *viejas historias* (CD); *a sus nietos* (CI); *durante las vacaciones* (CCT)

2 Localiza y señala los complementos verbales de estas oraciones como en la actividad anterior:

- *Siempre pensaré en aquel verano.*
- *El gato fue rescatado con una grúa por mi vecina Amaya.*
- *Le di las gracias al telefonista por su amabilidad.*
- *Las futbolistas serán seleccionadas por la entrenadora del equipo.*
- *Voy a quejarme de tu actitud ante la dirección.*
- *Mezclé la masa con una espátula de madera.*

3 Escribe tres oraciones que contengan los sintagmas siguientes en función de complemento directo:

- *las diez mejores surfistas del mundo*
- *la moto de mi madre*
- *la música clásica*

4 Construye una oración con estos verbos de manera que lleven complemento de régimen:

contactar · aspirar · contar · soñar · dedicarse · entusiasmarse

5 Pasa a voz pasiva las siguientes oraciones e indica los cambios sintácticos que ocurren:

- *El monitor llamó a gritos a los campistas.*
- *Rebeca recogerá a su hermano Luis.*

6 Escribe la segunda persona del singular de las siguientes formas del verbo *viajar*: pretérito anterior, presente de subjuntivo, imperativo y pretérito pluscuamperfecto de subjuntivo.

7 Lee el siguiente texto y realiza las actividades:

> Cuando despertó, el sol estaba en todo lo alto. La dura luz cenital atravesaba su tejadillo de ramas iluminando débilmente sus rodillas con agujas en las que flotaba el polvo. Percibió el entumecimiento de sus músculos nada más abrir los ojos y pensó que era precisamente su cuerpo quien había puesto fin a su sueño. Calculó que debía de llevar siete u ocho horas allí metido y decidió que tenía que salir lo antes posible. Muy despacio, levantó la cabeza y tocó la tapadera con el pelo. El cuello como una bisagra herrumbrosa. Se incorporó a un ritmo artrósico y separó algunas varas para mirar alrededor y confirmar que no había nadie. Podría salir y seguir rumbo al norte, donde sabía que había una fuente en la que los arrieros daban de beber a las mulas.
>
> Jesús Carrasco, *Intemperie*, Seix Barral.

a) Localiza las formas no personales.

b) Determina si son regulares o irregulares los verbos subrayados del texto y analízalos.

c) Identifica una forma verbal compuesta y dos perífrasis verbales en el texto.

8 Indica la clase de estas perífrasis verbales:

- *Romeo debe examinarse de nuevo.*
- *Natalia ha de ser muy inteligente.*
- *Comenzarán a ensayar a las siete de la tarde.*
- *Andabas buscando a tus primos.*
- *Volverán a viajar con nosotros.*
- *Llevan horneados tres bizcochos.*

9 Localiza los predicativos e indica si complementan al sujeto o al complemento directo:

- *Tú la mirabas muy sorprendida.*
- *Dejó a la niña tranquila.*
- *A Juan lo eligieron delegado del curso.*
- *Carlos gritó asustado.*
- *Me devolvió intactos los cómics.*

Visualiza la gramática. Accede a este vídeo disponible en el banco de recursos de **anayaeducacion.es**.

Organiza tus ideas gramaticales

Copia este esquema en tu cuaderno y complétalo:

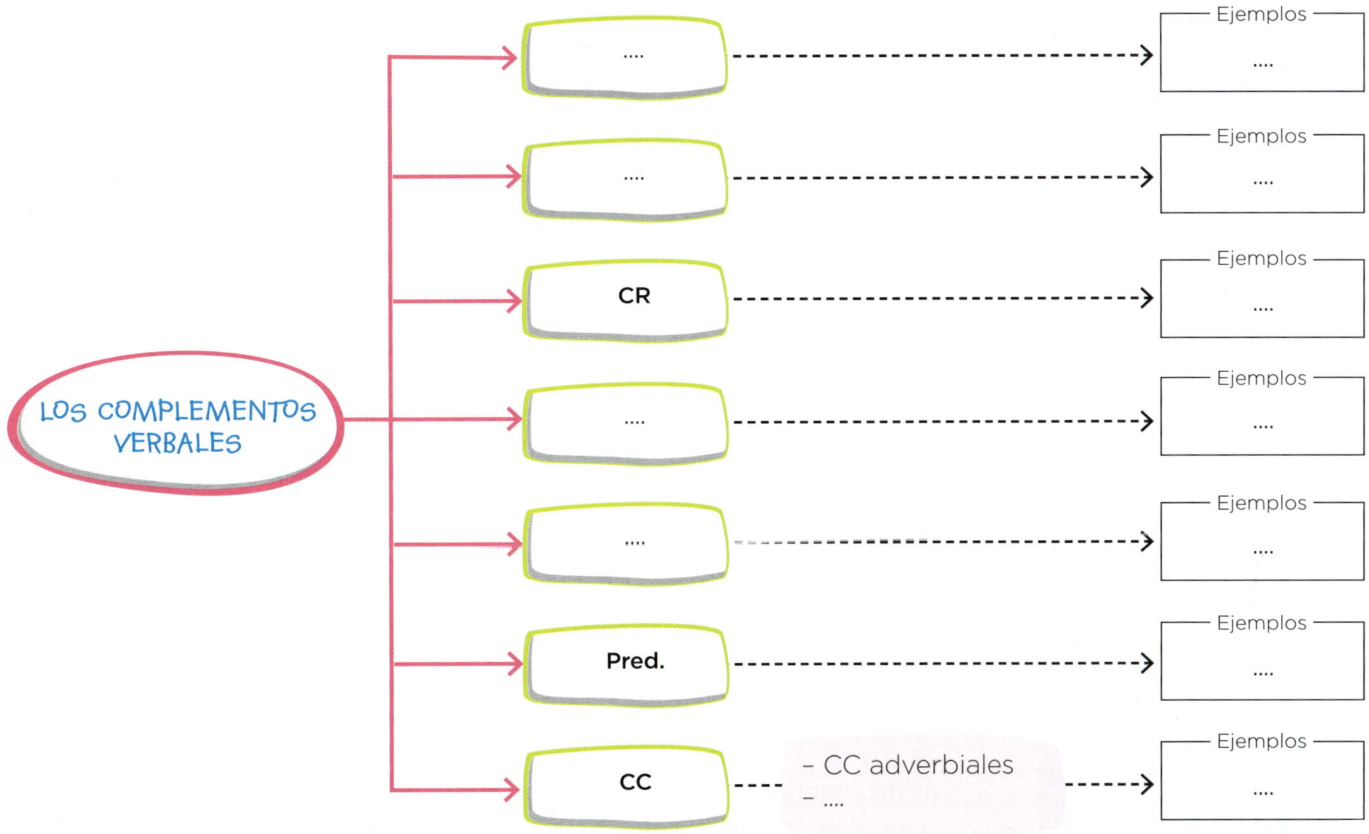

Practica la ortografía

1 ¿Qué uso de las comillas se utiliza en este oración?

«El triunfo del amor» de Vicente Aleixandre me gusta mucho.

2 Copia y coloca las comillas y los paréntesis donde sea necesario:

- *Ayer leí Un arte de Elizabeth Bishop.*
- *La UE Unión Europea propicia la integración de los pueblos y estados europeos.*
- *Te llamé listillo en sentido cariñoso, no te enfades.*
- *El Mulhacén 3 478 m es el pico más alto de Sierra Nevada Granada.*
- *Dijo con severidad: Prestad atención, por favor.*
- *Emilia Pardo Bazán 1851-1921 fue la mejor novelista española del siglo* XIX.

3 Las comillas se utilizan también para enmarcar citas textuales:

La profesora dijo a sus estudiantes: «Este examen lo habéis aprobado todos, enhorabuena».

- Antes de escribir la cita textual es conveniente poner dos puntos, y la primera palabra después de los dos puntos y las comillas de apertura va con mayúscula inicial. Escribe otro ejemplo.

4 Copia en tu cuaderno y continúa los ejemplos siguientes con citas textuales:

- *Mi hermana pequeña exclamó ....*
- *El .... comenzaba ....*
- *El* Quijote *empieza ....*
- *Como dice la canción ....*

ORTOGRAFÍA CONSULTA EL ANEXO 9

4 LITERATURA

MIGUEL DE CERVANTES

4.1 Biografía

Miguel de Cervantes Saavedra nació en Alcalá de Henares (Madrid) en 1547. Participó en la batalla de Lepanto (1571), en la que perdió la movilidad de la mano izquierda. De vuelta a España (1575), su barco fue asaltado y llevado a Argel, donde padeció un cautiverio de cinco años. Regresó a España (1580) y, tras una estancia en Madrid, se instaló en Sevilla como comisario encargado de la provisión de víveres para la Armada Invencible. Fueron los años más difíciles de su vida: padeció estrecheces económicas, tuvo problemas con la justicia y estuvo varias veces en prisión. Se trasladó a Madrid (1606) y comenzó su actividad literaria. Murió en esta ciudad el 23 de abril de 1616.

4.2 Obra

La lírica

Su obra poética más importante es *El viaje del Parnaso* (1614). Es un largo poema narrativo y alegórico, escrito en tercetos. En él se defiende la poesía, y se hace una referencia y valoración de los poetas de su tiempo.

El teatro

Aunque escribió obras dramáticas (*El trato de Argel* y *El cerco de Numancia*), su mejor teatro está recogido en *Ocho comedias y ocho entremeses* (1615).

La narrativa

Cervantes es uno de los **mejores novelistas** de todos los tiempos y uno de los grandes maestros de la literatura universal. El *Quijote* representa el **asentamiento** o la **consolidación de la novela moderna.** Practicó todos los géneros narrativos del momento (pastoril, bizantino, picaresco, novela corta, morisca, caballerías, sentimental), pero siempre sometiéndolos a su personal teoría narrativa.

Estas obras de Cervantes fueron escritas en su madurez, a excepción de *La Galatea,* que es el primer libro del autor:

- ***La Galatea*** es una **novela pastoril,** ambientada en las riberas del Tajo, que relata los amores de Elicio y Galatea.
- Las doce ***Novelas ejemplares*** adaptan a la literatura española **la novela corta de origen italiano.** Las piezas más destacadas son:
  - *Rinconete y Cortadillo.* Novela de ambiente picaresco en la que dos jóvenes ladronzuelos viajan hasta Sevilla. Allí ingresan en una cofradía de maleantes, donde se negocia todo el crimen de la ciudad.
  - *El coloquio de los perros.* Tiene forma de texto dialogado. En ella, dos perros, que durante una sola noche poseen la facultad de hablar, denuncian la corrupción de la sociedad. Aparece el tema del engaño y el desengaño. Las aventuras de los perros transcurren en Sevilla, Montilla y Granada.
  - *La Gitanilla.* Relato novelesco a la italiana, cuenta la historia de amor entre Preciosa y un caballero que, enamorado de ella, se une al grupo de gitanos.
  - *El licenciado Vidriera.* Narra la historia de un hombre que da en la locura de creerse de vidrio y decir las verdades a todo aquel que se le aproxima.
- ***Los trabajos de Persiles y Sigismunda*** se publicaron tras la muerte del autor en 1617. En esta **novela bizantina** se narran las aventuras y peripecias que sufren los enamorados para llegar a Roma, encontrarse y casarse.

Valoración de su obra

Cervantes cultivó todos los géneros literarios, pero con fortuna desigual. A pesar de concebir la poesía como el arte más sublime, no logró triunfar en ella: fue «la gracia que no quiso darme el cielo». En teatro tampoco llegó a sobresalir, ya que no pudo competir con Lope de Vega, autor que iba a dominar la escena dramática del siglo XVII. En la narrativa, en cambio, alcanzó las más altas cotas.

Entremeses destacados

- *El juez de los divorcios,* al que acuden tres parejas para reclamar el divorcio.
- *El viejo celoso,* que sigue la tradición popular del viejo y la joven.
- *El retablo de las maravillas,* parábola sobre la hipocresía, tomada de un tema tradicional, tratado ya en *El conde Lucanor.*

4.3 El *Quijote*

Su publicación

La primera parte de ***El ingenioso hidalgo don Quijote de la Mancha*** se publicó en 1605. Su éxito fue inmediato: se realizaron numerosas ediciones y traducciones. Alonso Fernández de Avellaneda escribió una continuación apócrifa (1614), lo que apremió a Cervantes a redactar la segunda parte, que salió a la luz en 1615.

Miguel de Cervantes, imaginando el Quijote (1858), Mariano de la Roca y Delgado.

El argumento

- **Primera parte.** Se narran las dos primeras salidas de don Quijote:
  - En la **primera salida,** Alonso Quijano, hidalgo manchego, pierde el juicio por leer libros de caballerías y decide hacerse caballero andante para restablecer como ellos el orden y la justicia en el mundo. Toma unas armas viejas, elige para sí y para su rocín nombres sonoros (don Quijote de la Mancha y Rocinante) y crea una amada ideal (Dulcinea del Toboso). Esta primera salida la realiza solo. En una venta, que don Quijote cree castillo, pide al ventero que le arme caballero. Aunque la ceremonia es burlesca, el hidalgo se considerará caballero andante. Después de varias aventuras en las que termina malparado, se encuentra con un vecino que le lleva de vuelta a casa. Allí el cura y el barbero queman su biblioteca.
  - En la **segunda salida,** lo acompaña Sancho, su escudero, al que promete grandes recompensas. Protagoniza alocadas aventuras (molinos de viento, rebaños, batanes, galeotes, etc.) en las que sale vapuleado. Al final, el cura y el barbero de su pueblo engañan al caballero haciéndole creer que está encantado y lo conducen de regreso a su aldea encerrado en una jaula.
- **Segunda parte.** Se narra la tercera salida del caballero.

  Los protagonistas se encaminan hacia El Toboso, donde vive Dulcinea. Se narran diversas aventuras (episodio de los leones, bodas de Camacho...). En Aragón, unos duques se burlan del amo (aventura de Clavileño) y del criado (aparentando nombrarle gobernador de una ínsula). En Barcelona, don Quijote es derrotado por otro caballero (en realidad, su paisano el bachiller Sansón Carrasco) y debe regresar a su pueblo, donde recupera la cordura y muere rodeado de su familia y amigos.

Los protagonistas

Don Quijote y Sancho son figuras opuestas y complementarias. Ambos representan las dos caras del alma humana: el idealismo y el realismo.

Don Quijote → Acomoda la realidad al mundo caballeresco. Es idealista y actúa movido por las injusticias, el bien y el amor a su dama.

Sancho → Percibe la realidad tal cual es. Práctico y materialista, se mueve en función de sus intereses personales.

Quijote y Sancho

En la primera parte de la novela, don Quijote interpreta la realidad desde la ficción caballeresca; en la segunda, en cambio, va acercando su visión idealista a la realidad. En esta segunda parte son Sancho y otros personajes quienes se contagian de idealismo y falsean la realidad para acomodarla a las fabulaciones.

A medida que avanza la novela, se va produciendo, pues, una *quijotización* de Sancho y la *sanchificación* de don Quijote.

Webquest. Accede a esta actividad en **anayaeducacion.es** e investiga sobre la gastronomía del *Quijote*.

Los temas

El *Quijote* fue concebido como una parodia de los libros de caballerías: el héroe de alta nobleza, joven y virtuoso es sustituido por un hidalgo cincuentón y sin juicio de tanto leer; el escudero, por un campesino; la noble y hermosa dama a la que sirve el caballero, por una tosca aldeana; el ambiente idealizado, fabuloso y exótico del mundo caballeresco (magos, gigantes, dragones), por la realidad de la España de los siglos XVI y XVII.

Sin embargo, la novela es mucho más que una parodia caballeresca. En ella laten otros valores como el idealismo, el heroísmo, la justicia, la solidaridad, los contrastes entre realidad y apariencia, la locura, la crítica social y religiosa, etc. Son temas que abarcan todas las facetas del ser humano.

Otro punto destacado es la crítica literaria. Cervantes expone sus opiniones en torno a la literatura de la época en el escrutinio de la biblioteca de don Quijote, en las disquisiciones del cura y el barbero sobre los libros de caballerías y las comedias. También hay lugar para algunos tópicos literarios: los discursos de la edad de oro y de las armas y las letras.

Otras características de las novelas

El manuscrito encontrado → Cervantes finge que los hechos que narra proceden de la traducción de un manuscrito de un historiador árabe. Recurre a este tópico literario para dar mayor verosimilitud a la obra.

Los relatos intercalados → Además de las aventuras de don Quijote y Sancho, hay historias accesorias adscritas a los géneros narrativos vigentes: pastoril (historia de Marcela y Grisóstomo), sentimental (Cardenio y Luscinda) o morisco (el capitán cautivo). Estos relatos predominan en la primera parte.

El diálogo → Los diálogos vivos y entretenidos entre don Quijote y Sancho sirven para ir profundizando en su distinta visión del mundo y labrando sus caracteres. Son una de las grandes aportaciones de Cervantes. Su uso es más acusado en la segunda parte.

El humor → La comicidad de la obra se pone de manifiesto en la confrontación realidad y ficción que se produce en las discusiones y en numerosas aventuras protagonizadas por el caballero y su escudero.

El retrato de la sociedad → En la novela están presentes todas las clases sociales y los más variados oficios y profesiones: monarcas, caballeros ricos, hidalgos, curas, frailes, cabreros, mercaderes, criadas, barberos, pastores, soldados..., así como las costumbres, las tradiciones y las formas de vida. Tras esta galería de tipos se esconde una sutil crítica de las injusticias y los males de la sociedad.

Actividades

1 ¿A qué clase de composición corresponde este texto? ¿Cuál es su tema?

Cuando Preciosa el panderete toca

Cuando Preciosa el panderete toca
y hiere el dulce son los aires vanos,
perlas son que derrama con las manos;
flores son que despide de la boca.

Suspensa el alma, y la cordura loca,
queda a los dulces actos sobrehumanos,
que, de limpios, de honestos y de sanos,
su fama al cielo levantado toca.

Colgadas del menor de sus cabellos
mil almas lleva, y a sus plantas tiene
Amor rendidas una y otra flecha.

Ciega y alumbra con sus soles bellos,
su imperio Amor por ellos le mantiene,
y aún más grandezas de su ser sospecha.

Miguel de Cervantes,
en *Poesía lírica del Siglo de Oro,* Cátedra.

2 ¿Qué hacen el cura y el barbero? ¿Por qué actúan así? ¿Qué libros salvan y por qué?

[…] mandó al barbero que le fuese dando los libros uno a uno para ver si se podía salvar alguno del castigo del fuego. […] El primero que maese Nicolás le dio al cura fue *Amadís de Gaula.*

—Este libro fue el primero de caballerías que se imprimió en España —dijo el cura—, y por ello lo debemos condenar al fuego.

—No, señor —dijo el barbero—, porque he oído decir que es el mejor, y por eso se le debe perdonar. […]

El cura también salvó de la quema la *Historia del famoso caballero Tirante el Blanco* y el *Palmerín de Inglaterra*.

—*Tirante el Blanco* es un tesoro de contento y una mina de pasatiempos —dijo—. Por su estilo, es el mejor libro del mundo. Aquí los caballeros comen, y duermen y mueren en la cama, no como en los otros libros de este género, que están llenos de necedades.

—Aquí tengo *La Galatea* de Miguel de Cervantes —dijo el barbero.

—Este Cervantes es gran amigo mío, y sé que sabe más de desgracias que de versos —dijo el cura—. Su libro tiene buena invención. Sacadlo de aquí y guardadlo en vuestra casa.

Al final, cansados de tanto escrutinio, tiraron a bulto muchos libros por la ventana.

Miguel de Cervantes, *Don Quijote de la Mancha,*
Vicens Vives.

3 Lee este fragmento del *Quijote* y responde a las preguntas:

En resolución, él se enfrascó tanto en su lectura, que se le pasaban las noches leyendo de claro en claro y los días de turbio en turbio, y así, del poco dormir y del mucho leer se le secó el cerebro de tal manera que vino a perder el juicio. […] En efecto, rematado ya su juicio, vino a dar en el más extraño pensamiento que jamás dio loco en el mundo, y fue que le pareció conveniente y necesario hacerse caballero andante e irse por todo el mundo con sus armas y caballo a buscar aventuras y a ejercitarse en todo aquello que él había leído que todos los caballeros andantes se ejercitaban, deshaciendo todo género de agravio, y poniéndose en ocasiones y peligros donde, acabándolos, cobrase eterno nombre y fama. […] Y lo primero que hizo fue limpiar unas armas que habían sido de sus bisabuelos, […]

Fue luego a ver a su rocín, y […] le pareció que ni el Bucéfalo de Alejandro, ni Babieca del Cid con él se igualaban. Cuatro días se le pasaron en imaginar qué nombre le pondría. […]

Puesto nombre a su caballo, y tan a su gusto, quiso ponérselo a sí mismo, y en este pensamiento duró otros ocho días, y al cabo se vino a llamar Don Quijote […]

Limpias, pues, las armas, […], puesto nombre su rocín y confirmándose a sí mismo, se dio a entender que no le faltaba otra cosa sino buscar una dama de quien enamorarse; porque el caballero andante sin amores era árbol sin hojas y sin fruto […]

Miguel de Cervantes, *Don Quijote de la Mancha,* Crítica.

a) ¿Por qué se le «secó el cerebro» a don Quijote? ¿En qué cosas pensaba en todo momento?

b) ¿Por qué decide hacerse caballero? ¿Qué finalidad guiará sus aventuras?.

c) ¿Qué necesita don Quijote para convertirse en caballero?

c) Indica si el fragmento pertenece a la primera, a la segunda o a la tercera salida del personaje.

APLICA LO APRENDIDO

COMENTARIO DE TEXTO

Los molinos de viento

En esto, descubrieron treinta o cuarenta molinos de viento que hay en aquel campo, y así como don Quijote los vio, dijo a su escudero:

—La ventura va guiando nuestras cosas mejor de lo que acertáramos a desear; porque ves allí, amigo Sancho Panza, donde se descubren treinta o pocos más, desaforados gigantes, con quien pienso hacer batalla y quitarles a todos las vidas, con cuyos despojos comenzaremos a enriquecer; que esta es buena guerra, y es gran servicio de Dios quitar tan mala simiente de sobre la faz de la tierra.

—¿Qué gigantes? —dijo Sancho Panza.

—Aquellos que allí ves —respondió su amo— de los brazos largos, que los suelen tener algunos de casi dos leguas.

—Mire vuestra merced —respondió Sancho— que aquellos que allí se parecen no son gigantes, sino molinos de viento, y lo que en ellos parecen brazos son las aspas, que, volteadas del viento, hacen andar la piedra del molino.

—Bien parece —respondió don Quijote— que no estás cursado en esto de las aventuras: ellos son gigantes; y si tienes miedo, quítate de ahí, y ponte en oración en el espacio que yo voy a entrar con ellos en fiera y desigual batalla.

Y diciendo esto, dio de espuelas a su caballo Rocinante, sin atender a las voces que su escudero Sancho le daba, advirtiéndole que, sin duda alguna, eran molinos de viento, y no gigantes, aquellos que iba a acometer. Pero él iba tan puesto en que eran gigantes, que ni oía las voces de su escudero Sancho, ni echaba de ver, aunque estaba ya bien cerca, lo que eran; antes iba diciendo en voces altas:

—Non fuyades[1] cobardes y viles criaturas, que un solo caballero es el que os acomete.

Levantose en esto un poco de viento, y las grandes aspas comenzaron a moverse, lo cual visto por don Quijote, dijo:

—Pues aunque mováis más brazos que los del gigante Briareo[2], me lo habéis de pagar.

Y en diciendo esto, y encomendándose de todo corazón a su señora Dulcinea, pidiéndole que en tal trance le socorriese, bien cubierto de su rodela, con la lanza en el ristre, arremetió a todo el galope de Rocinante y embistió con el primero molino que estaba delante; y dándole una lanzada en el aspa, la volvió el viento con tanta furia, que hizo la lanza pedazos, llevándose tras sí al caballo y al caballero, que fue rodando muy maltrecho por el campo. Acudió Sancho Panza a socorrerle, a todo el correr de su asno, y cuando llegó halló que no se podía menear: tal fue el golpe que dio con él Rocinante.

—¡Válame Dios! —dijo Sancho—. ¿No le dije yo a vuestra merced que mirase bien lo que hacía, que no eran sino molinos de viento, y no lo podía ignorar sino quien llevase otros tales en la cabeza?

—Calla, amigo Sancho —respondió don Quijote—; que las cosas de la guerra, más que otras, están sujetas a continua mudanza; cuanto más, que yo pienso, y es así verdad, que aquel sabio Frestón que me robó el aposento y los libros ha vuelto estos gigantes en molinos por quitarme la gloria de su vencimiento: tal es la enemistad que me tiene; mas al cabo al cabo, han de poder poco sus malas artes contra la voluntad de mi espada.

—Dios lo haga como puede —respondió Sancho Panza.

Y ayudándole a levantar, tornó a subir sobre Rocinante, que medio despaldado[3] estaba.

Miguel de Cervantes, *Don Quijote de la Mancha,* Planeta.

[1]**Fuyades:** huyáis (don Quijote recurre al lenguaje arcaizante de los libros de caballerías). [2]**Briareo:** gigante de la mitología griega y latina, que tenía cien brazos y cincuenta cabezas. [3]**Despaldado:** con la espalda dañada.

Comentario resuelto. Consulta este modelo de comentario en el banco de recursos de anayaeducacion.es.

Comprensión del texto

1 Don Quijote confunde realidad y ficción en este episodio. ¿Qué cree que son los molinos de viento? ¿Y sus aspas? ¿Sancho también los confunde?

2 ¿A quién se encomienda don Quijote antes de la batalla?

3 ¿Qué piensa Sancho que tiene su amo en la cabeza? ¿Cómo se comporta Sancho en su papel de escudero?

4 ¿Qué hecho provocó la derrota del caballero?

5 ¿A quién culpa don Quijote de lo ocurrido? ¿A qué episodio anterior hace referencia?

6 ¿Qué sucede con Rocinante en esta aventura?

7 Don Quijote se muestra en todo momento como un valiente caballero. Cita algunos ejemplos que lo evidencien.

Tema y análisis del contenido

8 ¿Qué motivación lleva a don Quijote a emprender esta venturosa batalla?

9 ¿Por qué don Quijote considera que Sancho puede tener miedo? ¿Qué le sugiere que haga?

10 ¿Cómo cree don Quijote que será la batalla? ¿Qué efecto causa esto en el lector?

11 Resume el texto en cuatro líneas y titúlalo de forma que llame la atención del lector.

Repaso interactivo. Accede a este juego en el banco de recursos de anayaeducacion.es.

Recuerda seleccionar el material de trabajo de esta unidad para tu **portfolio**.

Estructura

12 Indica la estructura de este fragmento narrativo:

Los molinos de viento

Introducción | Nudo | Desenlace

13 Además, el texto presenta una estructura dialogada en la que se presentan dos posturas contrarias. ¿De qué forma se oponen las palabras de don Quijote y Sancho, y qué ideas se van encadenando?

Análisis del lenguaje

14 ¿A qué campo semántico pertenecen estas palabras?

espuelas | lanza | rodela | ristre | espada

15 Copia un ejemplo de diálogo en estilo directo y otro de estilo indirecto.

16 ¿Por qué don Quijote describe a los gigantes como *desaforados?* ¿Qué otros dos adjetivos utiliza para referirse a ellos?

17 ¿Qué expresión del texto significa *superficie?*

simiente | mudanza | faz

18 ¿Qué fórmulas de tratamiento utilizan Sancho y don Quijote entre sí?

Redacción del comentario

19 Después de realizar las actividades, debes redactar el comentario. Para ello, puedes seguir estas indicaciones:

- Realiza una introducción sobre Cervantes y la importancia del *Quijote* en la novela del Siglo de Oro. Después, localiza el fragmento en el argumento general de la novela y en la parte y salida que corresponda.
- Expón brevemente los datos más relevantes que hayas obtenido del análisis del texto: episodio, tema y contenido, personajes, estructura, lenguaje...
- Finaliza el comentario con tu valoración sobre el texto.

8

ARTES CONECTADAS

A lo largo de la historia son numerosos los ejemplos de la influencia de la literatura en el arte: la música, la danza, el cine, las bellas artes... Es una intensa relación de soporte mutuo, un puente entre artes, que enriquece y estimula la creación artística de forma constante.

Un vínculo que existe desde la Antigüedad y cuyos resultados extraordinarios nos emocionan y sirven de lenguaje universal; como el lenguaje en movimiento que emplea para expresarse en el escenario el bailarín Carlos Acosta, protagonista de la lectura de esta unidad.

Plano abierto. Accede al vídeo de la unidad en el banco de recursos de **anayaeducacion.es**.

Intercambia opiniones

LITERATURA Y ARTE

- ¿Qué ejemplos conoces de la influencia de la literatura en el arte? ¿Y al revés?
  - ¿Qué opinión te merecen?
- ¿Qué crees que aporta la literatura a los creadores de otras artes como la música, la pintura, el cine o la danza?
  - ¿Y viceversa? ¿Por qué los escritores y las escritoras se inspiran en otras manifestaciones artísticas?
- ¿Consideras importante que se investigue sobre las interrelaciones que existen desde siempre entre la literatura y las artes?
  - ¿Qué beneficios aporta esta investigación a los amantes del arte?

Puente romano de Córdoba

QUÉ VAS A ENCONTRAR EN ESTA UNIDAD

1 LECTURA ODS

Vas a leer una entrevista en la que Carlos Acosta explica cómo ha llegado a ser una figura del *ballet* a pesar de la pobreza y la marginación que vivió en su infancia. Consulta los vídeos en **anayaeducacion.es** y reflexiona sobre la pobreza y la reducción de las desigualdades: metas ONU 1.1 , 1.2 , 1.3, 10.1 y 10.3.

2 COMUNICACIÓN

¿Qué clase de texto es una noticia? ¿Sabes identificar las semejanzas y las diferencias entre una noticia y una crónica? Pon en práctica tus destrezas en el **Taller de comunicación.**

3 GRAMÁTICA

¿Te has dado cuenta de que hay oraciones simples y compuestas? ¿Podrías explicar qué es una oración transitiva? ¿Qué nexos subordinantes conoces?

4 LITERATURA

En el siglo XVII se creó la comedia nueva. ¿Sabes en qué consistía y quién fue su artífice? ¿Qué dramaturgos destacan en el Barroco? ¿Sabes dónde se representaban sus obras y cómo eran dichos lugares?

ORTOGRAFÍA El anexo de ortografía te ayudará a resolver las actividades propuestas a lo largo de la unidad sobre **las palabras juntas y separadas.**

1 LECTURA

Comprensión oral

Escucha el texto locutado de la lectura y responde a las siguientes preguntas:

- ¿En qué ciudad nació Carlos Acosta? ¿Qué edad tiene en el momento de la entrevista?
- ¿De qué compañía inglesa fue primera figura?
- ¿Cuál es el hecho clave de su carrera como bailarín?
- ¿Sobre la música de qué autor monta sus coreografías para la compañía Acosta Danza?
- ¿De dónde eran sus padres?
- ¿Qué les compró una vez que consiguió éxito en la danza?
- ¿De qué accidente se libró el bailarín y por qué motivo?
- ¿Qué galardón ganó en la ciudad de Lausana?

«Soy el anti Billy Elliot»

El bailarín cubano pasó de chaval marginado en su país a estrella del Royal Ballet de Londres, donde fue el primer Romeo negro en la historia.

Carlos Acosta y Tamara Rojo interpretando a Romeo y Julieta.

JESÚS RUIZ MANTILLA

La vida de Carlos Acosta (La Habana, 46 años) es un reguero de antitópicos. Bailarín a la fuerza, por medio de una contrapasión forjada de niño, llegó a lo más alto por puras habilidades naturales. De chaval marginado en Cuba, acabó como estrella del Royal Ballet de Londres. Allí rompió barreras, como llegar a ser el primer Romeo negro en la historia. Dejó lo clásico para crear en el mundo de hoy a través de la expresión contemporánea con su compañía Acosta Danza. Monta coreografías con música de Silvio Rodríguez y ayuda a salir del hoyo a jóvenes bailarines que, quizás, como él, no todos quieran, pero de los que se empeña en sacar lo mejor que llevan dentro. Icíar Bollaín le dedicó *Yuli,* una película con su experiencia, y ha contado su peripecia en dos libros autobiográficos. Redondea este agosto con una gira por España. Hablamos a las 7.30 de la mañana en Santander, donde actuó el pasado día 18 en el Festival Internacional.

Pregunta. La pobreza y la marginación, ¿le pusieron muelles en los pies para volar más alto?

Respuesta. Sí, claro. Siempre digo que eso fue lo que me salvó.

P. ¿Por qué?

R. Para forjarme un espíritu independiente. Yo estuve tan abajo, que el único camino posible era hacia arriba. Por eso he sido muy osado, porque no tenía nada que perder.

P. ¿Dónde se vio?

R. Viví mucha soledad. Mi papá me metió en el *ballet* casi a la fuerza. Desde los nueve años debía ir a la escuela cogiendo dos buses solo a las cinco de la mañana, mientras otros niños iban de la mano de sus padres.

[...]

P. O sea, que se hizo bailarín a base de indisciplina.

R. Eso es lo bello que tiene la historia. Y también que mi papá tuviera esa visión de que gracias al *ballet* podría arreglarme. Una cosa atípica, así, un camionero... Luego, todos vivieron mi gloria, les compré casa.

P. Lo contrario a Billy Elliot.

R. Sí, yo soy el anti Billy Elliot.

P. ¿Cuándo supo que eso le podía salvar?

R. Cuando vi a los profesionales del *ballet* de Cuba, con esos músculos, que agarraban a una mujer con una mano. Y yo decía: «¡Guau! ¡También quiero agarrar a una mujer con una mano!». De ahí para allá, empecé a trabajar duro, duro.

P. ¿Será que es un romántico?

R. ¿Yo?... Un poco.

P. ¿Solo la obsesión atlética y romántica le convencieron?

R. Y que empezaban a aplaudirme. Yo tenía muchos complejos, de inferioridad y de no tener un propósito. Cada vez que se fijaban en mí por algo, normalmente era por cosas negativas.

P. ¿Cuáles? ¿Racismo?

R. No, no tanto. En mi familia convivían naturalmente nuestros orígenes. Mi mamá, española. Mi papá, de África. Nosotros, en medio. En Cuba eso no está muy marcado. Tenía más que ver con dónde me hallaba yo en la vida. Pero cuando bailaba, la gente me aplaudía.

P. ¿Alimentó su ego todo lo que le había tenido a raya?

R. Sí, es que yo no tenía nada. Lo único con que contaba era mi arte. Otros tenían ropa que vestir y los familiares al lado. Así cambié mi relación con el mundo y el arte. Hasta ahora.

P. Pasando por ser la primera figura del Royal Ballet, que es como decir, un Messi del *ballet.*

R. Sí, sí. Y fíjate que fue casi sin planearlo. Lo mío fue una especie de accidente. Ahora todo se piensa más. Llegó a mí.

P. ¿Cree en el azar o que está protegido por una especie de ángel tozudo que le empuja?

R. Yo sí creo que, mira, algunas cosas... Antes de un vuelo a Italia, donde había ido a bailar a Turín, por alguna razón u otra, unos papeles de la visa que no pudimos hacer a tiempo, no cogimos un avión del que teníamos billete. Se estrelló. Murieron cientos de personas. Mira lo que es eso... En Lausana, entré el último, por los pelos, en la competición y gané el Grand Prix. O sea, que son muchas cositas... Ahí hay algo que no sé... Decisiones que te llevan a otro nivel. Y gente que pudo frenarme y no lo hizo.

R. Tampoco estaba planeado, pero quizás sí escrito, que fuera el primer Romeo negro de la historia del Royal Ballet.

R. En la historia... pero bueno, mira, esa es una razón para entristecerse, verdaderamente. Han existido muchísimos talentos cuyas carreras han sido tronchadas por eso. Que ven a alguien así y ya te cierran, sin *chance,* por como yo soy, por mi color de piel. Menos mal que hemos avanzado un poco y he podido demostrar que el Romeo lo llevo dentro, no fuera. Así que eso pasó, pero no es para vanagloriarse. Fue una puerta cerrada que pude abrir. Con el mestizaje, los genes se hacen más fuertes y las sociedades se entretejen, mutan, se enriquecen.

www.elpais.com

Vocabulario

Reguero: línea o señal continuada que queda de algo que se va vertiendo.

Peripecia: accidente imprevisto o cambio repentino de situación.

Forjar: crear, inventar o formar.

Agarrar: coger con las manos y levantar.

Ego: exceso de autoestima.

Tronchado: roto, estropeado.

Vanagloriarse: presumir de forma exagerada de la propia valía o de algo que se posee.

Mestizaje: cruce de diferentes razas o conjunto de individuos resultante de dicho cruce.

Entretejer: mezclar o relacionar dos o más cosas entre sí para formar un conjunto o idea coherente y homogénea.

Mutar: cambiar o modificar.

Hipertexto. Conoce al autor y contextualiza su obra en el banco de recursos de **anayaeducacion.es**.

Comprende el texto

Pasión por leer. Disfruta de otras entrevistas en el banco de recursos de **anayaeducacion.es**.

Extrae información

1 ¿Dónde y cuándo se entrevista a Carlos Acosta?

2 ¿Qué papel le porporcionó prestigio internacional? ¿En qué obra literaria se basa dicho papel?

3 ¿Gracias a quién se dedica al *ballet?* ¿Fue una actividad impuesta o voluntaria? ¿Cómo valora ahora este hecho el bailarín?

4 ¿Cómo llegaba a la escuela de *ballet* con nueve años? ¿Cómo se sentía?

5 Indica qué partes del texto se corresponden con estos elementos de una entrevista:

Estructura

Titular | Entradilla | Inicio | Cuerpo

- ¿Qué elemento de una entrevista falta?

Reflexiona sobre la lengua

6 ¿Qué palabra de origen francés y característica del español de Cuba significa 'oportunidad o posibilidad de conseguir algo'?

chasis | *chalé* | *chance*

- **Mesa redonda.** ¿Qué otros rasgos del español de Cuba detectáis en el texto? ¿Conocéis más características del español de América?

7 Hay determinadas palabras que, al pronunciarse, suenan igual, pero que tienen significados distintos según se escriban juntas o separadas.

a) ¿Qué tipo de palabras son las destacadas en estas oraciones del texto?

- *Tampoco estaba planeado, pero quizás sí escrito.*
- *Por eso he sido muy osado, porque no tenía nada que perder.*
- *Y también que mi papá tuviera esa visión de que gracias al* ballet *podría arreglarme.*

b) ¿Qué significan si se escriben separadas? *Tan poco, tan bien, por que.*

ORTOGRAFÍA CONSULTA EL ANEXO 10

8 ¿Qué significa la locución adverbial *por los pelos?*

En un instante | En el último instante

9 ¿Qué figura retórica se usa en esta pregunta?

> La pobreza y la marginación, ¿le pusieron muelles en los pies para volar más alto?

Interpreta y analiza

10 ¿Por qué dice Carlos Acosta que él es el anti Billy Elliot? Investiga y justifica tu respuesta.

11 ¿Por qué afirma que la pobreza y la marginación lo salvaron?

12 ¿Por qué considera Carlos Acosta atípico que su padre promoviera su carrera en el *ballet?*

13 Completa este razonamiento extraído del texto. ¿Cómo lo interpretas?

> Carlos Acosta es al *ballet,* lo que …. al fútbol.

14 ¿A qué contribuían los aplausos que, poco a poco, brindaba el público al bailarín?

- A superar sus complejos y afianzar su autoestima.
- A alimentar su ego.
- A vanagloriarse de sus triunfos.

15 ¿Qué crees que supuso el hecho de que Acosta interpretara a Romeo? ¿Qué significa que él llevaba a Romeo dentro y no fuera?

16 ¿Qué piensa Carlos Acosta sobre el mestizaje?

Valora y relaciona con tu mundo

17 **Intuyo y deduzco.** ¿Qué mueve a una persona que ha superado situaciones difíciles a ayudar a otras en su misma situación? ¿Qué opinas de ello?

18 ¿Has sentido, como Carlos Acosta, complejos y sentimientos de inferioridad? ¿Por qué? ¿Cómo se pueden afrontar estos sentimientos para superarlos y sacar provecho de ellos? Debate.

19 ¿Por qué es importante tener propósitos en la vida? ¿Cuáles tienes actualmente?

Amplía tu vocabulario

EL ESFUERZO

De la entrevista que Jesús Ruiz Mantilla mantiene con el bailarín Carlos Acosta se desprende el **afán** de **superación** de un niño que vivió en la pobreza y la marginación y que, a base de **perseverancia** y también **azar,** marcó un **hito** en la historia del *ballet*.

1 *Afán* es según la RAE 'el deseo intenso o la aspiración de algo'. ¿Significa lo mismo *desear* que *anhelar?*

2 Relaciona cada locución verbal con su significado y escribe una oración con cada una:

Locución
Arder en deseos de algo
Beber los vientos por algo

Significado
Desearlo con ansia y hacer cuanto es posible para conseguirlo.
Anhelar algo con vehemencia.

3 ¿Qué significa el sintagma nominal *sueño dorado?* ¿Tienes alguno?

4 Para ser una figura del *ballet,* Carlos Acosta venció muchos obstáculos. ¿Qué palabras son sinónimos de *superación?: progreso, avance, ambición, evolución, retroceso.*

5 Ordena las letras de estas palabras en tu cuaderno y forma tres sinónimos de *perseverancia:*

DADTENACI | CSONTNACIA | SÓNTE

6 ¿Cómo calificarías el *esfuerzo* de Carlos Acosta a lo largo de su carrera? Investiga y elige dos adjetivos; y forma sendas oraciones con ellos: *titánico, ingente, infructuoso, febril.*

7 El sustantivo *sino*, sinónimo de *destino*, significa 'encadenamiento fatal de los sucesos'. No debes confundirlo con *sino* (conjunción) y con la secuencia *si no.* Completa en tu cuaderno estos enunciados con la opción adecuada:

- *Ayer leí la obra* Don Álvaro o la fuerza del .... .
- *.... quieres venir, dilo y ya está.*
- *No me apetece leche .... cacao caliente.*

8 Completa estas oraciones con un sinónimo de *azar:*

- *No dejes al .... la solución de este problema.*
- *¡Que los .... te sean favorables!*
- *El fracaso es una .... con la que debes contar siempre.*

Contingencia: posibilidad de que algo suceda o no.

Hado: fuerza desconocida que obra irresistiblemente sobre los dioses, hombres y sucesos.

Albur: casualidad a la que se fía el resultado de alguna empresa.

9 Busca la palabra *hito* en el diccionario de la RAE y copia en tu cuaderno la acepción que se corresponde con el significado que tiene en «marcó un hito en la historia del *ballet*». ¿Con qué adjetivo suele aparecer asociado este sustantivo? Escribe una oración con estas palabras:

histórico | decisivo | legendario | memorable

2 COMUNICACIÓN

LOS TEXTOS PERIODÍSTICOS

Mar Abad (Almería, 1972), ganadora del XXIV Premio Nacional de Periodismo Miguel Delibes (2019).

2.1 Los medios de comunicación

Los **medios de comunicación de masas** son los diversos sistemas que existen en la sociedad actual para transmitir la información a un amplio público: la **prensa,** la **radio,** la **televisión** e **Internet.**

Tienen tres finalidades principales: informar, formar y entretener.

- La **información** se plasma principalmente en la noticia. La mayoría de los medios de comunicación informan sobre los sucesos que suscitan el interés en la gente. Este depende de la proximidad de la noticia, de su importancia, del personaje implicado y de los valores que pone en juego.
- La **formación** se consigue a través de las interpretaciones y los comentarios sobre las noticias y los sucesos más destacados.
- Casi todos los medios dedican parte de su espacio al **entretenimiento.**

2.2 El periódico

El **periódico** es un medio de información diario o habitual, que se publica de forma impresa o electrónica, con la finalidad de informar y dar opinión.

	Los géneros periodísticos	
Géneros informativos	La noticia	- Las entrevistas - Las secciones de crítica
	El reportaje	
	La crónica	
Géneros de opinión	El editorial	
	Los artículos y las columnas	
	Las cartas al director	

El lenguaje en el periódico

El lenguaje periodístico utiliza elementos lingüísticos y no lingüísticos.

Elementos lingüísticos:

- El uso de un nivel de lengua estándar en la información general y un nivel de lengua más culto y técnico en las secciones especializadas.
- Un estilo claro, con enunciados breves y un vocabulario fácil de entender por el gran público.
- La utilización correcta, objetiva y precisa de las palabras para evitar la ambigüedad.

Elementos no lingüísticos:

- Se da mucha importancia al lugar donde se colocan las noticias. Las más importantes suelen ir en la primera página. Dentro de las páginas se sitúan las que se quieren destacar arriba y a la derecha.
- Se utilizan imágenes, fotos, tablas, caricaturas...
- Se usan varios tamaños y tipos de letra.

En el banco de recursos de **anayaeducacion.es** encontrarás una actividad de orientación académica y profesional.

2.3 La noticia

La **noticia** es el género periodístico que tiene como finalidad informar de algo novedoso e importante al receptor.

Características de la noticia

Un hecho despierta interés como noticia por:

- Su **actualidad:** la noticia contiene información del día. Al día siguiente, ya pierde importancia frente a nuevos sucesos.
- Su **proximidad:** interesa más lo cercano, lo que hace referencia a nuestro barrio, nuestra ciudad...
- La **importancia del protagonista.**
- Lo **sorprendente** del tema.
- Su relación con los **aspectos humanos** de interés general que trate: como la vida y la muerte, la solidaridad y el abuso, la extrema pobreza o riqueza...
- Su relación con **temas** como los deportes, la cultura y los espectáculos.

Esta es su estructura:

Titular

Ha de ser breve, claro y sugerente; es decir, llamar la atención del lector. Contiene algún dato esencial del mensaje que se va a transmitir.

Entradilla

Es el primer párrafo tras el titular. Recoge, a menudo en letra algo mayor, los principales elementos de la noticia e intenta contestar a estas preguntas, conocidas en el argot periodístico como las 6W: **qué** ha sucedido, **a quién** le ha sucedido, **cuándo, dónde, por qué** y **cómo** ha ocurrido.

Cuerpo

Está formado por el resto de las explicaciones y por la ampliación de datos. Las noticias, en general, no son muy largas. La información que contiene la noticia tiene la forma de pirámide invertida; es decir, lo más importante siempre se escribe al principio.

Recuerda

Para que un hecho se convierta en noticia, ha de haber una persona que conozca el hecho y lo inserte en un medio de comunicación.

Actividades

1 Localiza en un periódico dos textos informativos, dos textos de opinión y dos textos relacionados con el ocio y el entretenimiento. ¿En qué sección del periódico aparece cada uno de esos textos?

2 Consulta en Internet tres periódicos nacionales digitales y anota cuáles son las tres primeras informaciones que dan. Y si estas coinciden.

3 Compara esas tres primeras noticias con las tres primeras informaciones que dé una cadena de TV ese mismo día. ¿Hay diferencias o hay semejanzas? ¿A qué crees que se deben las diferencias?

4 Completa este diagrama de Venn:

Géneros informativos　　Géneros de opinión

5 Las 6W. Explica qué características de la noticia se cumplen en este texto:

Llega al Real una gótica versión de *Giselle*

El Teatro Real de Madrid acoge desde mañana al sábado 12 de octubre la adaptación del clásico *Giselle* realizado por el coreógrafo Akram Khan y la dirección artística de Tamara Rojo. Para la bailarina española, esta nueva versión permitirá acercar la obra a «un nuevo público» que podría pensar que «el *ballet* no era lo suyo». Rojo está acompañada por los 47 bailarines del English National Ballet, que dirige desde 2012, y con el que busca «nuevas emociones en los clásicos para mantenerlos vivos y cercanos al público de hoy». [...]

La expectación por esta obra se está traduciendo en la venta de entradas que se encuentra entre el 89 y el 90% en algunos días de la representación.

www.20minutos.es

2.4 La crónica

La **crónica** es la información detallada y explicada de un acontecimiento.

Se basa, como la noticia, en hechos de actualidad, pero presenta diferencias con ella.

DIFERENCIAS ENTRE NOTICIA Y CRÓNICA

- **Noticia**
  - Informa rápida y brevemente sobre un hecho.
  - Su finalidad es informar sobre lo ocurrido.
  - Su extensión es breve.
  - La redacción es ágil y escueta.
- **Crónica**
  - Sin urgencia, los hechos se analizan, se detallan y se explican.
  - Su finalidad es informar y explicar el hecho con datos y comentarios.
  - Su extensión es más larga.
  - La redacción es elaborada y más literaria.

Como la noticia, la crónica suele tener esta estructura:

- Un **titular,** a veces con antetítulo y subtítulo.
- Una **entradilla,** que anticipa en pocas líneas lo principal de la información.
- Un **cuerpo** o **narración,** donde se desarrollan los hechos y sus explicaciones o circunstancias. En el cuerpo, la crónica tiene una estructura abierta, y el cronista tiene libertad de ordenar el texto como crea más conveniente.
- A veces, acaba en un **cierre** o **final,** que redondea la información.

Componentes de la crónica

En la crónica hay dos componentes: lo **noticioso,** que atiende a la información sobre los hechos que han ocurrido, y el **análisis,** que examina los hechos, los enjuicia y los interpreta.

Clases de crónicas

Las crónicas se clasifican según el **lugar** de donde proceden (locales, regionales, nacionales, internacionales...) y el **tema** (crónicas de sucesos, de política, deportivas, de eventos sociales...).

El cronista y el estilo

El **cronista** es la persona que firma la crónica.

Suele ser un enviado especial, que asiste en persona a los hechos, los cuenta y los valora. Los medios de comunicación suelen enviar periodistas a eventos importantes como campeonatos, elecciones, catástrofes, actos culturales o conflictos armados.

La crónica necesita un **estilo ágil** y **ameno** en el que se combinen los hechos, los datos, las declaraciones, etc.

Leila Guerriero (Buenos Aires, 1967) es una brillante periodista y escritora argentina que afirma que escribe crónicas porque es la mejor forma de entender y comprender el mundo.

2.5 El reportaje

El **reportaje** es la información elaborada sobre un tema a partir de la investigación y el análisis de lo que se describe.

La estructura del reportaje es la siguiente:

- El **título,** que ha de ser atractivo e interesante.
- La **entradilla** o **apertura,** que presenta el tema de forma muy resumida y original para invitar a la lectura.
- El **cuerpo** de la información es la parte más extensa, desarrolla los hechos y los acompaña de otros elementos, como anécdotas, datos o imágenes, que dan interés al reportaje.
- El **final** o **remate,** que puede volver a la idea inicial, como conclusión, para redondear y dar sentido a todo el reportaje.

Características del reportaje

El reportaje no depende tanto de la actualidad como la noticia o la crónica. Sirve para informar y también para llamar la atención sobre determinados aspectos de la realidad social, política, económica, etc. Para ello, aporta una información completa y atractiva, con fotos y datos complementarios. Son más frecuentes en revistas y semanarios. Van firmados por el autor.

Actividades

6 **Conformidad y consenso.** Lee atentamente este texto e indica su estructura y a qué género periodístico pertenece. Justifica tu respuesta.

MATILDE HIDALGO DE PROCEL, PIONERA DEL VOTO FEMENINO EN HISPANOAMÉRICA

Niña precoz en el aprendizaje, rompió barreras académicas y sociales prohibidas para las mujeres al decidir seguir estudiando y ejercer el voto en unas presidenciales

Matilde Hidalgo Navarro se adelantó un siglo a su tiempo para luchar, con constancia, tenacidad y sobre todo inteligencia, contra las desigualdades y las imposiciones clasistas y extremadamente conservadoras de su época. Fue una revolucionaria y una pionera silenciosa que vio con claridad que la igualdad y los derechos de las mujeres se podían conquistar desde el sentido común y con los hechos, no solo con las palabras.

Entusiasmada por el aprendizaje, demostró que para lograr la igualdad primero hay que conquistar las oportunidades, y de esta forma se convirtió en la primera joven ecuatoriana en continuar los estudios de Secundaria hasta llegar a convertirse en la primera bachiller en Ecuador y, posteriormente, en la primera mujer en doctorarse en Medicina.

Su mayor logro, sin embargo, fue conseguir forzar a las autoridades nacionales a que le permitieran votar en unas elecciones presidenciales, abriendo así la posibilidad del voto femenino por primera vez en los países hispanoamericanos.

Médico, poeta y activista por los derechos y las libertades de las mujeres, Matilde Hidalgo Navarro nació en Loja (Ecuador), el 29 de septiembre de 1889. Fue la menor de seis hermanos en una familia de origen venezolano con un ambiente siempre propicio para el aprendizaje y la cultura.

Sin embargo, su mundo se derrumbó cuando su padre falleció siendo ella aún una niña, y su madre tuvo que empezar a trabajar como costurera para mantener a toda la prole. Estudió Primaria con las Hermanas de la Caridad y al mismo tiempo ayudaba de manera voluntaria en el hospital que tenían las religiosas, lo que a buen seguro despertó en ella la vocación por la medicina y estar siempre pendiente de los más necesitados y vulnerables.

Quienes la conocieron destacan que apuntaba maneras de niña prodigio, ya que antes de cumplir cuatro años ya sabía leer, escribir, tocar el piano y recitaba poemas clásicos.

www.elpais.com

CRÓNICA DE UN MUSICAL

¿TE ANIMAS A COLABORAR CON EL PERIÓDICO DE TU CENTRO ESCRIBIENDO LA CRÓNICA DEL ESTRENO DE UN MUSICAL?

COMPAÑÍA BAMBALINAS

LEE

Obtén información sobre el musical a cuyo estreno vas a acudir.

1 Lee la nota de prensa que ha llegado al periódico y responde a las preguntas:

Estreno absoluto del musical *La última reina de Egipto*

Una brillante producción dirigida al público adolescente que estará en cartel durante los meses de junio y julio.

18 de mayo de 2020. El próximo día 1 de junio a las 20.00 horas se estrenará en el Teatro Municipal *La última reina de Egipto,* un musical basado en la vida de Cleopatra. Durante una hora y media de duración se podrá disfrutar del trabajo de magníficos intérpretes y bailarines, así como de piezas musicales de diversos estilos cuidadosamente elegidas: clásica, egipcia, rap, jazz, rock y pop. ¡Un espectáculo deslumbrante!

La última reina de Egipto refleja la vida de Cleopatra (69 a. C.-30 a. C.), la última gobernante de la dinastía ptolemaica en el antiguo Egipto. Conocida esencialmente por su papel político, también fue una gran estudiosa de la lengua e incluso autora de tratados de medicina. El musical mostrará sus relaciones políticas y personales con los emperadores romanos, su interés por resolver las hambrunas y sequías que asolaban a su pueblo y distintas facetas de su carácter, ambivalente y aún hoy enigmático.

De su escritura y producción se ha encargado la compañía Bambalinas, que ya ha demostrado su capacidad para encandilar al público juvenil con espectáculos muy diversos, como *El sombrero de Buster Keaton* y *La grulla con la flecha de oro.*

El espectáculo estará en cartel desde el 1 de junio hasta el 27 de julio. Cada entrada costará nueve euros y solo se podrán adquirir en la taquilla durante las dos horas previas a cada función.

Para obtener más información contacte con prensa@compbambalinas.es

- ¿En qué se parece su estructura a una noticia? Localiza los elementos que tienen en común.
- ¿En qué se diferencia de una noticia? Presta atención a la fecha en que tendrá lugar el hecho sobre el que se informa.
- ¿A quién crees que se dirige este texto?

2 Completa una ficha con la información básica del musical.

Título del espectáculo	Tipo de espectáculo	Hechos en que se basa	Compañía productora	Público al que se dirige	Precio de la entrada	Fecha de estreno	Teatro donde se representa	Período en cartel
....	....	....	....	....	....	....	....	....

3 ¿Crees que la obra interesará a estas personas? ¿Por qué?

4 ¿Qué expectativas tienes sobre el espectáculo? Reflexiona sobre los siguientes aspectos:

- Actores y actrices, cantantes y bailarines: técnica, expresividad, fuerza...
- Escenografía: decorado, atrezo, tramoya, efectos especiales.
- Maquillaje y vestuario.
- Música: estilo, variedad, adecuación, calidad, número de músicos en directo...
- Espectadores: actitud, emociones, número de personas, aplausos...
- Sonido e iluminación.

COMPAÑÍA BAMBALINAS

ESCUCHA

Obtén más información sobre el musical y la compañía Bambalinas.

5 Escucha la rueda de prensa de presentación del musical y responde a las preguntas:

- ¿Qué nueva información obtienes de la entrevista sobre *La última reina de Egipto?*
- ¿Qué crees que quiere decir Silvia cuando advierte de que «el espectáculo es interactivo»? ¿Cómo crees que se puede concretar eso en la representación?
- ¿Por qué crees que la canción que cierra el musical se titula *El áspid?* Investiga y justifica tu respuesta.

6 Comprueba si las siguientes afirmaciones son verdaderas o falsas. En caso de que no lo sean, corrígelas:

A La compañía Bambalinas lleva diez años haciendo musicales basados en hechos históricos.

B La vida de Cleopatra es, según Silvia, extraña y exótica.

C La compañía Bambalinas creó en sus comienzos una obra teatral basada en la Revolución francesa.

D Santi y Silvia han conseguido reunir a diez intérpretes, diez bailarines y veinte músicos (mujeres y hombres por igual) para este último musical.

E La compañía se fundó en Las Palmas de Gran Canaria, ciudad en la que nacieron Silvia y Santi.

B *La última reina de Egipto* comienza con una pieza musical titulada *Alineación de estrellas.*

7 ¿Cuál de estás calificaciones elegirían Silvia y Santi para caracterizar su espectáculo? ¿Por qué?

- Obra transgresora
- Espectáculo heterogéneo
- Propuesta minimalista
- Representación fiel
- Versión respetuosa
- Diversión clásica y moderna

COMPAÑÍA BAMBALINAS

HABLA

Entrevista a la actriz y bailarina protagonista.

8 Al final del espectáculo, tendrás la oportunidad de entrevistar a la actriz y bailarina que encarna a Cleopatra para conocer sus impresiones sobre el estreno. Prepara una batería de preguntas. Por parejas, dramatizad la entrevista.

COMPAÑÍA **BAMBALINAS**

ESCRIBE

Toma notas y redacta tu crónica.

9 Relee estas notas que tomaste la noche del estreno. Luego, escribe tu crónica del evento.

- **Asistencia respecto al aforo:** 2 630 de 2 750 personas.
- **Oído entre el público a la entrada:** «¡Menuda cola!»; «¡Qué calor!»; «La verdad es que nunca he visto un musical»; «Ya verás que esta compañía te sorprenderá. Son geniales».
- **Oído entre el público a la salida:** «Ha sido mucho más divertido de lo que me esperaba»; «La canción del final me ha emocionado»; «¿Y cuando aparecieron los bailarines entre los asientos?».
- **Hechos sorprendentes:** Se proyectaron imágenes en las paredes y el techo del teatro. Algunos bailarines sacaron a bailar a personas del público.
- **Incidencias:** Un apagón de luz en mitad del espectáculo, que se solucionó enseguida, mientras la actriz protagonista cantaba a capela para disimular.

• Para redactar la crónica, sigue estos pasos:

1. Ante todo, recuerda que tienes diferentes fuentes de información:
   - La nota de prensa.
   - La entrevista a los fundadores de la compañía.
   - La entrevista a la protagonista tras el estreno.
   - Las notas que apuntaste en tu cuaderno y tu propia experiencia.
2. Debes incluir esta información:
   - Título del espectáculo.
   - Fecha y hora del estreno.
   - Compañía que lo estrena (número de actores, músicos, bailarines...).
   - Asistencia.
   - Tipo de espectáculo.
   - Tema o argumento y sucesión de escenas o actos.
3. Valora el espectáculo teniendo en cuenta:
   - El ambiente general previo.
   - La cantidad de público y sus expectativas.
   - Las impresiones de los actores y su relación con el público.
   - Las incidencias y cómo se solucionaron.
   - Los hechos sorprendentes y el impacto que causaron.
   - El ambiente a la salida.
4. Busca un cierre bonito para tu texto.
5. Finalmente, busca un titular y redacta una entradilla para que el lector capte la esencia de tu texto.

10 **Interpretación compartida.** Por grupos, leed las crónicas y valoradlas:

• ¿La información proporcionada es veraz?
• ¿La crónica es ágil y amena?

Reflexiona sobre este ámbito profesional

¿Has pensado alguna vez qué profesionales son imprescindibles para publicar un periódico?

En grupos, haced una tormenta de ideas para averiguarlo y responded a estas preguntas:

- ¿Qué función desempeña cada profesional?
- ¿Qué estudios habrán tenido que cursar?
- ¿Qué habilidades y conocimientos son necesarios para desarrollar las tareas propias de cada oficio?
- ¿A cuál de todas las profesiones que habéis mencionado te gustaría dedicarte? ¿Por qué?
- ¿Para cuál de todas estas profesiones estás mejor dotada o dotado?
- ¿Te gustaría formar parte del equipo de redacción de un periódico? ¿Cómo te sentirías?
- ¿En qué sección te gustaría que tus artículos se publicaran? ¿Por qué?

Después, compartid con el resto de la clase la información que habéis obtenido y estableced un debate sobre las ventajas y los inconvenientes que creéis que tienen estas profesiones.

3 GRAMÁTICA

LAS CLASES DE ORACIONES

Criterios de clasificación de las oraciones

Las oraciones se clasifican según **la estructura sintáctica del predicado;** es decir, según la clase de verbo que constituya su núcleo y según el complemento o los complementos que lo acompañen.

3.1 Oraciones simples y compuestas

- La **oración simple** está formada, generalmente, por la unión de un sujeto y un predicado: *La presidenta convocó elecciones.* A veces, el sujeto puede faltar: *Nieva.*
- La **oración compuesta** está formada por la unión de dos o más oraciones simples: *La mañana era hermosa y su luz inundaba todos los rincones.*

3.2 Las oraciones copulativas

El predicado de las oraciones copulativas está formado por la unión de un verbo copulativo *(ser, estar, parecer...)* o semicopulativo y un atributo: *María es comandante; Su hija se quedó triste.*

3.3 Las oraciones predicativas

Las oraciones predicativas tienen como núcleo del predicado un verbo pleno o verbo predicativo, que puede estar acompañado por uno o más complementos: *Todos salieron del edificio a las tres.*

Las oraciones activas

Las oraciones activas tienen un sujeto que realiza la acción del verbo *(Belén corregía el texto)* o experimenta un estado *(La comida se ha quemado).* Existen varios tipos de oraciones activas:

- **Las oraciones transitivas.** Son estructuras en las que el verbo tiene un complemento directo (CD).
  - *Entregaron el paquete* (CD) *a mi hermana* (CI).
  - *Pintaba el lienzo* (CD) *en su estudio* (CC).
  - *Mis primos no comen carne (CD).*
- **Las oraciones intransitivas.** Son oraciones en las que el verbo carece de complemento directo. Pueden tener complemento indirecto (CI) o no:
  - *Los perros ladraban.*
  - *Suena una vieja melodía.*
  - *Ayer le* (CI) *dolía la cabeza a mi hermana* (CI).
- **Las oraciones reflexivas.** Son oraciones transitivas en las que el complemento directo o el indirecto hacen referencia a la misma realidad que el sujeto. Utilizan los pronombres *me, te, se, nos, os, se.*

  Los complementos reflexivos pueden expandirse en la secuencia *a mí (ti, sí) mismo (-a,-os, -as): Me animo a mí mismo; Se cortan el pelo a sí mismos...*
  - Son **reflexivas de complemento directo** aquellas en las que el complemento directo y el sujeto se refieren a un mismo ser: *Mi hijo se* (CD) *calza = Mi hijo calza a mi hijo* (CD).
  - Son **reflexivas de complemento indirecto** aquellas en las que el complemento indirecto y el sujeto se refieren a un mismo ser: *Mi hijo se* (CI) *calza las botas* (CD) *= Mi hijo calza las botas* (CD) *a mi hijo* (CI).
- **Las oraciones recíprocas.** Son oraciones transitivas en las que la acción del verbo se intercambia o cruza entre varios sujetos. Admiten expansiones *entre sí, el uno al otro, mutuamente...: Marta y su hermana se escriben mensajes (entre sí, la una a la otra...).*

La brújula del español. Accede a esta guía del uso del español correcto en el banco de recursos de **anayaeducacion.es**.

Oraciones pasivas

En las **oraciones pasivas,** el CD de una oración transitiva se convierte en sujeto, y el sujeto, en complemento agente (CAg.).

El pastelero	decoró	la tarta.
SUJETO		CD
La tarta	fue decorada	por el pastelero.
SUJETO		CAG.

Oraciones impersonales

Son **impersonales** las oraciones que no llevan ni pueden llevar sujeto:

- Impersonales de verbo atmosférico *(llover, nevar, granizar, helar, tronar, relampaguear, amanecer, atardecer, anochecer): Ayer llovió todo el día.*
- Impersonales con *haber* (equivale a *existir*) y *hacer* (sentido temporal), forman oraciones impersonales. El sintagma con el que se construye es complemento directo: *Hay mucho trabajo* (CD); *Hace bastante frío* (CD).
- Impersonales con *se.* No tienen sujeto y se construyen con el verbo en 3.ª persona del singular precedido del pronombre *se: Se habla de fútbol; Se premia a los ganadores...*

Tipos de oraciones pasivas

- **La pasiva perifrástica.** Se construye con el verbo *ser* y el participio del verbo afectado: *Darío fue vencido por Alejandro Magno.*
- **La pasiva refleja.** Se construye con la forma *se* y un verbo que concuerda con el sujeto paciente en número y persona. El CD pasa a funcionar como sujeto. Sin embargo, el antiguo sujeto se elimina normalmente, por lo que habitualmente carece de complemento agente: *El concesionario vende coches* (o. activa) → *Los coches son vendidos por el concesionario* (pasiva perifrástica) → *Se venden coches* (pasiva refleja).

Actividades

1 Clasifica en tu cuaderno estas oraciones en copulativas o predicativas y justifica tu respuesta:

- *Ellos se quedaron tranquilos.*
- *Tú tomas leche en el desayuno.*

2 Determina si las siguientes oraciones son transitivas o intransitivas y explica por qué:

- *Venían contentos a clase.*
- *Llevamos madera para el invierno.*
- *Le compré un pantalón de pana.*
- *María estudia en Madrid.*
- *Ayer memorizaron el soneto de Quevedo.*

3 Identifica si el pronombre reflexivo es complemento directo o complemento indirecto:

- *Antes de comer nos lavamos las manos.*

4 Indica si las siguientes oraciones activas son reflexivas o recíprocas:

- *Ella y su hermano se querían mucho.*
- *Su amigo se arrepiente de sus palabras.*

Actividad resuelta

5 Convierte esta oración en pasiva refleja: *Hoy la alcaldesa inaugura las fiestas.*

Solución: Al convertir esta oración en una oración pasiva refleja, el sujeto desaparece, y el CD se convierte en sujeto y el verbo concuerda con él: *Hoy se inauguran las fiestas.*

6 Convierte estas oraciones en pasivas reflejas:

- *El estudiante leerá los relatos en el concurso.*
- *La chef prepara chipirones en su tinta.*

7 Determina si estas oraciones son pasivas reflejas o pasivas perifrásticas y explica por qué:

- *El pescado se vende en la lonja.*
- *Todo el pescado fue vendido en la lonja.*

8 Indica si las oraciones son pasivas reflejas o impersonales:

- *Se ayudó a los necesitados.*
- *Se leerán poemas de Lorca.*
- *Se atendió a los heridos.*

3.4 Las oraciones compuestas

Las oraciones que forman una oración compuesta pueden relacionarse entre sí por **coordinación, yuxtaposición** o **subordinación.**

La coordinación

Existe **coordinación** entre dos oraciones cuando ninguna de ellas depende de la otra, es decir, están en el mismo nivel de jerarquía. Cada una podría aparecer como enunciado independiente. Se unen mediante una conjunción coordinante que sirve de nexo:

Luisa hace kárate	y	estudia piano.
ORACIÓN 1	NEXO	ORACIÓN 1
ORACIÓN COMPUESTA		

La yuxtaposición o coordinación sin nexo

Existe **yuxtaposición** (o coordinación sin nexo) entre dos o más oraciones cuando ninguna depende de la otra (están en el mismo nivel de jerarquía) y no vienen unidas por medio de ninguna conjunción. Se caracterizan por los siguientes rasgos:

- Cada una de las oraciones que intervienen es autónoma; es decir, podría aparecer aislada como un enunciado independiente: *Llegué, vi, vencí.*
- Solo se diferencian de las coordinadas en la ausencia de conjunción. Por eso se las considera coordinadas sin nexo.

El verano comienza el 21 de junio;	lo estoy deseando.
ORACIÓN 1	ORACIÓN 2
ORACIÓN COMPUESTA	

	CLASES DE COORDINADAS	NEXOS	SIGNIFICADO	EJEMPLOS
COORDINADAS CON NEXO	Copulativas	Conjunciones copulativas: *y, e, ni.*	Suma o adición	*Le he llamado y no responde.* *Ni ha llegado, ni se le espera.*
	Disyuntivas	Conjunciones disyuntivas: *o, u.*	Opciones opuestas o alternativas	*Lo compraré o lo leeré en la biblioteca.* *O te vas o te quedas.*
	Adversativas	Conjunciones adversativas: *pero, mas, sino...*	Oposición o exclusión	*Tienen dinero, pero no compran el piso.* *No lo saben, sino que lo disimulan.*
YUXTAPUESTAS O COORDINADAS SIN NEXO		Ø		*Ya es de noche; todos descansan.* *Nadie ha llamado; nos quedamos en casa.*

Tipos de coordinadas

Las oraciones coordinadas pueden ser **copulativas** (*Sara practica esgrima y hace teatro*), **disyuntivas** (*¿Vamos al cine o prefieres dar un paseo?*) y **adversativas** (*Estamos en junio, pero hace frío*).

Niñas en el mar (1909), Joaquín Sorolla y Bastida.

Conectores y conjunciones

Las expresiones *asimismo, no obstante, sin embargo, o sea, así pues...* son conectores discursivos. Por lo tanto, consideramos yuxtapuestas las oraciones en las que aparecen y no están relacionadas con un nexo: *La cosecha se ha persido por las lluvias; así pues, este año habrá poco maíz.*

La subordinación

Existe **subordinación** cuando de una oración principal dependen una o varias oraciones subordinadas. Las oraciones subordinadas no poseen autonomía, se unen a la oración principal mediante un **nexo subordinante** y suelen desempeñar una función dentro de la oración principal.

Laura cree | que | sus padres no saben nada.
NEXO: que — ORACIÓN SUBORDINADA: sus padres no saben nada.
ORACIÓN PRINCIPAL: Laura cree que sus padres no saben nada.

ORACIONES SUBORDINADAS			
CLASES	**NEXOS**	**FUNCIÓN DE LA ORACIÓN SUBORDINADA**	**EJEMPLOS**
Subordinadas sustantivas	**Conjunciones:** *que, si* **Interrogativos:** *qué, quién, cómo, cuándo, dónde...*	Desempeñan las funciones propias de SN, por ejemplo: sujeto, CD, CR, atributo y término del SPrep.	*Se dice que todos están bien* (sujeto) *Nadie sabe si han llegado a la cima* (CD) *Se quejan de que es tarde* (CR) *El problema es que no trabaja mucho* (Atrib.)
Subordinadas adjetivas de relativo	**Relativos:** *que, quien, cual, como, cuando, donde, cuyo*	Con antecedente expreso (SN), funcionan como complemento del nombre.	*El perrito que lo acompaña.* *Los sobrinos por quienes se preocupa.* *La aldea donde nació.* *La manera como lo hace.*
Subordinadas adverbiales	**Relativos:** *donde, cuando, como, mientras.*	Sin antecedente, funcionan como complementos circunstanciales.	*Se quedarán donde haya trabajo.* *Subimos cuando nos llaman.* *Lo hago como me enseñaron.* *Espera aquí mientras voy a la farmacia.*

Actividades

Actividad resuelta

9 Clasifica estas oraciones en simples o compuestas:

a) *Lucía detuvo sus pensamientos.*

b) *Pedro lo dejó en su cuna y buscó a la abuela.*

Solución: El ejemplo *a)* es una oración simple, puesto que solo tiene un verbo *(detuvo);* y el ejemplo *b)* es una oración compuesta en la que dos oraciones (cuyos núcleos verbales son *dejó* y *buscó*, respectivamente) están coordinadas entre sí por la conjunción *y*.

10 Clasifica estas oraciones en simples y compuestas como en la actividad anterior:

- *María no sabía qué podría hacer.*
- *Susana llegó a casa y se preparó una ensalada.*
- *Horacio lloraba con desesperación.*

11 ¿Estas oraciones compuestas son coordinadas con nexo o yuxtapuestas?

- *Saldremos el jueves o nos quedaremos en casa.*
- *Su llegada los sorprendió; todos se asustaron.*
- *Alguien lo vio; pronto nos enteraremos.*
- *El silencio era profundo, pero no pudo dormir.*
- *¿Estás preparado o tendremos que esperar un poco?*

12 Copia estas oraciones subordinadas en tu cuaderno y clasifícalas en subordinadas sustantivas o adverbiales:

- *Se enteraron cuando papá leyó las cartas.*
- *Lo hice como me enseñaron.*
- *Aseguran que no vieron nada.*
- *No saben si todo será tan positivo.*
- *El acta no dice si la votación fue unánime.*
- *Te lo diré cuando seas mayor.*

13 ¿Qué tipo de nexos son los destacados y qué tipo de oraciones subordinadas introducen?

- *Contemplaban el sol que ascendía en el horizonte.*
- *Recuerda las tardes cuando ensayaba danza urbana con su hermano.*
- *Habló con el compañero cuya hermana había escalado el Everest.*
- *Fui a la fiesta donde conocí a mi mejor amigo.*

APLICA LO APRENDIDO

Repasa la gramática

1 Escribe cuatro oraciones impersonales con verbos atmosféricos.

2 Escribe cuatro oraciones impersonales con *haber* y *hacer*.

3 Lee con detenimiento este texto y responde a las preguntas:

> Se toman los huevos, se parten y se les separan las claras. Las seis yemas se revuelven con la taza de natas. Se baten estos ingredientes hasta que se torne ralo el batido. Entonces se vierten sobre una cazuela previamente untada con manteca. Esta mezcla, dentro de la tartera, no debe sobrepasar un dedo de altura. Se pone sobre la horquilla, a fuego muy bajo, y se deja cuajar.
>
> L. Esquivel, *Como agua para chocolate*. DeBolsillo

a) ¿Cuántas oraciones hay hasta el primer punto?

b) ¿A qué tipo de oración compuesta pertenecen? Justifica tu respuesta.

c) ¿Qué tipo de oración es «se baten estos ingredientes», pasiva refleja o impersonal?

d) ¿Es transitiva la oración «Esta mezcla no debe sobrepasar un dedo de altura»? ¿Por qué?

e) ¿Qué tipo de oración compuesta hallamos en el último punto?

4 Observa las siguientes oraciones y responde a las preguntas:

- *La abuela era sabia.*
- *La música de Amaia inundó el estudio.*
- *A mi primo le dolía el estómago.*
- *Parecía una ilusión.*
- *Nos enseñaron miles de fotos.*

a) Identifica las oraciones copulativas.

b) Señala cuál es el atributo.

c) Indica si el atributo es nominal o adjetivo.

d) Señala las oraciones transitivas e identifica su complemento directo.

e) ¿Hay alguna oración intransitiva? Analízala.

5 Observa la siguiente oración y realiza las actividades que se proponen:

Mis padres descifraron pronto el enigma.

a) ¿Cuál es el complemento directo?

b) Convierte esta oración en pasiva y explica el proceso que has seguido.

6 Indica cuáles de las siguientes oraciones expresan reflexividad, y cuáles, reciprocidad:

- *Esteban y Carla se abrazaron.*
- *Carlos se peinó su flequillo.*
- *Las dos amigas se despidieron.*
- *¿Te has lavado los dientes?*

Solución paso a paso

7 Observa y sigue los pasos para identificar esta oración subordinada: *María agradeció que ese día su abuela le dijera la verdad.*

Paso 1. Observa cuántos verbos en forma personal hay en este enunciado:

- En este caso hay dos verbos: *agradeció* y *dijera*.
- Luego hay dos oraciones. Estamos ante una oración compuesta.

Paso 2. Observa si hay nexo y, si lo hay, de qué naturaleza es (de coordinación o de subordinación):

- El nexo es *que*.
- Es un nexo de subordinación sustantiva. Hace que la oración que introduce *(que ese día su abuela le dijera la verdad)* funcione como un sintagma nominal (se puede sustituir por *eso*).

Paso 3. Identifica el núcleo del que depende y determina la función que desempeña:

- La oración subordinada depende del verbo *agradeció*.
- Esta oración subordinada funciona como complemento directo de *agradeció*.

8 Identifica el tipo de oraciones subordinadas como en la actividad anterior:

- *Concha observó con sorpresa el rostro que apareció en la ventana.*
- *Hemos quedado donde conocí a tu hermana.*
- *Creo que la fiesta será un éxito.*
- *Me extraña que llegue tarde.*
- *Ella quería que su novela se publicara a tiempo.*
- *Esa mujer habla como lo hacían en el siglo pasado.*

Visualiza la gramática. Accede a este vídeo disponible en el banco de recursos de anayaeducacion.es.

Organiza tus ideas gramaticales

Copia este mapa conceptual jerárquico en tu cuaderno y complétalo:

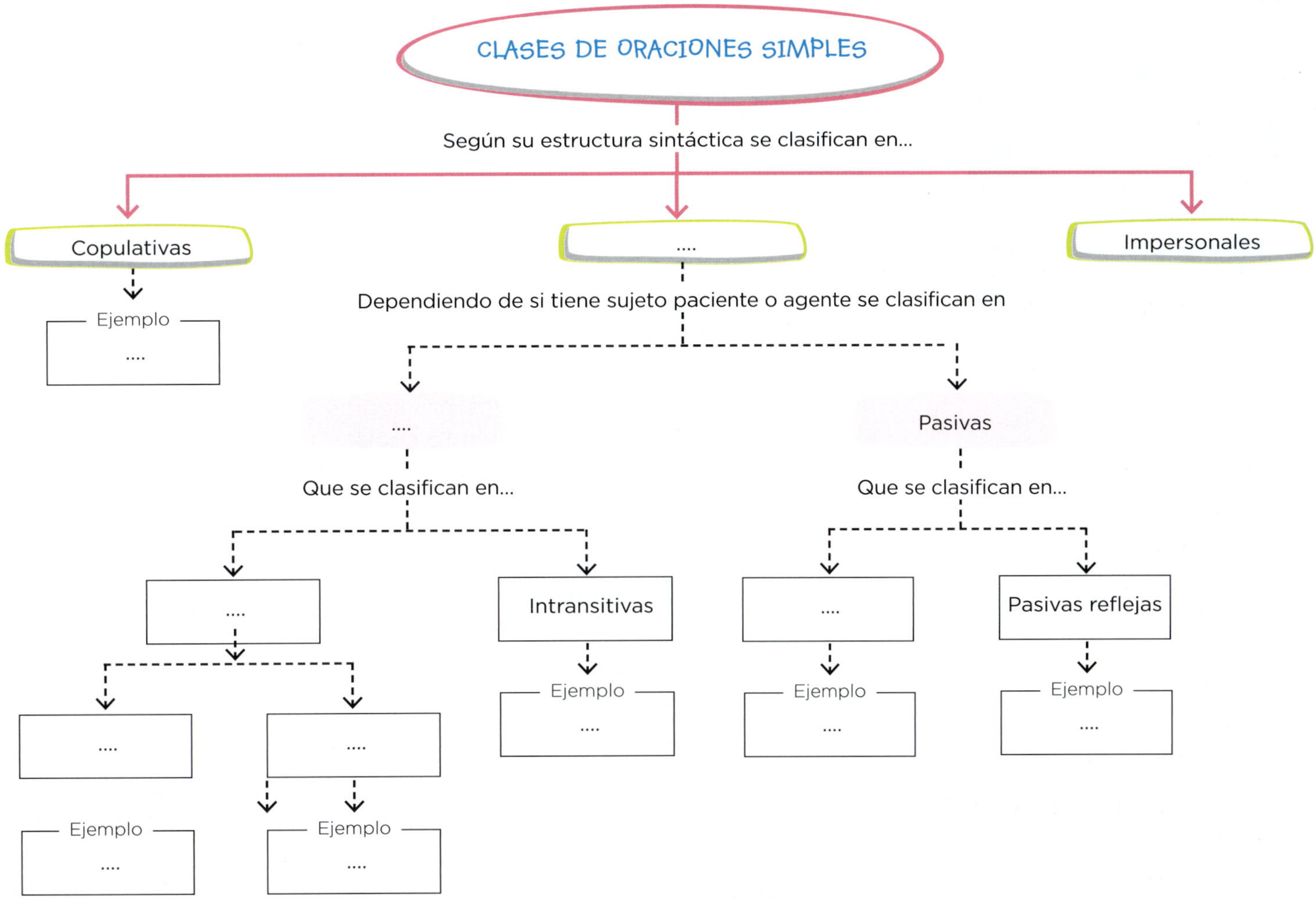

Practica la ortografía

1 Copia y completa con la forma apropiada:

- *María me comunicó en un* .... (aparte/a parte) *su decisión.*
- .... (Sino/Si no) *te apetece acompañarme, llámame.*
- *En la librería me devolvieron cincuenta décimos* .... (demás/de más).
- *Pusieron al enfermo* .... (aparte/a parte) *del resto de su equipo.*
- *El capitán perdió* .... (aparte/a parte) *de su soldados en esa cruenta batalla.*
- *No quiero hablar* .... (sino/si no) *estar en silencio.*

2 ¿Qué puedes hacer para saber si *porqué* se escribe junto o separado? Justifica tu respuesta con ejemplos.

3 Completa en tu cuaderno con *conque, con que* o *con qué:*

- *No sé .... ha decorado los piononos.*
- *Hace calor, ... coge una botella de agua para el paseo.*
- *.... hayas entendido la traslación de la Tierra nos damos por satisfechos.*
- *Ya te pedí disculpas sobre el asunto, ... perdóname, por favor.*
- *¿ .... calzado hay que ir a la excursión?*

4 Completa con *adonde, a donde, adónde* o *a dónde:*

- *Nunca sabrás .... fui aquel día.*
- *.... ella va no podemos acompañarla.*
- *La playa .... vas este domingo es fabulosa.*

ORTOGRAFÍA CONSULTA EL ANEXO 10

4 LITERATURA

EL BARROCO: EL TEATRO

4.1 Contexto histórico y social del Barroco

El Barroco es un movimiento cultural del siglo XVII.

La historia y la política

Durante el reinado de los tres últimos Austrias (**Felipe III, Felipe IV** y **Carlos II**) se produjo la decadencia del imperio. Los monarcas tuvieron que hacer frente tanto a conflictos internos (revueltas en Cataluña y Andalucía, guerra con Portugal), como externos (Tregua de los Doce Años, guerra de los Treinta Años, Paz de Westfalia). Estos últimos culminaron con la pérdida del poder y la hegemonía europea en favor de Francia.

La sociedad

La sociedad barroca estaba caracterizada por una acentuación de las desigualdades sociales. La nobleza, apoyada por la monarquía y el clero, trató de frenar el ascenso social de la burguesía. Esta reacción señorial, que solo pretendía mantener los privilegios y hacer ostentación de sus riquezas, provocó un estancamiento social y un profundo malestar entre la población. Otros rasgos característicos son:

- El **aumento de las clases no productivas** (nobles, clérigos), en detrimento de las clases productivas (artesanos, campesinos, agricultores).
- La **expulsión de los moriscos,** excelentes agricultores, que trajo consigo un estancamiento de la actividad agraria.
- La **recesión demográfica,** causada por las grandes epidemias, las guerras, las malas cosechas, la miseria o la emigración a América.

Todo ello tuvo como consecuencia una profunda ruina económica, agravada por la disminución de las riquezas procedentes del Nuevo Mundo, los desmesurados gastos de la corte y las sucesivas bancarrotas del Estado.

La visión del mundo

Frente al optimismo y vitalidad renacentistas, el siglo XVII español se caracterizó por el pesimismo y el desengaño.

El arte y la cultura

La decadencia y el ocaso del imperio contrastaron con el momento de esplendor que vivieron las artes y las letras en el siglo XVII. Durante los llamados «Siglos de Oro» (Renacimiento y Barroco españoles), tuvieron lugar algunos de los momentos más brillantes y creativos de la historia de España.

El artista barroco se desvió de las reglas y los principios del arte clásico. El equilibrio, la serenidad y la armonía fueron sustituidos por la deformación, el contraste, la desproporción, el dramatismo o la comicidad grotesca, más apropiados para reflejar la angustia de un mundo en crisis.

Sin embargo, el Barroco también fue un tiempo de celebración y boato (festejos cortesanos, solemnidades religiosas).

En este clima, y de la mano de Lope de Vega, el teatro alcanzó sus mayores logros y se convirtió en un espectáculo artístico de carácter popular.

Temas y tópicos

En literatura, el desengaño característico del Barroco se manifestó en estos temas y tópicos:

- Vivir es ir muriendo.
- La brevedad e inconsistencia de la vida.
- Las apariencias engañosas.
- El mundo como teatro o sueño.
- El menosprecio de la corte.
- El desprecio de las ambiciones mundanas.
- La sátira política.
- La crítica de conductas y hábitos de la época.

Alegoría de la vanidad del mundo (1634), Antonio de Pereda y Salgado.

4.2 El teatro nacional o comedia nueva

En el siglo XVII, se creó el gran teatro nacional español, con importantes novedades. En su evolución y desarrollo influyeron las aportaciones de los dramaturgos anteriores, pero todo ello resultó insuficiente para llegar al gran público.

Fue Lope de Vega quien comprendió que, para tener éxito, el teatro debía estar destinado al pueblo y satisfacer sus gustos. El genio de Lope logró aunar las técnicas y las innovaciones practicadas por sus predecesores y añadirle una nueva concepción teatral, que dio como resultado el gran teatro nacional español o **comedia nueva.**

El nuevo molde dramático fue imitado y adoptado por el resto de los dramaturgos del siglo XVII, entre los que destacaron Tirso de Molina y Calderón de la Barca.

Calderón de la Barca

Pedro Calderón de la Barca adoptó en su primera etapa el nuevo molde dramático propuesto por Lope de Vega.

Calderón de la Barca,
Antonio de Pereda y Salgado.

4.3 El nuevo teatro

La escenografía era sencilla, apenas había decorados, aunque fueron perfeccionándose a medida que fue avanzando el siglo. La tramoya servía para elevar a los actores al escenario y la caracterización de los personajes era muy simple: la barba indicaba un personaje anciano; el cetro y la corona, al rey, etc.

Las funciones se celebraban por la tarde, con la luz del sol, y duraban dos horas y media o tres. Al principio, solo había representaciones los domingos y festivos; luego, también, otros días de la semana.

Antes y después de la representación y entre las jornadas (actos), los actores escenificaban obras breves; como por ejemplo:

- El **entremés:** obra humorística de un solo acto, de ambiente popular.
- La **loa:** breve pieza teatral que al inicio de la obra servía para alabar a una persona ilustre o ganarse al público.
- La **mojiganga:** pieza teatral que al final de la obra hacía reír al público.

Corrales de comedias

Este nuevo teatro se representó, fundamentalmente, en los llamados ***corrales de comedias*** o ***patios de viviendas.***

Esta era su estructura:

- En la **cazuela,** en las galerías altas, se acomodaban las mujeres.
- En el segundo piso, en los **aposentos,** se situaban la nobleza y la burguesía. Eran las localidades más caras.
- Debajo estaban las **gradas,** destinadas a los **artesanos.**
- Las personas más cultas se sentaban en los desvanes.
- Las localidades más baratas eran las de atrás, en el **patio,** donde estaban los hombres de pie, denominados *mosqueteros*.
- El **foso** estaba debajo del escenario. Allí la compañía guardaba sus cosas y servía de vestuario a los hombres.
- Tras el escenario estaba el **vestuario** de las mujeres.

Corral de comedias
de Almagro (Ciudad Real).

Webquest. Accede a esta actividad en **anayaeducacion.es** e investiga sobre el corral de comedias de Almagro.

4.4 Lope de Vega

Félix Lope de Vega y Carpio fue un escritor prolífico que cultivó todos los géneros. Su gran capacidad y vocación para el trabajo, junto a su fecundidad creadora, le granjearon apodos como «Fénix de los ingenios» o «Monstruo de la naturaleza».

A pesar de contar con una destacada obra lírica y narrativa, la relevancia de la figura de Lope de Vega radica en el hecho de ser el creador de la comedia nueva.

Las características de esta nueva fórmula teatral son expuestas por Lope de Vega en su *Arte nuevo de hacer comedias en este tiempo,* publicado en 1609.

Las tres unidades

En el teatro clásico y renacentista, las tres unidades determinaban que la obra tenía que desarrollarse en un solo lugar (unidad de lugar), como máximo a lo largo de un día o jornada (unidad de tiempo) y mediante una sola acción principal (unidad de acción), sin acciones secundarias.

El arte nuevo: características de la comedia nacional

- Mezcla de elementos trágicos y cómicos, con lo que se abandona la división en géneros.
- Rechazo de las unidades clásicas de lugar y tiempo, solo se respeta la unidad de acción.
- División en tres actos o jornadas: que se corresponden con el planteamiento, el nudo y el desenlace. En el texto, no hay separación de escenas, y las acotaciones apenas informan sobre las entradas y salidas de los personajes.
- Empleo exclusivo del verso. Uso de la polimetría; es decir, se combinan diferentes tipos de estrofas y versos, que tienen que ajustarse a la situación dramática.
- El lenguaje debe acomodarse a la condición de cada personaje; es lo que se conoce como decoro.
- Los personajes son arquetipos; es decir, modelos de defectos y virtudes humanos:
  - El **rey** representa el poder, el honor, el orden y la justicia. Su misión es aplicar la justicia.
  - El **poderoso,** que representa la soberbia y la injusticia. Es el personaje que rompe la armonía que rige las relaciones entre la nobleza y el pueblo.
  - El **galán** encarna la belleza física, la nobleza, el idealismo y el valor. Junto a la dama protagoniza la acción amorosa.
  - La **dama** representa la belleza, el noble linaje y la dedicación amorosa.
  - El **gracioso,** que se caracteriza por su fidelidad al galán, el sentido del humor, la cobardía, el pragmatismo y el materialismo. Es el contrapunto del galán.
  - El **villano** representa la honra, la sencillez y la dignidad personal.
- Predilección por los temas capaces de conmover al público, como la honra.

Lope de Vega, Francisco de Pacheco.

Obra dramática

La producción dramática de Lope de Vega es ingente: se conservan cuatrocientas comedias, aunque testimonios de la época afirman que llegó a escribir mil ochocientas. Las obras más destacadas son:

- Las comedias que conforman los «dramas de abuso de poder»: *Peribáñez y el Comendador de Ocaña; Fuente Ovejuna; El mejor alcalde, el rey.*

- Dos tragedias excepcionales: *El caballero de Olmedo* y *El castigo sin venganza*.
- Algunas comedias de enredo, como *El perro del hortelano*.

Sus obras participan de los rasgos esbozados en el *Arte nuevo*. A estas características, se suman las siguientes:

- Lope **convirtió en materia dramática** aquello que antes no lo era. Se inspiró en la Biblia, las crónicas, la historia antigua, los temas pastoriles, los moriscos o caballerescos, la vida de santos, la mitología, las leyendas, etc.
- En sus piezas trató de **armonizar** lo culto y lo vulgar; la originalidad y la tradición, el drama y la poesía, los valores individuales y los colectivos, etc.
- Sus obras presentaban una gran dosis de **lirismo.** Lope concibió su teatro como poesía dramática. Además, insertó en sus obras canciones populares o bailes.
- En el esquema dramático prescindió de todo lo que resultara superfluo. Esto implicaba: predominio de la **acción,** dinamismo y sucesión rápida de escenas.

La escuela de Lope

Lope supo captar el gusto del público al que se dirigía, y su forma de hacer comedia tuvo muchos seguidores, lo que creó escuela. Miembros de ella son los andaluces **Antonio Mira de Amescua**, autor de *La mesonera del cielo* y *El esclavo del demonio*; y **Luis Vélez de Guevara** quien escribió, entre otras, *Reinar después de morir, La serrana de la Vera*....

Actividades

1 Lee este fragmento y realiza las actividades:

COMENDADOR. No os quiere bien vuestro esposo
pues a Toledo se fue,
y os dexa una noche. A fe,
que si fuera tan dichoso
el Comendador de Ocaña
—que sé yo que os quiere bien,
aunque le mostráis desdén
y sois con él tan extraña—,
que no os dexara, aunque el Rey
por sus cartas le llamara
que dexar sola esa cara
nunca fue de amantes ley.

CASILDA. Labrador de lexas tierras,
que has venido a nuesa villa,
convidado del agosto,
¿quién te dio tanta malicia? […]
más quiero yo a Peribáñez
con su capa la pardilla,
que al Comendador de Ocaña
con la suya guarnecida.
Más precio verle venir
en su yegua la tordilla,
la barba llena de escarcha
y de nieve la camisa, […]
que ver al Comendador
con gorra de seda rica,
y cubiertos de diamantes
los brahones y capilla; […]

Lope de Vega, *Peribáñez y el Comendador de Ocaña*, Cátedra.

a) El Comendador se ha enamorado de Casilda, la mujer de un campesino. ¿Qué argumento esgrime en primer lugar para intentar conseguir su amor? ¿Qué opinas de ello?

b) ¿Qué persona utiliza el Comendador para referirse a sí mismo? ¿Qué consigue el autor con ello?

c) ¿Qué valores destaca Casilda de su marido Peribáñez en contraposición con el Comendador? ¿Qué rasgos de la personalidad de Casilda se deducen de sus palabras?

d) Trata de reconocer a qué personaje tipo se corresponden el Comendador, Casilda y Peribáñez.

e) Busca el argumento de la obra y justifica por qué esta comedia forma parte del grupo «dramas de abuso de poder».

Actividades

2 *Fuente Ovejuna* es uno de los «dramas de abuso del poder». En él, el comendador Fernán Gómez, que se ha enamorado de Laurencia, irrumpe en la boda de esta con Frondoso. Encarcela al novio y rapta a la novia. El pueblo, reunido en la sala del Consejo, discute sobre lo que deben hacer.

Lee este fragmento, en el que Laurencia aparece en la sala, y contesta después a las preguntas:

(Sale LAURENCIA, *desmelenada).*

LAURENCIA.— Dejadme entrar, que bien puedo,
en consejo de los hombres;
que bien puede una mujer,
si no a dar voto, a dar voces.
¿Conoceisme?

ESTEBAN.— ¡Santo cielo!
¿No es mi hija?

JUAN ROJO.— ¿No conoces
a Laurencia?

LAURENCIA.— Vengo tal,
que mi diferencia os pone
en contingencia quién soy.

ESTEBAN.— ¡Hija mía!

LAURENCIA.— No me nombres
tu hija.

ESTEBAN.— ¿Por qué, mis ojos?
¿Por qué?

LAURENCIA.— Por muchas razones,
y sean las principales:
porque dejas que me roben
tiranos sin que me vengues,
traidores sin que me cobres.
[...]
¿No se ven aquí los golpes
de la sangre y las señales?
¿Vosotros sois hombres nobles?
¿Vosotros, padres y deudos[1]?
¿Vosotros, que no se os rompen
las entrañas de dolor,
de verme en tantos dolores?
Ovejas sois, bien lo dice
de Fuente Ovejuna el nombre.
Dadme unas armas a mí,
[...]
¡Vive Dios, que he de trazar
que solas mujeres cobren
la honra destos tiranos,
la sangre destos traidores
[...]
A Frondoso quiere ya,
sin sentencia, sin pregones,
colgar el Comendador
del almena de una torre;
y de todos hará lo mismo; [...]

ESTEBAN.— [...]
Iré solo, si se pone
todo el mundo contra mí.

JUAN.— Y yo, por más que me asombre
la grandeza del contrario.

REGIDOR.— Muramos todos.
[...]

MENGO.— [...] Juntad el pueblo a una voz;
que todos están conformes
en que los tiranos mueran.

ESTEBAN.— Tomad espadas, lanzones,
ballestas, chuzos y palos.

MENGO.— ¡Los Reyes nuestros señores
vivan!

TODOS.— ¡Vivan muchos años!

MENGO.— ¡Mueran tiranos traidores!

TODOS.— ¡Traidores tiranos mueran!

(Vanse todos).

LAURENCIA.— Caminad, que el Cielo os oye.
¡Ah, mujeres de la villa!
¡Acudid, porque se cobre
vuestro honor, acudid todas!

Lope de Vega, *Fuente Ovejuna*, Crítica.

[1] **Deudo:** pariente

a) **Esquema a cuatro bandas.** El contenido de este fragmento se puede dividir en cuatro partes. ¿Cuáles son?

b) ¿Qué tema propio de la comedia nueva aparece en este texto?

c) Describe los personajes arquetípicos presentes.

d) ¿Qué te llama la atención de la actitud de Laurencia?

4.5 Tirso de Molina

Tirso de Molina fue uno de los más fieles seguidores de Lope de Vega y un entusiasta defensor de la nueva comedia.

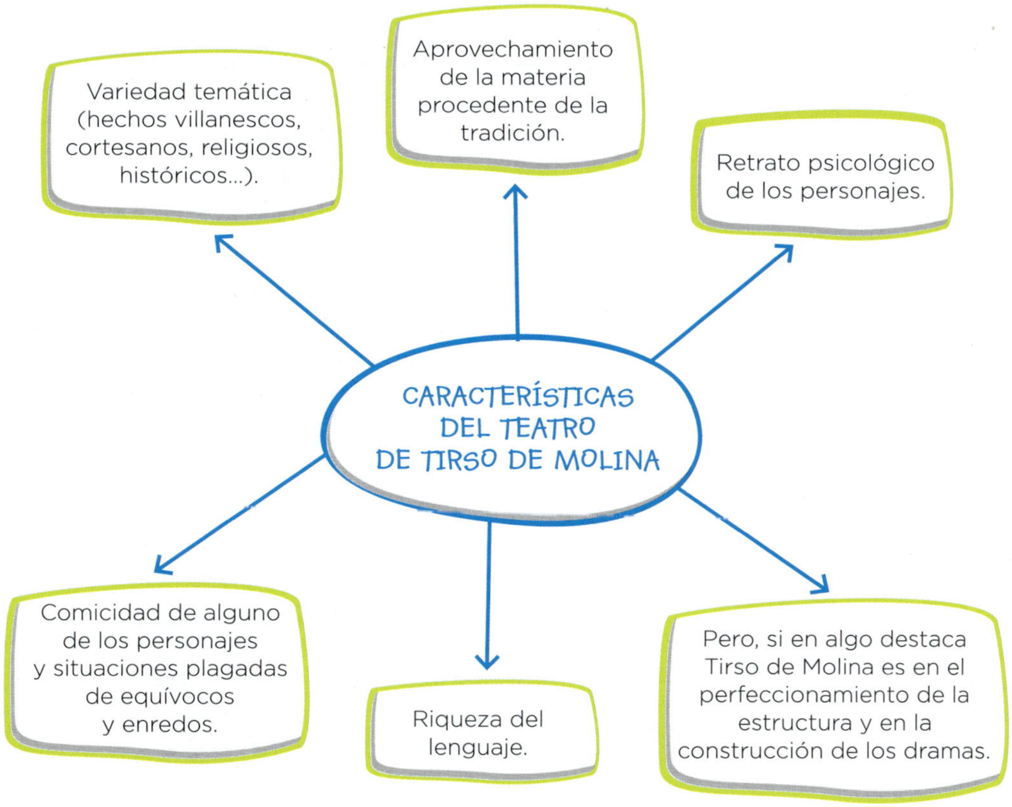

Cubierta de *El burlador de Sevilla*, Alianza Editorial.

Sus obras se clasifican en:

- Dramas bíblicos, de vida de santos y religiosos *(La venganza de Tamar)*.
- Dramas históricos *(«La trilogía de los Pizarros»)*.
- Comedias de enredo *(El vergonzoso en palacio, Don Gil de las calzas verdes)*. Su obra más importante es *El burlador de Sevilla y convidado de piedra*.

La creación del mito de don Juan

Tirso de Molina ofreció con su obra *El burlador de Sevilla y convidado de piedra*, publicada en 1630, la primera encarnación del mito de don Juan.

Don Juan es un libertino que conquista y se burla de las mujeres con falsas promesas de matrimonio. Ante las advertencias del castigo divino por su conducta, siempre responde: «¡Qué largo me lo fiais!». Al querer abusar de doña Ana, mata a su padre, el Comendador. Tiempo después, en un gesto chulesco y pendenciero, invita a cenar a su casa a la estatua del Comendador que está en su sepulcro. El muerto acude y le devuelve la invitación. Don Juan se presenta junto a su criado, Catalinón, ante la tumba de don Gonzalo, y allí es arrastrado a los infiernos por la mano de piedra del Comendador.

Actividades

3 Recuerda el argumento de la obra de Tirso de Molina, *El burlador de Sevilla,* y explica cómo se llega a la situación que describe este fragmento:

(Entran dos enlutados con sillas). [...]

DON GONZALO.— Siéntate [tú].

CATALINÓN.— Yo, señor,
he merendado esta tarde.
Cena con tu convidado.
[...]

DON GONZALO.— No repliques.

CATALINÓN.— No replico.
[...]
¿Qué plato es este, señor?

DON GONZALO.— Este plato es de alacranes
y víboras.

CATALINÓN.— Gentil plato
para el que trae buena hambre.
[...]

DON GONZALO.— ¿No comes tú?

DON JUAN.— Comeré
si me dieses áspid a áspid
cuantos el infierno tiene.

DON GONZALO.— También quiero que te canten.
(Cantan):
Adviertan los que de Dios
juzgan los castigos tarde
que no hay plazo que no llegue
ni deuda que no se pague.

CATALINÓN.— Malo es esto, vive Cristo,
que he entendido este romance
y que con nosotros habla.

DON JUAN.— Un yelo el pecho me parte.
[...]

DON GONZALO.— Dame esa mano,
no temas, la mano dame.

DON JUAN.— ¿Eso dices? ¿Yo temor?
[...]

DON GONZALO.— [...] Las maravillas de Dios
son, don Juan, investigables,
y así quiere que tus culpas
a manos de un muerto pagues; [...]
Esta es justicia de Dios,
quien tal hace, que tal pague.
[...]

DON JUAN.— Que me quemo, que me abraso.
Muerto soy. *(Cae muerto).*

Tirso de Molina, *El burlador de Sevilla,* Cátedra.

a) Compara la actitud de don Juan y de su criado Catalinón. ¿Cómo reaccionan ante la invitación de la estatua de don Gonzalo?

b) ¿Por qué de repente siente miedo don Juan? ¿Crees que empieza a darse cuenta de cuál es su destino? Justifica tu respuesta.

c) A pesar de la gravedad de la escena, Tirso introduce elementos cómicos. Localízalos.

Representación teatral de *El burlador de Sevilla* por la Compañía Nacional de Treatro Clásico.

4.6 Calderón de la Barca

Pedro Calderón de la Barca fue el último gran dramaturgo del Siglo de Oro. En su primera etapa, Calderón asimiló y adoptó el modelo dramático propuesto por Lope. En la segunda, en cambio, perfeccionó, estilizó e intensificó el sistema dramático heredado.

CARACTERÍSTICAS DE SU OBRA

- Emplea un lenguaje más complejo: se reconocen en sus versos los recursos estilísticos propios de la época y los códigos vigentes.
- Sus personajes adquieren, a veces, un valor universal y encarnan virtudes.
- Predominan los temas morales, religiosos y filosóficos. Se trata de un teatro más reflexivo que el de Lope.
- Frente a los conflictos colectivos encarnados por Lope, con Calderón el conflicto se hace íntimo: para ello, recurre al monólogo como expresión de la interioridad.
- Estructura de la trama: la acción secundaria y los personajes se subordinan a la acción principal, y la intriga se vuelve más compleja.

La producción dramática de Calderón de la Barca está conformada por:

- comedias de enredo *(La dama duende)*;
- obras religiosas *(El mágico prodigioso)*;
- dramas de honor *(El médico de su honra)*;
- obras de historia y leyendas españolas *(El alcalde de Zalamea)*;
- de asunto filosófico *(La vida es sueño)*;
- autos sacramentales *(El gran teatro del mundo)*, etc.

Argumento de *La vida es sueño*

Segismundo vive encerrado en una torre desde niño sin saber el motivo. Su padre, el rey Basilio de Polonia, lo ha encarcelado, pues teme ser destronado por su hijo, tal y como augura un horóscopo. Para probar si el horóscopo tiene o no razón, el joven es liberado durante un tiempo, pero se comporta con violencia y es devuelto a la torre. Allí le hacen creer que su estancia en la corte ha sido solo un sueño. Finalmente, el pueblo libera a Segismundo, lo nombran rey y se comporta recta y justamente.

Temas

En su obra maestra, *La vida es sueño,* Calderón de la Barca desarrolla temas típicamente barrocos, como la libertad, el destino o el desengaño.

Actividades

4 El siguiente fragmento de *La vida es sueño* pertenece al inicio de la obra. Léelo y contesta a las preguntas:

Segismundo, hijo del rey Basilio, permanece encarcelado en una torre desde su infancia, sin saber el motivo ni su identidad. Rosaura y su criado, Clarín, descubren al joven, y escuchan sus lamentos.

SEGISMUNDO.— ¡Ay mísero de mí! ¡Y ay, infelice!
Apurar, cielos, pretendo,
ya que me tratáis así
qué delito cometí
contra vosotros, naciendo.
Aunque si nací, ya entiendo
qué delito he cometido:
bastante causa ha tenido
vuestra justicia y rigor,
pues el delito mayor
del hombre es haber nacido.
Solo quisiera saber
para apurar mis desvelos
dejando a una parte, cielos,
el delito de nacer,
qué más os pude ofender
para castigarme más.
¿No nacieron los demás?
Pues si los demás nacieron,
¿qué privilegios tuvieron
que yo no gocé jamás?

Calderón de la Barca, *La vida es sueño,* Cátedra.

a) ¿A quién se dirige Segismundo?

b) ¿Qué es lo que le pregunta?

c) ¿Por qué piensa que los cielos han actuado con justicia y rigor?

d) ¿A quién representa realmente el cielo?

APLICA LO APRENDIDO

COMENTARIO DE TEXTO

Comentario resuelto. Consulta este modelo de comentario en **anayaeducacion.es**.

El perro del hortelano es una comedia, cuyo delicioso argumento relata la historia de amor entre Diana, condesa de Belflor, y su secretario, Teodoro, un gentil joven que no tiene más fortuna que su ingenio. De hecho, esta obra presenta un ingenioso juego de amor en el que Diana no se concede enamorarse de Teodoro ni tampoco permite que este ame a Marcela, una de sus criadas…

El perro del hortelano

(Sale la condesa).

DIANA. Teodoro… […]
Escucha.

TEODORO. A tu hechura manda. […]

DIANA. Me ha dicho cierta amiga
que desconfía de sí,
que el papel que traigo aquí
le escriba; a hacerlo me obliga
la amistad, aunque yo ignoro,
Teodoro, cosas de amor,
y que lo escribas mejor
vengo a decirte, Teodoro.
Toma y léelo.

TEODORO. Si aquí,
señora, has puesto la mano,
igualarlo fuera en vano
y fuera soberbia en mí. […]
Quiero ver
ese ingenio milagroso.
(Lee).

«Amar por ver amar, envidia ha sido;
y primero que amar estar celosa
es invención de amor maravillosa
y que por imposible se ha tenido.

De los celos mi amor ha procedido
por pesarme que, siendo más hermosa,
no fuese en ser amada tan dichosa,
que hubiese lo que envidio merecido.

Estoy sin ocasión desconfiada,
celosa sin amor, aunque sintiendo:
debo de amar, pues quiero ser amada.

Ni me dejo forzar ni me defiendo;
darme quiero a entender sin decir nada:
entiéndame quien puede; yo me entiendo».

DIANA. ¿Qué dices?

TEODORO. Que si esto es
a propósito del dueño,
no he visto cosa mejor;
mas confieso que no entiendo
cómo puede ser que amor
venga a nacer de los celos,
pues que siempre fue su padre.

DIANA. Porque esta dama, sospecho
que se agradaba de ver
este galán, sin deseo;
y viéndole ya empleado
en otro amor, con los celos
vino a amar y a desear.
¿Puede ser?

TEODORO. Yo lo concedo;
mas ya esos celos, señora,
de algún principio nacieron,
y ese fue amor; que la causa
no nace de los efectos,
sino los efectos de ella.

DIANA. No sé, Teodoro: esto siento
de esta dama, pues me dijo
que nunca al tal caballero
tuvo más que inclinación,
y en viéndole amar, salieron
al camino de su honor
mil salteadores deseos,
que le han desnudado el alma
del honesto pensamiento
con que pensaba vivir.

TEODORO. Muy lindo papel has hecho:
yo no me atrevo a igualarlo.

DIANA. Entra y prueba.

TEODORO. No me atrevo.

DIANA. Haz esto, por vida mía.

TEODORO. Vusiñoría con esto
quiere probar mi ignorancia.

DIANA. Aquí aguardo, vuelve luego.

TEODORO. Yo voy.

Lope de Vega, *El perro del hortelano,* Cátedra.

Recuerda seleccionar el material de trabajo de esta unidad para tu **portfolio**.

Comprensión del texto

1 ¿Qué dos personajes aparecen en esta escena?

2 ¿Por qué Diana le pide a Teodoro que escriba un nuevo poema?

3 ¿Cuál es el motivo del sufrimiento y penar de la supuesta amiga de Diana?

4 ¿Comprende Teodoro esta situación? ¿Le parece posible? ¿Por qué?

Tema y análisis del contenido

5 La comedia muestra el conflicto de la caprichosa Diana, condesa del Belflor, quien se debate entre el amor que siente por su secretario Teodoro y el honor, que le impide casarse con un hombre de rango inferior. Teodoro alude a dicha inferioridad en varias ocasiones. Justifica esta afirmación con ejemplos del texto.

6 ¿Qué pretende conseguir Diana al inventarse que el poema es para una amiga? ¿Quiénes son en realidad el emisor y el destinatario del poema?

7 ¿Qué es lo que provoca el enamoramiento de la condesa? ¿Por qué se queja a Teodoro?

8 Este fragmento es un buen ejemplo de la personalidad de Diana. A partir de sus acciones y sus palabras trata de definir la conducta del personaje.

9 ¿Qué pretende decir Teodoro en estos versos?

«cómo puede ser que amor
venga a nacer de los celos,
pues que siempre fue su padre»

10 Resume en pocas líneas el argumento de esta escena e indica el tema del texto.

Estructura

11 Copia en tu cuaderno este esquema para establecer la estructura del texto:

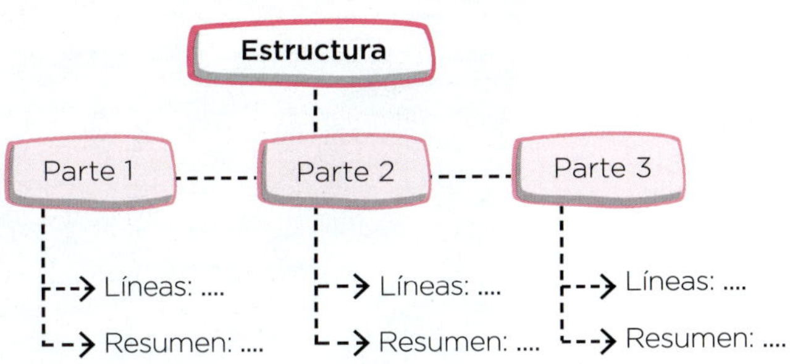

Repaso interactivo. Accede a este juego en el banco de recursos de **anayaeducacion.es**.

Análisis del lenguaje

12 ¿Qué composición utiliza Diana para su poema?

13 ¿Qué recurso literario se emplea en este verso?

«darme quiero a entender sin decir nada»

14 ¿Cómo se llama el recurso literario de estos versos: «salieron / al camino de su honor / mil salteadores deseos, / que le han desnudado el alma»?

15 Diana juega a decir, pero sin decir. Los juegos de palabras y las insinuaciones aparecen a lo largo del texto. Busca algún ejemplo.

Redacción del comentario

16 Redacta ahora el comentario. Utiliza los datos extraídos del análisis del texto. Para ello, sigue estos pasos:

- Sitúa la obra y a su autor en su contexto histórico y señala el papel que este desempeñó en la creación del teatro nacional. Indica los principales rasgos de este nuevo arte de hacer comedias.
- Comenta de forma clara y ordenada las conclusiones a las que has llegado del análisis del texto: presenta la obra, determina el subgénero y traza brevemente su argumento; presenta la escena y los personajes que aparecen en ella, indica el conflicto que se establece entre ellos, subraya la importancia del diálogo, de los juegos verbales, del soneto...
- Valora el texto y concluye con tu opinión:

a) Completa el refrán al que hace referencia el título de esta obra:

Eres como el perro del hortelano ....

b) ¿El título de la comedia te parece apropiado?

c) ¿Es posible que Diana se enamore de Teodoro al verlo con otra o, por el contrario y como sostiene Teodoro, siente celos porque ya lo amaba? ¿Qué opinas de Diana?

d) En aquella época las convenciones sociales eran poderosas. ¿Ocurre lo mismo en la actualidad?

9

EL ORIGEN DEL CASTELLANO

Los seres humanos han creado miles de lenguas para comunicarse. Lenguas que se influyen entre sí, que evolucionan con el fin de que las personas podamos expresarnos y comprendernos. Son hermosas herramientas mediante las cuales intercambiamos nuestra visión del mundo. Como afirma José María Merino en la lectura principal de esta unidad, son un «regalo» que debemos respetar y amar.

Conocer el origen de las lenguas ha sido desde siempre una curiosidad humana, un camino a la inversa que los lingüistas y antropólogos recorren en su afán de determinar la lengua común de la que derivan todas. ¿Surgirá en el futuro una lengua universal que hablemos todos nosotros?

Plano abierto. Accede al vídeo de la unidad en el banco de recursos de anayaeducacion.es.

Intercambia opiniones

LAS LENGUAS CLÁSICAS

- ¿Qué valores culturales crees que tienen las lenguas clásicas? ¿Qué conocemos a través de ellas?
  - Además del latín, ¿qué otras lenguas clásicas conoces?
- ¿Qué opinas de utilizar las lenguas clásicas en la actualidad?
  - ¿Crees que se puede modernizar una lengua clásica para que pueda expresar todos los aspectos de la vida actual? ¿Cómo lo harías?
- ¿Cuáles son las razones para considerar el latín una lengua muerta? ¿Estás de acuerdo?
  - ¿Por qué el conocimiento del latín es una herramienta básica para comprender nuestra lengua y cultura? ¿Por qué cuando alguien tiene muchos conocimientos se dice que *sabe latín*?

Calzada romana en el conjunto arqueológico de Itálica (Sevilla)

QUÉ VAS A ENCONTRAR EN ESTA UNIDAD

1 LECTURA ODS

Vas a leer un texto protagonizado por la lengua española, un idioma que nos permite decir y comprender todo lo que pensamos. Según el ODS 11.4, hay que insistir en proteger el patrimonio cultural del mundo. ¿Consideras que las lenguas forman parte de esta herencia?

2 COMUNICACIÓN

¿Qué recursos emplea la publicidad para convencernos? ¿Sabrías describir la estructura de un cartel publicitario? Pon en práctica tus destrezas comunicativas en el **Taller de comunicación.**

3 GRAMÁTICA

¿Sabes clasificar las lenguas romances? ¿Podrías explicar el origen del castellano y su evolución? ¿Cuáles son las características del español de América?

4 LITERATURA

El Barroco español se caracterizó por el pesimismo y el desengaño. ¿Sabes que *El Buscón* de Quevedo es una novela escrita desde esa perspectiva? ¿Conoces a los poetas representantes del culteranismo y el conceptismo?

ORTOGRAFÍA El anexo de ortografía te ayudará a resolver las actividades propuestas a lo largo de la unidad sobre **la acentuación de los extranjerismos** y **las palabras compuestas.**

1 LECTURA

Comprensión oral

Escucha el texto locutado de la lectura y responde a estas preguntas:

- ¿Quién protagonizaba las películas que fascinaban al autor de niño?
- ¿Qué cantaba Carlos Gardel?
- ¿En qué país estaba el autor cuando una anciana le habló «con español del Siglo de Oro»?
- ¿En cuántos países del mundo ha oído hablar un español magnífico?
- ¿Qué significa el americanismo *guayabera*?
- ¿Quién calificó al ámbito hispanohablante como «el más grande país del mundo»?
- ¿Cómo se llama la cabalgata a la que el autor asistió en Nueva York?
- ¿Qué banderas llevaba la comitiva que abría el desfile?

El más grande país del mundo

Cuando yo era mozalbete, me fascinaban las películas de Cantinflas hablando de aquel modo tan divertido: *ándele, ahoritita, nomás, quihúbole...* Dentro del indudable sentido cómico, había una peculiar cadencia que le daba a la misma lengua que yo hablaba una alegre y fascinante sonoridad... Poco tiempo después, y gracias al gusto familiar, descubriría los preciosos tangos que cantaba Carlos Gardel de modo inolvidable..., ¡lo hacía también en mi lengua aunque con curiosa dicción y misteriosas palabras! Y vendrían luego los boleros, los corridos —es sorprendente la presencia de lo hispanoamericano en la afición de lo popular durante aquellos años oscuros del franquismo—, trayendo con su música real la otra música, la de la forma de decir.

En otra ocasión he contado cómo, años más tarde, ya trabajando en temas educativos, en un bohío de los canales del Tortuguero, en Costa Rica, una anciana me habló en un increíble español que parecía del Siglo de Oro, mientras entonaba su relato con otra música, que hacía resonar las erres de forma inimitable. Y con el tiempo, fui descubriendo también las melodías de la oralidad caribeña, peruana, uruguaya...

A lo largo de mi tiempo hay pocos países hispanoamericanos que no haya conocido, y el oír hablar español con tantos matices sonoros y tanta riqueza de vocabulario es uno de los regalos que me ha dado la vida, y lo digo así en homenaje expreso a Violeta Parra. Pues, además, me ha hecho descubrir que no hay ningún lugar en el que hoy se pueda decir que se habla «el mejor español», porque, con tantas melodías y modulaciones verbales distintas, yo he oído hablar un español magnífico en innumerables lugares del mundo...

Así, poco a poco, fui descubriendo las numerosas resonancias, los múltiples léxicos y otros aspectos de la lengua española y al ser consciente de ellos, incluso a este lado del océano, empecé a comprender de otra manera las hablas andaluza o canaria, por ejemplo. Además, la multiplicidad de variedades léxicas americanas ofrecía palabras en principio ininteligibles, pero eso no era tampoco raro en España, donde en cada región hay vocablos al principio extraños para el forastero: en algunos sitios de Burgos llaman *golorito* al jilguero, y en Extremadura *añugarse* es atragantarse, como en León *forroñoso* es oxidado; en Aragón *chiparse* es mojarse cuando llueve; *zaraballo,* trozo de pan en La Mancha, etcétera, etcétera. Como la inmensa mayoría de los vocablos es similar a la acostumbrada, a esas pequeñas excepciones uno se adapta con mucha rapidez y gustosa sorpresa.

Además, descubrí también que el español de acá está lleno de americanismos desde los tiempos de Colón —*canoa, hamaca...*—, pues las palabras nuevas, si cuajan en el lenguaje popular, acaban imponiéndose, como de sobra se sabe... Y ahora es normal tomarse un mojito o llamar *guayabera* a una prenda de vestir, por no hablar de *cigarro, chocolate, petate, afanar, jícara, cancha, guita, carpa, barbacoa, macuto, enagua...*

Sin embargo, me costó algo ser consciente de lo que significaba esa dispersión de mi lengua por tantos lugares. [...]

Y aunque desde mis tiempos de jovencísimo lector yo había disfrutado de Rubén Darío, hasta descubrir a Vallejo y a Neruda, y más adelante, con sor Juana Inés de la Cruz, a Rulfo, a Carpentier, a Roa Bastos y a los escritores del *boom,* no había pensado que yo formaba parte del más grande país del mundo, ese ámbito que calificó así Carlos Fuentes y que denominó *territorio de La Mancha.*

Nunca olvidaré la sorpresa con que asistí en Nueva York hace diez años, inesperadamente, al Columbus Day, una cabalgata que arrancaba con cuatro policías a caballo —dos hombres y dos mujeres— que llevaban la bandera de Estados Unidos, la bandera de Nueva York, la bandera de México y la bandera de España, y a quienes seguía una comitiva interminable —varias horas duraba su transcurso— con modestas carrozas engalanadas y gente que vestía sus trajes regionales, entre músicas y danzas, y que representaba a todos los colectivos hispanos de la ciudad. Miles de personas asistían al acto, y nunca en mi vida he visto ondear tantas banderas españolas... El asentamiento de esta lengua en la ciudad —ojo, no del *espanglish*— era ya indudable entonces.

Y es que, desde hace bastante tiempo, está clara la importancia de la lengua española, tanto por su creciente difusión en el mundo como por la general unificación de estructuras y reglas que mantiene, por la riqueza de vocabulario y por sus prestigiosas referencias culturales.

José María Merino, *Más de 555 millones podemos leer este libro sin traducción,* Taurus.

Vocabulario

Cadencia: repetición regular o medida de los sonidos al hablar.

Corrido: baile y música característicos de México.

Bohío: cabaña construida con madera, cañas o paja.

Modulación: acción que consiste en variar el tono de una voz o de un instrumento.

Resonancia: prolongación de un sonido en el espacio y que disminuye gradualmente hasta desaparecer.

Multiplicidad: multitud, variedad o abundancia.

Ininteligible: que no puede ser entendido o comprendido.

Forastero: persona que proviene de otro lugar.

Americanismo: palabra o expresión propias del español hablado en América.

Cuajar: tener efecto.

Engalanado: adornado.

Hipertexto. Conoce al autor y contextualiza su obra en el banco de recursos de **anayaeducacion.es**.

Comprende el texto

Pasión por leer. Disfruta de otros textos literarios relacionados con las lenguas en el banco de recursos de **anayaeducacion.es**.

Extrae información

1 Completa en tu cuaderno este cronograma con los artistas y las manifestaciones artísticas que influyeron en la idea que tiene el autor de la lengua española:

Películas de Cantinflas → .... → Boleros y corridos

2 ¿El sonido de qué letras pronunciaba de forma inimitable la anciana?

3 ¿En homenaje a qué cantante afirma el autor que oír hablar español es un regalo que le ha dado la vida?

4 Indica en tu cuaderno si estas afirmaciones son verdaderas y corrige las falsas:

- *Los americanismos se integraron desde los tiempos de Rubén Darío.*
- Canoa *y* hamaca *son americanismos.*
- *El autor asistió al Columbus Day hace quince años.*

5 En la lectura, se parte de una serie de ejemplos y valoraciones y se acaba con una tesis o conclusión. ¿Sabes a qué tipo de texto corresponde esta estructura?

Elabora en tu cuaderno un organizador visual que refleje esta estructura.

6 Resume el contenido del texto y sintetiza en un sintagma nominal su idea central.

Reflexiona sobre la lengua

7 Realiza las actividades:

a) El texto recoge estos dos extranjerismos: *boom* y *espanglish*. ¿Qué significan? ¿Cómo deben escribirse estos términos? ¿Por qué?

b) ¿Cuál es el significado de estas palabras? ¿Cómo deben escribirse? ¿Se han adaptado al castellano? ¿Llevan tilde? Utiliza el DRAE si necesitas información:

brunch, brioche, ballet, casteller, sandwich, buffet, tsunami, casting, croissant, blues, cutter, zapping

ORTOGRAFÍA CONSULTA EL ANEXO 3

8 Relaciona cada vocablo del texto con su significado y con la región de España donde se utilizan:

Vocablo	Significado	Región
golorito	atragantarse	León
chiparse	trozo de pan	Aragón
forroñoso	mojarse	Burgos
añugarse	jilguero	Extremadura
zaraballo	oxidado	La Mancha

Interpreta y analiza

9 En grupos, buscad información sobre Cantinflas, Carlos Gardel y Violeta Parra. ¿Por qué crees que influyeron tanto en el autor? ¿A qué canción de Violeta Parra hace referencia?

10 ¿Cómo os imagináis la forma de hablar del Siglo de Oro? Formad grupos y dramatizad.

11 ¿Qué hizo que el autor comprendiera mejor las variedades lingüísticas andaluza y canaria?

12 El americanismo *canoa* lo utilizó Colón en su diario de viaje; proviene del taíno, una lengua indígena que se hablaba en las Bahamas y las Antillas. ¿Por qué se introdujeron tantos americanismos en aquel entonces? ¿De qué lenguas indígenas proceden *barbacoa, hamaca, guayabera, macuto, chocolate* y *cancha*? Puedes consultar el Diccionario de Americanismos de la RAE.

13 El *boom* latinoamericano fue un fenómeno literario que surgió entre 1960 y 1970. Investiga sobre sus características y los autores y las autoras destacados.

14 A pesar de ser un gran lector, el autor no era consciente de pertenecer *al más grande país del mundo*. ¿Qué significa esta expresión? ¿Te parece un buen título?

Valora y relaciona con tu mundo

15 **Folio giratorio.** ¿Por qué enriquece el español el hecho de que en América conviva con lenguas indígenas?

16 **Canal de transferencia.** En tu zona geográfica, ¿qué palabras propias existen que no se utilizan en otras zonas? ¿Qué significan? ¿Qué palabras propias de otras regiones conoces?

Amplía tu vocabulario

LA LENGUA

En *Más de 555 millones podemos leer este libro sin traducción,* José María Merino analiza la gran **difusión** del español y la valiosa herramienta de **comunicación** global en que se ha convertido; una **lengua** que mantiene unidad en su **gramática** y cuya riqueza de **vocabulario** es innegable.

1 Busca el significado de estas últimas incorporaciones al *Diccionario de la lengua española* de la RAE, y escribe una oración con cada una de ellas: *amusia, biocida, clicar, zasca, viral, audiolibro, asana, arboricidio, mensajear, sororidad.*

2 En este diccionario también aparecen palabras en desuso o que no empleamos en nuestra lengua cotidiana. ¿Qué significan estas palabras? ¿Las has oído alguna vez? ¿Cuál te gusta más?

fililí — prístina — cordojo — adamar

3 La *gramática* es la parte de la lingüística que estudia los elementos de una lengua, así como la forma en que estos se organizan y se combinan. ¿Cuál es el origen de esta palabra? ¿Qué significa *agramatical?*

4 ¿Cuáles de estos términos hacen referencia al acto comunicativo entre las personas?

charla	*ingenio*	*coloquio*	*silencio*	*tertulia*
plática	*debate*	*locuacidad*	*diálogo*	*conferencia*

- ¿Qué es un *diálogo de besugos*?

5 Relaciona cada locución verbal con su significado y escribe una oración con cada una:

Morderse la lengua.	Impedir que se diga algo.
Atar la lengua.	Ser maldiciente.
Tener mala lengua.	Decir lo que se debería callar.
Irse de la lengua.	Callar con violencia lo que se quiere decir.

6 Los verbos de dicción designan actos de comunicación y sirven para introducir un diálogo. Se recomienda el uso de los verbos neutros (*indicar, afirmar, señalar, manifestar* y *declarar*) para evitar la repetición de *decir;* pero algunos de estos verbos se emplean incorrectamente, ya que denotan un comportamiento del hablante. Relaciona cada grupo de verbos con aquello que indican:

- *Recalcar, subrayar, enfatizar.*
- *Comentar, precisar, puntualizar.*
- *Admitir o reconocer.*

a) Hincapié o énfasis en algo.
b) Gran convicción en lo que se dice.
c) Adhesión a la opinión de otro, a veces contra el interés propio.

7 El español es un idioma que se ha difundido por todo el mundo, un sinónimo de *difundir* es *propagar.* ¿Con qué sustantivos se combina este verbo? Elige dos y escribe una oración con cada uno de ellos:

CALOR — luz — onda — semillas — idea — BULO — enfermedades — fuego — VIRUS — rumor

Webquest. Accede a esta actividad en el banco de recursos de anayaeducacion.es e investiga sobre el *espanglish.*

2 COMUNICACIÓN

LOS TEXTOS PUBLICITARIOS

2.1 La publicidad

La **publicidad** es un género que informa sobre algún producto o servicio con fines comerciales o propagandísticos.

En la sociedad de consumo, las fábricas y las empresas elaboran una enorme cantidad de productos que necesitan vender a los usuarios y las usuarias. Para facilitar la venta, acuden a mensajes y textos que animan a consumir tales productos: es la publicidad.

Para cubrir la variada gama de necesidades de la sociedad actual, hay muchos tipos de publicidad y de elementos que se anuncian: productos comerciales; espectáculos, viajes, ofertas de ocio; ofertas y demandas de empleo; hechos sociales; servicios médicos; información económica...

Para difundir esa publicidad, se utilizan los más variados medios:

- audiovisuales, como la televisión, la radio o Internet;
- escritos, como periódicos o revistas;
- y otros como vallas de campos de fútbol o en carreteras; a veces, anuncios en la misma ropa de los deportistas más famosos, o incluso en avionetas que despliegan pancartas por playas o zonas muy concurridas.

Si lo que se pretende no es vender un producto, sino expresar los beneficios de un proyecto cultural, político o social, a esa publicidad se la conoce como **propaganda.** Así, se hace propaganda de las ventajas de la lectura, del programa de un partido político, de la solidaridad entre pueblos...

Publicidad directa o indirecta

Como la publicidad se orienta a la persuasión, utiliza toda una serie de recursos que conducen a esa finalidad. Por eso, suele hablarse de publicidad directa, informativa o denotativa; y publicidad indirecta, persuasiva o connotativa.

TIPOS DE PUBLICIDAD SEGÚN SU ESTRATEGIA

Publicidad directa

Nos llega abiertamente, de manera clara. En ella imágenes y lenguaje son denotativos, objetivos, y presentan las situaciones y los objetos como verosímiles, cercanos a lo posible. Se utiliza, sobre todo, para productos más necesarios y están dirigidos al público en general.

Publicidad indirecta

Se desea convencer por la vía emocional. En ella se nos presentan imágenes y objetos cargados de valores simbólicos y deseables; es decir, connotativos. Por ejemplo, el valor de la distinción y del éxito, el de la belleza y de la juventud, el del vigor, el de la salud y del atractivo físico... Se utiliza en artículos de lujo, colonias y bebidas, automóviles de gama alta, y allí donde parece necesario pasar la barrera de la rutina y de la cotidianidad.

La información y la persuasión

En la publicidad se anuncian todo tipo de productos y objetos, pero se hace de distinta manera:

TIPOS DE PUBLICIDAD SEGÚN SU FINALIDAD

- **Publicidad informativa**

  Se utiliza para anunciar productos necesarios para la vida diaria: por ejemplo, aquellos relacionados con la comida, la limpieza de la casa, el aseo personal...
  Sobre estos productos, las empresas hacen una publicidad más objetiva o de mera información destacando las características sobre su composición, su calidad, su precio...

- **Publicidad persuasiva**

  Es la que publicita productos que no resultan tan necesarios, como un reloj, un coche, unos zapatos de marca, el último modelo de teléfono móvil, un perfume, unas vacaciones...
  Las empresas publicitarias intentan persuadir teniendo en cuenta las emociones y los deseos de los posibles clientes. Para ello, presentan los productos cargados de valores simbólicos: por ejemplo, la importancia del éxito, la belleza, la salud...

Es importante que el consumidor o la consumidora reflexione acerca de los motivos que hacen que compre un producto y deje a un lado lo atractivo o seductor del mensaje publicitario.

Elementos de la comunicación en la publicidad

La comunicación publicitaria presenta estos elementos:

- **El emisor.** En este apartado hay que distinguir dos entidades. Por una parte, la persona o empresa que anuncia su producto y paga el anuncio. Y, por otra, las agencias de publicidad u oficinas expertas en diseñar y elaborar los mensajes publicitarios. Ambos pueden y suelen dejar su huella en el **mensaje:** el anunciante, con sus deseos, indicaciones y preferencias; y la agencia, con su estilo y habilidades para componer el anuncio.
- **El canal.** La publicidad se transmite a través de la televisión, la radio, el teléfono, la prensa, Internet, las vallas publicitarias, la ropa de personajes famosos...
- **El receptor.** En el público al que se pretende llegar, se distinguen el **receptor real,** la persona que lee, ve, oye el anuncio; y el **destinatario ideal,** grupo o sector social al que va dirigido el mensaje y en el que piensa el anunciante. No siempre coinciden ambos. Quien condiciona el anuncio, su mensaje, su estilo, su tono y otros recursos es el destinatario; es decir, el comprador potencial del producto anunciado.

Estructura del anuncio

Dependiendo del medio en que se emite el anuncio, su estructura cambia. Los anuncios impresos, como el cartel publicitario, pueden estar compuestos por:

Eslogan. Mensaje corto, frase, enunciado o palabra que pretende llegar al público de forma inmediata. Suele ir con caracteres muy diferenciados.

Imagen. Fotografía o ilustración destinadas a favorecer la transmisión del mensaje. La imagen puede tener un carácter **denotativo** (cercano a la realidad o un carácter **simbólico connotativo,** que intenta llamar la atención del receptor por los valores añadidos de juventud, valentía, belleza, simpatía, seguridad...

Texto. Datos, explicaciones y referencias para facilitar la venta del producto o servicio.

Diseño y tipografía. Distribución de los elementos del anuncio: colores, tamaño de imágenes y texto, tipo de fuente de letras...

Del diseño también forman parte el **logotipo** y otros elementos simbólicos que el anunciante o el diseñador vean útiles para convencer al receptor.

Imagen cedida por el Ayuntamiento de Madrid, diseño de Aleix Artigal Tubau (FAMILIA).

El lenguaje publicitario

El lenguaje que se emplea en publicidad tiene, además de las características propias de los textos argumentativos, estas otras:

- El **estilo** de los mensajes se caracteriza por:
  - La **brevedad.** Son mensajes concisos y directos en los que se comunica lo esencial del producto y que suelen estar vinculados con la imagen.
  - La **repetición.** Se reiteran expresiones, palabras y estructuras sintácticas con el objetivo de que el destinatario retenga y memorice el mensaje y, así, llegue a convencerlo.
  - La **función apelativa.** Es frecuente el uso del modo imperativo y de preguntas dirigidas al destinatario.
- En el **léxico,** la publicidad usa neologismos, extranjerismos, refranes o frases hechas...
- El lenguaje de la publicidad, a causa de su objetivo de ser original y sorprender al destinatario, utiliza numerosos **recursos literarios:** aliteraciones, onomatopeyas, rimas, antítesis, paradojas, ironías, comparaciones, metáforas, personificaciones, hipérboles, juegos de palabras, anáforas, juegos fónicos...:
- - *Es todo lo que necesitas llevar* (perfume, hipérbole).
- - *No te la podrás quitar de la cabeza* (almohada, frase hecha).
- - *Bono bueno, el bonobús* (transporte público, juego fónico).
- - *Para tu pequeño gigante* (alimento, paradoja).

En el banco de recursos de anayaeducacion.es encontrarás una actividad de orientación académica y profesional.

Actividades

1 Observa los carteles y responde a las preguntas:

A

B

Imágenes cedidas por el Ayuntamiento de Madrid, diseño de Zapping Publicidad, S.L.

a) ¿Cuál es el objetivo de estos carteles? ¿Es publicidad o propaganda? Justifica tu respuesta.

b) ¿Quién es el emisor del mensaje en cada cartel?

c) ¿Quiénes son los destinatarios ideales en cada opción? ¿Y los receptores reales?

d) En tu opinión, ¿en qué canales o medios pueden difundirse estos carteles?

e) ¿Cuál es la estructura de cada cartel? Elabora en tu cuaderno un organizador visual en el que reflejes las partes de que se compone cada anuncio.

f) ¿Cuáles son las características del lenguaje publicitario en cada cartel?

g) ¿Qué recurso literario se utiliza en el eslogan del cartel A? ¿Y en la imagen?

h) El cartel B fundamenta toda su estrategia de persuasión en el término *huella*. ¿Cómo consigue captar la atención del receptor? ¿De qué forma crees que se empatiza con él? ¿Qué recursos literarios se utilizan en este cartel? ¿La imagen tiene un valor denotativo o connotativo? Argumenta tu respuesta.

i) ¿Crees que estos carteles cumplen su finalidad? ¿Cuál de los dos te gusta más? ¿Por qué? ¿Cómo te hacen sentir? ¿Modificarías algo? Explica por qué.

2 Indica qué recursos literarios se han utilizado en la redacción de estos eslóganes:

a) Las primeras en tener lo último

b) Un libro, un amigo

c) Fulminamos los precios

3 Busca anuncios de varias revistas y periódicos, elige el que más te guste y analízalo teniendo en cuenta los elementos de la comunicación, la estructura y el lenguaje.

- Comparte con tus compañeras y compañeros tu comentario.

UNA CAMPAÑA PUBLICITARIA

CÓDIGO DULCINEA ES UNA ESCUELA ESPECIALIZADA EN LA ENSEÑANZA DEL ESPAÑOL. ¿TE ANIMAS A CREAR EL CARTEL PUBLICITARIO DEL CURSO INTENSIVO DE ESPAÑOL PARA EXTRANJEROS DE ESTE AÑO?

CÓDIGO **DULCINEA**

LEE

Conoce dos antiguos anuncios de la escuela de idiomas.

1 Observa los anuncios de los cursos intensivos de español para extranjeros que CÓDIGO DULCINEA publicó anteriormente y responde a la preguntas:

- ¿Qué crees que pretenden transmitir?
- ¿Cuál es el eslogan de cada anuncio? ¿Qué recursos literarios se emplean en cada uno?
- ¿Qué tipos de texto se utilizan en estos anuncios? Justifica tu respuesta.
- ¿Qué elementos no verbales se usan en estos anuncios? ¿Qué parte del texto de cada anuncio refuerzan?
- ¿Qué grupo de palabras abrevian las siglas ELE?
- ¿Qué semejanzas y diferencias aprecias entre los dos anuncios?
- ¿Qué estructura sigue cada anuncio?
- ¿Cuál te gusta más de los dos? ¿Por qué?

2 Indica en tu cuaderno si las siguientes afirmaciones son verdaderas o falsas, y corrige las falsas:

A El curso se celebra en primavera.

B Código Dulcinea ofrece únicamente clases de español.

C El curso intensivo de ELE ofrece 20 clases semanales, además de las actividades extra o talleres culturales.

D Es necesario inscribirse en el curso intensivo de ELE antes de junio.

E El curso intensivo de ELE que ofrece Código Dulcinea tiene lugar en Comillas (España).

F Si deseas más información sobre el curso, debes llamar por teléfono.

3 ¿Les podría interesar a estas personas los cursos intensivos de Código Dulcinea? Lee estos perfiles de una página web que permite localizar cursos de idiomas y argumenta tu respuesta:

Young Mi es una joven coreana cuyos padres están pensando en mudarse a España el próximo mes de octubre.

Damien es un francés de veinticinco años al que le gustaría mucho pasar unas vacaciones en España, para ir a la playa a practicar surf.

A Luciana, una joven portuguesa, estudiante de Turismo, le encanta España y está muy interesada en perfeccionar su español durante el verano. Desea aprender a preparar algunos de los platos más conocidos.

Jonás, gallego de treinta y cinco años, siempre ha querido aprender alemán, pero no consigue compaginar este deseo con su horario: trabaja en un hospital en el turno de tarde, de 14.00 a 22.00 horas.

Radomir es un estudiante búlgaro de FP que reside en Sofía. Está pensando en solicitar unas prácticas internacionales para realizarlas en un centro español. Pero está algo desanimado porque desconoce el idioma.

Amy encuentra uno de estos carteles en su centro escolar de Brighton. Siempre ha pensado que aprender español puede abrirle muchas puertas a la hora de encontrar trabajo.

CÓDIGO DULCINEA

ESCRIBE

Elabora el cartel publicitario del curso de ELE de este año.

4 CÓDIGO DULCINEA os pide que preparéis el cartel publicitario para el curso intensivo de ELE de este año. Para ello, os envía sus premisas. Leedlas antes de comenzar la tarea y seguid estos pasos:

1. En primer lugar, basaos en los anuncios de los años anteriores y determinad los elementos del anuncio: empresa, nombre del producto, público al que se dirige...
2. Pensad y redactad el eslogan. Utilizad recursos propios del lenguaje publicitario:
   - Recursos literarios: hipérboles, metáforas, personificaciones, juegos de palabras...
   - Discurso positivo y alusión a valores con los que los estudiantes se puedan identificar.
   - Apelad al destinatario, sed breves y originales, y buscad cómo elogiar el producto.
3. Redactad toda la información básica del anuncio. ¿Qué tipo de expresiones os servirán para conectar con vuestro público? ¿Qué información es imprescindible?
4. Componed la parte gráfica del anuncio. La imagen o ilustración debe ser atractiva, adecuada y cumplir con el objetivo de convencer al público.
5. Revisad vuestro texto y aseguraos de que no hay errores ortográficos y de que contiene toda la información.

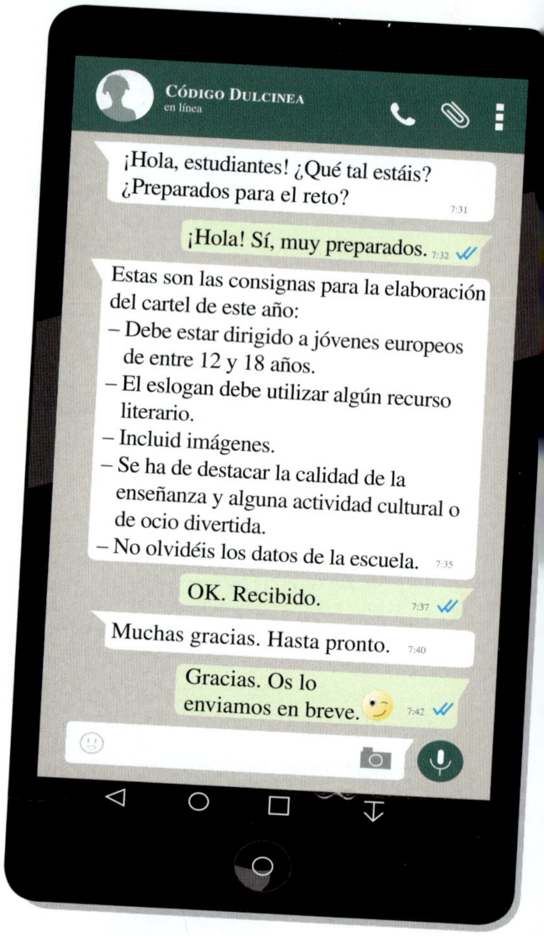

CÓDIGO DULCINEA

ESCUCHA

Opina sobre algunos de los anuncios con los que la academia difunde sus actividades.

5 Escucha ahora estos audios que CÓDIGO DULCINEA reproduce por megafonía en su centro durante los descansos del curso intensivo de ELE y responde a las preguntas:

- ¿Qué promocionan estos audios y quiénes son los destinatarios? ¿Por qué los difunden en los descansos?
- ¿Cómo se llaman los talleres? ¿De qué trata cada uno?
- ¿Dónde y cuándo se van a celebrar?
- ¿Cómo consiguen estos anuncios llamar la atención del oyente? ¿Qué recursos verbales y no verbales utiliza? ¿Cuál es la estructura?
- ¿Consideras que estos talleres son beneficiosos para los estudiantes de ELE? ¿Por qué?

CÓDIGO DULCINEA

HABLA

Trabaja la publicidad oral.

6 En grupo, llevad a cabo una tormenta de ideas para crear y diseñar una novedosa actividad cultural o de ocio con el objetivo de que los estudiantes practiquen la lengua oral y a la vez aprendan costumbres o elementos de la cultura españoles.

- Podéis serviros de estas breves ideas:

- Excursiones de fin de semana
- Un club de lectura
- Clases de bailes tradicionales

- Un taller de monólogos cómicos
- Una conferencia sobre arte
- Una ruta teatral

- Completad una ficha en la que se especifique el nombre del taller, en qué consiste, el horario, el público al que se dirige y por qué resulta atractivo y les beneficia en su aprendizaje del idioma.
- Grabad vuestro anuncio en formato mp3 y editadlo con alguna aplicación sencilla. Recordad que vuestro objetivo es captar la atención de los estudiantes de la escuela de ELE y que el anuncio ha de ser original, perspicaz, innovador e impactante.

7 Por último, compartid vuestros anuncios en clase y elegid los tres que consideréis que cumplen las condiciones anteriores.

Reflexiona sobre este ámbito profesional

Un filólogo estudia profundamente una lengua, su producción textual y la cultura que subyace a dicha lengua. Estos profesionales pueden desempeñar su oficio en diferentes ámbitos: medios de comunicación, redes sociales, industria editorial, la enseñanza, la investigación... ¿A qué se pueden dedicar profesionalmente los filólogos? ¿Cuál de estas profesiones te resulta más atractiva? ¿Por qué? ¿Qué estudios crees que tendrías que cursar para poder desempeñar dicha profesión?

Por ejemplo, una de las profesiones a las que se pueden dedicar los filólogos es la enseñanza de idiomas, en concreto a la enseñanza de español para extranjeros:

- ¿Qué conocimientos y formación reciben las profesoras y los profesores de ELE?
- ¿Qué motivaciones suelen tener para dedicarse a esta profesión?
- ¿Te gustaría poder ser docente de ELE en el futuro? ¿Por qué?

Busca información sobre el Instituto Cervantes: qué es, dónde tiene sedes y qué tipo de actividades realiza. A continuación, redacta un breve texto indicando si crees que es importante que exista una institución así y por qué.

La **filología** es la ciencia que estudia las culturas tal como se manifiestan en su lengua y en su literatura, principalmente a través de los textos escritos. Es una palabra compuesta por dos palabras griegas. ¿Cuáles son y qué significa cada una?

Sede del Instituto Cervantes en Madrid.

3 GRAMÁTICA

EL ORIGEN DE LAS LENGUAS DE ESPAÑA

3.1 Las lenguas prerromanas

En la península ibérica, antes de la llegada de los romanos en el siglo III a. C., convivían pueblos que tenían lenguas y culturas distintas. Se diferenciaban dos grandes grupos: las **lenguas no indoeuropeas** (tartesio, ibérico, vasco) y las **indoeuropeas** (el celtibérico y el lusitano). De todas ellas, solamente el euskara o vasco se ha mantenido hasta la actualidad.

El **euskara** o **vasco** es una lengua que se habla en la actualidad en el País Vasco (español y francés) y en el norte de Navarra. En el pasado llegó a tener una gran extensión, pero sufrió un enorme repliegue. Hoy en día, la creación de una norma común (el euskara batúa), así como el apoyo político, social, económico y educativo han fomentado una importante recuperación de la lengua.

3.2 Las lenguas romances

Las **lenguas romances** derivan de la lengua que hablaban los romanos: el latín.

La romanización no fue simultánea en todas las regiones y se aplicó a pueblos con importantes diferencias culturales. Ese latín, hablado ya de forma distinta según las zonas, fue evolucionando hacia nuevas lenguas, que se fueron consolidando en la Edad Media.

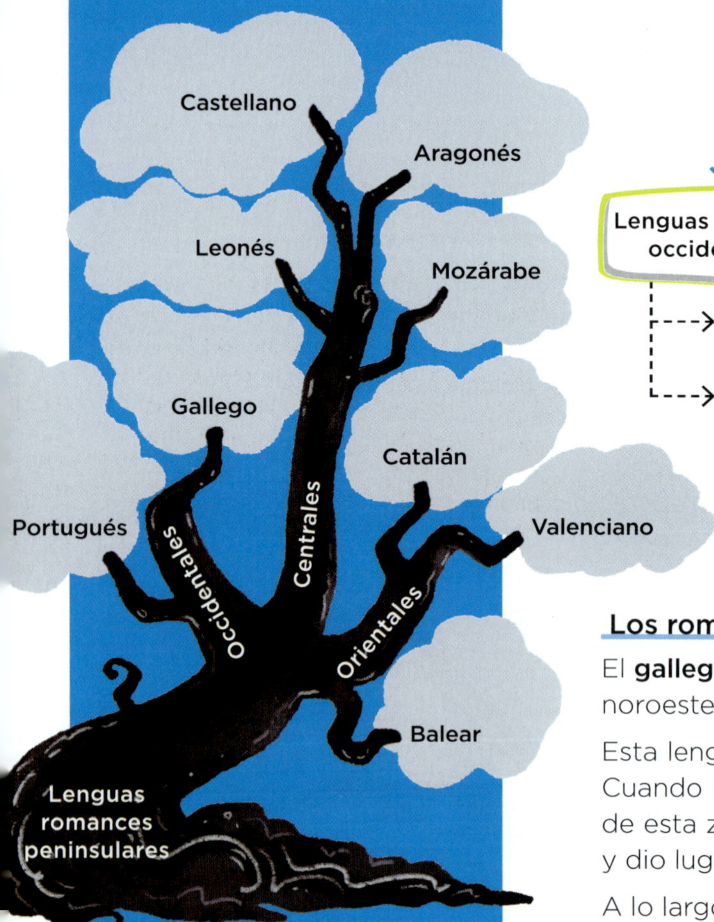

GRUPOS DE LENGUAS PENINSULARES

- **Lenguas romances occidentales**
  - El gallego
  - El portugués
- **Lenguas romances centrales**
  - El leonés
  - El castellano
  - El aragonés
  - El mozárabe
- **Lenguas romances orientales**
  - El catalán
  - El valenciano
  - El balear

Los romances occidentales: el gallego

El **gallego** es la lengua romance en la que se convirtió el latín hablado en el noroeste de la península ibérica.

Esta lengua se extendió hacia la franja portuguesa durante la Reconquista. Cuando Portugal se erigió en reino independiente en el siglo XII, la lengua de esta zona inició un proceso de diferenciación que finalizó en el siglo XV, y dio lugar al **portugués.**

A lo largo de la Edad Media, el gallegoportugués conoció un esplendor literario, especialmente en la lírica. Con la expansión del castellano, dejó de ser lengua de cultura, pero se mantuvo muy vivo en los ámbitos rurales.

Actualmente, el gallego es lengua oficial de Galicia y ha aumentado tanto el número de hablantes como su presencia social y cultural.

Los romances orientales: el catalán, el balear y el valenciano

Al sur de los Pirineos orientales, surgió una lengua romance con distintas variedades, habladas en Cataluña, Valencia, Baleares... En la Edad Media tuvo gran prestigio literario (Ramón Llull, Auxiàs March, Joanot Martorell, Bernat Metge...). Tras un período de decadencia, inició su recuperación durante el siglo XIX.

En la actualidad, cada una de las modalidades de este romance es lengua oficial en sus respectivas comunidades autónomas.

Los romances centrales: el castellano, el leonés, el aragonés y el mozárabe

En la zona central de la Península surgieron cuatro variedades romances: el **leonés** (lengua del antiguo reino de León), el **castellano** (lengua del reino de Castilla), el **aragonés** (lengua hablada en el reino de Aragón) y el desaparecido **mozárabe** (hablado por los cristianos en el territorio ocupado por los árabes).

El leonés se ha mantenido en zonas rurales de Asturias y en el norte de León. El aragonés quedó recluido en variedades habladas en algunos valles pirenaicos.

3.3 El castellano o español, lengua común

El **castellano** era inicialmente el romance hablado en el condado de Castilla. Se extendió por los territorios que el reino de Castilla iba reconquistando.

Con el descubrimiento de América (1492) conoció una época de expansión sin precedentes. La lengua española terminó convirtiéndose en la lengua común, no solo de España, sino también de gran parte del continente americano.

Actividades

1 Este poema en gallego fue escrito en 1880. Aunque hay algunas palabras que no entiendes, en general, ¿sabrías determinar su tema?

Ós mozos

¡Qué triste está a aldea,
qué triste e qué sola!

¡A terra sin frutos, a feira sin xente,
sin brazos o campo,
sin nenos a escola,
sin sol o hourizonte, sin fror a semente!

A pedra i as nubes
a sembra arrasando,
agoiran un ano de fame sombría;
sin pan os labregos
nin herba pró gando,
¿qué vai a ser deles na crúa invernía?

M. Curros Enríquez, *Aires da miña terra,* E. Castrelos.

2 El texto siguiente se publicó a principios del siglo XX, hace ya más de cien años, y responde a la manera de hablar de zonas rurales del antiguo reino de León. ¿De qué habla? Señala algunas semejanzas y diferencias con el castellano.

El die que se l'afugou la vaca 'l ti Antón el de la viuda, fú pal plau de las llinares a curtar'un feige de vilortas, y dispues que las curtei, manguéilas n'el pudón y diba pa casa cuntando pul caminu ichar'un cuartillicu-n'la tabierna, cuando ¡recongrio!, la mi muyere que ye 'l diabru, cumpañerus, peque me l'ulicu, y salioum-al uncuentru.

C. A. Bardón, *Cuentos en dialecto leonés,* Editorial Nebrija.

3 Lee este poema e indica palabras que son iguales (o parecidas) entre el catalán y el español:

La pell de brau

Ets estesa pell de brau,
vella Sepharad.
El sol no pot assecar,
pell de brau,
la sang que tots hem vessat,
la que vessarem demà,
pell de brau.

Salvador Espriu, *La pell de brau,*
«Cuadernos para el diálogo», Edicusa.

Versión en castellano: Eres ancha piel de toro, / vieja Sepharad. / El sol no puede secar, / piel de toro, / la sangre vertida ya, / la que aún nos manchará, / piel de toro.

Castellano alfonsí

Durante esta época, la lírica se consolidó gracias a escritores medievales como Gonzalo de Berceo y el Arcipreste de Hita, y, algo más tarde, con la poesía de Jorge Manrique.

3.4 Evolución del castellano

En la evolución del castellano se pueden fijar varias épocas:

- El **castellano primitivo** (siglos X-XII). Hablado en el condado y primeros reinos de Castilla. Es la época de la lírica primitiva y de los cantares de gesta.
- El **castellano alfonsí** (siglos XIII-XV). Fernando III convirtió el castellano en lengua de la cancillería. Su hijo Alfonso X fijó la escritura literaria, científica y administrativa.
- El **castellano moderno** (siglos XVI-XVII). Su uso se extendió a toda la Península. A partir de 1492 comenzó su expansión por América. Durante estos siglos floreció la literatura del Renacimiento y del Barroco.
- El **español contemporáneo** (siglo XVIII-hasta la actualidad). Es la época de consolidación de la lengua. Hoy hablan español casi 600 millones de personas.

3.5 Variedades del español

A partir del siglo XVI, el castellano experimentó una evolución que desembocó en dos variedades: el español norteño y el español meridional.

- El **español norteño** se habla en la mitad norte de la Península.
- El **español meridional** se habla prácticamente en toda la mitad sur (Extremadura, parte de Castilla-La Mancha, Murcia y Andalucía), en Ceuta, Melilla, en las Islas Canarias y en Hispanoamérica.

PRONUNCIACIÓN DEL ESPAÑOL MERIDIONAL

- **Yeísmo:** los hablantes no distinguen las consonantes *ll*, *y*. → *Pollo* y *poyo*, *calló* y *cayó* se pronuncian en los dos casos como *y*.
- **Seseo** o **ceceo** en la mayor parte de espacio. → *Solicitar/zolicitar.*
- La pronunciación de la **-s** final se pierde, se aspira o se asimila a la consonante siguiente. → *Do coche (por dos coches), tre^h casa^h (por tres casas), mimmo (por mismo).*
- Algunas **consonantes entre vocales** se pierden. → *Sala(d)o, querí(d)o, sabí(d)o.*
- Las consonantes *r*, *l* finales se confunden. → *Arma (por alma), calne (por carne)*

Actividades

4 Lee este texto escrito en español meridional y señala las palabras que reflejan sus características. Memorízalo y recítalo:

Por tu caye voy entrando,
hermoso claver dorado;
la repuesta es la qu' espero;
dámela si te l' han dado.
—La repuesta que m' han dado
no te la quisiera dá:
que no pases por mi puerta
ni que cormigo hableh máh.
Subí a la muraya
me respondió er biento:
¿Pa qué bienen tantos suspiritos
si ya no hay remedio?

A. Machado y Álvarez, *Colección de Cantes Flamencos*, Extramuros.

3.6 El español de América

Antes de la llegada de los españoles, en América se hablaban muchas lenguas; por ejemplo: el **náhuatl,** en México; el **maya,** en Centroamérica; el **quechua,** en Perú y zonas limítrofes; el **aimara,** en Bolivia; el **guaraní,** en Paraguay; y el **mapuche,** en Chile. Aún se hablan en la actualidad, en algunas zonas, lenguas prehispánicas.

Ceremonia náhuatl del *Fuego Nuevo,* códice borbónico.

CARACTERÍSTICAS DEL ESPAÑOL DE AMÉRICA

Rasgos fónicos o de pronunciación

Se asemeja mucho al español meridional. Los principales rasgos son estos:

- El **seseo:** la *s* y la *z* se pronuncian como *s* (por ejemplo, *cazo* se pronuncia *caso*).
- El **yeísmo:** la *ll* y la *y* se pronuncian normalmente como *y* (por ejemplo, *callar* se pronuncia *cayar*).
- En algunas zonas se debilita la -s de final de sílaba *(lo*^{h} *día*^{h}*)*, y se deja de pronunciar la *d* entre dos vocales *(lao, perdío)*.

Rasgos gramaticales

- Se usa el **pretérito perfecto simple** *(canté)* en lugar del pretérito perfecto compuesto *(he cantado)*.
- El **voseo,** o conservación de vos para la 2.ª persona del singular: *vos cantás, vos querés...*
- La **ausencia** de leísmo y laísmo.
- El uso de adjetivos adverbializados: *Suena lindo; Que te vaya bonito.*

Actividades

5 Localiza en el texto las palabras americanas que aún se utilizan y resúmelo:

> Descubren a los indios, morenos, desnudos, ingenuos, y tratan de hablar con ellos, pero no se entienden. De nada le sirven a Colón sus intérpretes, expertos en latín, griego, árabe, arameo. Vienen entonces los gestos y la atención a las palabras del indígena. Desde ese momento el español que marchó a ultramar empieza a producir peculiaridades americanas. Precisamente la primera página de esta aventura, el *Diario colombino,* recoge las primeras.
>
> Este conjunto de voces antillanas que leemos hoy en el *Diario* está integrado por *canoa, hamaca, ajes, cacique, cazabe, nitaine, tuob, nocay, ají* y *tiburón*.
>
> Añádanse a esta lista *bohío* y *guanín,* ambas interpretadas erróncamente por Colón, que pensó que eran nombres propios de lugar, topónimos como *Cuba;* también *caribe,* gentilicio antillano que se estrena en un texto castellano.

H. López Morales, *La aventura del español en América,* Espasa-Calpe.

Repasa la gramática

1 ¿Qué es el mozárabe? Elige la opción correcta:

a) Lengua procedente del latín que hablaban los cristianos en el territorio ocupado por los árabes.

b) Lengua procedente del latín que se hablaba en el territorio ocupado por los cristianos.

c) La lengua que hablaban los árabes cuando ocuparon la Península.

2 Dibuja un mapa en el que distribuyas todas las lenguas romances que se hablaban en la Península.

3 Relaciona en tu cuaderno los elementos de las tres columnas:

Fernando III y Alfonso X	Siglos XIII-XV	Castellano primitivo
Gonzalo de Berceo	Siglos X-XII	Castellano alfonsí
Cantares de gesta	Siglos XVI-XVII	Castellano moderno
Jorge Manrique	Siglos XVIII-XXI	Castellano contemporáneo

4 Enumera dos características comunes entre el español meridional y el de América.

5 Copia esta tabla en tu cuaderno y complétala:

Español	Euskara	Gallego	Catalán
....	....	*grazas*	....
hola	....	....	....
....	*ilargia*	....	....
....	*eguzkia*	....	....
....	....	....	*treballar*
....	....	*praia*	....

- ¿Por qué las palabra en euskara son tan diferentes de las otras? ¿Cómo podrías explicar este hecho teniendo en cuenta la historia de las lenguas en la Península?

6 ¿Qué lenguas de las que se hablan en España te gustaría aprender y dominar? Justifica tu respuesta.

7 Clasifica estas palabras según pertenezcan al euskara, gallego o catalán. ¿Qué significan?

bico	*xeito*	*xeito*
dreta	*petita*	*zorionak*
saravia	*eskerra*	*lluny*
barkatu	*carrer*	*bihotz*

8 Lee la siguiente estrofa y anota en tu cuaderno los rasgos y las palabras que no pertenecen al español actual:

Quiero fer una prosa en román paladino
en qual suele el pueblo fablar con so vecino,
ca non so tan letrado por fer otro latino,
bien valdrá, como creo, un vaso de bon vino.

Gonzalo de Berceo, *Vida de santo Domingo de Silos,* Biblioteca Anaya.

9 Lee estos versos y determina su tema. ¿En qué lengua están escritos? ¿Qué palabras son iguales en castellano?

¡Adios groria! ¡Adios contento!
¡Deixo a casa onde nacín,
deixo a aldea que conozo
por un mundo que non vin!

Deixo amigos por estraños,
deixo a veiga polo mar,
deixo, en fin, canto ben quero...
¡Quen pudera non deixar!

Rosalía de Castro, *Cantares gallegos,* Cátedra.

10 ¿Qué rasgos del español de América identificas en este texto?

—Entonces... no estás arrepentida. Y tiene que ser ansina. Yo soy bueno... te quiero... cuido tus intereses... No te falta nada; agacho el lomo como un pion.

—Yo estoy muy contenta con vos. Vos sos muy bueno.

—¡Si seré! Otro, ya hubiera tomao medidas y hubiera hecho tocar p'algún lao al gurí. Está muy insoportable. Antes era conmigo, solo; ahora l'ha agarrao con vos, también...

Francisco Espínola, *Cuentos,* Cal y Canto.

Organiza tus ideas gramaticales

Copia este diagrama jerárquico en tu cuaderno y complétalo:

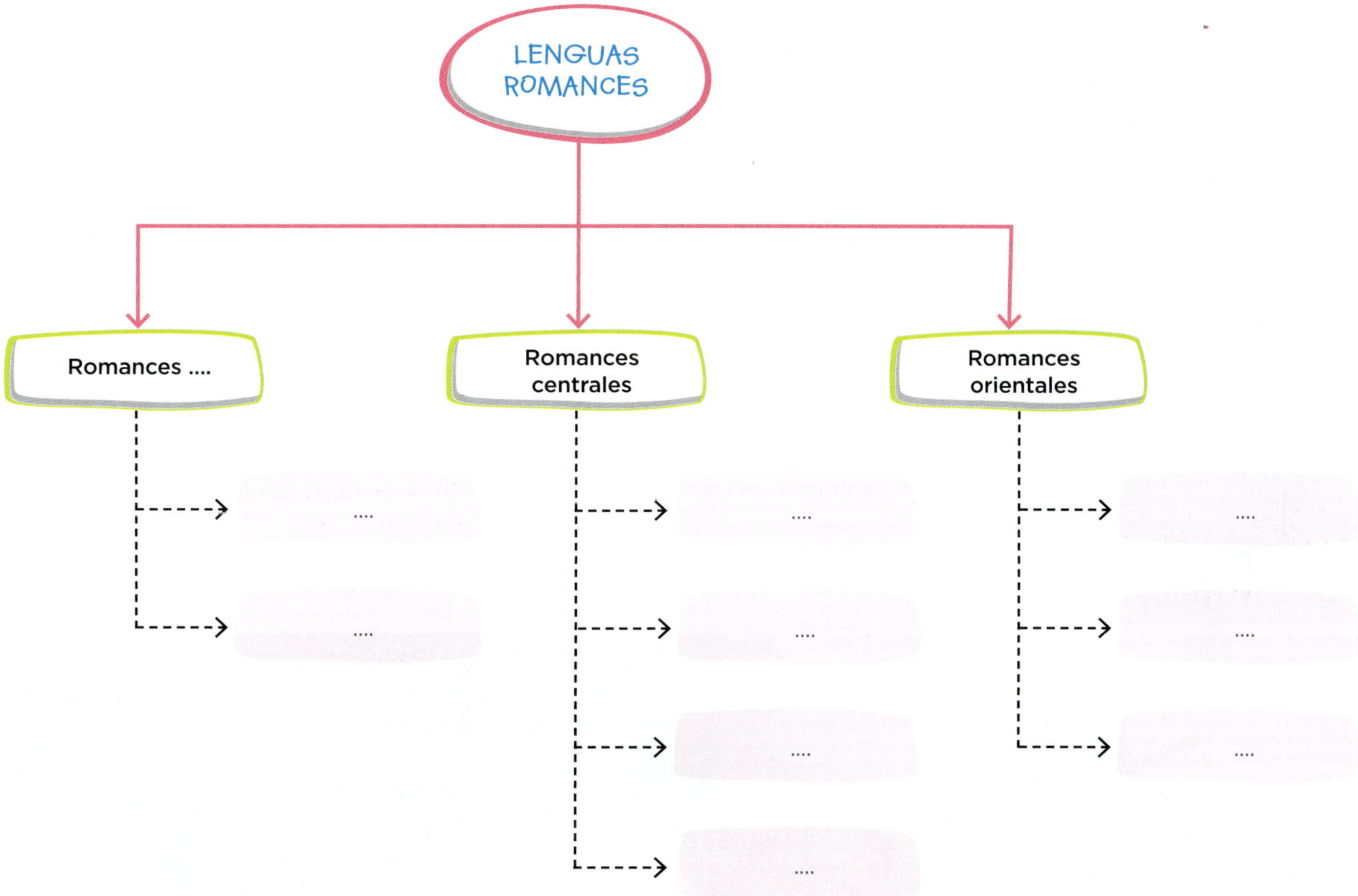

Practica la ortografía

1 Copia y acentúa correctamente estos compuestos y justifica tu respuesta:

sinfin — *vigesimoseptimo*
tragicomica — *epico-lirico*
franco-aleman — *mediodia*
portalamparas — *sacacorchos*
cortesmente — *fielmente*

2 Escribe correctamente los siguientes compuestos atendiendo especialmente al uso de la tilde:

- *grácil + mente*
- *balón + cesto*
- *cien + pies*
- *presta + las*
- *da + me*
- *da + me + lo*

3 Escribe en tu cuaderno estas oraciones aplicando la norma de uso de dos o más adverbios en *-mente:*

- *La ministra se dirige (cortésmente/amablemente) a la prensa.*
- *Llegó (inesperadamente/furtivamente) y me entregó una gran tarta.*
- *Trabaja (lentamente/minuciosamente) porque es muy perfeccionista.*

4 Sustituye el adverbio en *-mente* por otra expresión que indique modo:

Ejemplo: *Habló claramente./Habló con claridad.*

- *Salió del edificio discretamente y nadie lo vio.*
- *Aquel día llovía abundantemente en la sierra.*
- *La abuela miraba amablemente a sus nietos.*

ORTOGRAFÍA CONSULTA EL ANEXO 3

4 LITERATURA

EL BARROCO: LA POESÍA Y LA PROSA

4.1 La poesía barroca

La ilusión humanista y el vitalismo esperanzado del Renacimiento se transformaron, a causa de la decadencia política y económica, en pesimismo y desengaño.

Los artistas barrocos se desligaron del ideal renacentista (armonía, claridad, sobriedad y equilibrio) y se inclinaron hacia un estilo complejo, oscuro y plagado de figuras literarias. Emplearon las formas métricas italianas y las castellanas, tanto cultas como populares. Así, los sonetos alcanzaron su más alta cota de perfección y se produjo una revitalización de la tradición castellana tanto culta (letrillas) como popular (creación del «romancero nuevo»).

- Los temas del amor cortés y del petrarquismo pervivieron, pero se presentaban con una mayor intensidad y dramatismo.
- La naturaleza idílica fue sustituida por una naturaleza colorista y sensual.
- La fábula mitológica alcanzó su máximo grado de perfección.
- El paso inexorable y destructor del tiempo *(tempus fugit)*, la fugacidad de la vida y la amenaza constante de la muerte se asociaron a las ruinas, a la flor o al reloj (símbolos de la caducidad de las cosas).
- El alejamiento del mundo combinado con el desprecio de lo cortesano.
- El remordimiento de los pecados de juventud.
- La crítica de las actitudes y los hábitos de la época.

Mercurio y Argos (1659), Diego de Velázquez.

Las escuelas poéticas

En el Barroco español destacan dos movimientos:

- El **culteranismo** confiere más importancia a la forma que a las ideas. Se identifica con el empleo de metáforas sorprendentes, paralelismos, léxico rico, cultismos y alusiones mitológicas. Practica un mayor grado de complicación sintáctica: fórmulas latinizantes e hipérbatos. El creador de dicho estilo es **Luis de Góngora.**
- El **conceptismo,** en cambio, presta más atención a las ideas que a la forma. Son característicos recursos literarios como las hipérboles, las metáforas, las imágenes y los símiles, así como los juegos de palabras (dilogía, paronomasia, oxímoron y paradoja). Su máximo representante es **Francisco de Quevedo.**

4.2 Luis de Góngora

Luis de Góngora y Argote nació en Córdoba en 1561. Sus primeros versos datan de sus años estudiantiles en Salamanca. En 1617 se instaló en Madrid. Se ordenó sacerdote a los cincuenta y cinco años y es nombrado capellán de honor de Felipe III. Allí alcanzó gran fama como poeta. A la muerte del rey, se agravó su situación económica y regresó a Córdoba, donde murió en 1627.

Luis de Góngora es la figura más relevante del **culteranismo,** o **gongorismo.** La poesía de Góngora suscitó la admiración de sus contemporáneos, pero también las críticas. Notables fueron las polémicas literarias y personales que mantuvo con Lope de Vega y, sobre todo, con Francisco de Quevedo.

Luis de Góngora (1622), Diego de Velázquez.

La obra

Góngora cultivó todos los temas (religiosos, cortesanos, burlescos, elegíacos, amorosos) tratados con tonos diferentes: popular o culto, serio o burlesco.

- Los **romances y letrillas** representan una parte importante de su producción poética. Sus romances (moriscos, pastoriles, mitológicos y, también, jocosos) supusieron una revalorización del género. Góngora fue, junto a Lope, uno de los creadores del «romancero nuevo» (de autores conocidos y temas más variados que el romancero tradicional). En las letrillas censuró las costumbres y la moral de su tiempo con tono satírico y burlesco: desigualdades sociales, el dinero, la hipocresía social, la justicia, la vida cortesana...
- Los **sonetos** destacan por su perfección y maestría constructiva. Los hay amorosos, fúnebres, sacros, morales, etc.
- En sus **poemas mayores,** *Soledades* y *Fábula de Polifemo* y *Galatea,* Góngora intentó alejar el lenguaje literario del lenguaje ordinario: dotó a sus versos de mayor complejidad sintáctica (violentos hipérbatos) y léxica (cultismos), e intensificó el empleo de audaces metáforas o referencias mitológicas.

Actividades

1 Lee y responde a las preguntas:

> Un monte era de miembros eminente
> este (que, de Neptuno hijo fiero,
> de un ojo ilustra el orbe de su frente,
> émulo casi del mayor lucero) [...]
> Negro el cabello, imitador undoso
> de las obscuras aguas del Leteo,
> al viento que lo peina proceloso,
> vuela sin orden, pende sin aseo; [...]

Luis de Góngora, «Fábula de Polifemo y Galatea», en *Poesía española,* Vicens Vives.

Versión en prosa: Este cíclope (que es hijo fiero de Neptuno y decora el cielo de su frente con un ojo casi tan grande como el sol) es un monte del que sobresalen brazos y piernas [...]. El cabello [de Polifemo] es negro y ondulado, e imita [por su color] las oscuras aguas del río Leteo. Vuela sin orden y cuelga sin aseo mientras lo peina el viento con fuerza huracanada.

a) ¿Trata este fragmento un tema barroco?

b) Localiza dos ejemplos de hipérbatos.

c) ¿Cómo es el léxico? Justifica tu respuesta.

d) Busca información en Internet sobre el río Leteo. ¿Qué recurso ha empleado Góngora?

e) Busca en Internet la «Canción a las ruinas de Itálica» y analiza su métrica. ¿Cuál es su tema?

Francisco de Quevedo, copia de obra de Velázquez.

4.3 Francisco de Quevedo

Francisco de Quevedo y Villegas nació en Madrid en 1580. Sus padres trabajaban al servicio de la familia real, lo que le permitió conocer los entresijos de la corte. Estudió en la Universidad de Alcalá de Henares y en la de Valladolid y se licenció en Artes. Su vida estuvo ligada a la política: desempeñó los cargos de consejero del duque de Osuna y secretario de Felipe IV. Fue desterrado y encarcelado en varias ocasiones. En 1639 fue trasladado a la cárcel de San Marcos de León, donde sufrió graves penalidades. En 1644 se retiró a la Torre de Juan Abad (Ciudad Real). En 1645 murió en Villanueva de los Infantes (Ciudad Real).

Francisco de Quevedo es el máximo representante del **conceptismo.** En su extensa producción poética se combinan el Quevedo grave, doctrinal, religioso, moralista y enamorado; y el Quevedo satírico y, a veces, descarado.

La obra

Quevedo es el poeta que mejor encarna el desengaño barroco. Su obra poética se clasifica según los temas en:

- **Poemas amorosos,** que siguen la línea petrarquista: desazón del sentimiento amoroso, pasión devastadora... Destacan los poemas dedicados a los efectos y definición del amor, al tópico del *carpe diem,* o al amor más allá de la muerte.
- **Poemas satíricos y burlescos,** que tratan sobre el contraste entre apariencia y realidad de los comportamientos sociales: el poder del dinero, la justica, la corte, los matrimonios, etc.
- **Poemas metafísicos, morales y religiosos,** en los que vierte sus reflexiones sobre el sentido de la existencia, la muerte y el paso del tiempo, las apariencias y la inconsistencia del poder mundano. En ellos recrea los tópicos clásicos: la vida como muerte, la huida del tiempo, la inconsistencia de la vida, el *beatus ille.*

Actividades

2 En los siguientes versos Quevedo usa los recursos literarios propios del conceptismo, léelo y contesta a las preguntas:

Érase un hombre a una nariz pegado,
érase una nariz superlativa,
érase una alquitara[1] medio viva,
érase un peje[2] espada muy barbado.

Era un reloj de sol mal encarado,
érase un elefante boca arriba,
érase una nariz sayón[3] y escriba[4],
un Ovidio Nasón[5] mal narigado.

Érase el espolón[6] de una galera,
érase una pirámide de Egipto,
las doce Tribus de narices era.

Érase un naricísimo infinito,
frisón[7] archinariz, caratulera[8],
sabañón garrafal morado y frito.

F. de Quevedo, *Poesía varia,* Cátedra.

a) ¿A qué clase de poesía pertenece este soneto según el tema que trata?

b) Di qué clase de recurso es la anáfora y señala la que utiliza el autor en este poema.

c) Localiza en la primera estrofa una hipérbole, un paralelismo y una metáfora.

d) El recurso literario por el cual una palabra o expresión significa dos cosas a la vez se llama *silepsis.* ¿Qué silepsis te llaman la atención en este soneto?

[1]**Alquitara:** alambique. [2]**Peje:** pez. [3]**Sayón:** falda, saya grande. La nariz cae como una gran falda. [4]**Escriba:** doctor e intérprete de la ley hebrea. Alude a una nariz judía, pues al pueblo judío se le atribuía una nariz muy grande. [5]**Ovidio Nasón:** autor romano cuyo nombre, Nasón, significaba 'narizotas'. [6]**Espolón:** punta en la que termina la parte delantera de un barco. [7]**Frisón:** raza de caballos, que son muy grandes. [8]**Caratulera:** propia de una máscara.

Actividades

3 Lee la siguiente letrilla de Quevedo y contesta a las preguntas:

Poderoso caballero
es don Dinero.
Madre, yo al oro me humillo;
él es mi amante y mi amado,
pues, de puro enamorado,
de contino[1] anda amarillo[2];
que pues, doblón[3] o sencillo[4],
hace todo cuanto quiero,
poderoso caballero
es don Dinero.

Nace en las Indias[5] honrado,
donde el mundo le acompaña;
viene a morir en España
y es en Génova[6] enterrado.
Y pues quien le trae al lado
es hermoso, aunque sea fiero[7],
poderoso caballero
es don Dinero.

Es galán y es como un oro,
tiene quebrado el color[8],
persona de gran valor,
tan cristiano como moro.
Pues que da y quita el decoro[9]
y quebranta cualquier fuero[10],
poderoso caballero
es don Dinero.

Francisco de Quevedo, *Poesía original completa,* Planeta.

[1]**De contino:** continuamente. [2]**Amarillo:** color que se atribuía a los enamorados. [3]**Doblón:** moneda antigua de oro. [4]**Sencillo:** moneda de menos valor que el doblón. [5]**Indias:** se refiere al oro que provenía de América. [6]**Génova:** se refiere a los banqueros genoveses con los que la corona española había contraído deudas. [7]**Fiero:** feísimo. [8]**Quebrado el color:** pálido. [9]**Decoro:** honor, honra, estimación. [10]**Fuero:** ley.

a) Observa quiénes son el emisor y el receptor del poema e indica qué tienen en común esta letrilla y la poesía tradicional.

b) ¿Qué aspectos describe la joven de «su enamorado»?

c) ¿Qué recurso literario emplea Quevedo para referirse al dinero? Justifica tu respuesta.

d) Quevedo critica la importancia y el poder del dinero. Cita dos ejemplos que aparezcan en el texto y explícalos con tus palabras.

4 Lee este soneto y responde a las preguntas:

Amante agradecido
a las lisonjas mentirosas de un sueño

¡Ay Floralba! Soñé que te... ¿Direlo?
Sí, pues que sueño fue, que te gozaba;
¿Y quién sino un amante que soñaba,
juntara tanto infierno a tanto cielo?

Mis llamas con tu nieve y con tu hielo,
cual suele opuestas flechas de su aljaba[1],
mezclaba amor, y honesto las mezclaba,
como mi adoración en su desvelo.

Y dije: «Quiera Amor, quiera mi suerte,
que nunca duerma yo, si estoy despierto,
y que si duermo, que jamás despierte».

Mas desperté del dulce desconcierto,
y vi que estuve vivo con la muerte,
y vi que con la vida estaba muerto.

Francisco de Quevedo, *Poesía varia,* Cátedra.

[1]**Aljaba:** caja portátil para flechas que se colgaba del hombro izquierdo y con la que se representa al dios Amor.

a) ¿Mediante la oposición de qué conceptos se expresa el tema del desengaño? ¿Por qué el poeta está desengañado?

c) Localiza estos recursos literarios:

antítesis | paradoja | juego de palabras

5 Señala el tema del poema. ¿Qué imagen barroca se recrea en el primer cuarteto? ¿Qué simbolizan el báculo y la espada? ¿Qué conclusión extraes?

Miré los muros de la patria mía,
si un tiempo fuertes, ya desmoronados,
de la carrera de la edad cansados,
por quien caduca ya su valentía.

Salime al campo, vi que el sol bebía
los arroyos del yelo desatados,
y del monte quejosos los ganados,
que con sombras hurtó su luz al día.

Entré en mi casa; vi que, amancillada,
de anciana habitación era despojos;
mi báculo, más corvo y menos fuerte;

vencida de la edad sentí mi espada.
Y no hallé cosa en que poner los ojos
que no fuese recuerdo de la muerte.

Francisco de Quevedo, *Poesía original completa,* Planeta.

4.4 Lope de Vega

Félix Lope de Vega nació en Madrid en 1562. Estudió en las universidades de Alcalá de Henares y Salamanca. Su agitada vida (varios matrimonios, numerosas pérdidas familiares, expediciones militares, procesamientos, un destierro, enemistad con Góngora...) circuló paralela a su inmensa popularidad como poeta y dramaturgo. A pesar de atravesar una crisis de fe en 1613 y ordenarse sacerdote, volvió a enamorarse y sufrió nuevos pesares (enfermedad y muerte de su esposa, apuros económicos, pérdida de un hijo). Murió en 1635 en Madrid. Su entierro fue multitudinario.

Lope de Vega, como poeta, experimentó todos los géneros y temas de la época: petrarquismo, tradición cancioneril, lírica popular, poemas épicos, poesía religiosa, poesía burlesca, romances... Sus amores, desdichas, ilusiones y crisis están reflejados en sus versos. La **raíz autobiográfica** y el **acento personal** son notas características de la lírica lopesca.

A diferencia de Góngora o Quevedo, Lope destaca por su **sencillez** y **naturalidad,** aunque no está falto de artificio y brillantez.

La obra

Su obra se puede dividir en dos grupos:

- **Poesía popular:** romances moriscos y pastoriles, en los que se disfraza de pastor o de morisco para cantar sus aventuras amorosas. También son deudoras de dicha tradición las canciones populares insertadas en sus obras teatrales (mayas, serranas, cantos de siega, de vendimia...).
- **Poesía culta:** escribió obras líricas como *Rimas* (1602), *Rimas sacras* (1614) y *Rimas humanas y divinas de Tomé de Burguillos* (1634). La primera contiene doscientos sonetos que constituyen uno de los últimos cancioneros petrarquistas del siglo. En la segunda, escrita tras una crisis de fe, Lope humaniza el sentimiento religioso y se muestra como un pecador arrepentido. En la última, ofreció Lope su faceta burlesca y paródica. También su poesía épica siguió la estela de la tradición culta.

Sor Marcela de San Félix viendo el entierro de su padre, Lope de Vega (1862), Ignacio Suárez Llanos.

Actividades

6 Lee esta cancioncilla popular y contesta:

En las mañanicas
del mes de mayo
cantan los ruiseñores,
retumba el campo.

En las mañanicas,
como son frescas,
cubren ruiseñores
las alamedas.

Ríense las fuentes
tirando perlas
a las florecillas
que están más cerca.

Vístense las plantas
de varias sedas,
que sacar colores
poco les cuesta.

Lope de Vega, en *Antología poética del Siglo de Oro,* Anaya.

a) ¿Qué se celebra en este poema? ¿Qué nombre reciben estas composiciones?

b) Localiza dos metáforas y dos personificaciones.

7 Lee atentamente el siguiente soneto de Lope de Vega y responde a las preguntas:

¿Qué tengo yo, que mi amistad procuras?
¿Qué interés se te sigue, Jesús mío,
que a mi puerta, cubierto de rocío,
pasas las noches del invierno oscuras?

¡Oh, cuánto fueron mis entrañas duras,
pues no te abrí! ¡Qué extraño desvarío,
si de mi ingratitud el hielo frío
secó las llagas de tus plantas puras!

¡Cuántas veces el ángel me decía:
«Alma, asómate ahora a la ventana,
verás con cuánto amor llamar porfía».

¡Y cuántas, hermosura soberana,
«Mañana le abriremos», respondía,
para lo mismo responder mañana!

Lope de Vega, en *Antología poética del Siglo de Oro,* Anaya.

a) ¿Acepta o rechaza el poeta el amor incondicional de Jesucristo? Justifica tu respuesta.

b) ¿De qué se arrepiente el poeta?

c) En el texto se hace alusión a una casa (puertas, ventanas). ¿De qué es metáfora?

8 ¿Qué trata de definir Lope de Vega en este soneto?

Desmayarse, atreverse, estar furioso,
áspero, tierno, liberal, esquivo,
alentado, mortal, difunto, vivo,
leal, traidor, cobarde y animoso;

no hallar fuera del bien centro y reposo,
mostrarse alegre, triste, humilde, altivo,
enojado, valiente, fugitivo,
satisfecho, ofendido, receloso;

huir el rostro al claro desengaño,
beber veneno por licor süave,
olvidar el provecho, amar el daño;

creer que un cielo en un infierno cabe,
dar la vida y el alma a un desengaño:
esto es amor, quien lo probó lo sabe.

Lope de Vega, en *Antología poética del Siglo de Oro,* Anaya.

a) Identifica ejemplos de antítesis y de paradoja.

b) ¿Por qué crees que el poeta recurre al juego de contrarios para definir los efectos del amor?

c) El acento personal y la raíz autobiográfica son rasgos de la lírica lopesca. ¿Cómo se manifiesta en esta composición?

9 ¿Qué estrofa emplea Lope en esta composición?

Pobre barquilla mía,
entre peñascos rota,
sin velas desvelada,
y entre las olas sola:

¿Adónde vas perdida?
¿Adónde, di, te engolfas?
Que no hay deseos cuerdos
con esperanzas locas.

Como las altas naves
te apartas animosa
de la vecina tierra,
y al fiero mar te arrojas [...]

Ya fieros huracanes
tan arrogantes soplan,
que, salpicando estrellas,
del sol la fuente mojan [...]

Mas ¡ay que no me escuchas!
pero la vida es corta;
viviendo, todo falta:
muriendo, todo sobra.

Lope de Vega, en *Antología poética del Siglo de Oro,* Anaya.

4.5 La prosa barroca

Al principio del siglo XVII, y en consonancia con el pesimismo y el desengaño del Barroco, las novelas idealistas del Renacimiento se agotaron paulatinamente (pastoril, bizantina) o desaparecieron (caballerías, sentimental, morisca). Sin embargo, adquirieron una fuerza notable la novela corta de origen italiano y la picaresca.

La novela corta

Las *Novelas ejemplares* de Cervantes fueron la primera muestra del género en castellano. Son obras breves, de ambiente cortesano, protagonizadas por damas y caballeros, en las que el amor y el honor son los ejes estructurales de la trama.

A veces, las novelas cortas se insertaban en obras de mayor extensión y ajenas a la trama argumental. Así lo hicieron Cervantes en el *Quijote* («El curioso impertinente»), Lope de Vega o Tirso de Molina.

La picaresca

Las novelas picarescas del Barroco asumieron en mayor o menor grado los rasgos definitorios del género:

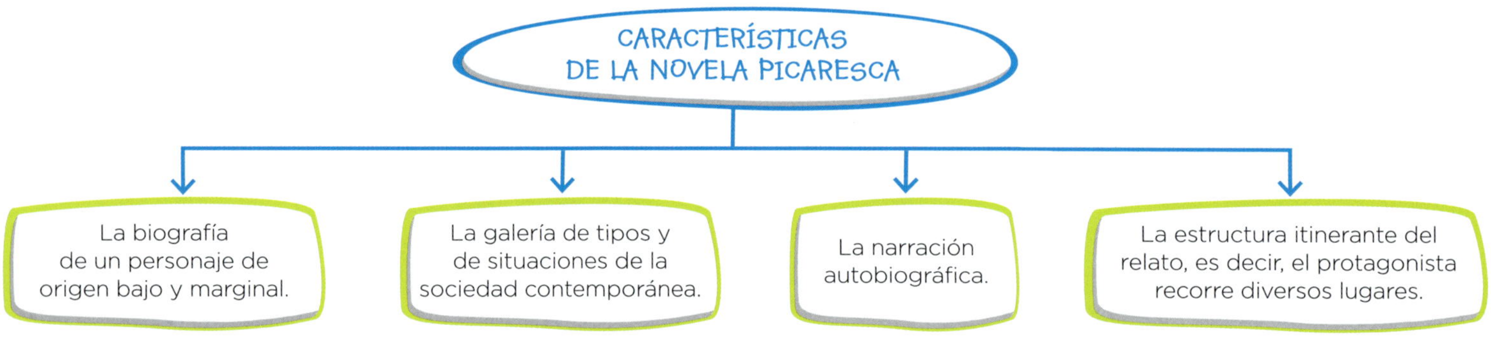

Estas novelas eliminaron otros rasgos de la picaresca, como la evolución del personaje y el esfuerzo del pícaro por ascender socialmente.

Sin embargo, los novelistas barrocos incorporaron elementos que no estaban presentes en *El Lazarillo de Tormes:*

- el tono moralizante;
- la deformación caricaturesca;
- la insistente sátira social;
- la figura de la pícara femenina;
- la abundancia de recursos retóricos, etc.

Estas son las novelas picarescas más notables del siglo XVII:

- *El Buscón,* de Quevedo.
- *Guzmán de Alfarache,* de Mateo Alemán. Este, siguiendo la estela del *Lazarillo,* publicó en 1599 y en 1604 la primera y la segunda parte, respectivamente, del *Guzmán de Alfarache.* Se trata de la obra más fiel al modelo. La novela está narrada desde la situación final del protagonista. Guzmán, condenado a galeras de por vida, se arrepiente de su conducta pasada. Los episodios de la vida del pícaro se combinan con novelas cortas, cuentos y digresiones morales. Destaca el **carácter moralizador** del texto, así como el **profundo pesimismo** que impregna las páginas del *Guzmán.*

Otras obras picarescas

Además de la obra escrita por el sevillano Mateo Alemán, otros autores andaluces cultivaron este tipo de novelas. Por ejemplo, el rondeño Vicente Espinel escribió la obra, de base autobiográfica, *Relaciones de la vida del escudero Marcos de Obregón,* y el ecijano Luis Vélez de Guevara, cuya obra *El diablo cojuelo* es una novela que se desvía de las características propias del género (narración en tercera persona, ausencia de téctnica autobiográfica y de tono moralizante o presencia de elementos fantásticos).

4.6 Francisco de Quevedo

El Buscón

En 1626, **Francisco de Quevedo** publicó, con gran éxito, la *Historia de la vida del Buscón, llamado don Pablos.*

El Buscón cuenta (en 23 capítulos distribuidos en 3 libros o partes) la vida de Pablos desde su nacimiento y niñez hasta su mayoría de edad. En su recorrido vital va pasando por muchas peripecias. Primero, en la escuela y al servicio de Diego Coronel en la casa del dómine Cabra en Alcalá. Más tarde, al conocer la noticia de la muerte de su padre, vuelve a Segovia a cobrar la herencia y se va a Madrid, donde actúa de mendigo y de pícaro. Después, en Sevilla, Pablos desempeña varios oficios y pasa algún tiempo en la cárcel. La obra acaba con la intención de embarcarse para las Indias a ver si cambiando de sitio mejora su suerte: «Y fueme peor, pues nunca mejora su estado quien muda solamente de lugar y no de vida y costumbres».

A pesar de que se mantiene la narración en primera persona y el origen dudoso del protagonista, la novela presenta rasgos que la apartan del modelo picaresco, ya que el autor eliminó la evolución psicológica del personaje y rompió la estructura narrativa. Don Pablos, a diferencia de Lázaro o Guzmán, es un personaje vacío: se desconoce el motivo por el que escribe, no se plantea enderezar su vida, no hay lugar en él para el arrepentimiento... Se trata de un ser deshumanizado, frío y cruel.

La narración, más que un hilo conductor de sucesos encadenados, presenta un gran fragmentarismo, donde cada episodio parece una mera disculpa para criticar tipos, costumbres y ambientes de la época. Quevedo empleó un lenguaje plagado de hipérboles, equívocos, sarcasmos crueles, dilogías, antítesis expresivas y metáforas, que le permitieron deformar y caricaturizar los ambientes y tipos de la España del siglo XVII.

La prosa satírico-burlesca

La decadencia del Imperio español acentuó la reflexión y la redacción de obras destinadas a recoger ideas o conocimientos sobre temas de interés colectivo.

Quevedo, en sus escritos satíricos, presentó un tono amargo e incisivo. Manifestó hacia la sociedad de su época un profundo desprecio, que derivaba de su pesimismo, de la desconfianza en el hombre y del desengaño con el mundo. En todas estas obras volvió a dar muestras de su magistral dominio del lenguaje.

Sus obras satírico-burlescas más destacadas son estas:

- *Los sueños,* que tienen como finalidad la denuncia de los vicios y las corrupciones. La obra constituye una sátira de los diferentes estados y oficios: el juez corrompido, los médicos, los sastres, las mujeres interesadas, los aduladores, los truhanes, los hidalgos, los herejes...
- *La hora de todos y la Fortuna con seso,* considerada como una de las piezas maestras del autor, recrea el tópico del mundo al revés. Los dioses tratan de poner remedio a los males del mundo y para ello piden a la diosa Fortuna que actúe siguiendo la razón durante una hora. Sin embargo, dicha medida no logra mejorar la situación. De nuevo, el pesimismo de Quevedo parece no dejar lugar a la esperanza.

Actividades

10 Lee el texto y responde a las preguntas:

El licenciado Cabra

Decidió, pues, don Alonso poner a su hijo en pupilaje[1]. Supo que había en Segovia un licenciado llamado Cabra, que tenía por oficio criar hijos de caballeros, y envió el suyo y a mí para que le acompañase y sirviese.

Era primer domingo después de Cuaresma, y entramos en poder del hambre viva, porque tanta miseria no admite decirlo de otro modo. Él era un clérigo cerbatana[2], largo solo en el talle; tenía la cabeza pequeña, pelo bermejo[3] (no hay más que decir para quien sabe el refrán), los ojos le salían del cogote, tan hundidos y oscuros que parecía que miraba desde el fondo de un cesto; la nariz, chata y llena de costras por culpa de un resfriado; las barbas, descoloridas por miedo a la boca vecina, que, de pura hambre parecía que amenazaba con comérselas; los dientes, le faltaban no sé cuántos, y pienso que por holgazanes y vagabundos se los habían condenado al destierro; el gaznate, largo como de avestruz, con una nuez tan salida que parecía que se iba a escapar buscando comida; los brazos, secos; las manos, como un manojo de nervios cada una. Mirado de cintura para abajo, parecía un compás, con dos piernas largas y flacas; andaba muy despacio, y si se alteraba, le sonaban los huesos como tablillas de leproso[4]; tenía la voz débil, la barba grande, ya que nunca se la cortaba para no gastar, y él decía que era tanto el asco que le daba ver la mano del barbero por su cara, que se dejaría matar antes que permitir tal cosa: los cabellos se los cortaba un muchacho de nosotros. Traía un bonete los días de sol, roído por los ratones y con adornos de grasa. La sotana, según decían algunos, era milagrosa, porque no se sabía de qué color era. Unos, viéndola tan sin pelo, la creían hecha de cuero de rana; otros decían que era simple ilusión; desde cerca parecía negra, y desde lejos azul cielo. La llevaba sin cordón en la cintura; no traía cuello ni puños. Parecía, con los cabellos largos y la sotana miserable y corta, criado de la muerte. Cada zapato podía ser tumba de un gigante. ¿Y qué decir de su aposento? Ni arañas había en él. Se había conjurado con los ratones por temor de que le royeran algunos mendrugos que guardaba. La cama la tenía en el suelo, y dormía siempre de un lado por no gastar las sábanas.

Francisco de Quevedo, *El Buscón*, «Clásicos a Medida», Anaya.

[1]**Pupilaje:** régimen de internado en el que el estudiante quedaba bajo la tutela de un bachiller o licenciado. [2]**Cerbatana:** pieza de artillería en forma de canuto; aquí toma el sentido de 'hueco, estrecho y largo'. [3]**Bermejo:** rojizo. Según la tradición, Judas había sido pelirrojo, de ahí que el refrán «ni perro ni gato de aquella color» invitase a desconfiar de quien tenía este color de pelo. [4]**Tablillas de leproso**: tablillas que hacían sonar los leprosos para pedir limosna.

a) ¿La descripción del licenciado Cabra se centra solo en los rasgos físicos o también atiende al carácter? Justifica tu respuesta.

b) Quevedo emplea diversas hipérboles, comparaciones y personificaciones. Identifica un ejemplo de cada una y comenta su uso, finalidad o intención.

c) Analiza el punto de vista. ¿Es una descripción objetiva? ¿Incluye valoraciones? ¿El autor es amable o despiadado con el clérigo?

d) ¿Qué tono se utiliza en el texto?

grave | serio | satírico | burlesco

e) ¿Estamos ante un retrato o ante una caricatura? Argumenta tu respuesta.

f) Relaciona el empleo de la burla y la caricatura con la visión barroca del mundo.

11 Lee este fragmento del cuarto sueño titulado «El mundo por de dentro», donde el protagonista pasea por la calle de la Hipocresía de la mano del Desengaño y contesta a las preguntas:

—¿Y cómo se llama —dije yo— la calle mayor del mundo, donde hemos de ir?

—Llámase —respondió— Hipocresía, calle que empieza con el mundo y se acabará con él; y no hay nadie casi que no tenga, si no una casa, un cuarto o un aposento en ella. Unos son vecinos y otros paseantes, que hay muchas diferencias de hipócritas, y todos cuantos ves por ahí lo son. [...] Pues todo es hipocresía. Pues en los nombres de las cosas ¿no hay la mayor del mundo? [...] Amistad llaman el mancebamiento, trato a la usura, burla a la estafa, gracia la mentira, donaire la malicia, descuido la bellaquería, [...]. Así que ni son lo que parecen ni lo que se llaman, hipócritas en el nombre y en el hecho. [...] De suerte que todo el hombre es mentira por cualquier parte que le examinéis, si no es que, ignorante como tú, crea las apariencias.

Francisco de Quevedo, *Los sueños*, Espasa-Calpe.

a) ¿Por qué el protagonista no alcanza a ver la hipocresía que hay en el mundo y necesita que el Desengaño se la muestre?

b) Explica el significado de la oración destacada.

c) Divide el texto en dos partes y resume su contenido.

4.7 Baltasar Gracián

Baltasar Gracián fue, junto a Quevedo, un gran autor de prosa satírica burlesca. Su lenguaje también era conceptista.

Su producción literaria se inscribe en la didáctica y en la crítica literaria.

En las **obras didácticas** las tramas y los argumentos tienen carácter alegórico y valor educativo. Ofrece un modelo de hombre capaz de sobreponerse a los vicios y defectos del siglo. Destacan las siguientes:

- El *Oráculo manual y arte de prudencia,* donde se recogen trescientas máximas o normas que garantizan el triunfo moral en la vida cotidiana.
- El *Criticón,* su obra cumbre. Es una novela alegórica en la que se ofrece una desoladora visión de la sociedad barroca. Critilo, que representa la civilización, y Andrenio, el instinto, emprenden un viaje por el mundo, que se corresponde con las tres etapas vitales del hombre: niñez y juventud, estado adulto y vejez. El recorrido pone de manifiesto que en el mundo reinan la hipocresía y la falsedad.

En **crítica literaria** sobresale *Agudeza y arte de ingenio,* en la que enumera y ejemplifica las figuras literarias características del estilo barroco.

Baltasar Gracián, por Valentín Carderera.

Actividades

12 Contesta a las preguntas después de leer este fragmento de *El Criticón:*

> —Venimos —le dijeron— en busca de una reina que si por gran dicha nuestra la topamos, nos han asegurado que con ella hallaremos cuanto bien se puede desear. Y aun decía uno que todos los bienes le habían entrado a la par con ella.
> —¿Cómo decís que se nombra?
> —Sí, que bien nombrada es: la plausible Sofisbella[1].
> —Ya sé quién decís. Esa, en otro tiempo, bien estimada era en todo el mundo por su mucha discreción y prendas; mas ya, por pobre, no hay quien haga caso ni casa della: en viéndola sin dote en oro y plata, muchos la tienen por necia y todos por infeliz. Es cosa de cuento todo lo que no es de cuenta. Entended una cosa, que no hay otro saber como el tener, y el que tiene es sabio, es galán, valiente, noble, discreto y poderoso: es príncipe, es rey y será cuanto él quisiere. […]
>
> Baltasar Gracián, *El Criticón,* Espasa-Calpe.

[1]**Sofisbella:** sabiduría.

a) ¿A qué reina buscan Andrenio y Critilo?

b) ¿Por qué en otros tiempos era bien considerada?

c) ¿En qué radica ahora el saber?

d) Localiza en el texto dos ejemplos de paronomasia.

13 Lee estas máximas de Gracián y averigua cuál de los siguientes temas se corresponde con cada una de ellas:

- *Fortuna y fama*
- *Realidad y apariencia*
- *Tener amigos*

Máximas

Las cosas no pasan por lo que son, sino por lo que parecen. Son raros los que miran por dentro, y muchos los que se pagan de lo aparente.

....

Todo amigo es bueno y sabio para el amigo. Entre ellos todo sale bien.

....

Lo que tiene de inconstante la una, tiene de firme la otra. La primera para vivir, la segunda para después; aquella contra la invidia, esta contra el olvido.

Baltasar Gracián, *Oráculo manual y arte de prudencia,* Cátedra.

APLICA LO APRENDIDO

COMENTARIO DE TEXTO

Soneto

Mientras por competir con tu cabello
oro bruñido[1] al sol relumbra en vano;
mientras con menosprecio en medio el llano
mira tu blanca frente el lilio bello;

mientras a cada labio, por cogello,
siguen más ojos que al clavel temprano,
y mientras triunfa con desdén lozano
del luciente cristal tu gentil cuello:

goza cuello, cabello, labio y frente,
antes que lo que fue en tu edad dorada
oro, lilio, clavel, cristal luciente,

no solo en plata o vïola[2] troncada[3]
se vuelva, más tú y ello juntamente
en tierra, en humo, en polvo, en sombra, en nada.

Luis de Góngora, *Sonetos,* Cátedra.

[1]**Bruñido:** reluciente; [2]**viola:** instrumento musical; [3]**troncada:** rota.

Comprensión del texto

1 ¿A quién se dirige Góngora? ¿Podría esta persona simbolizar a toda la juventud? Justifica tu respuesta.

2 ¿Qué intención tiene el poeta?

ordenar | sugerir | rogar

3 ¿Qué dos etapas de la vida se mencionan en el texto? ¿Con qué objetivo?

4 La descripción física de la mujer, ¿en qué parte del cuerpo se concentra?

5 ¿La descripción femenina se ajusta al canon de belleza de la época?

Tema y análisis del contenido

6 Resume el contenido del poema en tres líneas e indica en un sintagma nominal cuál es el tema central.

7 En tu opinión, ¿se puede considerar la descripción de la mujer hiperbólica? Justifica tu respuesta.

8 ¿Qué le ordena Góngora a la joven? ¿Lo expresa en un tono serio o humorístico?

9 En el poema aparecen tres tópicos literarios. ¿Qué significa cada uno y de qué forma los emplea Góngora? Delimita los versos o las estrofas en que aparecen?

Collige, virgo, rosas | Tempus fugit | Carpe diem

Comentario resuelto. Consulta este modelo de comentario en el banco de recursos de anayaeducacion.es.

Recuerda seleccionar el material de trabajo de esta unidad para tu **portfolio**.

Recuerda que en tu banco de recursos dispones de:

- Diversos talleres para gestionar tus emociones y de una diana para evaluarlas.
- Fichas para mejorar tu ciudadanía digital.

Estructura

10 ¿En qué orden se describen las partes del cuerpo de la mujer? ¿Se corresponde dicho orden con la realidad? ¿Qué intención puede tener este recurso?

11 ¿En cuántas partes se divide el contenido del poema? ¿Qué estrofas componen cada parte y qué temas se tratan? Copia y completa este organizador visual:

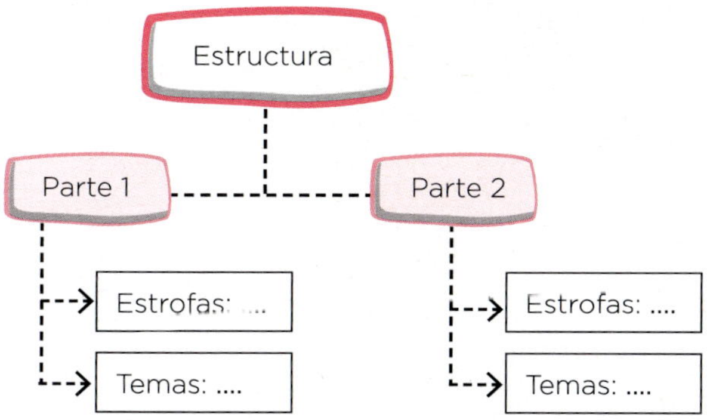

12 ¿Es una estructura inductiva o deductiva?

13 Analiza la métrica del poema teniendo en cuenta estas preguntas:

- ¿Cuántas estrofas forman el poema? ¿De qué tipo son? ¿Cómo se denominan?
- ¿Cuántos versos tiene cada una y cuántas sílabas cada verso? ¿Son de arte mayor o de arte menor?
- ¿Cuál es la rima del poema, asonante o consonante? ¿Qué esquema métrico sigue?
- ¿Cómo se llama este tipo de composición poética?

Análisis del lenguaje

14 ¿Por qué cuatro versos comienzan con el adverbio *mientras*? ¿Cómo se llama este recurso literario?

15 ¿Qué cuatro elementos físicos de la joven se describen? ¿Con qué cuatro elementos de la naturaleza se corresponden? Completa esta tabla en tu cuaderno:

TÉRMINO METAFÓRICO	TÉRMINO REAL
oro bruñido al sol	....
....	blanca frente
....	labios rojos
cristal luciente	....

Repaso interactivo. Accede a este juego en el banco de recursos de **anayaeducacion.es**.

16 El poema es una excelente muestra del estilo conceptista, propio del Barroco. Demuestra esta afirmación copiando en tu cuaderno ejemplos de estos recursos literarios:

a) Hipérbaton

b) Enumeración

c) Aliteración

d) Epíteto

e) Personificación

f) Metonimia

17 ¿Por qué crees que en el último verso el poeta utiliza una gradación, es decir, una enumeración de los elementos en un orden lógico? ¿A qué contribuye esta característica?

A En tierra, en humo, en polvo, en sombra, en nada.

B La gradación de los elementos sigue un orden de lo más físico a lo espiritual.

Redacción del comentario

18 Después de realizar las actividades, redacta el comentario. Para ello, puedes seguir estas indicaciones:

- Resume las características más sobresalientes de la poesía barroca y sitúa el poema dentro de la trayectoria de Góngora.
- Comenta, de forma clara y ordenadas, los datos más significativos que hayas obtenido del análisis del texto: tema, tópicos literarios, estructura, lenguaje, recursos literarios...
- Concluye con tu valoración sobre el texto:

  a) Recuerda el soneto de Garcilaso que también trataba el *carpe diem*. ¿En qué se diferencian y parecen? ¿Sigue hoy en vigor este tópico? ¿Ha perdido la connotación pesimista?

  b) ¿Qué te hace sentir el paso del tiempo? ¿Estás de acuerdo con que hay que disfrutar de la juventud antes de que el tiempo pase inexorablemente?

  c) ¿Ha cambiado el canon de belleza femenina desde el Barroco?

ANEXO

ORTOGRAFÍA

1. Acentuación de diptongos, triptongos e hiatos
2. La tilde diacrítica
3. Acentuación de extranjerismos y palabras compuestas
4. Los nombres propios
5. Las letras *g* y *j*
6. Las letras *b* y *v*
7. La letra *h*
8. El dígrafo *ll* y la letra *y*
9. Los signos de puntuación
10. Las palabras juntas y separadas

Accede a más actividades para practicar la ortografía en **anayaeducacion.es**.

1 ACENTUACIÓN DE DIPTONGOS, TRIPTONGOS E HIATOS

DIPTONGOS, TRIPTONGOS E HIATOS

- El **diptongo** se forma con dos vocales juntas que pertenecen a la misma sílaba: *pei - ne, cau - dal, pen - sión.*
- El **triptongo** se forma con tres vocales juntas que pertenecen a la misma sílaba: *guau.*
- El **hiato** lo forman dos vocales seguidas que pertenecen a sílabas distintas: *pe - ón, ca - er, cano - a, moví - a.*

	FORMACIÓN	REGLAS DE ACENTUACIÓN
El diptongo	Está formado por una vocal cerrada átona *(i, u)* y una abierta *(a, e, o)* o viceversa. También, por dos vocales cerradas: *sau - na, pier - na, sui - zo.*	Lleva tilde según las reglas generales de acentuación: Si está formado por dos vocales cerradas *(i, u)* la tilde va en la última: *cuí - date.* Si está formado por una cerrada *(i, u)* y una abierta *(a, e, o)*, la tilde va sobre la abierta: *sa - béis, tum - báis.*
El triptongo	Está formado por una vocal abierta *(a, e, o)* entre dos cerradas átonas *(i, u)*: *con - fiáis, despre - ciéis, buey.* Como ves, la letra *y* se pronuncia como la vocal *i*. Si fuera tónica alguna de las cerradas, no sería un triptongo *(decí - ais).*	Lleva tilde según las reglas generales de acentuación: *vieira, cambiéis.*
El hiato	Está formado por dos vocales abiertas *(a, e, o)* o dos vocales iguales: *a - orta, re - actor, aza - har, co - operación.* Como ves la presencia de la *h* no impide la formación de hiatos. Una vocal cerrada tónica *(í, ú)* seguida o precedida de una vocal abierta *(a, e, o)*: *Marí-a, Pú-a, ca-ída.*	Lleva tilde según las reglas generales de acentuación. Sin embargo, si el hiato está formado por una vocal abierta átona y una vocal cerrada tónica, la cerrada lleva siempre tilde, con independencia de las reglas generales de acentuación: *re - ír, mí - o, bú - ho.*

Actividades

1 Coloca la tilde en las palabras que lo necesiten y clasifícalas en agudas, llanas, esdrújulas o sobresdrújulas:

musica	*musical*	*marmol*
boligrafo	*pension*	*cuentamelo*
angel	*prestaselas*	*reloj*
reflexion	*grua*	*cesped*
caotico	*pared*	*anecdota*

2 Explica por qué llevan o no tilde las palabras de la actividad anterior.

3 Separa en sílabas las palabras siguientes y clasifícalas según contengan un diptongo o un hiato:

penséis	*camión*	*cuidado*
héroe	*peinar*	*miércoles*
aéreo	*poesía*	*realidad*
secretaría	*biología*	*secundaria*
contemporáneo	*Bolivia*	*cohorte*

4 Indica cuáles de estas afirmaciones son correctas y escribe ejemplos. Corrige las que son falsas:

a) La combinación formada por vocal cerrada tónica y vocal abierta átona siempre debe llevar tilde en la vocal cerrada.

b) Los diptongos llevan tilde según las reglas generales de acentuación.

c) Los triptongos, cuando deben llevar tilde, esta recae sobre la vocal abierta.

d) Las vocales que aparecen formando hiato pertenecen siempre a la misma sílaba.

5 Separa las siguientes palabras en sílabas e indica cuáles de ellas contienen triptongo:

Paraguay	*sentiríais*	*guau*
escribíais	*aseáis*	*limpiéis*
puntuéis	*miau*	*cambiáis*

2 LA TILDE DIACRÍTICA

QUÉ ES LA TILDE DIACRÍTICA

La **tilde diacrítica** es el acento gráfico que sirve para distinguir una palabra tónica de una palabra átona que tienen la misma forma. Muchas de estas palabras son monosílabas.

En el siguiente cuadro aparecen reflejados los casos más usuales:

MONOSÍLABOS CON TILDE DIACRÍTICA		MONOSÍLABOS SIN TILDE DIACRÍTICA	
él (pronombre)	*Él es arquitecto.*	**el** (artículo)	*El perro ladra mucho.*
tú (pronombre)	*Tú tienes mucho calor.*	**tu** (determinante posesivo)	*Tu casa está vieja.*
mí (pronombre)	*Esto es para mí.*	**mi** (determinante posesivo)	*Mi madre es rubia.*
sí (pronombre y adverbio de afirmación)	*Lo desea todo para sí.* *Sí, lo haré.*	**si** (conjunción y nota musical)	*Si llueve, no vayas.* *Tocó un si prolongado.*
sé (del verbo *saber* o del verbo *ser*)	*Yo sé la solución.* *Sé más prudente.*	**se** (pronombre)	*Se salió de la sala.*
dé (verbo *dar*)	*Dé usted las gracias.*	**de** (preposición)	*La moto de Juan.*
té (sustantivo)	*Tomaré té con leche.*	**te** (pronombre)	*Te dije la verdad.*
más (adverbio)	*No grites más.*	**mas** (conjunción)	*Quise ir, mas no pude.*

EN INTERROGATIVOS Y EXCLAMATIVOS

Los determinantes, pronombres y adverbios interrogativos y exclamativos *(qué, cuál, quién, cómo, dónde, cuándo, cuánto)* llevan tilde diacrítica cuando introducen oraciones interrogativas o exclamativas, tanto en construcción directa como indirecta.

→ **Construcción directa:** *¿Quién vino?; ¿Dónde vives?; ¿Cuándo lloverá?; ¡Cuánta gente hay!*

→ **Construcción indirecta:** *Dime quién vino; Me pregunto cuándo lloverá; No imaginas cuánta gente hay.*

Actividades

1 Copia en tu cuaderno con el monosílabo correcto:

- *No* .... (sé/se) .... (sí/si) *Luis vendrá a* .... (mí/mi) *fiesta.*
- *Cuando* .... (él/el) .... (té/te) *preguntó,* .... (tú/tu) *respondiste que* .... (sí/si).
- .... (Dé/de) *usted su ayuda a quien* .... (más/mas) *la necesite.*
- *Pedro* .... (sé/se) *preocupó por* .... (sí/si) *volvía a llover,* .... (más/mas) *no ocurrió.*
- .... (El/él) *coche* .... (sé/se) *estropeó ayer y no pienso arreglarlo* ..... (más/mas).
- *Cuando sonó la nota* .... (sí/si) *todos se dirigieron hacia* .... (mí/mi) *con mucha emoción.*

2 Copia y completa las palabras siguientes con la vocal acentuada cuando corresponda:

- *Dime c....mo llegaste hasta mi casa si no sabías por d....nde debías ir.*
- *Qui....n quiera colaborar qu.... me pregunte cu....ndo estará todo preparado.*
- *No quiero saber cu....nto me va a costar todo esto.*
- *¿Cu....l es tu nombre? Nunca sé c....mo llamarte.*
- *C....mo no hagas las tareas, verás cu_nto se enfadan tus padres.*
- *¿Qu.... harás el domingo por la tarde cu....ndo salgas del cine?*

3 ACENTUACIÓN DE EXTRANJERISMOS Y PALABRAS COMPUESTAS

ACENTUACIÓN DE EXTRANJERISMOS

→ Los **extranjerismos** que no se han incorporado a la pronunciación y grafía españolas deben escribirse en cursiva o entre comillas, y no se utilizará ningún acento que no sea propio de la lengua de origen *(marketing, camping).*

→ Si los términos se han incorporado por completo, seguirán las reglas generales de acentuación *(bádminton, yogur, carné).*

ACENTUACIÓN DE PALABRAS COMPUESTAS

→ Cuando dos palabras se unen para formar una compuesta, la primera, si lleva tilde, la pierde y la segunda la mantiene si ya la tenía *(decimoséptimo).*

→ En los compuestos formados por palabras separadas por un guion, ambas conservan la tilde, si la llevaban cuando eran palabras simples *(físico-químico).*

→ Los adverbios acabados en *-mente* llevan tilde o no si los adjetivos de los que proceden la lleva o no *(inútilmente, socialmente).*

→ Las formas verbales cuando llevan un pronombre detrás llevan tilde o no de acuerdo con las normas generales de acentuación *(dele, obsérvalo).*

Actividades

1 ¿Cómo se escriben estas palabras en castellano? ¿Van en cursiva o entre comillas? Utiliza el diccionario de la Real Academia Española (www.rae.es) si necesitas información:

sheriff *rock* *sandwich*
cabare *bufe* *padel*
master *ketchup* *bunker*

2 Escribe en tu cuaderno la palabra española que le corresponde a cada uno de estos extranjerismos:

sponsor *slip* *show*
ranking *boutique* *party*

3 Investiga de qué lengua proceden los siguientes préstamos y escribe una oración con cada uno de ellos:

flash *stop* *morriña*
jazz *órdago* *butifarra*

4 Indica qué nombre reciben los extranjerismos de las siguientes lenguas:

a) inglés
b) francés
c) italiano
d) alemán
e) español de América
f) portugués

5 Los siguientes extranjerismos son ya préstamos del español. Acentúalos correctamente:

padel *chachara*
bunker *ordago*
chale *ketchup*

6 Copia y acentúa correctamente estos compuestos y justifica tu respuesta:

vaiven *tragicomica*
arabe-israeli *puntapie*
cortesmente *vigesimoseptimo*
astur-leones *quitapon*
sacacorchos *amablemente*

7 Escribe correctamente los siguientes compuestos atendiendo especialmente al uso de la tilde:

- *aprende + te + lo*
- *fácil + mente*
- *balón + mano*
- *cien + pies*
- *así + mismo*
- *presta + las*
- *di + me*
- *di + me + lo*

4 LOS NOMBRES PROPIOS

LOS ANTROPÓNIMOS

Los **antropónimos** son nombres propios de personas, apellidos e hipocorísticos *(Miguel, Sánchez, Juana).*

Los antropónimos se escriben con letra mayúscula inicial.

Para escribirlos, hay que tener en cuenta lo siguiente:

→ Si un apellido comienza por preposición o por preposición más artículo, estos se escriben con minúscula cuando acompañan al nombre de pila: *Santiago de Torres, Pedro de la Rosa.*

Pero cuando se omite el nombre de pila, la preposición debe ir con mayúscula: *señor De Torres.*

→ Si el apellido comienza con artículo, este debe escribirse con mayúscula: *Antonio La Merced.*

→ Los apodos, alias, sobrenombres y seudónimos se escriben con mayúscula, pero no los artículos que pueden acompañarlos: *Javier, el Melenas; Isabel, la Católica.*

Los hipocorísticos

Los hipocorísticos son variantes familiares del nombre de pila. Por ejemplo: *Pepe* (variante de *José*) o *Carmina* (variante de *Carmen*).

LOS TOPÓNIMOS

Los **topónimos** son nombres propios de lugar: *Lugo, El Saler, Gibraltar.* Se escriben con mayúscula:

→ Los nombres propios de los accidentes geográficos, pero no los comunes que los acompañan: *mar Mediterráneo, río Guadalquivir, islas Galápagos.*

Lo mismo ocurre con los nombres de calles, plazas, avenidas: *calle Alcalá, parque de María Luisa.*

→ Los nombres y adjetivos que forman parte del nombre de zonas geográficas que abarcan varios países: *el Magreb, Europa del Este, América Latina.*

El artículo de los topónimos

Algunos topónimos incorporan el artículo como parte fija de su denominación y, por eso, deben escribirse con mayúscula: *El Cairo, La Habana...*

Actividades

1 Escribe los nombres de diez antropónimos y de diez hipocorísticos.

2 Escribe cinco ejemplos de cada uno de estos tipos de topónimos:

a) Nombres de ciudades europeas.

b) Nombres de islas.

c) Nombres de ríos españoles.

d) Nombres de sierras y cordilleras del mundo.

3 Copia las siguientes oraciones en tu cuaderno haciendo un uso correcto de las mayúsculas:

- *Mi amigo josé luis, apodado el bailarín, actuará mañana en la calle mayor.*
- *El océano atlántico es el segundo océano más extenso del planeta tierra, después del pacífico.*
- *Vivo en el barrio de nervión, en la calle julio romero de torres.*
- *El señor de la rocha viajará pronto a las palmas.*
- *El parque del retiro está en madrid y data del siglo XVII.*
- *Pedro la vaguada fue un gran estudioso de alfonso X el sabio.*
- *El verano pasado, en agosto, visitamos los picos de europa.*
- *laura, pili y su prima rocío escribieron un correo al señor de la mancha.*
- *el señor de la rocha vive en san martín de valdeiglesias.*

5 LAS LETRAS *G* Y *J*

SE ESCRIBEN CON *G*

En castellano, la **g** representa dos sonidos: *gato, goma, gente, gigante* y *gusano.*

Como ves, ante **a, o, u** no plantea ninguna duda. El problema se presenta ante las vocales **e, i,** porque el mismo sonido puede venir también representado por la letra **j:** *geranio* y *jefe; gitano* y *jirafas.*

Estas reglas ortográficas te ayudarán a escribir correctamente algunas palabras que contengan estos sonidos.

- Las palabras que comienzan por **geo-** *(geografía)* y **gest-** *(gestoría).*
- Los verbos cuyos infinitivos acaban en **-ger** *(coger)*, **-gir** *(mugir)*, **-gerar** *(exagerar);* excepto *tejer* y *crujir.*
- Las palabras que contienen la sílaba **gen** en cualquier posición *(margen, agencia);* excepto *jengibre.*
- Las palabras que acaban en **-géneo** *(homogéneo)*, **-génico** *(fotogénico)*, **-genio** *(ingenio)*, **-gente** *(indigente)*, **-logía** *(zoología)*, **-lógico** *(biológico)*, **-genario** *(octogenario)* y **-gésimo** *(vigésimo).*

SE ESCRIBEN CON *J*

- Los verbos cuyos infinitivos acaban en **-jear** *(callejear).*
- Las formas de los verbos cuyos infinitivos no tienen ni **g** ni **j.** Por ejemplo: *produje* (de *producir*), *trajimos* (de *traer*).
- Las palabras que terminan en **-aje** *(traje)*, **-eje** *(hereje)* y **-jería** *(mensajería).*
- Las palabras que derivan de otra que contenga **j:** *cajón, cajonera, encajonar.*

Actividades

1 Completa en tu cuaderno con *g* y *j*, según convenga, e indica qué regla ortográfica has seguido en cada caso:

enca....e	*diri....ente*	*....estor*
inteli....encia	*tra....e*	*hetero....éneo*
....enética	*ali....erar*	*re....ente*
enco....er	*tri....ésimo*	*produ....imos*
enca....ar	*te....ido*	*filolo....ía*

2 Indica la palabra que corresponda a cada una de estas definiciones. Una pista: todas las palabras tienen *g* o *j*:

a) Figura, representación, semejanza y apariencia de algo.

b) Ciencia que trata la forma externa e interna del globo terráqueo.

c) Mover o pasar ligeramente las hojas de un libro o de un cuaderno.

d) Persona que niega alguno de los dogmas establecidos por una religión.

3 Conjuga el pretérito perfecto simple de indicativo de *conducir* y *coger.*

4 Escribe cinco palabras que acaben en *-logía.*

5 Completa en tu cuaderno las oraciones con las palabras siguientes: *injerencias, gira, jirones, ingestión.*

- *No son convenientes las .... de personas ajenas a la familia en nuestros asuntos.*
- *El famoso cantante comenzará en breve su ....*
- *Tras la pelea, su camisa quedó hecha ....*
- *La .... excesiva de alimentos grasos no es recomendable para mi dieta.*

6 LAS LETRAS B Y V

SE ESCRIBEN CON B

- Todas las formas de los verbos *beber, caber, deber, haber* y *saber.*
- Los verbos acabados en **-bir** (salvo *hervir, servir* y *vivir*) y **-buir:** *escribir, contribuir.*
- El pretérito imperfecto de indicativo de los verbos de la primera conjugación y, además, el del verbo *ir: cantaba, iba.*
- Las palabras terminadas en **-bundo** o **-bunda:** *meditabundo, vagabunda.*
- Las palabras acabadas en **-bilidad,** menos *movilidad: amabilidad.*
- Las palabras con los prefijos **bio-, bien-** o **bene-:** *biología, bienvenida, beneplácito.*
- Las palabras que empiezan por los prefijos **bi-, bis-, biz-** que significan 'dos' o 'dos veces': *bimotor, bisabuelo, bizcocho.*
- Las palabras que comienzan por las sílabas **bu-, bus-, bur-,** excepto *vudú*: *bucear, buscar, burbuja.*
- Las palabras derivadas y compuestas de aquellas que lleven **b.**

SE ESCRIBEN CON V

- Las palabras que comienzan por **eva-, eve-, evi-, evo-;** excepto *ébano* y sus derivados: *evadir, evento, evidencia, evolución.*
- Los adjetivos llanos acabados en **-avo, -evo, -ivo** (con sus femeninos correspondientes), **-ave, -eve:** *octavo, longevo, imperativo, grave, leve.*
- El pretérito perfecto simple de indicativo y el pretérito imperfecto de subjuntivo de los verbos *andar* y *tener* (y sus derivados): *tuve, anduvierais, mantuviste.*
- Los verbos acabados en **-olver:** *volver.*
- Las palabras terminadas en **-ívoro** (que come): *carnívoro.*
- Las palabras que empiezan por los prefijos **vice-, viz-, vi-** (en lugar de): *vicerrector, vizconde, virrey.*
- Detrás de las sílabas **ad-, ob-** y **sub-:** *adversario, obvio, subversión.*
- Las palabras compuestas y derivadas de las que contengan **v.**

Actividades

1 Escribe en tu cuaderno un sustantivo a partir de cada adjetivo: Ejemplo: *potable* → *potabilidad*

compatible	*rock*	*contable*
responsable	*visible*	*habitable*
disponible	*estable*	*accesible*

2 Busca en el diccionario cinco palabras que lleven el prefijo *bi-, bis-* o *biz-* (significa 'dos' o 'dos veces') y escribe una oración con cada una de ellas.

3 Completa en tu cuaderno estas oraciones con la forma verbal que se indica entre paréntesis:

- *Ella ....* (pretérito imperfecto de indicativo del *verbo andar*) *siempre muy deprisa.*
- *Nosotros ....* (pretérito imperfecto de indicativo de *ir*) *a verlo todos los días.*
- *Me explicó que ayer ....* (pretérito perfecto simple de *andar*) *todo el día por el centro de la ciudad.*
- *Ellos ....* (pretérito perfecto simple de *contener*) *la risa.*

4 Escribe en tu cuaderno la palabra correspondiente con *b* o *v:*

a) Que implica derivación.
b) Que anda errante, de una parte a otra.
c) Muy anciano o de larga edad.
d) Persona que hace las veces del rector.
e) Convertir en vapor un líquido.

5 Según su dieta, ¿qué adjetivo le corresponde a la vaca y a oso, respectivamente?

6 Copia y completa en tu cuaderno:

Ayer andu....imos todo el día ....uscando una ....i....ienda atracti....a que contri....uyese a nuestro ....ienestar. O....viamente, al acabar la jornada, está....amos cansados y con mucha de....ilidad.

7 Utiliza el diccionario si lo necesitas y escribe una oración con cada una de estas palabras:

revelar	*rebelarse*	*botar*	*votar*
bienes	*basto*	*vienes*	*vasto*

7 LA LETRA *H*

SE ESCRIBEN CON *H*

- Todas las formas de los verbos *haber, hacer, hallar, hablar, habitar* y sus palabras derivadas.
- Las palabras que contengan un diptongo **ue** tras vocal: *cacahuete, alcahueta.*
- Las interjecciones *hala, hurra, hola, eh, ah, oh, bah.*
- Las palabras que empiezan con los grupos vocálicos **hia-** *(hiato),* **hie-** *(hielo),* **hue-** *(hueco),* **hui-** *(huida).*
- Las palabras que empiezan por los prefijos **hepta-** *(heptasílabo),* **hecto-** *(hectómetro),* **hipo-** *(hipotermia),* **hiper-** *(hipertensión),* **hemi-** *(hemiciclo),* **hidro-** *(hidromasaje)* y **hemo-** *(hemoglobina).*
- Muchas de las palabras que empiezan por **hum-** *(humo)* y **horm-** *(hormiga).*

LOS HOMÓFONOS CON *H*

- ***He, ¡eh!, e***
  - **He:** primera persona del presente de indicativo del verbo *haber (Yo he comido bien).*
  - **¡Eh!:** interjección *(¡Eh! Ten cuidado).*
  - **E:** conjunción *(Guillermo e Ignacio).*
- ***Ha, ¡ah!, a***
  - **Ha:** tercera persona del presente de indicativo del verbo *haber (Ella ha viajado por toda Europa).*
  - **¡Ah!:** interjección *(¡Ah! ¡Qué susto!).*
  - **A:** preposición *(Vamos a la playa).*

Actividades

1 Escribe una oración con cada una de estas palabras:

hipótesis	*hemofilia*	*habitar*
ahuecar	*hectolitro*	*huevo*
hiperglucemia	*hipermercado*	*hemofilia*
hidromasaje	*humear*	*hormiguero*

2 Escribe la familia léxica de:

hablar	*hacer*	*habitar*

3 Selecciona la opción correcta:

- *Mañana no podremos ir* .... (a/ha/ah) *esquiar, dicen que* .... (a/ha/ah) *habido una gran tormenta.*
- *¿Has visto a Diego* .... (e/he/eh) *Isabel?*

4 Utiliza el diccionario *(www.rae.es)*, si lo necesitas, y completa en tu cuaderno estas oraciones con la opción correcta:

- *Este* .... (hecho/echo) *histórico fue relevante en la evolución de la humanidad.*
- *Arrojaron a esa* .... (honda/onda) *fosa esos* .... (deshechos/desechos).
- *Dejé la cama* .... (deshecha/desecha) *de tanto moverme.*
- .... (Ojeé/hojeé) *la revista y leí la noticia que me dijiste.*
- *Debes* .... (herrar/errar) *el caballo, pero no* .... (herrar/errar) *en la elección de la herradura adecuada.*
- *Por* (azar/azahar) ...., *me encontré flores de* (azar/azahar) .... *en el parque.*

8 EL DÍGRAFO *LL* Y LA LETRA *Y*

SE ESCRIBEN CON *LL*

- Las palabras que acaban en **-illa, -illo, -ullo** *(campanilla, corrillo, arrullo)*, excepto *tuyo, suyo, cuyo.*
- Los verbos acabados en **-illar, -ellar, -ullar, -ullir:** *atornillar, querellar, aturullar, escabullir.*
- Las formas verbales que contienen la *ll* en el infinitivo, así como sus derivaciones: por ejemplo, *rallar, rallador, ralladura...*

Recuerda

El **dígrafo** es un signo ortográfico compuesto por dos letras que representan un solo sonido. Son dígrafos en español: *ll, rr, gu.*

SE ESCRIBEN CON *Y*

- Las palabras terminadas en el sonido [*i*] cuando va formando diptongo o triptongo: *doy, buey, jersey.* También, los plurales, si los tienen, de estas palabras (*bueyes, leyes;* excepto *jerséis*). Son excepciones *bonsái* y *saharaui.*
- Detrás de los prefijos **ad-, dis-, sub-:** *adyacente, disyuntiva, subyacente.*
- Las formas verbales que en el infinitivo no tienen una *y:* por ejemplo, de *oír, oyó;* de *caer, cayó;* de *atribuir, atribuyeron.*
- Las formas verbales que tienen la *y* en el infinitivo, así como sus derivaciones: *subrayar, subrayado...*
- Las palabras que contienen la sílaba **yec:** *inyección, proyección, proyecto.*

Actividades

1 Completa en tu cuaderno con *ll* o *y.* Explica la regla ortográfica que has aplicado:

- *Arru....a al chiqui....o, a ver si se duerme con esta pro....ección.*
- *Atravesó el pasi...o haciendo sonar la campani....a.*
- *Se le ca....ó un ladri...o cuando cruzaba la capi....a.*
- *¿Esta si....a es tu...a o su....a?*

2 Copia y completa con una forma del pretérito perfecto simple de indicativo del verbo que está entre paréntesis:

- *Pedro* .... (subrayar) *las ideas principales del texto.*
- *Los matemáticos* .... (hallar) *la solución correcta.*
- *El público se* .... (callar) *cuando comenzó el concierto.*
- *A ese delincuente le* .... (atribuir) *los jueces el delito.*
- *El niño se* .... (caer) *en el parque.*
- *El joven se* .... (escabullir) *tras la reunión.*

3 Escribe una oración con cada una de estas palabras:

querellar *inyección* *disyuntiva* *subyacente*

4 Completa en tu cuaderno la tabla siguiente:

INFINITIVO	3.ª P. DEL SINGULAR DEL PRETÉRITO PERFECTO SIMPLE	3.ª P. DEL PLURAL DEL PRETÉRITO PERFECTO SIMPLE	GERUNDIO
construir	....	....	....
poseer	....	....	....
leer	....	....	....
huir	....	....	....

5 **Recuerda:** son palabras parónimas las que se pronuncian de forma parecida o tienen parecida forma.

Busca información y completa estas oraciones con el parónimo correcto:

- (Valla/Vaya) *a ver si hay que arreglar la* .... (valla/vaya).
- *Compré queso* .... (rallado/rayado) *para la pasta.*
- *Miguel* .... (ralló/rayó) *la mesa con un alambre.*
- *Aquel señor se* .... (calló/cayó) *rodando por no apoyar bien su* .... (callado/cayado).
- *Que* .... (halla/haya) *muchos niños pequeños es peligroso porque hay cerca un* .... (arrollo/arroyo).

9 LOS SIGNOS DE PUNTUACIÓN

SE USAN LAS COMILLAS (« », " ")

- Para reproducir literalmente las palabras que se citan en estilo directo o los pensamientos de los personajes: *Dijo: «No pienso hacerlo»; Ella pensaba: «Seguro que no llega a tiempo».*
- Se utilizan también para enmarcar citas textuales: *El director dijo a sus empleados: «Este año hemos conseguido todos nuestros objetivos».*

  Cuando dentro de una cita se intercala el autor de dicha cita, este va entre rayas: *«No pienso recoger todas esas bolsas —dijo Sonia—, estoy muy cansada».*
- Para resaltar una palabra, bien sea por destacar su sentido irónico, por ser un vulgarismo o, en la escritura a mano, por ser un extranjerismo: *No digas "amoto".*
- Para citar el título de poemas o de capítulos de una obra mayor: *El poema «El viaje definitivo» de Juan Ramón Jiménez me gusta mucho.*

Recuerda

Antes de reproducir las palabras en estilo directo o escribir la cita textual es conveniente poner dos puntos. La primera palabra después de los dos puntos y las comillas de apertura va con mayúscula inicial.

SE USA LA RAYA O GUION LARGO (—)

- Para marcar aclaraciones o incisos cuyo contenido se presenta algo aislado con respecto del texto: *Las recogió —a las niñas— y las llevó al cine.*
- Para señalar las intervenciones de los personajes en los diálogos:

  —¿Cómo te llamas? *—Me llamo Luisa.*

SE USAN LOS PARÉNTESIS [( )]

- Para intercalar un inciso que interrumpe el discurso: *Los doctores (habría más de mil) se reunieron en un Congreso Internacional.*
- Para encerrar datos aclaratorios: *Esa joven pertenece a una ONG (Organización No Gubernamental).*

Tres puntos entre corchetes [...]

Se usan tres puntos entre corchetes para indicar que en la transcripción de un texto se ha omitido un fragmento del original.

Actividades

1 Copia en tu cuaderno y coloca las comillas donde sea necesario:

- *En clase leímos A un olmo seco de Antonio Machado.*
- *Te llamé listillo en sentido cariñoso, no te enfades, por favor.*
- *Gritó enérgicamente: Venid todos aquí inmediatamente.*
- *No consigo que mi pequeño deje de decir cocreta.*
- *Siempre pienso ¿En qué trabajaré cuando sea mayor?*

2 Copia y coloca las rayas donde sea necesario:

- *Mi prima, que vive en Montequinto alrededores de Sevilla, viene mañana a visitarnos.*
- *Hola, María, ¿vienes conmigo al cine? / No puedo, tengo clase de baile.*
- *Las compré yo las bicicletas y se las regalamos a los niños.*
- *Marta cantaba ¡y qué bien! mientras paseaba.*

3 Copia y escribe el paréntesis donde corresponda::

- *Mi amiga Elisa y eso que es de costumbres fijas no ha participado este año en el carnaval.*
- *El Mulhacén 3 478 m es el pico más alto de Sierra Nevada Granada.*
- *Calderón de la Barca 1600-1681 fue un magnífico autor teatral barroco.*
- *La UE Unión Europea propicia la integración de los pueblos y estados europeos.*

10 LAS PALABRAS JUNTAS Y SEPARADAS

PORQUE, POR QUÉ, PORQUÉ

→ **Porque:** es una conjunción causal. Se utiliza para responder o justificar la causa de un hecho *(No fui porque no pude).*

→ **Por qué:** es una secuencia formada por la preposición *por* y el pronombre interrogativo *qué (¿Por qué no viniste con nosotros?).*

→ **Porqué:** nombre que equivale a 'motivo, causa, razón'. Puede aparecer en plural y acompañado de determinantes *(No entiendo el porqué de su decisión).*

CONQUE, CON QUE, CON QUÉ

→ **Conque:** es una conjunción consecutiva. Equivale a: por tanto, por consiguiente *(Terminé de estudiar, conque vámonos al cine).*

→ **Con que:** es la secuencia formada por la preposición *con* y la conjunción *que (Me conformo con que recojas tu habitación)* o la preposición *con* y el relativo *que (El mimo con que nos trata).*

→ **Con qué:** es la secuencia formada por la preposición *con* y el pronombre interrogativo o exclamativo *qué (¿Con qué lo pintaste?; ¡Con qué descaro me mira!).*

ADONDE, A DONDE, ADÓNDE, A DÓNDE

→ **Adonde** es un adverbio de relativo y la expresión **a donde** está formada por una preposición *(a)* y un adverbio de relativo *(donde).* Ambas expresiones son correctas y solo se utilizan con verbos de movimiento *(ir, acudir, marchar...): El hotel adonde vamos no está lejos de la playa; A donde yo voy no puedes venir.*

→ **Adónde** es un adverbio interrogativo o exclamativo y *a dónde* está formada por una preposición *(a)* y un adverbio interrogativo. Ambas opciones son correctas: *¿Adónde/a dónde vais por ese camino?; No sé adónde/a dónde iréis todos juntos.*

Recuerda

- **Aparte:** 'Distinto o singular' *(Eres un caso aparte).* 'Conversación al margen de otros presentes' *(En un aparte me contó la verdad).* 'En otro lugar' *(Pon este vaso aparte).*
- **A parte:** Secuencia formada por la preposición *a* + el sustantivo *parte: La gripe ha afectado a parte del equipo.*
- **Demás:** 'lo restante' *(Lo demás no importa).*
- **De más:** 'de sobra' *(Has hecho una copia de más).*
- **Sino:**
  - conjunción adversativa *(No quiero té, sino café).*
  - sustantivo que significa 'destino' *(El sino de los pobres).*
- **Si no:** conjunción + una negación *(Si no trabajas bien, te arrepentirás).*
- **También:** adverbio de afirmación *(Ese día también llovió).*
- **Tan bien:** cuantificador + un adverbio de modo *(Bailó tan bien que todos aplaudieron).*
- **Tampoco:** adverbio de negación *(Tampoco vinieron mis amigos).*
- **Tan poco:** cuantificador + un adverbio de cantidad o indefinido *(Durmió tan poco que estaba agotado).*

Actividades

1 Copia y completa con la forma apropiada:

- *Ese invierno* .... (tampoco/tan poco) *registró lluvias importantes.*
- .... (Sino/Si no) *puedes venir, avísame pronto.*
- *En el supermercado me dieron dos euros* .... (demás/de más).
- *Bailaban* .... (también/tan bien) *que ganaron un premio.*

2 Completa con *por qué, porqué* o *porque:*

- *Ignoro .... hizo aquello.*
- *Te dije que no iba .... tenía mucho trabajo.*
- *Ayer te pregunté el .... de tu decisión.*
- *¿... no me lo contaste?*

3 Completa con *conque, con que* o *con qué:*

- *No me dijo .... construyó la maqueta del barco.*
- *Hace frío, ... ponte el abrigo para salir.*
- *Es suficiente .... me llames por teléfono.*
- *Llovía mucho, ... regresamos.*
- *Dime .... compañero te llevas mejor.*
- *Te noto cansado, ... duerme un rato antes de viajar*

4 Completa con *adonde, a donde, adónde* o *a dónde:*

- *No puedo entender .... va ese coche tan rápido.*
- *Me marcho .... nadie pueda encontrarme.*
- *¿.... va tu hermana con esas chicas?*
- *¡Si supieras .... se celebra el cumpleaños!*

Suma Piezas es un proyecto educativo de Anaya para Educación Secundaria.

En la realización de esta obra han intervenido:

COORDINACIÓN EDITORIAL: Carmen Carrasco

EQUIPO DE EDICIÓN: Olivia Melara, Carmen Arroyo, Isabel García, Tulia Guisado, Nayeli Rodríguez y Maite Vargas

MAQUETACIÓN: Raquel Horcajo

DISEÑO, GRÁFICOS Y CARTOGRAFÍA: Patricia G. Serrano, Juan Carlos Quignon, Miguel Ángel Castillejos, Miguel Ángel Díaz-Rullo, Míriam Arribas, José M.ª Gil y Rosario Regaño

CORRECCIÓN: Miguel Ángel Alonso y Sergio Borbolla

ILUSTRACIONES: Alya Mark

EDICIÓN GRÁFICA: Mar Merino

FOTOGRAFÍA: Agefotostock (Uwe Zucchi), Agencia EFE (M. A. León; Javier Belver; Ballesteros; Álvaro Sánchez; Ángeles Visdómine; Manuel Bruque; Luca Piergiovanni; Ángel Díaz), Album (akg-images; UNITED ARTISTS, Granger, NYC; sfgp; Oronoz), Archivo Anaya (Cosano, P.; Enríquez, S. García Pelayo, Á.; Martin, J.; Rivera Jove, V.), Cordon Press/Alamy (YAY Media AS; Art Collection; Visions of America, LLC; Historic Images; Science History Images), Ayuntamiento de Madrid, Getty (Robbie Jack/Corbis Entertainment; iStock/Getty Images Plus; Bettmann; Leo Mason/Popperfoto; Jacques Sarrat/Sygma; Peter jones/Corbis Historical; Emad Aljumah; Bldagentur-online/Universal Images Group; jacoblund/ Istock / Getty Images Plus; Klaus Vedfelt/ DigitalVision; Rawpixel; Cavan Images; Thomas Barwick/Taxi; DEA/A. Dagli Orti/De Agostini), Getty/Istock (katiafonti; MR1805), Ayuntamiento de Madrid, Museo ABC de Dibujo e Ilustración, 123RF (y colaboradores).

Agradecimientos: Inmaculada Santiago, Magueite Tambeo

EDICIÓN DE AUDIO: Eva Artaechevarría y Guadalupe González Triano

Fundación Bertelsmann
Por el empleo juvenil

ORIENTACIÓN ACADÉMICA Y PROFESIONAL: elaborada con el asesoramiento de la Fundación Bertelsmann. Coordinación: Juan José Juárez Calvo. Colaboración como expertas: Sara Lozano Santiago, Belén Pérez Castro y Pilar Vázquez Hernández.

COMPROMISO ODS

Nuestras publicaciones mantienen el rigor en el uso y en la selección de los contenidos, en las imágenes y en el lenguaje, para cumplir con la **no discriminación** por razón de género, cultura u opinión.

Grupo Anaya considera la **responsabilidad social** y **medioambiental** como uno de sus valores fundamentales. Por ello, se compromete a:

· mejorar nuestros resultados en materia de medio ambiente,
· reducir nuestras emisiones de carbono,
· hacer uso de los recursos naturales de manera responsable y
· eliminar cualquier impacto negativo de nuestra actividad en los bosques en peligro.

Dichos compromisos, entre otros, hacen que **el 100 % del papel utilizado** en nuestros libros tenga el sello **PEFC.**

Importante:

Las **actividades** propuestas en este libro deben ser realizadas en cuadernos u hojas sueltas; nunca en el propio libro.

Los **enlaces** a las páginas web que aparecen en este libro han sido revisados en la fecha de su impresión. La editorial no se hace responsable de las modificaciones o las anulaciones que se produzcan en ellos con posterioridad a dicha fecha.

ISBN: 978-84-698-6135-6 - Depósito Legal: M-1975-2020 - Printed in Spain.

ET035199/1E1I - 8440076

3
ESO

LENGUA Y LITERATURA

SALVADOR GUTIÉRREZ, REMEDIOS LUNA,
CRISTINA NÚÑEZ, DESIRÉE PÉREZ,
JOAQUÍN SERRANO

TRIMESTRE 2

USA ESTE CÓDIGO PARA:

acceder al
BANCO DE RECURSOS
disponible en www.anayaeducacion.es

Hazlo siguiendo los pasos que se indican
en el apartado «Así es el banco de recursos».

ANAYA

ASÍ ES TU LIBRO

APERTURA

Lectura cuyo tema está vinculado a un ODS.

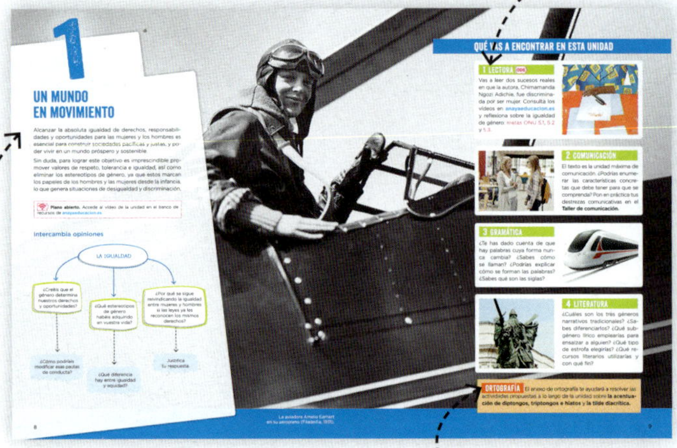

Un **texto,** un **vídeo** y unas **preguntas** para reflexionar sobre un tema relacionado con la lectura inicial.

Anexo de ortografía que permite consultar las normas y ponerlas en práctica.

COMPRENSIÓN LECTORA Y VOCABULARIO

Actividades especialmente diseñadas para mejorar tu **comprensión oral** y **lectora.**

Actividades de ampliación y enriquecimiento de un **vocabulario** relacionado con la lectura.

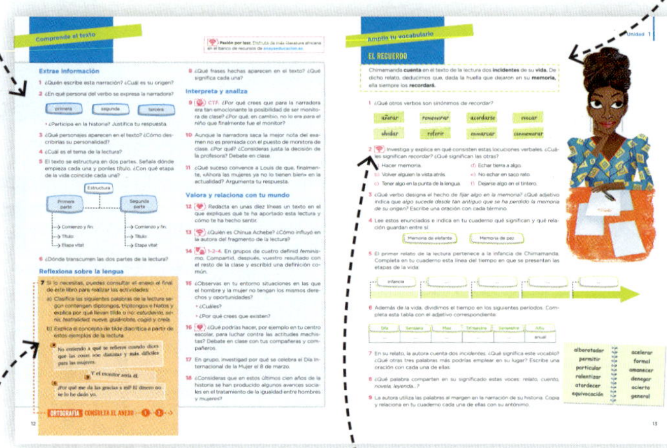

Actividades para fijar la **ortografía.**

Iconos que sugieren qué clave del proyecto puede aplicarse en cada caso.

DESARROLLO DE LOS CONTENIDOS

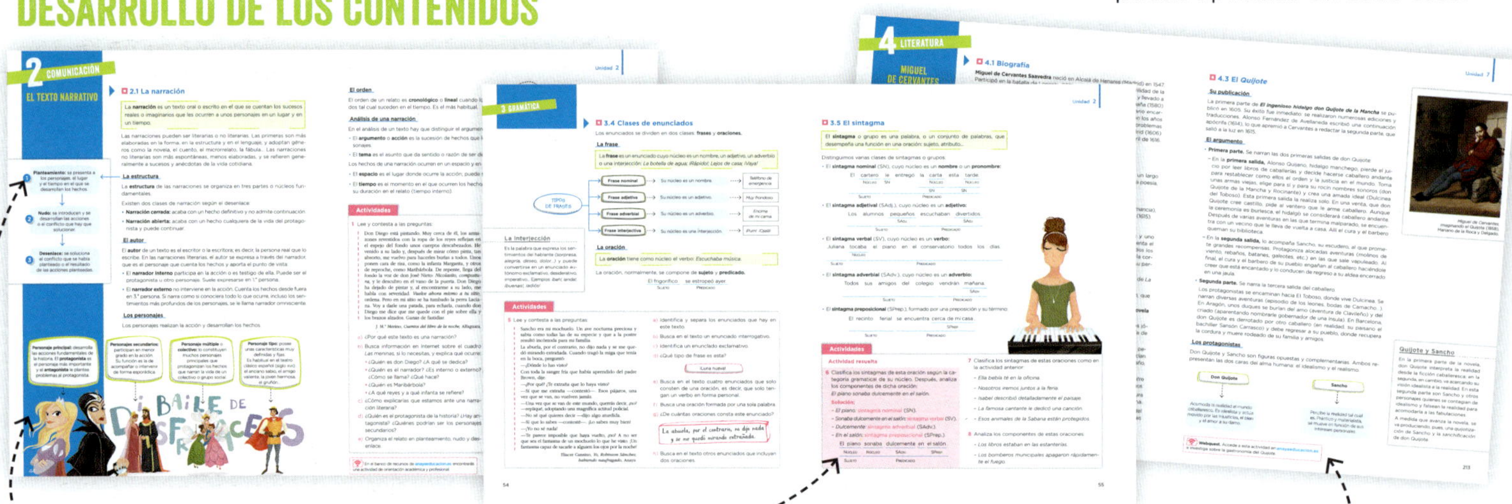

Organizadores visuales para favorecer el aprendizaje.

Actividades resueltas que sirven de modelo.

Recursos digitales para ampliar los contenidos.

LAS CLAVES DEL PROYECTO

Compromiso ODS

Descubre los Objetivos de Desarrollo Sostenible y forma parte activa de nuestro compromiso para lograr un mundo más igualitario y habitable.

Plan Lingüístico

Pon en práctica tus destrezas comunicativas en los diferentes tipos de texto que te proponemos. El lenguaje siempre está presente, ¡comunícate!

Desarrollo del pensamiento

Trabaja estrategias de pensamiento: reflexiona sobre los contenidos que estás aprendiendo y genera ideas, organízalas, priorízalas, arguméntalas, exponlas...

Aprendizaje cooperativo

Implícate en tu aprendizaje y participa en el de todo el grupo; comprobarás que cooperar mejora el rendimiento y la convivencia en clase.

TALLER DE COMUNICACIÓN

Taller de comunicación: una interesante propuesta para mejorar tus **destrezas comunicativas** en un contexto cercano y atractivo.

Proyectos para desarrollar tus **habilidades emprendedoras.**

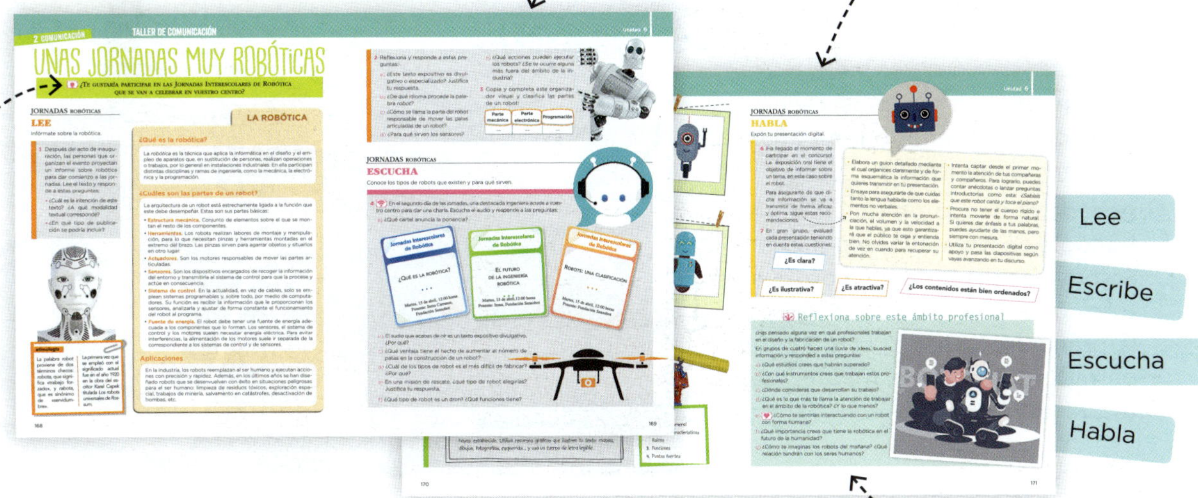

Reflexión sobre un **ámbito profesional.**

APLICA LO APRENDIDO

Organizador visual de los contenidos gramaticales.

Análisis de un texto literario que pertenece a la época estudiada.

Un repaso práctico que contiene una **actividad** solucionada **paso a paso.**

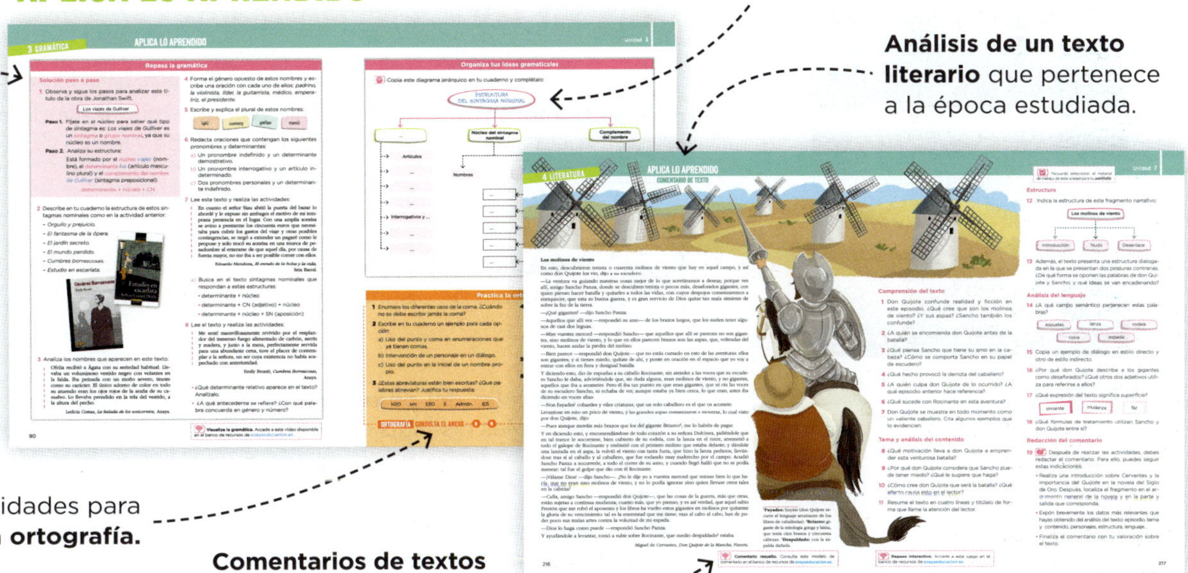

Más actividades para fijar la **ortografía.**

Comentarios de textos resueltos en la web.

Educación emocional

Aprende a conocerte; identifica las situaciones que te generan emociones bloqueantes y gestiónalas con experiencias de autoafirmación constructiva.

Cultura emprendedora

Confía en tus aptitudes y conocimientos, desarrolla la creatividad, adáptate a las situaciones cambiantes y ten una actitud proactiva y responsable.

TIC

Aprende a obtener información, seleccionarla y aplicarla; a planificar, gestionar y elaborar trabajos; a colaborar en Red de forma ética y segura.

Orientación académica y profesional

Valora tus capacidades personales, descubre y despierta tu vocación, entrénate en la toma de decisiones y aprende a orientarte entre distintas opciones.

Evaluación

Descubre diversas estrategias para analizar qué has aprendido y cómo lo has aprendido; entrénate para asumir compromisos o superar dificultades.

ASÍ ES
EL BANCO DE RECURSOS

www.anayaeducacion.es

Un espacio con recursos, técnicas y actividades diseñado para afianzar tus conocimientos.

Accede al banco de recursos registrándote en www.anayaeducacion.es. Solo necesitas tener un correo electrónico, el código que se indica en la primera página de este libro y el permiso de tu padre, madre, tutor o tutora legales.

Más sobre las claves

RECURSOS RELACIONADOS CON LAS CLAVES DEL PROYECTO

Compromiso ODS, con microvídeos que te ayudarán a conocer cuáles son las metas para alcanzar los Objetivos de Desarrollo Sostenible trabajados en el proyecto.

Plan Lingüístico, con infografías que te darán las pautas para abordar el trabajo por medio de distintos tipos de textos (descriptivo, narrativo, expositivo, etc.).

Desarrollo del pensamiento, donde se incorporan explicaciones sobre cómo aplicar las distintas estrategias de pensamiento planteadas en el proyecto.

Aprendizaje cooperativo, que incluye la descripción de las técnicas de aprendizaje cooperativo propuestas en el proyecto.

Educación emocional, con orientaciones para superar la inquietud generada en diferentes situaciones de tu proceso de aprendizaje (inicio del curso, enfrentarte a un examen, etcétera.).

TIC, mediante fichas que reforzarán tu uso saludable, correcto y seguro de las tecnologías de la información y la comunicación.

Orientación académica y profesional, con información sobre diferentes profesiones vinculadas a los contenidos tratados en la asignatura.

Evaluación, se presentan orientaciones para hacer tu portfolio, así como rúbricas y dianas que facilitan tu autoevaluación.

RECURSOS DESTACADOS DE LA MATERIA

- La brújula del español
- Visualiza la gramática
- Webquest
- Ortografía
- Línea del tiempo
- Repaso interactivo
- Portfolio

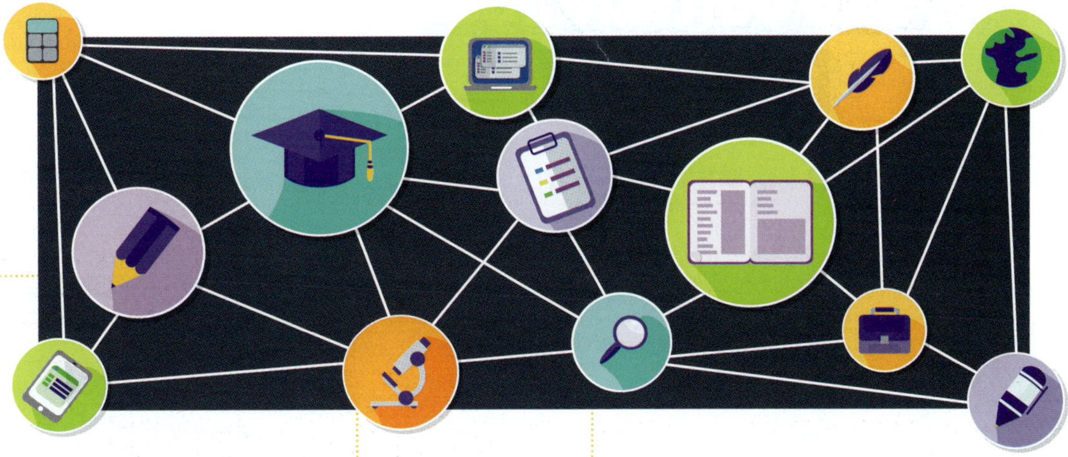

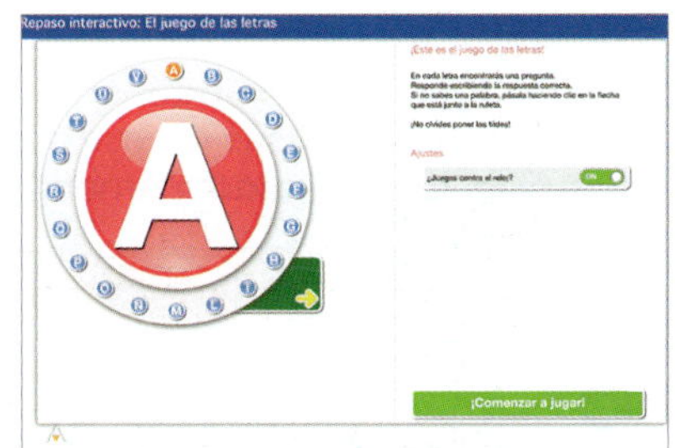

RECURSOS CLASIFICADOS POR UNIDADES

Todos los recursos clasificados para que puedas localizar fácilmente los relacionados con cada apartado de tu unidad.

ASÍ SON LOS CONTENIDOS DEL CURSO

7 APRENDER A SER

8 ARTES CONECTADAS

9 EL ORIGEN DEL CASTELLANO

ANEXO

Ortografía

4

CUENTA CONMIGO

A veces, las personas sienten emociones negativas que las desbordan, por lo que necesitan recibir el amor y el apoyo de los demás. Esto le sucede a Tita, la joven protagonista de la lectura de esta unidad, a la que el cariño de una persona muy cercana le proporciona consuelo y tranquilidad.

Son situaciones que cada ser humano vive de forma distinta, pero que requieren las mismas habilidades para poder superarlas. Por un lado, ser capaz de pedir ayuda y de desahogar las tensiones, tristezas y miedos. Por otro, intuir quién nos necesita, saber cuándo y cómo ayudar, y propiciar esa cercanía.

Plano abierto. Accede al vídeo de la unidad en el banco de recursos de **anayaeducacion.es**.

Intercambia opiniones

LA EMPATÍA

- ¿Por qué a veces nos cuesta tanto pedir ayuda?
  - ¿Es positivo sentir empatía?
  - ¿Qué razones fundamentan tu respuesta?
- ¿Qué hemos de tener en cuenta si queremos ayudar a los demás?
  - ¿Y si queremos recibir su apoyo?
  - ¿Por qué?
- ¿Sueles llorar? ¿En qué momentos? ¿Por qué?
  - ¿Crees que el humor es una buena herramienta para superar las dificultades?
  - Argumenta tu respuesta.

QUÉ VAS A ENCONTRAR EN ESTA UNIDAD

1 LECTURA ODS

Vas a conocer la receta tradicional de un postre mexicano. ¿Consideras importante proteger el patrimonio gastronómico de cada cultura? ¿Por qué? Según el ODS 11.4, hay que redoblar los esfuerzos para proteger y salvaguardar el patrimonio cultural y natural del mundo. ¿Cómo podríamos lograrlo?

2 COMUNICACIÓN

¿Qué tipos de textos son las recetas? ¿Y los decálogos? ¿Te has dado cuenta de que un diario personal es un texto narrativo? Pon en práctica tus destrezas comunicativas en el **Taller de comunicación.**

3 GRAMÁTICA

¿Has observado que algunos adjetivos pueden expresar una cualidad en diferentes grados? ¿Podrías explicar qué es un sintagma adjetival y qué palabra es su núcleo?

4 LITERATURA

La Celestina es la obra fundamental del siglo XV. ¿Conoces su argumento? ¿Sabes que todavía los especialistas no han determinado si es una novela o una obra de teatro?

ORTOGRAFÍA El anexo de ortografía te ayudará a resolver las actividades propuestas a lo largo de la unidad sobre **la letra *h*.**

1 LECTURA

Comprensión oral

Escucha el texto locutado de la lectura y responde a estas preguntas:

- ¿Quiénes se casan?
- ¿Cuántos huevos necesitan Tita y Nacha para la elaboración del pastel de la boda?
- ¿Qué relación tiene Nacha con Rosaura, la novia?
- ¿Por qué Nacha es una de las encargadas de preparar el banquete de boda?
- ¿Cuándo se incorpora la ralladura de limón a la masa del pastel?

El pastel de Chabela

INGREDIENTES:

175 gramos de azúcar granulada de primera
300 gramos de harina de primera, tamizada tres veces
17 huevos
Raspadura de un limón

MANERA DE HACERSE

En una cacerola se ponen cinco yemas de huevo, cuatro huevos enteros y el azúcar. Se baten hasta que la masa espesa y se le anexan dos huevos enteros más. Se sigue batiendo y cuando vuelve a espesar se le agregan dos huevos completos, repitiendo este paso hasta que se terminan de incorporar todos los huevos, de dos en dos. Para elaborar el pastel de boda de Pedro con Rosaura, Tita y Nacha habían tenido que multiplicar por diez las cantidades de esta receta, pues en lugar de un pastel para 18 personas tenían que preparar uno para 180. ¡El resultado da 170 huevos! Y esto significaba que habían tenido que tomar medidas para tener reunida esta cantidad de huevos, de excelente calidad, en un mismo día.

Para lograrlo fueron poniendo en conserva desde hacía varias semanas los huevos que ponían las gallinas de mejor calidad. Este método se utilizaba en el rancho desde época inmemorial para proveerse durante el invierno de este nutritivo y necesario alimento. El mejor tiempo para esta operación es por los meses de agosto y septiembre. Los huevos que se destinan a la conservación deben ser muy frescos. Nacha prefería que fueran del mismo día.

Se ponen los huevos en una vasija que se llena de cebo de carnero derretido, próximo a enfriarse, hasta cubrirlos por completo. Esto basta para garantizar su buen estado por varios meses. Ahora, que si se desea conservarlos por más de un año, se colocan los huevos en una orza y se cubren con una lechada de un tanto de cal por diez de agua. Después se tapan muy bien para interceptar el aire y se guardan en la bodega. Tita y Nacha habían elegido la primera opción pues no necesitaban conservar los huevos por tantos meses. Junto a ellas, bajo la mesa de la cocina, tenían la vasija donde los habían puesto y de ahí los tomaban para elaborar el pastel. [...]

Desde que se fijó la boda para el 12 de enero se mandaron comprar doscientos pollos [...] y se pusieron a engordar de inmediato.

Las encargadas de esta labor fueron Tita y Nacha. Nacha por su experiencia y Tita como castigo por no haber querido estar presente el día en que fueron a pedir la mano de su hermana Rosaura, pretextando una jaqueca.

—No voy a permitir tus desmandadas —le dijo Mamá Elena—, ni voy a permitir que le arruines a tu hermana su boda, con tu actitud de víctima. Desde ahora te vas a encargar de los preparativos para el banquete y cuidadito que yo te vea una mala cara o una lágrima, ¿oíste? [...]

Cuando se baten los dos últimos huevos, se incorpora la ralladura del limón; una vez ha espesado bastante la masa, se deja de batir y se le pone la harina tamizada, mezclándola poco a poco con una espátula de madera, hasta incorporarla toda. Por último se engrasa un molde con mantequilla, se espolvorea con harina y se le vacía la pasta. Se cuece en horno por treinta minutos.

Nacha, después de preparar durante tres días veinte platillos diferentes, se encontraba muerta de cansancio y no veía llegar la hora de meter el pastel al horno para por fin poderse ir a descansar. Tita, por esta vez, no era muy buena ayudante que digamos. En ningún momento se había quejado, tal vez porque la mirada escrutadora de su madre no se lo permitía, pero en cuanto vio a Mamá Elena salir de la cocina para dirigirse a sus habitaciones, lanzó un interminable suspiro. Nacha, a su lado, le quitó suavemente la pala de las manos, la abrazó y dijo:

—Ya no hay nadie en la cocina mi niña; llora ahora, porque mañana no quiero que te vean hacerlo.

Nacha suspendió la batida porque sentía que Tita estaba a punto de un colapso nervioso, bueno, ella no lo conocía con ese nombre, pero con su inmensa sabiduría comprendía que Tita no podía más. La verdad, ella tampoco. Rosaura y Nacha nunca se habían llevado bien. A Nacha le molestaba que desde niña Rosaura fuera melindrosa con la comida. [...] Nacha le ponía de ejemplo a Tita que siempre comió muy bien, y de todo. Bueno, solo había un alimento que no era del agrado de Tita, se trataba del huevo tibio que Mamá Elena la obligaba a comer. De ahí en fuera, como Nacha se había encargado de su educación culinaria, Tita no solo comía lo acostumbrado, sino que comía, además, jumiles, gusanos de maguey, acociles, tepezcuintle, armadillo, etc., ante el horror de Rosaura. De ahí nació la aversión de Nacha para con Rosaura y la rivalidad entre las dos hermanas, que culminaba con esta boda en la que Rosaura se casaba con el hombre que Tita amaba. Lo que Rosaura no sabía, aunque lo sospechaba, era que Pedro amaba a Tita con un amor inconmensurable. Era de entender entonces que Nacha tomara partido por Tita y tratara por todos los medios de evitarle sufrimientos. Nacha le secaba con su delantal las lágrimas que rodaban por la cara de Tita y le decía:

—Ya, mi niña, ya vamos a terminar.

Pero se tardaron más de lo acostumbrado, pues la masa no podía espesar debido a las lágrimas de Tita.

Y así, abrazadas, permanecieron llorando hasta que a Tita no le quedaron más lágrimas en los ojos. Entonces lloró en seco y dicen que eso duele más, como el parto seco, pero al menos no seguía mojando la masa del pastel, pudiendo continuar con el paso siguiente, que es del relleno. [...]

Laura Esquivel, *Como agua para chocolate,* Best Seller.

Vocabulario

Cebo: sebo.

Orza: recipiente de barro, alto y sin asas.

Desmandada: incumplimiento o desobediencia de una orden.

Escrutador: que examina o analiza algo atentamente.

Colapso: paralización repentina o disminución importante de la acción debido a la excesiva actividad.

Hipertexto. Conoce a la autora y contextualiza su obra en el banco de recursos de **anayaeducacion.es**.

Comprende el texto

Pasión por leer. Disfruta de otros textos literarios del realismo mágico en el banco de recursos de **anayaeducacion.es**.

Extrae información

1 ¿Qué dos modalidades textuales destacan en la lectura?

2 ¿En qué lugar se desarrolla la acción?

3 Completa las cantidades que finalmente usaron Tita y Nacha para preparar el pastel de boda:

INGREDIENTES			
.... gramos de azúcar granulada	.... gramos de harina tamizada	170 huevos	Raspadura de .... limones

4 Completa en tu cuaderno este organizador y ordena los pasos de la receta del pastel de Chabela:

Pasos para la elaboración del pastel de Chabela

1. En una cacerola se ponen cinco yemas de huevo, cuatro huevos enteros y el azúcar.
2. ....

5 ¿Además de la receta, hay otro texto instructivo? ¿Qué se explica en él?

6 ¿Qué rasgos de la personalidad de Mamá Elena se deducen al leer el texto? Argumenta tu respuesta.

7 Resume el texto, compara con tu compañero o compañera y, juntos, redactad un resumen definitivo.

8 Condensa en un sintagma nominal el tema del texto. Comparte con el resto de la clase y votad los tres que mejor describan el contenido de la lectura.

Reflexiona sobre la lengua

9 Realiza estas actividades:

a) Localiza en el texto una palabra que empiece por *hue-* y añade dos más.

b) Copia dos formas verbales de los verbos *haber* y *hacer* que encuentres en el texto.

c) Escribe derivados de *harina, horno, hora, horror, hermana.*

d) ¿Qué diferencia existe entre las palabras de cada ejemplo?

hasta/asta — ahí/ay — ha/iah!/a

ORTOGRAFÍA CONSULTA EL ANEXO 7

10 ¿Sabes qué significa esta expresión mexicana que da título al libro?: «Como agua para chocolate».

- ¿Te parece un título apropiado? ¿Por qué?

11 Investiga en Internet y relaciona cada mexicanismo con su equivalente en castellano:

huevo tibio	de ahí en adelante
platillo	añadir
anexar	huevo pasado por agua
de ahí en fuera	plato

Interpreta y analiza

12 **Folio giratorio en grupo.** La novela *Como agua para chocolate* se adscribe al realismo mágico, un movimiento literario mediante el cual se muestra lo irreal o extraño como algo común; un ejemplo de esto es el hecho de que el estado de ánimo de Tita influye en la comida que prepara. ¿Qué anécdota del texto lo demuestra?

13 ¿Por qué Tita debía preparar el banquete de boda? ¿Qué opinas de la decisión de Mamá Elena?

14 ¿Qué sentía Tita por su madre? ¿Por qué?

15 **Análisis asociativo.** ¿Qué cargo desempeñaba Nacha en la gestión del rancho? ¿De qué manera pudo influir esto en su relación con Tita? ¿En qué lugar del rancho se construyó su íntima relación? Razona tus respuestas.

16 ¿Qué motivos entristecían a Tita? ¿Quién y cómo la confortaba?

17 ¿De qué crees que será el relleno del pastel de Chabela? Imagínalo y redacta su receta.

Valora y relaciona con tu mundo

18 ¿Quiénes y cómo te consuelan cuando estás triste? ¿Cómo te sientes después?

19 Investiga sobre la novela y explica por qué se va a casar Pedro con Rosaura. ¿Crees que existen los amores *inconmensurables* como el que él sentía por Tita?

20 ¿Sabes si en la actualidad existen los matrimonios concertados; es decir, sin el consentimiento de los cónyuges? ¿Qué piensas de ello? Debate en clase.

Amplía tu vocabulario

EL AMOR

Laura Esquivel narra en su novela la historia del **amor** entre Tita y Pedro, eje central de toda la obra. Un amor **imposible,** ya que Tita debe cumplir con la tradición familiar de cuidar de su madre hasta que esta muera, y **prohibido** porque Pedro se casa con su hermana.

1 ¿Qué tipo de afecto existe entre las personas que se **enamoran?**

2 ¿Qué caracteriza un *amor platónico?* Busca información y explícalo.

3 ¿Qué significa *tener amor propio?*

a) Enamoramiento de uno mismo.

b) Aversión hacia uno mismo.

c) Consideración y estima que alguien siente por uno mismo.

4 Si el amor que sienten padres e hijos se llama *amor filial*, ¿cómo se denomina el que sienten los hermanos y las hermanas?

sideral | conyugal | fraternal

5 Relaciona cada locución adverbial con su significado:

Locución
Al amor del fuego.
De mil amores.
Por amor al arte.

Significado
Con mucho gusto y voluntariamente.
Por afición y desinteresadamente.
Cerca de la hoguera, de modo que caliente y no queme.

• ¿Qué significa el extranjerismo *amateur* original del francés? ¿Cuál es su antónimo?

6 El elemento compositivo *filo,* proveniente del griego, significa 'amigo, amante de'. Relaciona en tu cuaderno cada palabra con su significado:

Filología	Amante de la música
Filarmónico	Persona muy aficionada a los libros
Filatelia	Amigo del ser humano
Filántropo/a	Ciencia que estudia la lengua y la literatura
Bibliófilo/a	Afición por los sellos

La diferencia entre una orquesta sinfónica y una orquesta filarmónica es que, en la primera, los músicos son profesionales, y en la segunda, *amateurs.*

7 La amistad es un sentimiento de afecto y simpatía entre dos o más personas. ¿Crees que puede considerarse otra manifestación de amor?

• ¿Qué significa la expresión *cara de pocos amigos?*

8 Hay amores imposibles, amores prohibidos... Elige tres de estos adjetivos referidos al nombre *amor* y construye una oración con cada uno de ellos:

APASIONADO pasajero tierno incondicional desinteresado absorbente eterno ciego

2 COMUNICACIÓN

LOS TEXTOS PRESCRIPTIVOS Y LOS TEXTOS DE LA VIDA COTIDIANA

Ejemplo de texto normativo

El escritor de ciencia ficción Isaac Asimov enunció en 1942 las **tres leyes de la robótica,** un conjunto de normas que se aplican a la mayoría de los robots de sus novelas y cuentos, y que establecen lo siguiente:

1. Un robot no dañará a un ser humano o, por inacción, permitirá que un ser humano sufra daño.
2. Un robot cumplirá las órdenes dadas por los seres humanos, a excepción de aquellas que entrasen en conflicto con la primera ley.
3. Un robot protegerá su propia existencia en la medida en que esta protección no entre en conflicto con la primera o con la segunda ley.

Isaac Asimov.

2.1 Los textos prescriptivos

Los **textos prescriptivos** se elaboran para expresar las normas y las instrucciones que regulan las actividades y los comportamientos de las personas.

Los textos prescriptivos pueden ser **instructivos** o **normativos.**

Los textos instructivos

Los **textos instructivos** contienen las instrucciones que indican cómo se realiza una tarea.

Por ejemplo, son textos instructivos el documento que indica cómo se usa el teléfono móvil, las reglas de los juegos, el prospecto de un medicamento o una receta de cocina.

Estas son algunas de las características de los textos instructivos:

- Estructura esquemática, que sigue un orden determinado según el tema (lógico, cronológico...).
- Uso de la misma forma verbal en los distintos pasos del proceso: infinitivo *(insertar, rascar, introducir, cargar...)* o imperativo *(inserta, rasca, introduce, carga...)* o en construcción con *se: Se enfría, se llama, se acelera...*
- Léxico sencillo, pero con los términos técnicos que la situación exija.
- Enunciados breves, cada uno indicando un paso o una acción diferente.
- Aparición, a veces, de elementos gráficos, que sitúan y orientan sobre la acción indicada.

Los textos normativos

Los **textos normativos** regulan la actuación o el comportamiento de individuos o colectivos, por ejemplo, las leyes de un país.

MÁS EJEMPLOS DE TEXTOS NORMATIVOS

- Un **decálogo** es un conjunto de diez normas o consejos básicos para realizar correctamente una actividad (estudiar, comer, conducir, sentarse correctamente, etcétera).
- Un **reglamento** regula una actividad realizada por un colectivo en un espacio (usuarios de una piscina, estudiantes en una biblioteca, espectadores de un concierto...).

Las normas que recoge esta clase de textos prescriptivos están dictadas por una autoridad y son de obligado cumplimiento. Estas son sus características:

- Las normas se ordenan con coherencia.
- El comportamiento de las personas se detalla.
- El lenguaje es sencillo.

Actividades

1 Completa en tu cuaderno este decálogo con las palabras siguientes y realiza después las actividades:

Preparación · Confianza · Autocontrol · Previsión · Revisión · Presentación · Precisión · Práctica · Comprensión

Decálogo para hacer un buen examen

1.º ....: dedicar la víspera a repasar.

2.º ....: resolver muchos ejercicios muy similares a los que se vayan a realizar.

3.º ....: confiar en nuestra competencia para realizar la prueba adecuadamente.

4.º ....: llegar descansado, con tiempo suficiente y con el material necesario.

5.º **Control del tiempo:** vigilar el tiempo disponible para realizar toda la prueba.

6.º ....: mantener la calma. La tranquilidad nos ayudará a responder correctamente.

7.º ....: leer atentamente los enunciados y la información que nos proporcionan.

8.º ....: ajustarse a lo que piden.

9.º ....: cuidar el contenido y la forma del texto.

10.º ....: revisar y repasar todo el contenido antes de entregar el examen.

a) ¿Qué orden sigue el texto?

b) ¿Qué forma verbal predomina?

c) Haz una lista con las palabras del texto que pertenecen al campo de experiencia de *examen.*

d) ¿Añadirías alguna instrucción más? ¿Cuál?

2 En grupos, redactad ahora un decálogo para hacer un buen uso de las redes sociales.

3 Los textos instructivos son diversos y frecuentes en la vida cotidiana. Otro de los ejemplos más claros son las recetas de cocina.

a) ¿En qué tres partes se estructuran siempre este tipo de textos?

b) Escribe la receta de uno de tus platos preferidos y cread un mural con todas las recetas clasificadas según el ingrediente principal.

4 Lee el texto siguiente y realiza las actividades:

Instrucciones para subir una escalera

Las escaleras se suben de frente, pues hacia atrás o de costado resultan particularmente incómodas. La actitud natural consiste en mantenerse de pie, los brazos colgando sin esfuerzo, la cabeza erguida aunque no tanto que los ojos dejen de ver los peldaños inmediatamente superiores al que se pisa, y respirando lenta y regularmente. Para subir una escalera se comienza por levantar esa parte del cuerpo situada a la derecha abajo, envuelta casi siempre en cuero o gamuza, y que salvo excepciones cabe exactamente en el escalón. Puesta en el primer peldaño dicha parte, que para abreviar llamaremos pie, se recoge la parte equivalente de la izquierda (también llamada pie, pero que no ha de confundirse con el pie antes citado), y llevándola a la altura del pie, se le hace seguir hasta colocarla en el segundo peldaño, con lo cual en este descansará el pie, y en el primero descansará el pie. [...] Llegando en esta forma al segundo peldaño, basta repetir alternadamente los movimientos hasta encontrarse con el final de la escalera.

Julio Cortázar, *Historias de cronopios y de famas,* Alfaguara.

a) ¿Cuál es el tema de este texto?

b) ¿Qué orden siguen las instrucciones?

c) ¿Cómo es el texto: serio o humorístico? Justifica tu respuesta.

d) Reelabora el texto utilizando letras que esquematicen el texto.

e) ¿Qué forma verbal has utilizado?

f) Elige otra tarea tan cotidiana como la de la lectura y escribe un texto instructivo.

2.2 Los textos de la vida cotidiana

El diario personal

El **diario personal** es un género narrativo de carácter autobiográfico en el que el autor anota los hechos, las experiencias o los pensamientos que le suceden organizando los apartados del texto por orden temporal según el día en que se producen.

Textos en la Red

El uso de Internet ha desarrollado nuevas formas de diario personal y de comunicación cotidiana:

- El **correo electrónico,** que permite el envío de mensajes, como las comunicaciones personales, institucionales o comerciales entre dos o más usuarios, de forma inmediata. Al mensaje se le pueden adjuntar archivos de texto o audiovisuales.
- El **chat,** que permite a dos o más interlocutores, en cualquier lugar del planeta, dialogar en tiempo real, enviándose mensajes escritos por el ordenador, como si estuviesen hablando. Es lo más parecido a un diálogo oral. Y exige que los chateadores estén sincronizados o presentes virtualmente.
- La **página web** es un espacio virtual que un internauta utiliza para dejar constancia de múltiples datos que pueden resultar de interés para los lectores.
- A través de Internet, han surgido, también, una serie de **redes sociales,** como Twitter, Facebook, Instagram, WhatsApp...

Los escritos formularios

Un estudiante, además de saber actuar en su vida académica, ha de saber desenvolverse en la vida social o laboral.

En el campo de la vida pública y de la Administración se utilizan, a menudo, una serie de documentos o escritos formularios como, por ejemplo, la **convocatoria,** el **orden del día** y el **acta de reunión.**

- La **convocatoria** es un documento que invita a participar en un acto o reunión a un grupo de personas; por ejemplo: la convocatoria a los accionistas de una empresa o la convocatoria a los participantes en una carrera de atletismo.
  - En los casos menos formales, puede presentar pocos datos, como el lugar, la fecha y el motivo de la reunión.
  - En las convocatorias formales la estructura es esta: logotipo de la empresa y persona que convoca, introducción (*Por orden del presidente de la comunidad de vecinos, tengo a bien...*), convocatoria (*a las vecinas y los vecinos a una reunión que tendrá lugar en el salón de actividades el día 23 de junio a las 21 horas, con el siguiente...*), orden del día, observaciones y fecha y firma del convocante (*En Sevilla, a diez de junio de 2020. El secretario*).
- El **orden del día** es el documento de la convocatoria en el que se reflejan los puntos que se van a tratar en esa reunión.

Características del diario personal

- Se utiliza la primera persona.
- Suele aportar muchos datos y reflexiones personales.
- Léxico y sintaxis sencillos.
- Estructura la información cronológicamente, poniendo el día en que sucede.

El blog

El **blog** constituye una nueva forma de diario personal. Es un conjunto de textos y otros documentos gráficos, recogidos en Internet por una o varias personas, que se presentan cronológicamente en orden inverso.

Características de los escritos formularios

Los escritos formularios se caracterizan por su estructura predeterminada a la que hay que atenerse; su lenguaje objetivo, que evita lo demasiado personal; un vocabulario que pertenece a un nivel medio o estándar; y unos enunciados cortos.

Webquest. Accede a esta actividad interactiva en **anayaeducacion.es** e investiga sobre el blog.

- El **acta de reunión.** El acta es el documento en el que queda constancia escrita de los asuntos que se han tratado y de las decisiones que se han tomado en la reunión.

ESTRUCTURA DEL ACTA →

Encabezamiento
Incluye lugar, fecha, hora y objeto de la reunión.

→ **Cuerpo**
Resumen del desarrollo de la reunión, siguiendo los puntos del orden del día.

→ **Fórmula final**
Semejante a esta: «Y no habiendo más asuntos que tratar, se levantó la sesión a las ... horas del día arriba indicado. De todo lo cual, como secretario, doy fe». Y firman los convocantes.

Actividades

5 ¿Qué opinas sobre lo que se dice en este texto?

Publicar un blog de forma libre y responsable

La propia práctica de publicación de un blog conlleva un aprendizaje en paralelo de lo que supone vivir y convivir en la Red. En este artículo haremos énfasis en algunos aspectos que hay que tener en cuenta con el objeto de guiar a los iniciados en esta aventura de construcción de conocimiento compartido. Es por ello por lo que no nos detendremos en los detalles más instrumentales o técnicos sobre cómo abrir y mantener un blog multimedia, sino en otros que suelen quedar menos cubiertos y que tienen que ver con cómo publicar en un blog de forma responsable y con respeto a las normas sociales de su contexto. Estas orientaciones pueden resultar útiles tanto para profesores como para alumnos que se propongan acometer un proyecto de publicación de blogs como parte de su actividad de enseñanza-aprendizaje.

La publicación de un blog tiene un fuerte carácter personal y una dimensión pública que es necesario considerar, puesto que implica una noción de autoría y compromiso sobre lo publicado. Cuando nos expresamos y ofrecemos contenido a través de nuestro blog estamos ejercitando nuestro derecho a la libertad de expresión.

Sin embargo, como acto de comunicación pública que es, también puede acarrear ciertas responsabilidades como es el plagio y el daño a otras personas —aunque sea de forma involuntaria o ingenua—. En los apartados siguientes analizaremos cómo enfrentarnos a la publicación de materiales que están disponibles en Internet, así como la importancia de actuar con honestidad y respeto en la construcción del conocimiento de forma colaborativa.

Tíscar Lara

6 Redacta tres días de tu diario. Puedes elegir entre escribir un diario real que refleje hechos que te hayan ocurrido de verdad o inventarte un diario con acontecimientos, situaciones y pensamientos ficticios. También puedes elegir el tono de tu diario: serio, irónico, humorístico...

7 Lee este texto e indica la estructura y el contenido:

CONVOCATORIA DE REUNIÓN

Se convoca a todos los delegados de este centro a una reunión que tendrá lugar el martes 29 de mayo en la Jefatura de Estudios, para tratar los asuntos del siguiente

ORDEN DEL DÍA

1. Valoración general de la marcha del curso.
2. Información sobre el número y la gravedad de los incidentes del último trimestre.
3. Información sobre las dos nuevas normas que se pretenden introducir de cara al próximo curso en el Reglamento de Régimen Interno del centro.
4. Propuestas sobre la forma de mejorar la relación entre las familias y el centro.
5. Ruegos y preguntas.

Vegarreal del Río, 27 de mayo de 2020. Jefe de Estudios,

8 Indica en tu cuaderno la finalidad de cada aplicación de Internet:

Correo electrónico · **Chat** · **Página web** · **Blog**

9 Indica qué tipo de texto formulario debes emplear para cada opción:

A Notificar a tus compañeros de clase una reunión para tratar sobre el viaje de fin de curso.

B Dejar constancia de lo tratado en la reunión.

C Informar a tus compañeras y compañeros de los asuntos diversos que se van a tratar en la reunión.

D Aclarar determinados aspectos sobre la organización del viaje.

FERIA DE COSMÉTICA NATURAL

¿Te gustaría participar con tus propios productos en la Feria Navideña de Cosmética Natural que se celebrará en tu centro escolar?

FERIA DE COSMÉTICA

ESCUCHA

Familiarízate con la cosmética natural.

1 Escucha el audio y responde a las preguntas:

- ¿Qué tipo de texto es? Justifica tu respuesta.
  a) Narrativo.
  b) Normativo.
  c) Instructivo.
- ¿Qué modo verbal predomina? ¿A qué intención del hablante corresponde?
- ¿Cuál es el objetivo de este decálogo?
- Reuníos en grupos de cuatro y decidid cuál de estos productos no corresponde a la clasificación de cosmética natural. Justificad vuestra respuesta.

2 Teniendo en cuenta el decálogo que has escuchado en la actividad anterior, clasifica los siguientes productos y utensilios en adecuados, restringidos o prohibidos. Busca información en Internet si lo necesitas:

acetona · benceno · frascos de aluminio · cajas de cartón · botellas de plástico · cera de abejas ecológicas · aceite vegetal de almendras dulces · resina de silicona · resina de pino mediterráneo

FERIA DE COSMÉTICA

LEE

Conoce cómo se prepara un jabón de avena natural.

3 Lee este texto y contesta a las preguntas:

Jabón de avena natural

Ingredientes y material

- 1 taza de avena en copos
- 800 g de manteca de karité
- 2 cucharadas de miel natural
- 2 cucharadas de aceite de almendras
- Molde de silicona
- Olla o cazo

Preparación

- A fuego lento, derrite la manteca de karité.
- Incorpora la avena y remueve hasta que la mezcla sea homogénea.
- Añade, a continuación, la miel y el aceite de almendras.
- Vuelve a mezclar bien.
- Vierte la mezcla en el molde de silicona y deja que se enfríe durante unas cinco horas.
- Ya está el jabón listo. Desmóldalo y córtalo en pastillas.
- Deja que siga reposando en un lugar fresco.
- Se puede empezar a usar una vez que hayan transcurrido doce horas.

a) ¿Qué puntos del decálogo de la actividad 1 cumple este producto para poder considerarlo natural? ¿Hay algún punto que no contempla? ¿Cómo podrías corregirlo?

b) ¿Qué clase de texto es esta receta? Justifica tu respuesta.

c) ¿Crees que se utiliza un léxico especializado? Busca el significado de los términos que no conozcas.

d) ¿Qué orden sigue? ¿En qué partes puedes dividirlo?

FERIA DE COSMÉTICA

ESCRIBE

Redacta la receta de un producto para la feria.

4 El primer día de la feria participas en un taller de elaboración de desodorante natural. Lee la nota que vuestro profesor ha escrito en la pizarra y realiza las actividades. Observad detenidamente las imágenes para saber los pasos que se deben seguir para preparar el desodorante:

Aprendices, no olvidéis que el viernes tenéis que presentar en la feria vuestro desodorante natural. Os recuerdo los ingredientes que necesitáis. Observad las fotos que tenéis en el tablón de la clase para ayudaros en la tarea.

Eduardo

P. D. Tened en cuenta que la esencia de salvia se añade justo antes de embotellar.

Ingredientes:

- 50 mL de agua desmineralizada, caliente
- 10 mL de hidrolato de salvia
- 10 mL de glicerina vegetal
- 4 g de alumbre en polvo
- 10 gotas de esencia de salvia

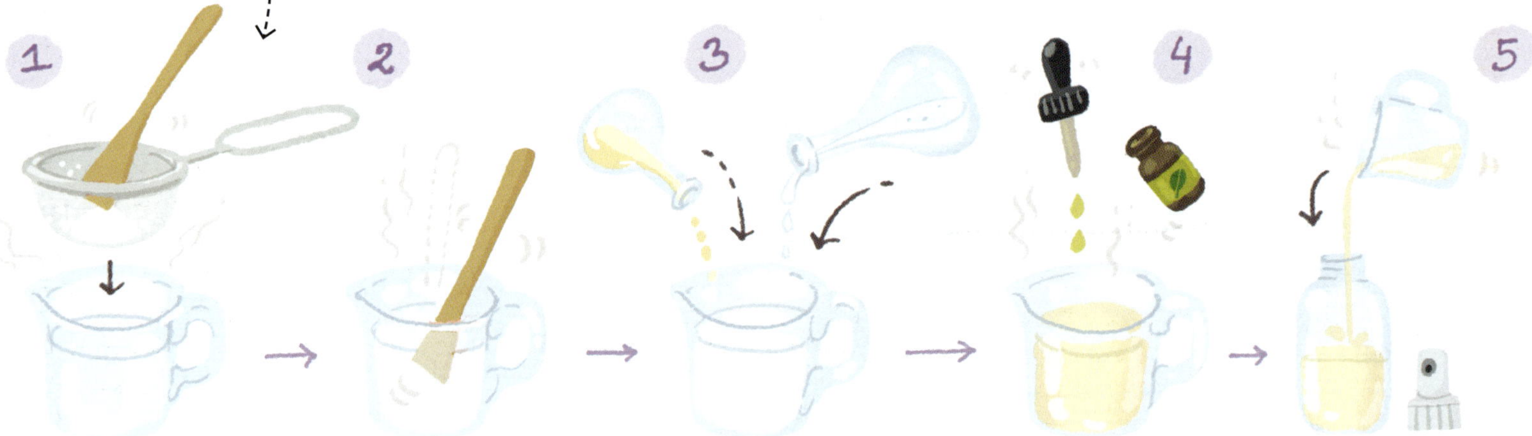

5 Redacta ahora la receta para preparar el desodorante y poder mostrarlo en la feria. Para ello, ten en cuenta estos pasos:

- En primer lugar, recuerda que la estructura de una receta es esta: título, ingredientes y modo de preparación.
- En segundo lugar, calcula las cantidades adecuadas para elaborar dos kilogramos de desodorante.
- A continuación, redacta la receta, enumerando los pasos ordenadamente.
- No omitas ningún paso y utiliza los conectores necesarios para que el texto sea coherente, adecuado y esté cohesionado.
- Decide qué modo verbal vas a emplear: infinitivo o imperativo.
- Sé claro y preciso.

FERIA DE COSMÉTICA

HABLA

Promociona el producto con un videotutorial.

6 En la feria van a proyectarse videotutoriales en los que cada uno de los participantes va a explicar cómo elaborar los cosméticos naturales que han expuesto:

- Reúne los ingredientes, los utensilios y los recipientes necesarios.
- Escribe y memoriza una introducción que capte la atención de los espectadores.
- Redacta un guion que te sirva de apoyo y sigue los pasos cuidadosamente.
- Pide a un compañero o compañera que te grabe con una cámara digital y comenzad la grabación.
- Mira a la cámara de vez en cuando, dirígete a las personas que verán el vídeo y utiliza el lenguaje no verbal para transmitir mejor (gestos, entonación, etc.).
- Habla despacio, con claridad y precisión, y pronuncia correctamente todas las palabras. Puedes ensayar varias veces.
- Acaba el vídeo con una conclusión y una despedida.

7 Comparte tu videotutorial con el resto de la clase y elegid entre todos y todas el mejor. Tened en cuenta lo siguiente:

- En cuál se ha explicado mejor la elaboración del desodorante.
- Cuál ha captado mejor la atención del público.

8 **Círculos de puntos de vista.** Leed en parejas la declaración de principios de una empresa dedicada a la elaboración y venta de productos de cosmética natural. ¿Cuál de estos puntos os parece el más valioso? ¿Por qué?

PUREZA
Evitamos las sustancias químicas nocivas y toxinas en los productos que vendemos y fomentamos la vida natural para salvaguardar nuestra salud, nuestro planeta y el futuro de nuestros hijos.

COMPASIÓN POR LOS ANIMALES
Rechazamos la necesidad de pruebas en animales en cualquier forma durante la producción de productos de belleza y nos negamos a vender o almacenar cualquier producto probado en animales.

HONESTIDAD HACIA LAS PERSONAS
Nos oponemos a la promoción de ideales de belleza poco realistas que contribuyan al creciente número de jóvenes que desarrollan una imagen corporal negativa, baja autoestima y trastornos alimentarios. Aspiramos a promover la igualdad y operar sin prejuicios.

SOSTENIBILIDAD
Reciclamos siempre que es posible y minimizamos activamente los residuos que producimos y los recursos que utilizamos para dirigir nuestro negocio, con un enfoque particular en nuestros ingredientes y envases.

Reflexiona sobre este ámbito profesional

¿Has pensado alguna vez qué profesionales trabajan en una empresa dedicada a la cosmética natural? En ella hay, por ejemplo, químicos, biólogos...

En grupos de cuatro buscad información y responded a estas preguntas:

- ¿Qué conocimientos aportan estas y estos profesionales a una empresa de cosmética natural? ¿Qué otros expertos o expertas creéis que pueden formar parte de la plantilla?
- Indica dos cualidades necesarias para dedicarse profesionalmente a la elaboración de cosmética natural.
- ¿Os gustaría trabajar en una empresa cuyo método de trabajo sea sostenible con el medioambiente? ¿Por qué?

3 GRAMÁTICA

EL SINTAGMA ADJETIVAL

Cambios de categoría del adjetivo

- La **sustantivación del adjetivo:** el castellano permite convertir un adjetivo en un sustantivo por medio del artículo: *un valiente, unas valientes, los valientes, las valientes.*
- La **adverbialización del adjetivo:** algunos adjetivos se convierten en adverbios al hacerse invariables: *Ella me habló claro, Él ha cocinado fenomenal.*

3.1 El sintagma adjetival

El **sintagma** o **grupo adjetival (SAdj.)** está formado por un adjetivo o por un grupo de palabras cuyo núcleo es un **adjetivo:** *muy orgullosa de sus logros.*

Estructura del sintagma adjetival

Estos son los elementos que se distinguen en un sintagma adjetival:

- El **núcleo,** que es siempre un adjetivo.
- El **modificador,** que siempre es un adverbio y va delante del núcleo:
  - Adverbio de grado *(muy, poco, algo, bastante, demasiado...): bastante eficiente.*
  - Adverbio comparativo *(más, menos, tan...): un verano menos caluroso que el del año pasado.*
  - Adverbios en *-mente*: *sumamente útil, extremadamente peligroso...*
- El **complemento del núcleo,** que es siempre un sintagma preposicional: *harto de sardinas, lleno de agua, hábil para los negocios, contento con ellas, obediente hasta la muerte...*

MODIFICADOR	NÚCLEO	SINTAGMA PREPOSICIONAL
Muy	deseoso	de paz
Constantemente	dispuesto	al sacrificio

Funciones del sintagma adjetival

Las funciones propias del sintagma adjetival son estas:

- **Complemento del nombre** → Ejemplo: *El cielo azul.*
- **Atributo** → Ejemplo: *El cielo está azul.*
- **Complemento predicativo** → Ejemplo: *Encontró su cuadro muy azul.*

Actividades

1 Lee este texto y copia en tu cuaderno todos los adjetivos que encuentres:

> Beatriz era alta, frágil, muy ligeramente inclinada; había en su andar [...] una como graciosa torpeza, un principio de éxtasis; Carlos Argentino es rosado, considerable, canoso, de rasgos finos.
>
> Jorge Luis Borges, *Narraciones,* Salvat.

2 Indica si estas construcciones son sintagmas adjetivales (fíjate en el núcleo):

Fiel a sus principios — ¡Excelente! — ¡Excelencia! — ¡Absolutamente maravilloso!

3 Señala la estructura de estos sintagmas adjetivales:

- *tan difíciles de encontrar*
- *muy suaves al tacto*
- *siempre atentos a las novedades*
- *excesivamente afortunados en todo*

Mod S.Adj S.P./C.Adj

4 Escribe un sintagma adjetival que funcione como CN de cada uno de estos sustantivos:

- *Un mar ....*
- *Aquellas flores ....*
- *Sus ojos ....*
- *Un taller ....*

3.2 El adjetivo

El **adjetivo** expresa una cualidad o una propiedad del nombre con el que se relaciona: *días lluviosos, crudo invierno, excelente trabajo, zonas urbanas*.

Según su significado y su forma de modificar al sustantivo, los adjetivos pueden clasificarse en calificativos y relacionales.

El género del adjetivo

Según el **género,** los adjetivos son: **masculinos** y **femeninos.**

El femenino se forma con el morfema **-a:** *redondo-redonda, andaluz, andaluza*. El género de algunos adjetivos es invariable: *terrible, obediente, leve, familiar.*

El número del adjetivo

Según el **número,** los adjetivos son de dos clases: **singulares** y **plurales.**

Para formar el plural de los adjetivos:

- Se añade **-s** después de vocal átona: *negro-negros, alegre-alegres.*
- Se añade **-es** tras vocal tónica o tras consonante: *hindú, hindúes, alemán, alemanes.*

Recuerda

Hay muy pocos casos de adjetivos invariables tanto en cuanto al género como al número: *gratis, isósceles, unisex...*

3.3 Adjetivos calificativos

Los **adjetivos calificativos** aportan una cualidad o modo de ser que afecta al nombre: *soldado valiente, campesinos cultos, cielo limpio...*

Cuando los adjetivos calificativos se corresponden con una cualidad prototípica del sustantivo, se denominan **epítetos.** Se anteponen normalmente: *el cruel invierno, la blanca nieve, el feroz león, la dura batalla, la trágica derrota, el dulce hogar...*

Grados de los adjetivos calificativos

La cualidad de los adjetivos calificativos puede expresarse en varios grados:

- **Grado positivo:** es decir, sin cuantificar: *casa sólida.*
- **Grado comparativo:** lleva cuantificadores que introducen comparaciones, ya sean de superioridad (*más alegre*), de inferioridad (*menos libre*), de igualdad (*tan serena*).
- **Grado superlativo:** expresa una cualidad en un nivel elevado.
  - Los **superlativos absolutos** se forman con el adverbio ***muy*** o con el sufijo ***-ísimo:*** *muy brillante, velocísima...*; y también con los prefijos ***super-, ultra-, archi-...:*** *superrápido, ultraligero, archiconocido...*
  - Los **superlativos relativos** expresan la cualidad en su grado más elevado, pero con relación a un grupo. Se forman con el artículo y los adverbios ***más*** o ***menos:*** *el más trabajador, la menos interesada.*

La brújula del español. Accede a esta guía del uso del español correcto en el banco de recursos de anayaeducacion.es.

3 GRAMÁTICA

Especificativo

Explicativo

Usos especificativos y explicativos de los adjetivos

- **Especificación**

Los adjetivos pueden reducir o especificar el conjunto de elementos a los que hace referencia el sustantivo. La palabra *libro* forma una clase que incluye todos los libros.

Sin embargo, expresiones como el *libro digital* o el *libro azul* solo se aplican a un subconjunto.

- **Explicación**

Cuando va entre pausas, el adjetivo se aplica a todos los componentes del conjunto nominal e introduce una explicación que justifica la acción del verbo: *Las delanteras, lesionadas, no jugaron (Todas las delanteras se quedaron sin jugar porque estaban lesionadas).* Este uso explicativo se diferencia del uso especificativo: *Las delanteras lesionadas no jugaron (solo las delanteras que estaban lesionadas se quedaron sin jugar).* Los adjetivos especificativos restringen el número de seres designados por el nombre al que se unen directamente; los explicativos, no.

Apócope de adjetivos

Los adjetivos calificativos *bueno, malo, primero, tercero, postrero* se reducen cuando preceden a un nombre masculino en singular: *buen amigo* (pero *buena amiga, buenos días*), *primer mes* (pero *primera semana*), *postrer lamento...*

El adjetivo *grande* se apocopa en singular ante sustantivos masculinos o femeninos: *gran día, gran ventana* (pero *grandes ventanas*).

Actividades

5 Escribe un adjetivo calificativo aplicado a los nombres siguientes: *atleta, casa, viaje, libro, noticia, jardín, río.*

6 Escribe un epíteto para cada uno de estos nombres:

desierto	*polo*	*montaña*
selva	*amanecer*	*tormenta*

7 Forma el plural de los adjetivos *fácil, grave, extraño.*

8 ¿Cuál es el superlativo absoluto de estos adjetivos?

alta	*rápido*	*fría*
inteligente	*célebre*	*loable*

9 Lee el texto y escribe en tu cuaderno los adjetivos calificativos del texto e indica su grado:

> Planas es un tipo grandísimo, más alto que cualquiera de los profesores del instituto y el doble de ancho. No tiene mucha conversación y a veces da la sensación de ser solo un poco más listo que un adoquín; pero posee, entre otras muchas, dos magníficas cualidades que escasean hoy en día: siempre está dispuesto a echarte una mano y se puede confiar en él absolutamente.

Fernando Lalana y J. M. Almárcegui, *El fantasma del Rialto*, SM.

10 Determina si los adjetivos de las siguientes oraciones son especificativos o explicativos:

- *Los perros vacunados no son peligrosos.*
- *Los perros, vacunados, no son peligrosos.*

- *Las casas protegidas no sufrieron daños.*
- *Las casas, protegidas, no sufrieron daños.*

11 Forma oraciones en las que las construcciones adjetivas *bien alimentados* y *enfermos* se utilicen con valor especificativo y significado explicativo.

12 Relaciona estos tres adjetivos con el sustantivo correspondiente y forma oraciones en las que los adjetivos se antepongan a los sustantivos.

Adjetivos	Nombres
bueno	comienzo
malo	aviso
tercero	capítulo

- ¿Qué ha sucedido?

3.4 Los adjetivos relacionales

Los **adjetivos relacionales** clasifican el nombre al que acompañan.

Para confirmar que un adjetivo es relacional, se pueden construir oraciones con el sintagma nominal «un tipo de...»:

- Un *ordenador portátil* es «un tipo de ordenador».
- La *energía eólica* es «un tipo de energía».
- La *música clásica* es «un tipo de música».
- El *derecho internacional* es «un tipo de derecho».
- El *transporte marítimo* es «un tipo de transporte».

Energía eólica.

Características de los adjetivos relacionales

A diferencia de los adjetivos calificativos, los adjetivos relacionales:

- Aparecen siempre pospuestos al nombre al que acompañan: *tratamiento quirúrgico, proceso químico, guitarra eléctrica, dedo meñique, transporte escolar...*
- No permiten que se interpongan elementos entre ellos y el nombre: *consulta *muy médica, vehículo *más eléctrico, crónica *menos periodística, una teoría *innovadora genética...*
- No pueden ser sustituidos por adverbios de modo: *una agrupación coral no es una agrupación *así; una calle peatonal no es una calle *así; un anuncio publicitario no es un anuncio *así...*
- No pueden formar oraciones comparativas y consecutivas: **Un reloj más analógico que el tuyo...*

Actividades

13 Aplica la prueba «un tipo de» para determinar si los adjetivos de las estas construcciones son calificativos o relacionales: *panel solar, reforma legal, vida alegre, vida conyugal, fiebre nociva, fiebre vírica, fruta dulce, fruta tropical, conversación gestual, conversación agradable.*

14 Indica la estructura de los sintagmas adjetivales:

> ¡Flores! ¡Son flores! ¡La mancha brillante que nos tenía a todos tan preocupados, no es más que una gran extensión de flores! ¡Y muy bonitas, por cierto! Ahora mismo tengo delante, sobre la mesa del camarote, un pequeño ramillete que he guardado para mí. ¡Y cómo huelen! Da gusto acercarse y aspirar su perfume, aunque sea un aroma muy extraño y no se parezca a nada que yo conozca. Cristina dice que [...] nos encontramos ante una especie enteramente desconocida. Ella se confiesa incapaz de identificar de qué clase son y asegura que en ninguno de sus libros hay noticia de nada semejante.
>
> Agustín Fernández Paz, *Las flores radiactivas*, Anaya.

15 Aplica la prueba del cambio de orden para concluir si los adjetivos de los siguientes grupos son calificativos o relacionales:

tela asfáltica	*tela suave*
viaje espacial	*viaje peligroso*
escrutinio minucioso	*escrutinio manual*
correo aéreo	*correo rápido*

16 Algunos adjetivos funcionan como calificativos y relacionales, como, por ejemplo, *letra mayúscula* y *desastre mayúsculo.*

- Construye secuencias con estos adjetivos siguiendo el ejemplo y explica su significado en cada caso:

lírico **deportivo** **clásico**

Repasa la gramática

Solución paso a paso

1 Observa y sigue los pasos para analizar la estructura de este sintagma adjetival e indicar la función que desempeña en la oración:

[Es] sumamente respetuoso con los amigos.

Solución:

Paso 1. Señala el núcleo del sintagma adjetival; para ello, identifica el adjetivo, puesto que este siempre es el núcleo del sintagma adjetival: el núcleo es el adjetivo respetuoso.

Paso 2. Identifica el modificador del sintagma adjetival. Para ello, busca el adverbio que esté delante del adjetivo: el modificador es el adverbio sumamente.

Paso 3. Indica el complemento del núcleo; para ello, busca el sintagma preposicional que complementa al adjetivo: el complemento del núcleo es el sintagma preposicional con los amigos.

Paso 4. El sintagma adjetival funciona como atributo.

2 Determina la estructura y la función que desempeñan estos sintagmas adjetivales:

- *Me enseñó un* ***excelente*** *reloj* ***digital.***
- *La encontró* ***muy contenta.***
- *Estas nieves son* ***muy beneficiosas para el campo.***

3 Lee este texto y responde a las cuestiones:

Poco más había en ella: el pequeño café con sus tres mesas desvencijadas bajo las moreras de hojas carcomidas en la esquina de la plazoleta que se abría en el centro del puerto, la hilera de casas de construcción reciente a ambos lados, con la carpintería pintada de azul pálido a imagen de las que arrasaran los bombardeos, el antiguo mercado todavía con algunas columnas de mármol en pie y sus mostradores, la vieja central eléctrica y el generador elemental del muelle norte que daba luz a las bombillas de las escasas farolas…

Rosa Regás, *Azul*, Biblioteca El Mundo.

a) Señala si los adjetivos que aparecen en los grupos destacados son calificativos o relacionales.

b) Señala el comparativo y el superlativo de *carcomidas, vieja* y *escasas.*

c) Los adjetivos *pequeño, reciente* y *antiguo* tienen un superlativo regular y otro irregular *(ínfimo, recentísimo, antiquísimo).* ¿Cuál sería el superlativo regular de estas palabras?

4 Lee este texto y realiza las actividades:

Ambición máxima de los jóvenes —y de los no tan jóvenes— es lograr la mayor expresividad posible en su lenguaje. En poco tiempo hemos visto sucederse, en menoscabo del superlativo, diversos prefijos *(híper-, ultra-, super-, mega-)* que potencian la bondad o excelencia de alguien o de algo. Así, en vez de buenísimo (bonísimo huele ya a rancio) se dice superbueno. De estos formantes, en tiempo de Cervantes solo existía super-, pero en su forma romance sobre-: valga por ejemplo el sobresingular que se lee en *La gran sultana* («al ser mártir se requiere / virtud sobresingular / y es merced particular / que Dios hace a quien Él quiere»), un compuesto que hace las veces del superlativo singularísimo.

Juan Gil, *300 historias de palabras*, Espasa.

a) ¿Cuál es el sufijo normal en la formación de superlativos?

b) ¿Con qué prefijos se forman los modernos superlativos?

c) ¿Es totalmente nueva esta forma de crear superlativos? Razona tu respuesta.

d) En el texto se hace referencia a tres superlativos de *bueno.* ¿Cuáles son? ¿Cuál es el más arcaico? ¿Cuál es el más moderno?

5 Identifica en los siguientes ejemplos los adjetivos calificativos y los adjetivos relacionales:

escalera mecánica	*escalera empinada*
ventana grande	*ventana abierta*
ordenador portátil	*ordenador potente*
valle glaciar	*valle profundo*
amor romántico	*literatura romántica*
carretera comarcal	*carretera peligrosa*

Visualiza la gramática. Accede a este vídeo disponible en el banco de recursos de anayaeducacion.es.

Organiza tus ideas gramaticales

Copia este diagrama jerárquico en tu cuaderno y complétalo:

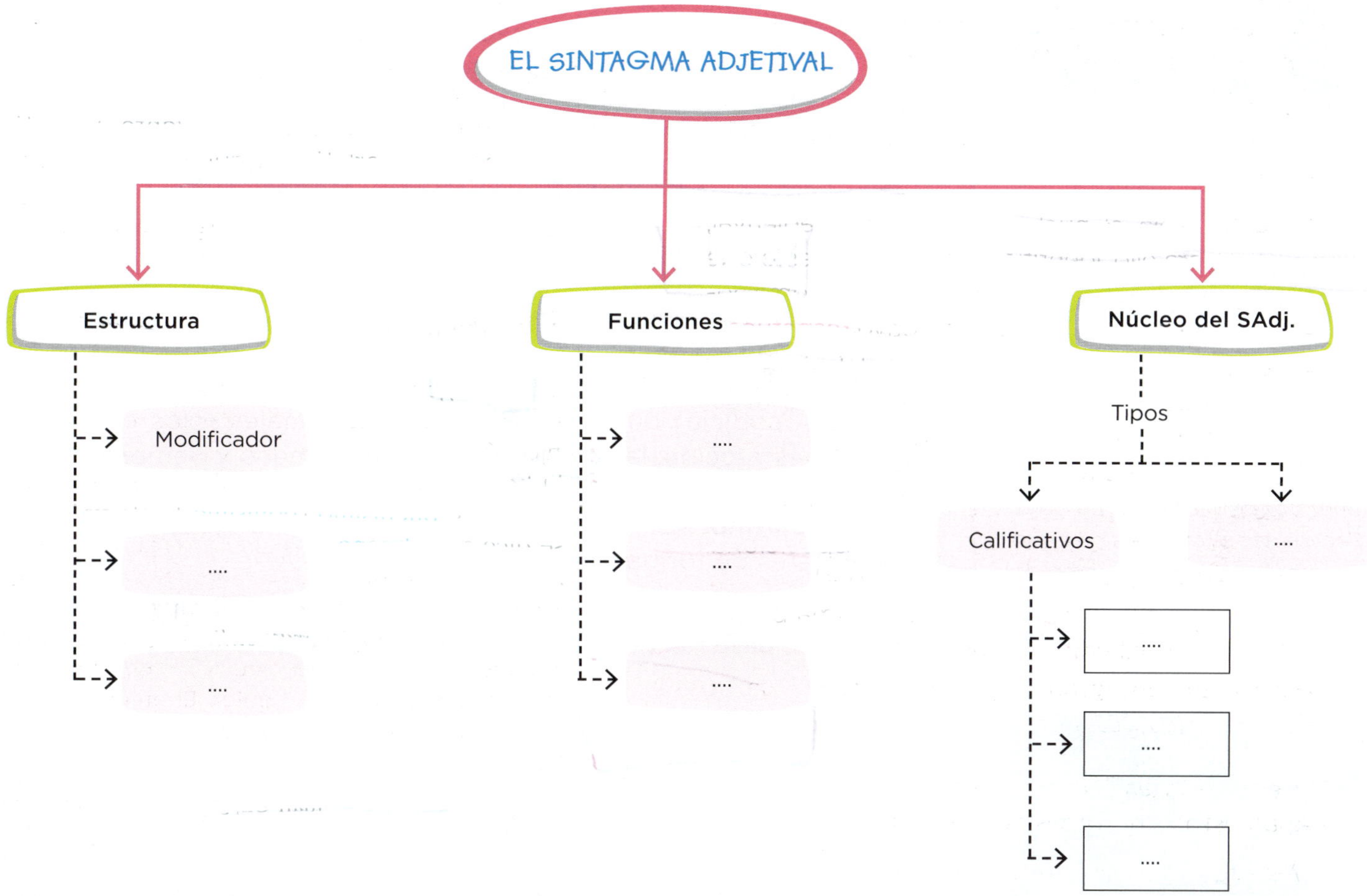

Practica la ortografía

1 Justifica el uso de la *h* en las siguientes palabras:

hueso	*hemisferio*	*hidrofobia*
humareda	*hierro*	*hiato*
hipopótamo	*huidiza*	*deshabitado*
hemorragia	*hipertensión*	*halló*

2 Copia en tu cuaderno y relaciona estas palabras griegas con su significado:

Palabras griegas	Significado
hepta	cien
hiper	agua
hidro	superioridad o exceso
hecto	siete

3 Explica el significado de cada palabra de estas parejas de homófonos:

hola/ola — hojear/ojear — hasta/asta — honda/onda — haber/a ver — habría/abría

4 Copia en tu cuaderno estas oraciones y completa con la opción adecuada:

- *Déjalo (ay/ahí/hay), por favor.*
- *Creo que esta mañana .... (e/eh/he) visto .... (a/ah/ha) Estrella en el autobús, pero no estoy segura.*
- *.... (¡E/Eh/He), Curro, ¿te vienes al cine el sábado?*

ORTOGRAFÍA CONSULTA EL ANEXO 7

4 LITERATURA

LA CELESTINA

Autoría polémica

La primera edición se publicó en Burgos en 1499. Su autor, **Fernando de Rojas,** señala que encontró el primer acto, compuesto por un autor desconocido, y que decidió continuar la obra, aprovechando unas vacaciones.

Aunque se ha señalado la posibilidad de que toda la obra fuese compuesta por una misma persona, hoy en día, las diferencias de estilo entre el primer acto y el resto de la obra (veinte actos restantes) parecen corroborar las palabras de Rojas.

Éxito de *La Celestina*

La obra gozó de notable éxito durante la época. Se realizaron más de ochenta ediciones y fue pronto traducida a varias lenguas (inglés, francés, holandés, italiano, alemán). Asimismo, desencadenó una ola de imitaciones y continuaciones que dieron origen al género celestinesco (*La segunda Celestina,* de Feliciano de Silva; *La lozana andaluza,* de Francisco Delicado o *La Dorotea,* de Lope de Vega).

4.1 El género literario

La Celestina o *Tragicomedia de Calisto y Melibea* es la obra capital del siglo XV y una de las más sobresalientes de la literatura española.

Se ha discutido si *La Celestina* es teatro o es novela. La disposición del texto (la estructura dialogada, la organización en varios actos y las acotaciones) la acercan al género teatral; pero por su longitud parece una novela. Por eso, algunos prefieren denominarla «novela dialogada». Otros, en cambio, hablan de «comedia humanística». En todo caso, la obra fue concebida para ser leída y no representada.

4.2 Temas

Estas son las principales líneas temáticas de la obra: el **amor,** desbocado y desmedido, que actúa como fuerza que arrastra a los personajes a la búsqueda del placer; la **muerte,** consecuencia directa de la pasión (lujuria y codicia) que desborda a los personajes y los conduce a su propia destrucción; la **codicia** (Celestina, Pármeno y Sempronio se alían para sacar provecho y beneficio de los amores de Calisto); el **vitalismo** y el **hedonismo,** que apremian a los personajes al goce y el disfrute de los placeres de forma irreflexiva.

Otros temas que se advierten en la obra son el **individualismo,** la **fortuna,** el angustioso **paso del tiempo,** el **dinero** y las **riquezas** o la **magia.**

4.3 Intención

La Celestina alberga un profundo carácter moralizador. Su autor compuso la pieza con la intención de advertir a los jóvenes enamorados sobre los peligros del loco amor y, también, sobre las artimañas de las alcahuetas y los embustes de los falsos criados. La muerte de los personajes parece reforzar dicha intención.

4.4 El argumento

Calisto se enamora de Melibea cuando la ve en su jardín y le declara su amor, pero esta lo rechaza. Sempronio, su criado, le aconseja recurrir a la alcahueta Celestina. Aunque Pármeno, su otro criado, le advierte de las malas mañas de la vieja, Calisto acude a ella para solicitar su ayuda.

Celestina se entrevista con Melibea y la convence para que acepte el amor de Calisto.

Pármeno y Sempronio se alían con la vieja para obtener beneficio de los amores de su amo. Ambos discuten con Celestina por una cadena de oro que Calisto le ha regalado y que esta se niega a compartir con ellos, por lo que la asesinan. La justicia prende a los criados, que son castigados con la muerte.

La noche siguiente, Calisto muere accidentalmente al bajar por la tapia del jardín de Melibea, lugar donde antes consuman su amor. Esta, desesperada, se suicida tirándose desde lo alto de una torre.

La obra acaba con el llanto de los padres de Melibea, Alisa y Pleberio.

4.5 Los personajes

La Celestina es el fiel reflejo de una sociedad en crisis en la que conviven dos mundos distantes: el de los señores y el de los criados. Todos se mueven por sus intereses, que los conducen a un trágico desenlace.

El mundo de los señores

Se presenta refinado e idealista, pero también con sus propias flaquezas (hipocresía, egoísmo, ostentación).

- **Calisto** es inmaduro, egoísta e imprudente. Encarna la parodia del amor cortés y la enfermedad del amor.
- **Melibea** aparece como una joven con iniciativa y decisión hasta que Celestina doblega su voluntad.
- **Pleberio** y **Alisa,** los padres de Melibea descuidan la vigilancia de su hija.

El mundo de los criados

Encabezado por **Celestina,** incluye a rufianes, prostitutas, traidores. Está dominado por los bajos instintos. Son codiciosos, interesados, envidiosos y desleales. Celestina, además, destaca por su inteligencia, astucia, malas mañas, habilidad verbal y dotes de persuasión.

Portada de *La Celestina*.

4.6 El lenguaje

La lengua de *La Celestina* es un reflejo de la condición social de los personajes: el **lenguaje formal** de los señores, caracterizado por un léxico culto, expresiones latinizantes y citas filosóficas; y el **lenguaje coloquial** de los criados, que recoge refranes, frases hechas o expresiones vulgares.

Celestina es el único personaje capaz de emplear magistralmente ambos registros. Usa el lenguaje coloquial, correspondiente a su condición social, cuando habla con los criados, y el lenguaje formal, cuando habla con los señores, como, por ejemplo, cuando trata de persuadir a Melibea.

4.7 Las dos visiones de *La Celestina*

La obra está a caballo entre dos épocas: la mentalidad medieval y la nueva visión renacentista. De ahí que en el texto se adviertan rasgos de ambas tendencias.

A la tradición medieval pertenece la visión teocéntrica de la vida, el propósito moralizador de la obra o el castigo de los amantes.

En cambio, se muestran próximos al Renacimiento la sensualidad, el individualismo o el valor de la fama y las riquezas.

Actividades

1 Lee el siguiente texto y contesta, después, a las preguntas:

> SEMPRONIO.—Así es. Calisto arde en amores por Melibea. De ti y de mí tiene necesidad. Si los dos juntos le hacemos falta, juntos nos beneficiaremos.
>
> CELESTINA.—Bien has hablado; enterada estoy. De una ojeada me doy cuenta de todo. Digo que me alegro de estas noticias como los cirujanos de los descalabrados; e igual que aquellos al principio empeoran las heridas para que la promesa de curación tenga más mérito, así me propongo actuar con Calisto. ¡Tú me entiendes!
>
> SEMPRONIO.—Callemos, que a la puerta estamos y, como se suele decir, las paredes oyen.
>
> Fernando de Rojas, *La Celestina*, Anaya.

a) ¿A cuál de los dos mundos presentes en *La Celestina* pertenecen estos personajes? Justifica tu respuesta.

b) ¿Qué actitud manifiestan ambos personajes?

2 Busca información sobre estos personajes de *La Celestina* y clasifícalos según pertenezcan al mundo de los señores o de los criados:

Calisto · Melibea · Pármeno · Lucrecia · Areúsa · Pleberio

3 **Línea del tiempo.** Lee estos textos y ordena los acontecimientos según se van produciendo:

a) Calisto contrata a la vieja Celestina para que lo ayude en la conquista de Melibea.

b) Los criados matan a Celestina.

c) Celestina convence a Melibea para que se entreviste con Calisto.

d) Los criados son ajusticiados.

e) Calisto regala una cadena de oro a Celestina.

f) Calisto y Melibea se encuentran por primera vez en el jardín de Melibea.

g) Pleberio llora por la muerte de su hija.

4 ¿Qué personaje habla y a quién?

A

> ¡Oh, hijo!, dicen que la prudencia es cosa de viejos, pero tú eres muchacho demasiado prudente. Déjame decirte [...] que la Fortuna ayuda a los osados. Y no pienses que por tener la confianza de este señor estás seguro, porque cuanto mayor es la Fortuna, menos segura es.

B

> ¡Oh imagen angelical, oh perla preciosa! [...] ¡Oh, mi señora y gloria! En mis brazos te tengo y no lo creo. Estoy tan turbado de placer... [...] Señora, he gastado toda mi vida para lograr un bien así. ¿Cómo podría ahora renunciar a él?

Actividades

5 Lee este texto y realiza las actividades:

SEMPRONIO.—Lo que le pasa a mi amo no va conmigo. ¿Qué suceso tan adverso le ha robado la alegría y, lo que es peor, el juicio. Y ahora ¿qué hago yo, lo dejo solo o vuelvo a entrar? [...]

CALISTO.—Sempronio.

SEMPRONIO.—¿Señor?

CALISTO.—Acércame el laúd.

SEMPRONIO.—Aquí está, señor. [...]

CALISTO.—*(Coge el laúd, lo tañe y canta con embeleso).* ¿Qué dolor puede ser tal que se iguale con mi mal?

SEMPRONIO.—Desafinado está el laúd.

CALISTO. ¿Cómo quieres que esté afinado, si en mi pecho hay un total desconcierto entre paz y guerra, amor y enemistad, ofensas y sospechas, y todo ello por una sola causa? [...]

SEMPRONIO.—*(Aparte).* Mi amo está loco.

CALISTO.—¿Qué murmuras, Sempronio?

SEMPRONIO.—Nada, nada.

CALISTO.—[...] como el fuego del purgatorio sea igual que el que me consume, prefiero que mi espíritu vaya con el de los animales, antes que ir al cielo pasando por el purgatorio.

SEMPRONIO.—*(Aparte).* Además de loco, ¡hereje!

CALISTO.—¿No te he dicho que hables alto?

SEMPRONIO.—Digo, señor, que acabas de decir una herejía. [...] ¿Acaso no eres cristiano?

CALISTO.—¿Yo? Melibeo soy y a Melibea adoro, en Melibea creo y a Melibea amo.

SEMPRONIO.—Lo que tú digas. O sea, que Melibea es tan grande que no cabe en el corazón de mi amo y le sale por la boca a borbotones. Ya sé de qué pie cojeas, señor. Yo te sanaré.

Fernando de Rojas, *La Celestina,* Anaya.

a) Calisto, que arde en amores de Melibea, parece haberse vuelto loco. Justifica esta afirmación a partir de la forma hiperbólica en que se expresa.

b) ¿En qué consiste la herejía de Calisto? Busca información sobre el tópico *religio amoris* y relaciónalo con las palabras de Calisto.

c) Calisto emplea la imagen del fuego para expresar su pasión amorosa. ¿Qué otro recurso literario emplea para definir el sentimiento que lo invade?

d) ¿Qué rasgos de la personalidad de los criados adviertes en el fragmento? ¿Cuál es la actitud de Sempronio ante los males de su amor?

6 Lee este fragmento y responde a las preguntas:

¡Oh amor, amor! ¡No pensé que tuvieras fuerzas para matar a tus servidores! [...] No pensé que te vengaras de los padres en sus hijos. ¡Ay, amor, amor! ¿Quién te dio tanto poder? ¿Quién te puso un nombre tan inadecuado? Porque si fueses el amor, amarías a tus servidores, que vivirían alegres y no se matarían como ahora mi amada hija. [...] **Dulce nombre te dieron, amargos hechos haces.** Inicua es tu ley, pues no es la misma para todos. Matas a los que te siguen y apremias a los que menos te sirven [...] ¿Por qué te riges sin orden ni concierto? Ciego te pintan, pobre y mozo, con un arco en la mano, con el que tiras a tientas. **Tu fuego es ardiente rayo, que abrasa las almas y las vidas** [...] ¿Qué puedes decir de Macías, de cuyo triste final fuiste la causa? ¿Qué hizo Paris por servirte? ¿Qué Helena? ¿Qué pago diste a Safo, Ariadna y Leandro? Ni siquiera David y Salomón se quedaron sin tu tormento. Y no hablaré de otros amadores, pues bastante tengo con mi mal.

»Me quejo del mundo porque me crio, pues si yo no hubiera nacido, no habría engendrado a Melibea, y si ella no hubiera nacido, no habría amado, y al no haber amado no tendría yo este desconsolado final. [...] ¡Ay, hija mía, despedazada! [...] ¿Por qué me dejas lleno de pena, triste y solo en este valle de lágrimas?

Fernando de Rojas, *La Celestina,* Anaya.

a) Resume en una oración el texto y sitúalo en el conjunto de la obra.

b) ¿A qué dios griego se dirige Pleberio? ¿Qué nombre reciben las preguntas que le plantea? ¿Por qué crees que dicho dios actúa así?

c) Investiga y relaciona estos nombres con la tradición de la que proceden:

Nombres	Tradición
Macías	Mitología griega
Safo, Ariadna y Leandro	Biblia
David y Salomón	Lírica galaicoportuguesa

d) ¿Qué pregunta resume la visión del mundo de Pleberio? ¿Se ajusta al teocentrismo medieval?

e) ¿Qué recursos literarios se emplean en las partes destacadas del texto?

personificación — metáfora — antítesis

APLICA LO APRENDIDO

COMENTARIO DE TEXTO

La Celestina

MELIBEA.—Vete, Lucrecia, a dormir un poco. ¡Chis, señor! ¿Cuál es tu nombre? ¿Quién es el que te ha mandado venir aquí?

CALISTO.—Es la que tiene méritos para mandar a todo el mundo, la que dignamente yo no merezco servir. No tema tu merced descubrirse ante este cautivo de tu gentileza, pues el dulce sonido de tus palabras, que jamás de mis oídos se cae, me confirma que tú eres mi señora Melibea. Yo soy tu siervo Calisto.

MELIBEA.—El audaz atrevimiento de tus mensajes me ha obligado a tenerte que hablar, señor Calisto, pues habiendo conseguido de mí una respuesta a tus palabras, no sé qué piensas sacar más de mi amor. Aparta esos vanos y locos pensamientos de ti, para que mi honra y mi persona estén seguras, a salvo de malas sospechas. A esto se debe mi venida aquí, para acordar tu despedida y mi tranquilidad.

CALISTO.—¡Oh, desventurado Calisto! ¡Oh, cuán burlado has sido de tus sirvientes! ¡Oh, engañosa mujer Celestina, ojalá me hubieras dejado que acabara de morir y no hubieras vuelto a levantar mi esperanza! ¿Por qué falseaste las palabras de mi señora? ¿Para qué me mandaste venir aquí? ¡Oh, enemiga!, ¿y tú no me dijiste que esta señora mía me era favorable? ¿En quién podré yo confiar? ¿Dónde está la verdad? ¿Quién carece de engaño? ¿Quién es claro enemigo? ¿Quién es verdadero amigo? ¿Dónde no se fabrican traiciones? ¿Quién se atrevió a darme tan cruel esperanza de perdición?

MELIBEA.—Cesen, señor mío, tus sinceras quejas, pues ni mi corazón es capaz de soportarlo ni mis ojos de disimularlo. Tú lloras de tristeza, juzgándome cruel; yo lloro de placer viéndote tan fiel. ¡Oh, mi señor y mi bien todo! ¡Cuánto más alegre sería para mí poder ver tu rostro que oír tu voz! Pero, puesto que no se puede por ahora hacer más, te firmo y sello las palabras que te envié escritas en la lengua de esa servicial mensajera. Limpia, señor, tus ojos; dispón de mí a tu voluntad.

CALISTO.—¡Oh, señora mía, esperanza de mi gloria, descanso y alivio de mi pena, alegría de mi corazón! ¿Qué lengua será suficiente para darte igualmente las gracias por el extraordinario e incomparable favor que en este instante, de tanto dolor para mí, me has querido hacer queriendo que un débil e indigno hombre pueda gozar de tu agradabilísimo amor? ¡Oh, cuántos días antes de hoy me vino este pensamiento al corazón y por imposible lo apartaba de mi cabeza, hasta que los rayos luminosos de tu muy claro rostro dieron luz a mis ojos, encendieron mi corazón, despertaron mi lengua, aumentaron mis méritos, duplicaron mis fuerzas, despertaron mis pies y mis manos; finalmente, me dieron tal osadía que me han traído a este elevado estado en que ahora me veo, oyendo con gusto tu agradable voz.

MELIBEA.—Señor Calisto, tus muchos méritos, tus extraordinarias gracias, tu elevado nacimiento han hecho que, desde que de ti tuve completa noticia, en ningún momento de mi corazón te hayas salido. Las puertas impiden nuestro gozo, a las cuales yo maldigo y a sus fuertes cerrojos y a mis débiles fuerzas, pues si no, ni tú estarías quejoso ni yo descontenta.

CALISTO.—¿Cómo, señora mía, y mandas que consienta a un trozo de madera que impida nuestro gozo? ¡Oh, molestas y enojosas puertas! Pues, por Dios, señora mía, permite que llame a mis criados para que las rompan.

PÁRMENO.—*(Aparte a Sempronio.)* ¿No oyes, Sempronio? A buscarnos quiere venir para que nos den un disgusto; no me gusta nada. Yo no espero más aquí.

SEMPRONIO.—*(Aparte a Pármeno.)* Calla, calla, escucha, que ella no consiente que vayamos allí.

MELIBEA.—¿Quieres, amor mío, perderme a mí y dañar mi fama? No des rienda suelta a tu deseo. Conténtate con venir mañana a esta hora por las paredes de mi huerto, pues si ahora rompiese las crueles puertas, aunque en estos momentos no fuésemos oídos, amanecería la casa de mi padre con la terrible sospecha de mi pecado.

CALISTO.—¡Oh, mi señora y mi bien todo! ¿por qué llamas yerro aquello que por los santos de Dios me ha sido concedido?

Fernando de Rojas, *La Celestina,* Anaya.

Comentario resuelto. Consulta este modelo de comentario en el banco de recursos de **anayaeducacion.es**.

Recuerda seleccionar el material de trabajo de esta unidad para tu **portfolio**.

Comprensión del texto

1 ¿Qué hacen Calisto y Melibea? Argumenta tu respuesta con ejemplos del texto.

2 ¿Quién es Lucrecia? ¿Por qué Melibea le ordena que se vaya a dormir?

3 ¿Qué actitud muestra Melibea en su segunda intervención? Elige tres adjetivos y justifica tu respuesta.

arisca	complaciente	sumisa
serena	inquieta	digna

4 Según Melibea, ¿para qué acude esta a la cita?

5 ¿Cómo reacciona Calisto ante el rechazo de Melibea? ¿A quiénes culpa de su desengaño?

6 Después, Melibea cambia radicalmente su discurso. ¿Qué le confiesa a Calisto?

7 ¿Qué hacen los criados mientras los enamorados conversan?

8 Ante la imposibilidad de verse, ¿qué decide Melibea?

Tema y análisis del contenido

9 ¿Crees que las primeras palabras de Melibea son sinceras u obedecen al decoro; es decir, a la necesidad de guardar las apariencias? Justifica tu respuesta.

10 **Saco de dudas.** Completa en tu cuaderno este cronograma con adjetivos que reflejen la progresión del estado de ánimo de Calisto según escucha las palabras de Melibea:

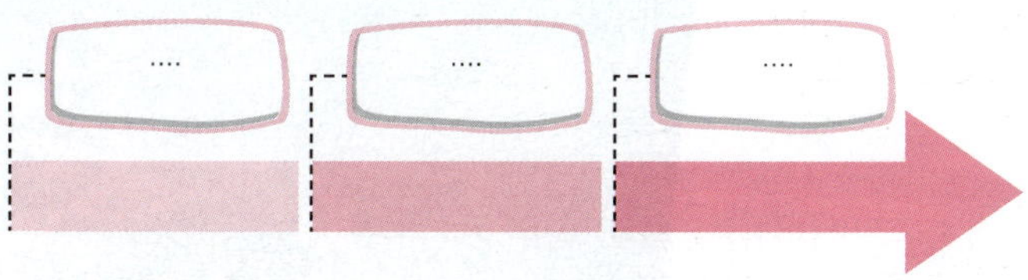

11 ¿Cómo reaccionan los criados ante la posibilidad de que tengan que derribar la puerta?

12 ¿Qué motivo alega Melibea para no permitirlo?

13 ¿Qué puedes saber sobre la personalidad de Calisto y Melibea a partir de este fragmento?

Repaso interactivo. Accede a este juego en el banco de recursos de **anayaeducacion.es**.

Estructura

14 ¿De cuántas intervenciones se compone el fragmento?

15 ¿Cuántos apartes hay? ¿Qué personajes los reproducen?

16 ¿Qué estructura tiene el texto? Elabora un esquema en el que reflejes dónde comienza y termina cada parte y resume el contenido de cada una.

Análisis del lenguaje

17 ¿Con qué dos sustantivos se autodefine Calisto? ¿Qué visión del mundo expresa con ellos?

18 Completa esta tabla en tu cuaderno:

Nombre del personaje	Tipo de lenguaje	Ejemplo del texto
....	....	....

19 ¿Qué tipos de oraciones emplea Calisto para expresar sus sentimientos y emociones?

a) Enunciativas y exclamativas.

b) Exclamativas y dubitativas.

c) Exclamativas e interrogativas.

- ¿Alguna de ellas se considera un recurso literario? Justifica tu respuesta.

20 Localiza dos parejas de antónimos que reflejen las contradicciones que experimentan Calisto y Melibea.

21 ¿Con qué tres adjetivos se describen las puertas que separan a la pareja?

Redacción del comentario

22 Después de realizar las actividades, redacta tu comentario siguiendo estas pautas:

- Sitúa la obra y su autor en su contexto histórico, determina el género literario al que la primera pertenece resaltando la importancia de esta como transición entre la visión medieval del mundo y la vitalista del Renacimiento.
- Localiza el fragmento en el argumento general de la obra e incluye los datos más relevantes que hayas obtenido del análisis del texto.
- Concluye con tu valoración sobre el texto.

5

ARMONÍA CON LA NATURALEZA

El pensamiento crítico es una capacidad mediante la cual analizamos y evaluamos una información con el objetivo de elaborar nuestro propio punto de vista. Para ello, necesitamos reflexionar, cuestionarnos las cosas y buscar una solución veraz y razonable.

Todas estas habilidades las atesoraba Thoreau, el filósofo que protagoniza la lectura de esta unidad, cuyas valiosas aportaciones en el campo de la ecología defendían la necesidad de preservar la naturaleza en armonía con las personas.

Plano abierto. Accede al vídeo de la unidad en el banco de recursos de **anayaeducacion.es**.

Intercambia opiniones

OPINIÓN CRÍTICA

¿De qué forma obtienes información sobre las cosas que pasan en el mundo, tu ciudad o tu comunidad?

¿Consideras importante estar bien informado? ¿Por qué?

¿Sueles compartir tus ideas u opiniones con los demás? ¿Y escuchas las del resto?

¿Sabes rebatir la opinión de otra persona o defender la tuya? ¿Cómo lo logras?

¿Qué habilidades de análisis o deducción tienes? ¿Cómo podrías mejorarlas?

¿Qué haces en tu día a día para elaborar tu punto de vista sobre algún tema?

Selva de Irati (Navarra).

QUÉ VAS A ENCONTRAR EN ESTA UNIDAD

1 LECTURA ODS

Vas a leer el fragmento de una novela que enseña a pensar y a desarrollar el juicio crítico gracias a la filosofía. Y, además, descubrirás al primer ecologista de la historia. Consulta los vídeos en **anayaeducacion.es** y reflexiona sobre la vida de los ecosistemas terrestres: metas ONU 15.2 y 15.3.

2 COMUNICACIÓN

¿Cuál es la forma de comunicación más habitual entre las personas? ¿Cómo se reproduce un diálogo por escrito? Pon en práctica tus destrezas comunicativas en el **Taller de comunicación.**

3 GRAMÁTICA

El *adverbio* es una palabra invariable; ¿te has fijado en que funciona como núcleo del sintagma adverbial? ¿Qué circunstancias expresan los adverbios?

4 LITERATURA

El Renacimiento supuso la renovación de la lírica castellana. ¿Sabes qué poeta fue su artífice? ¿Qué elementos caracterizan la poesía renacentista? ¿Podrías explicar qué es la poesía mística?

ORTOGRAFÍA El anexo de ortografía te ayudará a resolver las actividades propuestas a lo largo de la unidad sobre **los signos de puntuación** y **las letras *b* y *v*.**

1 LECTURA

El primer ecologista de la historia

Lía está participando en un campamento para adolescentes enganchados a las nuevas tecnologías en un impresionante paraje natural de Menorca. Allí, gracias a varios actores, mantienen conversaciones con los grandes pensadores de la filosofía universal…

....

Oímos que alguien gritaba nuestros nombres desde el porche.

—Nico, Lía… ¡Hora de clase!

Nos pareció raro. Nadie nos había dicho que hubiese una clase extra organizada por la tarde. […]

—Apuesto a que nos encontramos con otro filósofo del siglo XIX —dijo Beatriz.

—No. Ahora toca uno del XX —opinó Fernando.

La que acertó fue Beatriz, nos dimos cuenta nada más llegar al círculo de piedra, donde nos aguardaba un individuo con una barba muy extraña que le rodeaba toda la cara por fuera, mientras mantenía el bigote y las mejillas afeitados.

El hombre se levantó y nos saludó uno a uno dándonos la mano. La mirada de sus ojos claros me pareció algo triste. Llevaba una chaqueta negra un tanto **raída** sobre una camisa blanca adornada en el cuello con un gran lazo negro.

—Gracias por venir. Mi nombre es Henry David Thoreau. Es un honor estar aquí. Este lugar tan bello, tan salvaje… me recuerda a mi Walden.

—¡Thoreau! —repitió Nico mirándome emocionado—. El primer gran ecologista de la historia. Te va a encantar Lía. Ya verás cómo, después de escucharle, me entiendes mejor.

No quise replicar, porque era consciente de que los demás estaban pendientes de nuestra conversación, y de que sentían una gran curiosidad.

—Se me hace raro encontrarme de nuevo dando clase, aunque en circunstancias tan diferentes de las de mi primer trabajo como profesor —dijo Thoreau.

—¿Fuiste profesor?

—Sí, al principio en la escuela pública de Concord, en los Estados Unidos. Pero allí permanecí solo unas semanas. Me echaron cuando me negué a administrar castigos corporales a los alumnos.

—O sea, a pegarles —tradujo Helena.

—Eso es. Entonces fundé una escuela de gramática con mi hermano John. Nos encantaba enseñar, y utilizábamos métodos un poco… diferentes para que los alumnos aprendieran. Por ejemplo, dábamos algunas clases mientras caminábamos por la naturaleza. Visitábamos tiendas y negocios locales… Nuestro objetivo era relacionar el aprendizaje con la vida. Pero el experimento se fue a **pique** cuando mi hermano John murió de tétanos […] Después de aquello no pude seguir con la escuela. Me dolía demasiado. Desempeñé varios trabajos: fui **preceptor** privado de los hijos de mi amigo Emerson, un gran pensador… Y luego trabajé en la fábrica de lápices de mi familia.

Comprensión oral

Escucha el texto locutado de la lectura y responde:

- ¿Quiénes son los protagonistas del texto? Cita sus nombres.
- ¿Qué filósofo va a dirigir la clase? ¿En qué siglo vivió?
- ¿Por qué es tan importante este personaje histórico?
- ¿De qué murió su hermano?
- ¿Dónde vivió el filósofo durante dos años?
- ¿Qué le parece a Thoreau el lugar en el que están?
- ¿Es partidario de la violencia?

—Pero harías algo más aparte de eso —dijo Beatriz, impaciente—. Nadie pasa a la historia por trabajar en una fábrica de lápices.

—Trabajar en una fábrica de lápices es una actividad tan digna como cualquiera y no me impidió desarrollar mi propio pensamiento. Aunque cuando avancé de verdad en mi exploración interior fue cuando me retiré a Walden. Sí, durante dos años llevé la existencia más sencilla que os podáis imaginar en medio de un bosque. Fui allí porque deseaba hacer frente a los hechos esenciales de la vida, libre de distracciones. [...] Y fue... maravilloso, iluminador. Conté mi experiencia en un libro que se llama *Walden,* donde condenso todo lo que viví en los bosques.

—¿Encontraste lo que habías ido a buscar? —pregunté—. ¿Esa vida que perseguías?

—Sí, la encontré. Porque para mí, la naturaleza es el símbolo exterior del espíritu interior. Es una prolongación de nosotros. Y en la **comunión** sencilla con la naturaleza es como mejor nos encontramos.

—¿Por qué no te quedaste en Walden para siempre? —preguntó Helena.

Thoreau sonrió con tristeza.

—Era un experimento, pero un hombre no puede vivir eternamente separado de sus semejantes. [...]

—¿Y nunca volviste a Walden? —preguntó Nico.

—No a quedarme. Pero mi interés por la naturaleza no hizo más que crecer. Me dediqué a observar las **migraciones** de los pájaros y la regeneración de los bosques después del fuego. Hice anotaciones detalladas de todos... Hasta 1970 nadie se tomó en serio estas aportaciones. Me llamaban «científico aficionado». Pero desde entonces las cosas han cambiado. Ahora se me considera uno de los primeros **ambientalistas** de la historia, y mis observaciones sobre la **dispersión** de las semillas o la regeneración de los bosques se consideran muy valiosas desde el punto de vista de la ciencia.

—A ti que tanto te interesa la naturaleza, ¿qué te parece este lugar? —preguntó Nico.

Thoreau miró hacia la pared de roca salpicada de vegetación y de grutas.

—Maravilloso —dijo—. Es un **privilegio** estar aquí.

—¿Y no crees que habría que hacer cualquier cosa para preservarlos? —insistió Nico.

Thoreau lo miró con el ceño fruncido.

—No —dijo—. Cualquier cosa no. Está bien defender aquello en lo que creemos, pero no al precio de mentir o de utilizar a los demás... Y menos recurriendo a la violencia. Créeme, hay otras manera de conseguir que a uno le hagan caso y que a la larga funcionan mucho mejor.

Ana Alonso, *Utopía, una aventura filosófica,* Anaya.

Vocabulario

Raído: estropeado por el uso.

Irse a pique: estropearse o no llegar a su fin un proyecto.

Preceptor: persona que se dedica a enseñar y formar a un niño en su propia casa y de manera privada.

Comunión: unión o acuerdo en las ideas, las opiniones o los sentimientos.

Migraciones: desplazamiento masivo de aves, peces y otros animales cada cierto tiempo por necesidades alimentarias o reproductivas.

Ambientalista: especializado en el estudio y protección del medioambiente.

Dispersión: separación o esparcimiento de una cosa que está unida.

Privilegio: ventaja, beneficio o derecho del que disfruta una persona.

Hipertexto. Conoce a la autora y contextualiza su obra en el banco de recursos de **anayaeducacion.es**.

Comprende el texto

Pasión por leer. Disfruta de otros textos literarios relacionados con la filosofía en **anayaeducacion.es**.

Extrae información

1 ¿Qué dos modalidades textuales se utilizan en la lectura? Justifica tu respuesta.

2 ¿Dónde se desarrolla la acción? A Thoreau, este lugar le recuerda a otro muy querido por él; ¿cuál?

3 ¿Quién narra el encuentro? ¿Cuándo?

4 Completa en tu cuaderno esta línea del tiempo con los datos que se cuentan sobre la vida de Thoreau:

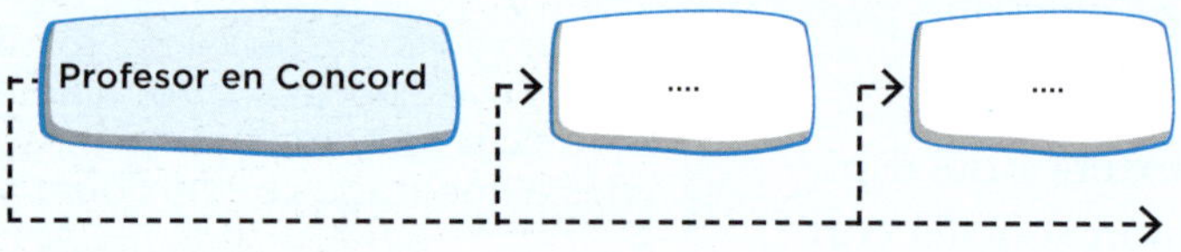

5 ¿Qué experiencia fue la que más lo marcó?

6 ¿Qué observaciones realizó al volver a Walden?

7 ¿Cómo es considerado Thoreau actualmente? ¿Desde cuándo?

Reflexiona sobre la lengua

8 Realiza estas actividades:

a) ¿Qué uso de los puntos suspensivos o tres puntos hay en el texto?

b) ¿Qué uso de la raya se emplea en este fragmento?

c) Escribe en tu cuaderno un ejemplo del uso de ambos signos de puntuación.

d) Como sabes, se escriben con *b* todas las formas del pretérito imperfecto de indicativo de los verbos de la primera conjugación, como *gritaba*. Copia cinco formas verbales del texto que sigan esta regla.

e) Localiza en el texto cinco formas distintas del verbo *haber*. ¿Qué regla ortográfica siguen?

f) Explica qué regla ortográfica de la *v* respetan estas palabras del texto:

volviste · objetivo · observar · vivir

- Escribe dos derivados de cada palabra y observa si conservan la *b* y la *v* del verbo.

ORTOGRAFÍA CONSULTA EL ANEXO 6 9

9 Localiza en el texto términos relacionados con la *naturaleza*.

10 ¿Qué predomina en este texto: el diálogo en estilo directo o indirecto?

11 La *ecología* es una rama de la biología. ¿Qué estudia exactamente? ¿Qué dos componentes griegos la forman? ¿Qué significa cada uno? ¿Y el adjetivo *ecologista*?

Interpreta y analiza

12 ¿Dónde se reúnen los jóvenes para las clases? ¿Te parece un lugar idóneo? Argumenta tu respuesta.

13 ¿Qué opina Thoreau de ese lugar?

14 ¿Por qué abandonó Thoreau la docencia en Concord? ¿En qué han cambiado los métodos pedagógicos desde entonces?

15 Los métodos de la escuela que fundó con su hermano, sin embargo, eran bastante actuales. ¿En qué consistían? ¿Te parecen positivos? ¿Por qué?

16 ¿Qué pensaba Thoreau sobre trabajar en una fábrica de lápices?

17 ¿Por qué abandonó Thoreau el experimento de recluirse en medio de un bosque durante dos años? ¿Compartes su postura? Justifica tu respuesta.

Valora y relaciona con tu mundo

18 **Sumamos.** En grupos, elaborad un listado que recoja las ideas ambientalistas de Thoreau que se puedan extraer de la lectura y contestad a las siguientes preguntas:

a) ¿Son actuales? ¿Estáis de acuerdo con ellas? ¿Por qué?

b) En vuestra opinión, ¿cuál es la mejor forma de defender las ideas?

c) ¿Cómo os sentís en un entorno natural? ¿Cuál es vuestro paisaje preferido? ¿Por qué?

d) ¿Cómo ayudáis vosotros a cuidar del medioambiente? ¿Qué más podríais hacer?

19 ¿Qué porcentaje de la superficie terrestre está cubierta por bosques? ¿Qué nos proporcionan y por qué son tan fundamentales?

Amplía tu vocabulario

EL PENSAMIENTO

En la novela *Utopía*, Ana Alonso enseña a **pensar** y a desarrollar una **opinión** crítica gracias a filósofos como Thoreau, un célebre ecologista cuya premisa era defender las ideas sin recurrir a la violencia.

1 Fíjate en el ejemplo y completa en tu cuaderno la tabla siguiente con tres verbos sinónimos de *pensar:*

Verbo	Nombre	Adjetivo
pensar	pensamiento	pensativo
....	....	....

2 ¿Qué significa la locución verbal *pensar mal de alguien?*

a) Sospechar de alguien.

b) Echar de menos a alguien.

c) Criticar a alguien.

3 En tu opinión, ¿qué significa *pensamiento positivo?* Pon algún ejemplo.

4 Relaciona y forma palabras de la familia léxica de *pensar:*

bien-	-pensable
libre-	-pensante
im-	-pensador

a) ¿Has tenido que hacer alguna adaptación ortográfica?

b) Escribe una oración con cada una.

5 El pensamiento de los filósofos es profundo y teórico; esta acción mental se denomina *especular*. ¿Cuál es el nombre que deriva de dicho verbo? ¿Qué significa especula en estas oraciones?

a) Se especula con el motivo del accidente.

b) Ella especula con el suelo.

6 Relaciona cada verbo con la locución verbal equivalente:

Locución verbal	Verbo equivalente
Darle vueltas a la cabeza.	Distraerse.
Encenderse una lucecita.	Pensar.
Pensar en las musarañas.	Idear.

7 1-2-4. A todos nos gusta opinar sobre cualquier tema, pero ¿qué es la *opinión pública?*

8 Copia en tu cuaderno y sustituye las palabras destacadas por el sinónimo correspondiente: *consistentes, sostuve, criterio, premisa, razonando.*

Durante el debate, **defendí** mi **opinión**; para ello, partí de una **tesis** que fui **argumentando** con **sólidos** ejemplos.

2 COMUNICACIÓN

EL TEXTO DIALOGADO

2.1 El diálogo

El **diálogo** es un texto en el que intervienen dos o más personas que se alternan en los turnos de palabra.

El diálogo más habitual es el oral; pero también existen diálogos escritos, que intentan imitar los diálogos hablados.

CARACTERÍSTICAS DEL DIÁLOGO ORAL

- Es la forma más habitual de comunicación entre las personas.
- Predomina la expresión de la subjetividad de los interlocutores.
- Va acompañado de elementos no lingüísticos: gestos de la cara, movimientos del cuerpo... (comunicación no verbal).
- Se manifiesta en las más diversas situaciones de la vida diaria, familiar y social.
- Hace uso con frecuencia de exclamaciones y preguntas.
- Utiliza una sintaxis poco elaborada: enunciados breves e incompletos, repeticiones, elipsis, muletillas, referencias al interlocutor *(¿Me entiendes?)*...

Diálogos espontáneos y planificados

Según hayan sido o no previstos y preparados, los diálogos pueden ser *espontáneos* o *planificados:*

- Los **diálogos espontáneos** son los más frecuentes. Ocurren en situaciones que no se han previsto y surgen de modo natural, como, por ejemplo, en la **conversación.** Sirven para facilitar las relaciones sociales e intercambiar información, sentimientos y mantener vivos los contactos interpersonales.
- Los **diálogos planificados** son diálogos previstos, propios de las **tertulias,** los **debates** y las **entrevistas.** Exigen un lenguaje más elaborado y suelen realizarse ante un público. Sirven para informar y opinar sobre asuntos de actualidad e interés.

La estructura de la conversación

En la conversación se diferencian tres partes:

1 Inicio
Se utilizan fórmulas de saludo del tipo: *¡Hola!, Buenos días, ¿Qué tal?, ¡Qué alegría verte!, Quería hablar con usted...*

2 Cuerpo
Es la parte central, en la que se manifiesta su finalidad: informar, contar, razonar, aconsejar, ordenar, discutir.

3 Final
Se utilizan fórmulas de cierre como: *¡Vale!, ¡Adiós!, ¡Me tengo que ir!, Después continuamos...*

Los mensajes emitidos en una conversación deben mantener dos importantes principios: el principio de cooperación, cuando son claros y concisos, y el principio de cortesía, que incluye expresiones como *por favor, en mi opinión...* para mitigar situaciones desagradables.

Periodista entrevistando al escritor Manuel Rivas.

La entrevista

La **entrevista** es un diálogo planificado, oral o escrito, que se difunde en los medios de comunicación.

En una entrevista, un entrevistador o una entrevistadora le hace preguntas a la persona entrevistada sobre temas que interesan al público.

Las partes en que se divide una entrevista son las siguientes:

ESTRUCTURA DE LA ENTREVISTA

- **Titular**: Es la parte en la que se anticipa, en pocas palabras, el tema de la entrevista y su importancia.
- **Inicio**: Es un texto mediante el cual se presenta al personaje y el motivo de la entrevista.
- **Cuerpo**: Consta de una serie de preguntas y respuestas que se producen entre los interlocutores. Las preguntas suelen ser breves y directas.
- **Cierre**: Es el final, donde el autor o la autora de la entrevista recuerda lo principal y despide al personaje, agradeciéndole su participación, y donde la persona entrevistada puede expresar alguna última idea.

Pautas para hacer una entrevista

- En la **preparación** es preferible que la persona que entrevista conozca al entrevistado o entrevistada y el tema del que van a tratar, para hacer preguntas que faciliten respuestas interesantes.
- En la **realización,** la entrevistada o el entrevistado ha de saber la finalidad de la entrevista, el medio en el que va a aparecer y el público al que se dirige. A su vez, el entrevistador o entrevistadora tiene que estar muy atento a las contestaciones, pues pueden ser origen de otras preguntas interesantes que no había previsto.
- El **texto de la entrevista** es un texto oral. Al convertirlo en un texto escrito, hay que elaborarlo y darle una forma determinada.

Clases de entrevistas según su finalidad

- Informativas o de declaraciones.
- Psicológicas o de perfil.

Actividades

1 Lee con atención el siguiente texto:

> Coincidiendo con el 50 aniversario de la llegada del hombre a la Luna, la doctora en Astrofísica Eva Villaver ha publicado *Las mil caras de la Luna* [...] La profesora de la Universidad Autónoma de Madrid, que ha trabajado para la NASA, no duda en elogiar el potencial de Andalucía en su campo. [...]
>
> **¿Si la llamo lunática, se enfada?**
>
> No, porque los lunáticos también son soñadores y de eso tengo mucho.
>
> **¿Por qué escribe *Las mil caras de la Luna*?**
>
> Porque la Luna ofrece un territorio en el que jugar con todo: con la ciencia, la filosofía, la poesía y con lo humano, sobre todo.
>
> **¿La astrofísica tiene un punto fantástico?**
>
> Sí. La astrofísica es una ciencia tan antigua que lleva implícita las preguntas fundamentales del ser humano. Nos encontramos en una soledad cósmica que, de algún modo, necesitamos responderla.
>
> **¿Por qué nos atraen tanto fenómenos como las superlunas?**
>
> La Luna es grande en el cielo e ilumina la noche y entonces combina dos factores que nos fascinan. La Luna se ve siempre y de algún modo nos acompaña a lo largo de nuestra vida. La Luna pertenece a lo humano.
>
> **¿Somos hijos de la Luna?**
>
> Somos hijos del universo, de la evolución química del universo.
>
> **¿Marca nuestra vida?**
>
> La Luna marca el ritmo de rotación de la Tierra, el hecho de que el eje de inclinación que determina las estaciones sea estable, las mareas. Medimos el tiempo en gran parte gracias a la Luna; por ejemplo, los meses. A uno de los días de la semana le llamamos lunes, ese día que tanto odiamos.
>
> **¿Es debatible que el hombre haya pisado la Luna?**
>
> No.
>
> **¡Qué tajante!**
>
> Sí, tajante.

José Izquierdo, *Diario de Cádiz*.

a) Describe las características que convierten este texto en una entrevista.

b) ¿Qué partes de la estructura de una entrevista hay en este fragmento? ¿Cuáles son las otras dos que faltan?

c) Explica la razón de las cuatro últimas intervenciones. ¿Por qué crees que la periodista le plantea esta pregunta a la astrofísica? ¿Qué opinas tú?

2 Lee el siguiente texto y realiza las actividades propuestas:

> —Háblame, anda, por favor. Cuéntame cualquier cosa. Así no me duermo.
>
> —¿Y qué quieres que te cuente?
>
> —Algo bonito.
>
> —¿Quieres que te cuente *La línea de sombra*? La acabo de leer, y me ha encantado. Es de Conrad. Si quieres, también te puedo contar *La isla del tesoro*.
>
> —Cuéntame tu vida.
>
> —¡No fastidies! Mi vida no es nada interesante... En realidad... Bueno, mi vida ha sido de lo más aburrido... Te he mentido... Nunca he hecho nada..., nunca. Y no tengo amigos, ni amigas. Me hubiera gustado tenerlos, ya ves. Pero creo que siempre he estado como esperando algo, ¿entiendes? Como si me fuera a ocurrir algo... y pensando, bueno, dándole vueltas al coco... Desde que era pequeño pienso en mi padre. En cómo era, qué es lo que hacía, y tenía muchas ganas de estar con él. Bueno, también de ser como él, ¿entiendes?

Juan Madrid, *Cuartos oscuros*, SM.

a) Este texto se puede dividir en dos partes. ¿A qué modalidad textual corresponde cada una de ellas?

b) ¿Cuántos personajes intervienen en la primera parte?

c) ¿En qué persona está contada la segunda parte?

d) ¿En quién piensa el narrador?

e) Copia en tu cuaderno al lado de cada uno de estos rasgos, característicos de la lengua oral, un ejemplo extraído del texto: muletillas, frases sin terminar, frases coloquiales.

3 Lee este texto, una transcripción de un diálogo espontáneo, y realiza las actividades:

—Hola, María.

—Hola, Santi. ¿Qué te ha pasado esta mañana?

—Nada, que anoche me acosté tardísimo, y me he quedado dormido. Oye, ¿has ido al hospital?

—Sí, he ido.

—Y ¿qué tal? ¿Le han mirado la rodilla a Miguel?

—Sí, han dicho que no hay problema, que es solo un esguince.

—¡Menos mal! Si llega a tener la temible tríada…

—¿Cómo?

—La temible tríada, una lesión muy grave que a veces tienen los deportistas.

—La verdad es que yo de lesiones de deportistas…

—Da igual, el caso es que por suerte no la tiene, y estaba bien contento porque él sí sabe de qué va eso… Bueno, y ¿qué tal esta tarde, quiénes habéis estado…?

—Carlos, Cris y yo.

—Carlos y Cris… —susurró Santi, y calló unos instantes. Luego, procurando dar a su voz un tono desenfadado, preguntó—: ¿No te parece a ti que últimamente a Cris le cae muy bien Carlos…?

María no sabía qué decir.

—Hombre, siempre le ha caído muy bien…

—Pero no como ahora, ya sabes a lo que me refiero… Ahora es algo distinto… Se le nota que lo admira...

Concha López Narváez y Miguel Salmerón,
Hola, ¿está María?, Bruño.

a) Escribe un diálogo tomando como modelo el texto anterior. Reproduce en unas quince líneas un **diálogo espontáneo** que refleje una de las situaciones propuestas:

a Dos amigos o amigas se cuentan el fin de semana que han pasado.

b En un gran almacén, un cliente discute con la vendedora porque esta no quiere cambiarle un producto.

c Durante un concierto, un joven se puso delante de ti, lo que te impedía ver el escenario.

- Recuerda que cada intervención debe ir precedida por una raya que introduzca el diálogo. Si en la intervención se inserta el comentario del narrador, debes colocarlo entre rayas:

  —No quiero ir —dijo con cara enfadada—, estoy muy cansada.

b) Transforma tu diálogo de estilo directo a estilo indirecto. Para ello, ya sabes que debes adoptar el papel de narrador y emplear verbos de lengua *(decir, responder, preguntar, exclamar...)* para introducir los mensajes de los interlocutores.

Observa el ejemplo:

Ella, con cara enfadada, dijo que no quería ir porque estaba cansada.

UNA EDITORIAL ILUSTRADA

La editorial UBIK, especializada en publicar libros ilustrados de ciencia ficción, te invita a hacer unas prácticas. ¿Te animas a formar parte de su equipo?

EDITORIAL UBIK

ESCUCHA

Infórmate sobre la editorial y elige su próximo marcapáginas.

1 La editorial UBIK ha participado en un programa de radio como un ejemplo del buen hacer editorial. Escucha una entrevista que se ha emitido en la radio local con la editora de UBIK y responde a las preguntas:

- ¿Cuál es el nombre del programa de radio? ¿Qué temas crees que trata habitualmente?
- ¿Quién es la persona entrevistada?
- ¿Por qué la editorial se llama UBIK?
- ¿Cuál es el objeto de la entrevista? ¿Te parece que se ha cumplido?
- ¿A qué personas crees que les interesará escuchar esta entrevista? ¿Por qué?
- ¿Qué opción resume mejor la labor de UBIK?

A. Editorial almeriense que publica todo tipo de obras relacionadas con la ciencia ficción.

B. Editorial onubense que publica todo tipo de obras relacionadas con la ciencia ficción, siempre ilustradas.

C. Editorial almeriense que publica clásicos y singulares obras relacionadas con la ciencia ficción, la mayoría ilustradas.

2 Una de las primeras tareas que te encargan es la de elegir el nuevo marcapáginas, ya que es un elemento de publicidad importante en una editorial. En parejas, observad estas ilustraciones y elegid la que creáis más adecuada. Justificad vuestra elección.

EDITORIAL UBIK

HABLA

Entrevista a las personas candidatas para el puesto de ilustrador o ilustradora.

3 En UBIK han abierto un proceso de selección para el puesto de ilustrador o ilustradora. En parejas, ordenad los siguientes aspectos según su importancia en una entrevista laboral y decidid el cuestionario.

- Experiencia.
- Últimos trabajos.
- Disponibilidad.
- Lecturas favoritas.
- Formación.
- Fechas de entrega de la primera cubierta que se le encargue.
- Aspiraciones laborales.

4 Por parejas, dramatizad la entrevista de trabajo. Primero, disponed una mesa y dos sillas en el centro del aula, para recrear el ambiente.

5 Por último, una vez finalizadas todas las dramatizaciones, elegid entre toda la clase a los tres aspirantes que consideréis mejores para el puesto y justificad vuestra elección.

Entrevista 1

Entrevistador o entrevistadora. La editorial precisa dejar cerrada la cubierta del primer libro dentro de dos meses.

Ilustrador o ilustradora. No puede comenzar a trabajar hasta dentro de un mes.

Entrevista 2

Entrevistador o entrevistadora. La editorial necesita cuatro cubiertas más antes del 1 de septiembre.

Ilustrador o ilustradora. Tiene pensado cruzar el país en bicicleta entre los días 2 y 28 de agosto.

EDITORIAL UBIK

LEE

Selecciona la ilustración idónea para el próximo libro de UBIK.

6 Adriana, la responsable del departamento de edición, te pide que selecciones, entre los tres candidatos, a la persona encargada de la ilustración del próximo proyecto. Para poder hacerlo, primero lee la ficha técnica del libro:

Título	*Guía del autoestopista galáctico*
Autor	Douglas Adams
Género	Relato humorístico de ciencia ficción
Resumen	La Tierra es demolida para poder construir una nueva autopista hiperespacial. Arthur Dent, un individuo que ha visto caer su casa, harto, huye de la Tierra. Lo hace junto a Ford Prefect, un amigo suyo que, en realidad, es un extraterrestre. Este, a su vez, es primo de Zaphod Beeblebrox, un pirata de dos cabezas. En la nave de Beeblebrox, Arthur conocerá al androide Marvin y a Tricia McMillan, otra terrícola que ha conseguido huir.
Número de páginas	296
Público al que se dirige:	Lectores a partir de catorce años.

TALLER DE COMUNICACIÓN

• Ahora lee detenidamente un fragmento de la obra:

—He comprado cacahuetes —anunció Ford Prefect. Arthur Dent se movió y volvió a gruñir, murmurando en forma incoherente.

—Toma unos cuantos —le apremió Ford, agitando de nuevo el paquete—; si nunca has pasado antes por un rayo de translación de la materia, probablemente habrás perdido sal y proteínas. [...]

—Donnnddd... —masculló Arthur Dent. Abrió los ojos y dijo—: Está oscuro.

—Sí —convino Ford Prefect—. Está oscuro.

—No hay luz —dijo Arthur Dent—. Está oscuro, no hay luz.

Una de las cosas que a Ford Prefect le había costado más trabajo entender de los humanos era su costumbre de repetir y manifestar continuamente lo que era a todas luces muy evidente; como: *Hace buen día, Es usted muy alto o ¡Válgame Dios!, parece que te has caído a un pozo de treinta pies de profundidad, ¿estás bien? [...]*

Ford lo miró desconcertado en la oscuridad.

—Si te preguntara dónde demonios estamos —le preguntó Arthur con voz débil—, ¿lo lamentaría?

—Estamos sanos y salvos —respondió Ford, levantándose.

—Pues muy bien —dijo Arthur.

—Nos hallamos en un pequeño departamento de la cocina de una de las naves espaciales de la Flota Constructora Vogona —le informó Ford.

—¡Ah! —comentó Arthur—, evidentemente se trata de una acepción un tanto extraña de la expresión sanos y salvos, que yo desconocía. [...] ¿Cómo hemos venido a parar aquí? —preguntó, estremeciéndose ligeramente.

—Hemos hecho autoestop —le contestó Ford.

—¿Cómo? —exclamó Arthur—. ¿Quieres decirme que hemos puesto el pulgar y un monstruo de ojos verdes de sabandija ha sacado la cabeza y ha dicho: ¡Hola, chicos!, subid, os puedo llevar hasta la desviación de Basingstoke?

—Pues, bueno —dijo Ford—, el Pulgar es un aparato electrónico de señales subeta, la desviación es la de la estrella Barnard, a seis años luz de distancia; aparte de eso, es más o menos exacto.

—¿Y el monstruo de ojos verdes de sabandija?

—Es verde, sí.

—Muy bien —dijo Arthur—, ¿cuándo puedo irme a casa?

—No puedes —dijo Ford Prefect, encontrando el interruptor de la luz. Lo encendió, advirtiendo a Arthur—: Tápate los ojos.

Incluso Ford se sorprendió.

—¡Santo cielo! —exclamó Arthur—. ¿Así es el interior de un platillo volante?

Douglas Adams, *Guía del autoestopista galáctico,* Anagrama.

EDITORIAL UBIK

ESCRIBE

Crea el texto para la prueba de ilustración y ayuda a uno de los autores.

7 Ahora redacta las primeras nueve intervenciones del texto de la página anterior en estilo indirecto. Los tres candidatos utilizarán este texto para dibujar su propuesta.

8 ¡Ya has recibido las tres ilustraciones de prueba! Analízalas y elige la idónea teniendo en cuenta al público al que se dirige, la adecuación a los sucesos del texto facilitado y al tono de la obra:

Javier Sobrino

Mara Valverde

Ángela Arce

Reflexiona sobre este ámbito profesional

- ¿Alguna vez has leído un libro atraído o atraída por su título? ¿O por su cubierta? En tu opinión, ¿qué importancia tienen estos elementos? ¿Qué criterios crees que hay que considerar al elegirlos?
- ¿Has pensado alguna vez en qué profesionales colaboran para que un libro llegue a las librerías? Haced una tormenta de ideas e investigad. ¿Qué funciones desempeña cada uno? ¿Qué cualidades y conocimientos se precisan para realizarlas?
- Como habréis comprobado, en un proceso editorial participan muchas personas y el editor o la editora es la persona que las coordina a todas. Haz una lista con cuatro cualidades que debe tener un buen coordinador o coordinadora. ¿Posees alguna de ellas?
- ¿Te gustaría dedicarte a alguna de estas profesiones? ¿Por qué?

3 GRAMÁTICA

EL SINTAGMA ADVERBIAL Y EL SINTAGMA PREPOSICIONAL

3.1 Estructura del sintagma adverbial

El **sintagma adverbial (SAdv.)** es una palabra o un grupo de palabras que tiene como **núcleo** un **adverbio:** *cerca de tu casa.*

Estos son los elementos que se distinguen en un sintagma adverbial:

- El **modificador (Mod.),** que es un adverbio *(bastante lejos)* o un sintagma nominal de valor cuantificativo *(dos días después).* Puede modificar al núcleo o al conjunto formado por el núcleo y su complemento.
- El **núcleo (N),** que es siempre un adverbio.
- El **complemento del adverbio (CAdv.),** que es siempre un sintagma preposicional (*antes de las vacaciones*).

Modificador	Núcleo	CAdv.
mucho	antes	de la cena

- El sintagma adverbial puede funcionar como:
  - un complemento de un verbo: *Enyasaban mucho.*
  - un complemento de un adjetivo: *Tristemente célebre.*
  - un complemento de otro adverbio: *Muy despacio.*

El adverbio: núcleo del SAdv.

El **adverbio** es una clase de palabras invariables que expresan circunstancias: *lugar, tiempo, modo, cantidad, afirmación, negación...*

ADVERBIOS SEGÚN SU SIGNIFICADO

- **De lugar** → *Aquí, ahí, allí, cerca, lejos, arriba, abajo, encima, debajo, delante, detrás...*
- **De tiempo** → *Antes, ahora, después, primero, entonces, hoy, ayer, mañana, siempre, nunca, jamás, temprano, pronto, mientras, aún...*
- **De modo** → *Así, bien, mal, mejor, peor, tal, rápido, lento, alto, claro...*
- **De cantidad** → *Más, menos, tanto, nada, algo, mucho (muy), poco, todo, apenas, casi, demasiado, exageradamente...*
- **De afirmación** → *Sí, también, bueno, claro efectivamente...*
- **De negación** → *No, tampoco, nunca, jamás...*
- **De duda** → *Quizá(s), acaso, probablemente, posiblemente, seguramente...*

Las locuciones adverbiales

Son expresiones fijas que tienen un significado único y expresan las mismas circunstancias que los sintagmas adverbiales:

- **modo:** *a ciegas, a gusto, a oscuras, a la fuerza, en serio...*
- **tiempo:** *a la vez, a diario, a punto de, en seguida (o enseguida)...*
- **cantidad:** *a lo grande, sobre todo...*
- **afirmación:** *de hecho, por supuesto, en efecto...*

Actividades

Actividad resuelta

1 Determina la estructura y la función de los siguientes sintagmas adverbiales e indica la función sintáctica que desempeñan sus componentes:

mucho antes de tu nacimiento | debajo de la mesa

Solución:

a) Mucho (MOD. (ADV.)) antes (N (ADV.)) de tu nacimiento (CADV. (SPREP.))

b) Debajo (N (ADV.)) de la mesa (CCL) (CADV. (SPREP.))

2 Analiza la estructura de los siguientes sintagmas adverbiales como en la actividad anterior:

- *Demasiado lejos de su barrio.*
- *Algo cerca del cine.*
- *Nunca más.*
- *Extraordinariamente pronto.*
- *Muy tarde.*
- *Bastante cansada del viaje.*
- *Orgulloso de todos sus amigos.*
- *Después de las diez.*
- *Rojo de vergüenza.*
- *Poco después de la merienda.*

3 Clasifica, según su significado, los adverbios que aparecen en los siguientes ejemplos:

- *Ya lo dijo ayer insistentemente la profesora.*
- *El tren entró rápidamente en la estación.*
- *Por delante y por detrás del instituto había siempre muchas flores.*
- *Debajo de la sombrilla se siente menos calor.*
- *Jamás actuaba así.*
- *No digas nunca eso.*
- *Seguramente, llegarán pronto.*
- *Mañana te presentaré a unos amigos verdaderamente solidarios.*
- *Ahora se comportan muy bien.*

4 Determina si los adverbios de estas oraciones son complementos de un verbo, de un adjetivo o de otro adverbio:

- *Irene se acuerda mucho de su pueblo.*
- *Canta razonablemente bien.*
- *Se veían después del trabajo.*
- *Mi primo es muy tímido, pero su hermana es más resuelta.*

5 Lee con atención el siguiente texto y realiza las actividades:

Primero fue el viento. Más tarde, como un relámpago, como una lengua de plata en el cielo, fue anunciada en el valle de Anáhuac la tormenta que lavaría la sangre de la piedra. Fue después del sacrificio que la ciudad se oscureció y se escucharon atronadoras descargas, luego apareció en el cielo una serpiente plateada que se vio con la misma fuerza en muy distintos lugares. Enseguida comenzó a llover de una manera pocas veces vista. Llovió toda la tarde y toda la noche y al día siguiente también. Durante tres días no cesó de llover. Llovió tanto que los sacerdotes y sabios de Anáhuac se alarmaron. Ellos estaban acostumbrados a escuchar y a interpretar la voz del agua pero en esa ocasión sintieron que Tláloc, el dios de la lluvia, había dejado caer sobre ellos una nueva luz, una nueva visión que daría otro sentido a sus vidas, aunque aún no sabían cuál era, así lo sentían sus corazones.

Laura Esquivel, *Malinche*, Suma de Letras.

Escultura de Tláloc en el Museo Nacional de Antropología de México.

a) Copia en tu cuaderno los sintagmas adverbiales destacados en el texto y analiza su estructura.

b) ¿Qué función desempeñan?

c) Clasifica los adverbios según su significado.

La brújula del español. Accede a esta guía del uso del español correcto en anayaeducacion.es.

3.2 El sintagma preposicional

El **sintagma preposicional (SPrep.)** está formado por una preposición y un sintagma que aparece a continuación y que recibe el nombre de **término.**

A diferencia de los grupos de palabras que has estudiado en las unidades anteriores, el sintagma preposicional no tiene núcleo. Está formado por la preposición y su término.

CLASES DE TÉRMINOS

- **Sintagma nominal**: Cuyo núcleo puede ser un nombre o un pronombre.
  Ejemplos
  - *Hasta la cima.*
  - *Por mí.*
  - *La mesa de la cocina.*
- **Sintagma adjetival**: Cuyo núcleo es un adjetivo.
  Ejemplos
  - *Pecan de atrevidos.*
  - *Los tachan de corruptos.*
- **Sintagma adverbial**: Cuyo núcleo es un adverbio.
  Ejemplos
  - *Antes de la boda.*
  - *Lejos del instituto.*
- **Sintagma preposicional**: Formado por una preposición y su término.
  Ejemplos
  - *De madera.*
  - *Por la vida.*

Modificadores del sintagma preposicional

El sintagma preposicional puede recibir modificadores:

- Adverbios que indican **precisión** o **aproximación:** *casi de esa manera.*
- Adverbios de **cantidad, grado** o **intensidad:** *muy de acuerdo.*
- Adverbios de **énfasis** *(incluso, aun, también...): incluso sin nosotros.*

Funciones que puede realizar el sintagma preposicional

Hallamos sintagmas preposicionales en función de complementos de verbos, de nombres, de adjetivos y de adverbios.

- **Complemento del nombre:** *Un libro de música.*
- **Complemento de un adjetivo:** *Contento con su bici.*
- **Complemento de un adverbio:** *Cerca de casa.*
- **Complemento del verbo:**
  - El complemento directo puede llevar la preposición *a* y el complemento indirecto la lleva siempre: *Saludaban a los aficionados* (CD), *Sonreíd a la fotógrafa* (CI).
  - El complemento de régimen varía de preposiciones según el verbo y su significado: *Se acuerdan de ti*, *Se conforma con poco.*
  - Los complementos circunstanciales: *Nos veremos en casa.*
  - Atributos: *Son de plástico.*

Locuciones prepositivas

Las **locuciones prepositivas** son grupos de palabras que realizan la misma función que las preposiciones:

- **de lugar:** *a lo largo de, en medio de, enfrente de, a través de...*
- **de causa:** *a causa de...*
- **de finalidad:** *a fin de, con vistas a...*

Actividades

Actividad resuelta

6 Identifica los sintagmas preposicionales en estas oraciones, indica su función en la oración y señala los tipos de términos que se asocian a la preposición que los precede:

- *Conozco a Olivia desde entonces.*
- *Eduardo parece contento con su regalo.*
- *Ayer vimos una película de aventuras.*

Solución:

a) *Conozco a Olivia desde entonces.* Funciona como un complemento del verbo (CCT) y está compuesto por la preposición *desde* y el término *entonces* (sintagma adverbial).

b) *Eduardo parece contento con su regalo.* Funciona como un complemento del adjetivo *contento* y está compuesto por la preposición *con* y el término *su regalo* (SN).

c) *Ayer vimos una película de aventuras.* Funciona como un complemento del nombre y está compuesto por la preposición *de* y el término *aventuras* (SN).

7 Lee el texto y realiza las actividades:

> La cocina se encuentra justo enfrente de la sala de estar. A su lado, una escalera de madera conduce a las plantas superiores. Primero echo un rápido vistazo a la cocina. Los armarios están cerrados y en el fregadero hay una pila de platos amontonados de cualquier manera. La nevera está llena de frutas y verduras.
>
> En la segunda planta, me esperan dos dormitorios. Entre uno y otro, un pasillo estrecho conduce al cuarto de baño. La víctima debía de dormir en la habitación de la izquierda, ya que allí los armarios están llenos de trajes y ropa interior masculina. En la mesilla de noche hay un libro junto a un par de gafas.

Petros Márkaris, *La muerte de Ulises*, Tusquets.

a) Determina el núcleo al que complementan los grupos preposicionales siguientes: *a las plantas superiores, en el fregadero, al cuarto de baño, en la habitación, de la izquierda.*

b) Busca grupos preposicionales que modifican a adjetivos e indica sus términos.

c) Identifica dos locuciones preposicionales.

8 Lee atentamente este texto y realiza las actividades propuestas:

> Llegaba arrebolada por la prisa, cargada de energía, desbordante de ilusión. En cierta manera, me recordaba a mí misma en los primeros años en el taller de la calle Zurbano, cuando mi cometido era simplemente correr de acá para allá haciendo recados y entregando pedidos, transitando por las calles ágil y despreocupada como un gato joven de callejón, distrayéndome con cualquier pequeño entretenimiento que me permitiera arrancar minutos a la hora de regreso y demorar todo lo posible el encierro entre cuatro paredes. La nostalgia amenazó con darme un latigazo, pero supe apartarme a tiempo y escaquearme con un quiebro airoso: había aprendido a desarrollar el arte de la huida cada vez que presentía cercana la amenaza de la melancolía.

María Dueñas, *El tiempo entre costuras*, Temas de Hoy.

a) Señala los sintagmas preposicionales que dependen de participios, de infinitivos o de gerundios.

b) Señala los sintagmas preposicionales que dependen de verbos en forma personal.

c) Identifica los sintagmas preposicionales que complementan a nombres o grupos nominales.

d) Determina los sintagmas preposicionales que complementan a adjetivos.

APLICA LO APRENDIDO

Repasa la gramática

Solución paso a paso

1 Lee este texto, identifica los sintagmas adverbiales y los sintagmas preposicionales, analízalos e indica su función:

> Muy cerca de su propia vivienda, en una calle transversal, hay otra casa que también fue importante en la vida de Federico […] que inspiró *La casa de Bernarda Alba*.

Ángeles Caso, *Las casas de los poetas muertos*, Imagine Ediciones.

Paso 1. Identifica los sintagmas adverbiales. Para ello, localiza los adverbios, pues funcionan como núcleos del SAdv. En este caso, hay un sintagma adverbial: *muy cerca de su propia vivienda.*

Paso 2. Identifica los sintagmas preposicionales que aparecen en el texto, es decir, aquellos formados por una preposición y su término. Para ello, localiza las preposiciones:

- *de su propia vivienda*
- *en una calle transversal*
- *en la vida de Federico*
- *de Bernarda Alba*

Paso 3. Analiza el sintagma adverbial que has identificado en el primer paso:

Muy	cerca	de su propia vivienda
Mod. (Adv.)	N (Adv.)	CAdv. (SPrep.)

Paso 4. Señala los componentes de los tres sintagmas preposicionales:

- *en una calle transversal:* prep + SN
- *en la vida de Federico:* prep + SN
- *de Bernarda Alba:* prep + SN

Paso 5. Indica la función que desempeñan el sintagma adverbial y los sintagmas preposicionales en la oración de la que forman parte:

- muy cerca de su propia vivienda: CCL
- en una calle transversal: complemento de un verbo (CCL)
- en la vida de Federico: complemento de un adjetivo
- de Bernarda Alba: complemento de un nombre

2 Lee la continuación del texto de la actividad 1 y realiza las actividades:

> Esa fue la última obra de Lorca, la postrera y magnífica prueba de su talento. Nunca la vio representada: de hecho, la estrenó Margarita Xirgu en Buenos Aires en 1945, y en España no se pudo montar hasta 1964 por estar prohibida. La terminó justo dos meses antes de su ejecución, el 19 de junio de 1936, y se sabe que se la leyó a sus amigos en la Huerta de San Vicente muy pocos días antes de ser detenido.
>
> Por aquel entonces, a punto ya de morir, Lorca era una gloria de las letras españolas. Como poeta, estaba indudablemente entre los mejores de su generación. Y como dramaturgo, era el número uno indiscutible, el gran renovador de la escena teatral. […] Solo empezó a dedicarse con entusiasmo a la escritura —poesía y prosa poética— en la adolescencia tardía, a punto de cumplir los veinte años. Su primer poemario lo publicó en 1918 —*Impresiones y paisajes*— y enseguida se convirtió en el jefe de filas de la nueva generación, sobre todo después de dar a la luz en 1928 el *Romancero gitano*, admirado y aplaudido por jóvenes y mayores.

Ángeles Caso, *Las casas de los poetas muertos*, Imagine Ediciones.

a) ¿Qué tipo de sintagmas son los que están resaltados en azul?

b) Indica su función en la oración y analízalos como en la actividad anterior.

c) Copia las locuciones adverbiales y señala la circunstancia que expresan.

d) ¿A qué palabra modifica el adverbio en los siguientes ejemplos?

- *También fue importante en la vida de Federico.*
- *Nunca la vio representada.*
- *Estaba indudablemente entre los mejores.*

e) ¿A qué categoría pertenece la palabra a la que complementan los sintagmas preposicionales destacados en verde?

3 Escribe tres sintagmas preposicionales con cada una de estas estructuras:

Modificador + SPrep. *(núcleo: adjetivo)*

Preposición + término *(adverbio)*

Visualiza la gramática. Accede al vídeo disponible en el banco de recursos de **anayaeducacion.es**.

Organiza tus ideas gramaticales

Copia este mapa conceptual jerárquico en tu cuaderno y complétalo:

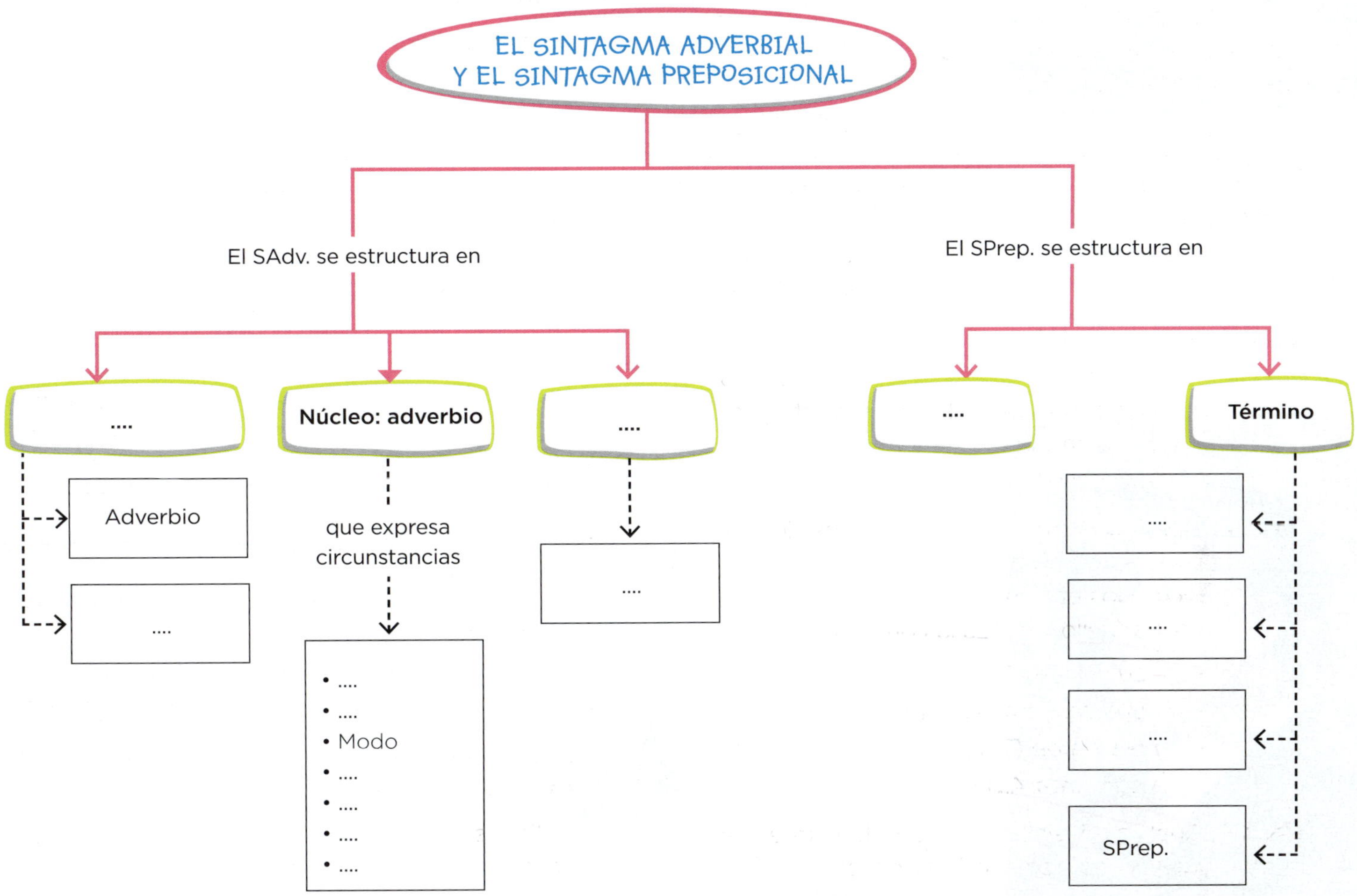

Practica la ortografía

1 Escribe cuatro adjetivos acabados en *-able*, *-ible* y después forma el sustantivo acabado en *-bilidad* de su misma familia léxica: Por ejemplo:

a) *amable* → *amabilidad*

b) *creíble* → *credibilidad*

2 El sufijo *-ívoro* significa 'que come'. Indica qué nombre recibe el que come lo siguiente:

carne	insectos	peces
hierba	fruta	de todo

3 Indica qué regla ortográfica siguen estas palabras escritas con *b*: *meditabundo, bibliófilo, buscador, bimensual.*

4 Lee estas palabras homófonas y busca su significado si lo necesitas. Después, escribe una oración con cada palabra:

valido/balido — varón/barón — tuvo/tubo — vello/bello

5 Indica a qué regla ortográfica de la *v* se adscriben las siguientes palabras:

revuelto	*evanescencia*	*obviar*
imaginativa	*vicepresidenta*	*subvención*
evocador	*bravo*	*advertencia*
resolver	*nieve*	*evento*

ORTOGRAFÍA CONSULTA EL ANEXO 6

4 LITERATURA

EL RENACIMIENTO: LA LÍRICA

Más información

Antonio de Nebrija (Lebrija, Sevilla, 1441-Alcalá de Henares, 1522) contribuyó a la consolidación del humanismo en España gracias a la publicación de su *Gramática castellana* (1492).

Antonio de Nebrija.

4.1 Contexto histórico y social del Renacimiento

El **Renacimiento** surgió en Italia en el siglo XIV y se extendió con rapidez por toda Europa, donde logró pleno desarrollo en el siglo XVI. Fue un movimiento histórico que alcanzó a todas las actividades humanas (arte, cultura, política...). El Renacimiento defendía el *renacer* de la cultura grecolatina y se apoyaba en los principios del humanismo.

El **humanismo** fue una corriente intelectual y cultural, originada en Italia, cuyas bases eran las siguientes:

- El **antropocentrismo,** sistema de pensamiento donde el hombre se convierte en centro y medida de todas las cosas.
- La recuperación de la **cultura grecolatina,** basada en el estudio y en el conocimiento del griego y del latín, y orientada hacia la imitación de los modelos clásicos en la literatura, en las artes, en el pensamiento, en la política, en la ciencia y en la actitud ante la vida.
- La defensa y la reivindicación del uso de las **lenguas vulgares** como vehículo de cultura.

La historia y la política

El siglo XVI en España puede dividirse en dos mitades representadas por dos reinados, el de Carlos V y el de Felipe II.

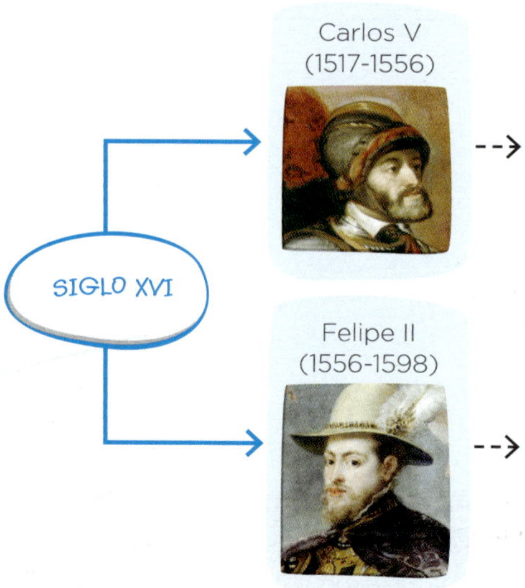

Extendió el imperio español por Europa y América. La primera parte de su reinado fue de enorme importancia en la recepción y asimilación de las ideas y corrientes europeas, como las procedentes de Italia o el erasmismo, corriente ideológica centrada en las ideas de Erasmo de Róterdam. Frente al cisma protestante, se convirtió en defensor de los dogmas de la fe católica por medio de las armas y de la Inquisición.

Defensor de la fe católica, trató de frenar la expansión del imperio turco por el Mediterráneo formando la Liga Santa junto a Venecia y la Santa Sede. El otro hecho que marcó su reinado fue el conflicto con los Países Bajos. En esta etapa, el país se cerró a los influjos extranjeros, defendió la Contrarreforma y se acentuó el papel de la Inquisición.

La sociedad

En el Renacimiento se produjo una profunda transformación social y económica, que se manifestó en estos hechos:

- El auge de la burguesía, que conllevó una paulatina debilitación del sistema feudal.
- El crecimiento económico y demográfico, favorecido por el desarrollo del comercio y de las ciudades.
- El descubrimiento de nuevos territorios en América y Asia, que propició la entrada masiva de metales preciosos y la creación de nuevas rutas comerciales.
- La revolución científica (avances en las ciencias físico-naturales, la medicina, la geometría) y las innovaciones técnicas (la brújula, el sextante, la imprenta), que permitieron, por ejemplo, los viajes al Nuevo Mundo o la difusión de las ideas.

La visión del mundo

La visión teocéntrica medieval es sustituida por el **antropocentrismo.** Como consecuencia, la vida dejó de ser concebida como «un valle de lágrimas» y se abrió paso una concepción vitalista, que invitaba al goce y al disfrute de los sentidos y abogaba por el poder de la razón para conocer el mundo. Se creó, así, un nuevo ideal de hombre, el **cortesano,** que combinaba las cualidades del caballero medieval con el refinamiento y el amor por las artes.

Arte y cultura

El Renacimiento propuso un nuevo ideal de belleza, de inspiración grecolatina, basado en la armonía, la perfección y el equilibrio. El arte renacentista se desprendió de la intención didáctica y doctrinal, propia de la Edad Media, y se orientó hacia el deleite y la belleza. Por ello, eran frecuentes temas como estos:

- la invitación a disfrutar de los placeres de la juventud y de la belleza (tema que se corresponde con el tópico literario conocido como *carpe diem*);
- el bucolismo o idealización de la vida pastoril;
- la contemplación de la naturaleza y del cuerpo humano como reflejo de la belleza divina;
- el canto a la vida retirada (el tópico literario conocido como *beatus ille*);
- la sensualidad o los motivos de la mitología clásica.

Más información

El Hombre de Vitruvio o *Estudio de las proporciones humanas,* un emblema del antropocentrismo, es un dibujo que Leonardo da Vinci realizó alrededor del año 1490 en uno de sus diarios.

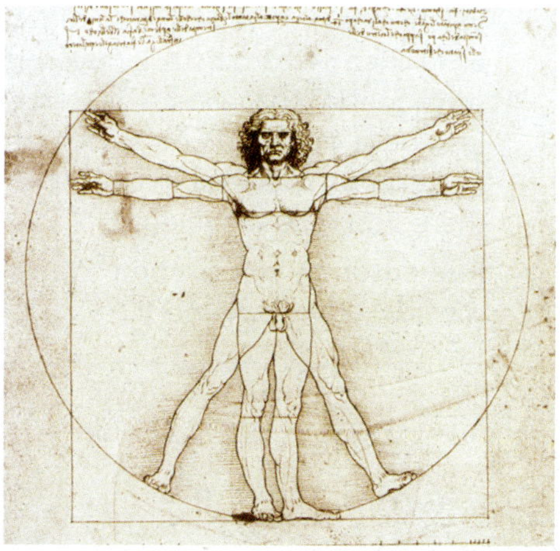

Actividades

1 Resume el texto siguiente:

> Quiero, pues, que este nuestro cortesano sea de buen linaje, que tenga buen ingenio, y sea gentil hombre de rostro y de buena disposición de cuerpo y alcance una cierta gracia en su gesto. Que sea conocido entre los demás como audaz, fuerte y leal al principio que sirve. Que sea, como suele decirse, hombre de bien, es decir: prudente, bueno, valiente y dueño de sí mismo. Creo que su principal, su verdadera profesión debe ser la de las armas. Que sea maestro en todos los ejercicios propios de un guerrero. [...]
>
> Quiero que el cortesano sea más que medianamente instruido en las letras, en particular, en las que se denominan bellas letras; que sepa no solo la lengua latina sino también la griega, [...] que esté versado en los poetas y paralelamente en los oradores e historiadores, y, además, diestro en escribir en prosa y verso, principalmente en nuestra lengua vulgar. [...]
>
> No estaré satisfecho de nuestro caballero si no es músico y si [...] no sabe tocar diversos instrumentos. [...] Hay todavía una cosa que estimo de gran importancia y nuestro caballero no la debe de abandonar: el talento de dibujar y el conocimiento de la pintura. [...] Quiero que nuestro cortesano sea un perfecto caballero en todos los aspectos.

Baltasar de Castiglione, *El cortesano,* en *Antología comentada de la literatura española. Historia y textos. Siglo XVI,* Castalia.

Baltasar de Castiglione (ca. 1515), de Rafael.

Ausiàs March

Ausiàs March (1397-1459) nació en Gandia, Valencia. Fue el mejor poeta de la Edad Media en lengua valenciana. Sus versos, inspirados en la lírica petrarquista, influyeron en la poesía renacentista de Garcilaso de la Vega y de otros poetas castellanos, entre los que tenía un merecido reconocimiento.

Fue autor de obras como *Cants d'amor* y *Cants de mort.*

Francesco Petrarca.

4.2 La lírica del primer Renacimiento

La tradicional división del Renacimiento español en dos etapas bien diferenciadas (el reinado de Carlos V y el de Felipe II) es notablemente aplicable en la poesía.

Durante el reinado de Carlos V, el país recibió y acogió las influencias procedentes de Europa. Fue en ese momento cuando **Garcilaso de la Vega** renovó la lírica española adaptando la métrica, las ideas y el estilo de la poesía italiana.

Los modos italianos triunfaron y generaron las mejores muestras de nuestra lírica renacentista. Sin embargo, no desplazaron de forma definitiva la **tradición castellana,** que siguió cultivándose, aunque en menor medida.

La lírica tradicional castellana

A lo largo de las primeras décadas del siglo XVI aparecieron y alcanzaron gran éxito recopilaciones de poemas denominadas cancioneros.

La poesía tradicional continuó usando el octosílabo y las estrofas genuinamente castellanas (redondillas, letrillas o romances).

Algunos poetas andaluces que podemos encontrar en los cancioneros son los sevillanos Juan Padilla, Ruy Pérez de Ribera, Garci Sánchez de Badajoz y el cordobés Antón de Montoro.

La lírica italianizante

Las principales fuentes de la lírica renacentista fueron la **Antigüedad clásica** y la poesía italiana, en concreto el petrarquismo.

Francesco Petrarca fue un autor italiano del siglo XIV que constituyó el gran modelo de la poesía amorosa del Renacimiento español.

Estas son las características principales del petrarquismo:

- El tema fundamental es el amor (sufrimiento, soledad, celos, amor desdichado...).
- La expresión íntima de los afectos.
- La influencia del *amor cortés* medieval (idealización de la amada, amor como servicio, desdén por parte de la amada, sufrimiento amoroso).
- La naturaleza como reflejo de los estados de ánimo del poeta.
- El empleo de mitos amorosos por influencia de los poetas clásicos latinos.
- El uso de comparaciones, metáforas, antítesis y otros recursos para expresar el sentimiento amoroso.
- La predilección por el verso endecasílabo y el soneto, aunque también destaca el empleo de canciones, églogas, odas y madrigales.

En Sevilla surge un importante grupo de poetas que siguen la lírica italianizante. El más destacado es Fernando de Herrera, quien busca la perfección en sus versos. Otros autores de esta escuela fueron: Baltasar de Alcázar, Luis Barahona de Soto y Francisco de Medrano.

- Estos fueron los **temas** fundamentales de la lírica italianizante:
  - El **amor,** que sigue las líneas petrarquistas: amor no correspondido, celos, sufrimiento. La amada, de naturaleza divina, es un ser inaccesible cuya ausencia, desdén o muerte causan el desaliento y la angustia del poeta.
  - La **naturaleza** es el marco obligado de todo episodio amoroso. Su belleza y su armonía hacen que sea considerada símbolo de la perfección del mundo natural y reflejo de la belleza divina.
  - Los **mitos** grecolatinos son actualizados por el poeta y sirven como símbolo de las fuerzas de la naturaleza y de las experiencias sentimentales del autor.
  - A la tradición clásica pertenecen también los **tópicos** literarios que emplean los poetas en sus composiciones: el *carpe diem,* que alude a la fugacidad de la vida e invita a disfrutar de ella mientras se pueda; el *locus amoenus,* que hace referencia a un paisaje bello y estilizado; y el *beatus ille,* que se refiere a la vida sencilla, en paz y armonía con la naturaleza.
  - La **métrica** tradicional castellana no resultaba adecuada para expresar las nuevas ideas procedentes de Italia. El **endecasílabo** (verso de once sílabas) y el **heptasílabo** (verso de siete sílabas) sí se muestran más acordes con la nueva sensibilidad poética.

También se impone el empleo de estrofas y composiciones de **procedencia italiana.**

La imitación de los modelos grecolatinos conlleva la recuperación de algunos subgéneros líricos clásicos como la **égloga,** la **elegía,** la **epístola** y la **oda.**

Nuevas estrofas italianas

- **Tercetos,** estrofa de tres versos de arte mayor.
- **Liras,** combinación de cinco versos de 7 y 11 sílabas: aBabB.
- **Octavas,** estrofa formada por ocho versos de arte mayor: ABABABCC.
- **Sonetos,** poema de 14 versos en cuatro estrofas: dos cuartetos y dos tercetos, cuya estructura clásica es: ABBA ABBA CDC DCD.
- **Silvas,** serie ilimitada de versos de siete y once sílabas, con rima consonante, combinados a gusto del poeta.

Actividades

2 Lee estas dos estrofas y señala por qué son representativas de la lírica italianizante:

Con mi llorar las piedras enternecen
su natural dureza y la quebrantan;
los árboles parece que s'inclinan;
las aves que m'escuchan, cuando cantan,
con diferente voz se condolecen
y mi morir cantando m'adevinan;
las fieras que reclinan
su cuerpo fatigado
dejan el sosegado
sueño por escuchar mi llanto triste.
Tú sola contra mí t'endureciste,
los ojos aun siquiera no volviendo
a los que tú hiciste
salir, sin duelo, lágrimas corriendo.

Corrientes aguas puras, cristalinas,
árboles que os estáis mirando en ellas,
verde prado de fresca sombra lleno,
aves que aquí sembráis vuestras querellas
hiedra que por los árboles caminas,
torciendo el paso por su verde seno:
yo me vi tan ajeno
del grave mal que siento,
que de puro contento
con vuestra soledad me recreaba,
donde con dulce sueño reposaba,
o con el pensamiento discurría
por donde no hallaba
sino memorias llenas d'alegría.

Garcilaso de la Vega, «Égloga I»,
Obra poética, Crítica.

a) Comenta la actitud de la naturaleza en la primera estrofa.

b) ¿Qué elementos de corte petrarquista identificas?

c) ¿Cuáles son los elementos fundamentales del paisaje de la segunda estrofa? Justifica si la naturaleza se presenta de forma estilizada.

Webquest. Accede a esta actividad en **anayaeducacion.es** e investiga sobre los mitos grecolatinos.

4.3 Garcilaso de la Vega

Garcilaso de la Vega (1501-1536) fue el artífice de la gran renovación de la poesía castellana al incorporar de forma definitiva la lírica petrarquista a nuestra literatura. Pronto alcanzó fama y se convirtió en un modelo para los poetas de su generación y de la posterior.

Garcilaso encarnó el ideal de hombre renacentista: hombre de armas y de letras, soldado y poeta. Su producción literaria no fue muy extensa: ocho coplas octosilábicas, treinta y ocho sonetos, cinco canciones, una epístola, dos elegías y tres églogas. Su poesía fue publicada en 1543 de forma póstuma.

Su obra incorporó las características de la poesía renacentista:

- El **amor** es el tema dominante: fatalidad amorosa, tormento, sufrimiento, amores desdichados y amada inmisericorde.
- La **naturaleza,** ejemplo de serena belleza, se muestra, en ocasiones, como espejo del estado de ánimo del poeta.
- La **mitología** (Apolo y Dafne, Hero y Leandro, Orfeo...) y los **tópicos** grecolatinos recorren sus versos y composiciones.

Empleó de forma casi exclusiva los metros y las estrofas de procedencia italiana que él mismo había adaptado y cultivó la poesía clásica.

Con su estilo, buscó claridad y armonía, y huyó de la afectación. Sin embargo, su poesía no es ajena a cierto artificio derivado del uso de determinados recursos literarios: hipérbatos, epítetos, metáforas, paradojas, antítesis, personificaciones, símiles y bimembraciones.

Las églogas

Las églogas de Garcilaso son de una gran perfección. Están ambientadas en una naturaleza armoniosa y serena, ejemplo perfecto del *locus amoenus*.

Égloga I

Dos pastores, Salicio y Nemoroso, lloran el desdén y la infidelidad de Galatea y la muerte de Elisa, respectivamente.

Égloga II

Se combinan las quejas amorosas del pastor Albanio con un elogio de la casa de Alba.

Égloga III

Protagonizada por varias ninfas que se reúnen a orillas del Tajo para bordar tapices con escenas mitológicas de amores trágicos. La obra termina con el canto a la belleza de las amadas de los pastores Tirreno y Alcino.

Detalle del rostro de Venus en *El nacimiento de Venus* (1485-1486) de Sandro Botticcelli, ideal renacentista de la belleza femenina.

Los sonetos

Los **sonetos** son también de gran perfección. Tratan de forma, casi exclusiva, el tema amoroso. En ellos el poeta acude a referencias mitológicas y al empleo de tópicos, como el *carpe diem*.

Al describir a la mujer, sigue el ideal renacentista de belleza femenino: la tez blanca, el cabello rubio, los ojos claros...

Las canciones

Entre las **canciones** destaca la «Oda a la flor de Gnido». Esta composición tiene el mérito de ser la primera obra castellana escrita en liras. Fue compuesta para obtener los favores de una dama desdeñosa de la que se había enamorado un amigo del autor. En este poema son notables las alusiones mitológicas.

Actividades

3 Lee el siguiente poema y contesta a las preguntas:

Soneto XIII

A Dafne ya los brazos le crecían
y en luengos[1] ramos vueltos se mostraban;
en verdes hojas vi que se tornaban[2]
los cabellos que el oro oscurecían;

de áspera corteza se cubrían
los tiernos miembros que aún bullendo estaban;
los blancos pies en tierra se hincaban
y en torcidas raíces se volvían[3].

Aquel[4] que fue la causa de tal daño,
a fuerza de llorar crecer hacía
este árbol, que con lágrimas regaba.

¡Oh miserable estado, oh mal tamaño[5],
que con llorarla crezca cada día
la causa y la razón por que lloraba!

Garcilaso de la Vega, *Antología poética del Siglo de Oro,* Anaya.

[1]**Luengos:** largos. [2]**Tornaban:** convertían. [3]**Volvían:** transformaban. [4]**Aquel:** en este texto se refiere a Apolo. [5]**Tamaño:** enorme.

Detalle de *Apolo y Dafne* (1908), de John Waterhouse.

a) ¿En qué consiste la metamorfosis de Dafne?

b) ¿Qué provocan las lágrimas de Apolo?

c) ¿En qué árbol se transforma Dafne? ¿Por qué tiene lugar la metamorfosis? ¿El amor entre Dafne y Apolo es desdichado?

d) ¿Qué tienen en común el poeta y Apolo? ¿Por qué lloran ambos? ¿Crees que en este caso el mito está usado como ornamento o como reflejo de la situación del propio poeta? ¿Por qué?

e) Justifica que este poema sea un soneto.

4 **Análisis asociativo.** Lee este poema y contesta a las preguntas:

Cerca del Tajo, en soledad amena,
de verdes sauces hay una espesura
toda de hiedra revestida y llena,
que por el tronco va hasta el altura
y así la teje arriba y encadena,
que'l sol no halla paso a la verdura;
el agua baña el prado con sonido,
alegrando la vista y el oído.

Con tanta mansedumbre el cristalino
Tajo en aquella parte caminaba,
que pudieran los ojos el camino
determinar apenas que llevaba.
Peinando sus cabellos d'oro fino,
una ninfa del agua do[1] moraba
la cabeza sacó, y el prado ameno
vido[2] de flores y de sombras lleno.

Moviola[3] el sitio umbroso, el manso viento,
el suave olor d'aquel florido suelo;
las aves en el fresco apartamiento
vio descansar del trabajoso vuelo;
secaba entonces el terreno aliento
el sol, subido en la mitad del cielo;
en el silencio solo se 'scuchaba
un susurro de abejas que sonaba.

Garcilaso de la Vega, «Égloga III»,
en *Obra poética y textos en prosa,* Crítica.

[1]**Do:** donde. [2]**Vido:** vio. [3]**Moviola:** le conmovió.

a) Las églogas son composiciones poéticas protagonizadas por pastores que cuentan sus quejas amorosas. ¿Cómo es el marco en el que se desarrollan?

b) ¿Qué sensaciones te transmite este espacio? Clasifica todos sus elementos en función de los valores sensoriales (vista, oído, olfato...) que comporta. ¿Qué figura literaria emplea el autor en los versos subrayados? ¿Cuál es su finalidad? ¿Qué trata de imitar?

c) En el Renacimiento destacan tres temas: la naturaleza, el amor y la mitología. ¿Cuáles están presentes en el texto? ¿Se recrea algún tópico literario? Justifica tu respuesta con fragmentos del poema.

d) Mide los versos, analiza la rima e indica el esquema métrico. ¿Cómo se llama la estrofa empleada?

4.4 La lírica en el segundo Renacimiento

Durante el reinado de Felipe II, en la segunda mitad del siglo XVI, el país se cerró a las corrientes ideológicas y culturales exteriores, a la vez que se acentuaron la defensa del catolicismo y la exaltación nacional. Las letras españolas dieron cabida a la reflexión filosófica y religiosa, así como a lo heroico. Fue, por todo ello, un momento propicio para el desarrollo de nuevas formas literarias: la literatura religiosa, que tuvo en santa Teresa de Jesús, fray Luis de León y san Juan de la Cruz sus máximos exponentes; y la poesía épica y heroica, que ensalzaba los momentos culminantes de las empresas político-militares del imperio español.

Santa Teresa de Jesús

La escritora mística española escribió algunas poesías, pero su obra esencial está escrita en prosa:

- *Libro de su vida,*
- *Libro de las Fundaciones,*
- *Las Moradas* o *Castillo interior.*

Los nuevos temas

Al amor, la naturaleza y la mitología de la primera mitad del XVI se sumaron los siguientes temas:

- El lenguaje amoroso que se emplea para describir el amor humano se utilizó para describir el **amor divino.**
- Los **temas morales** (la fugacidad de la vida, la visión desengañada del mundo...) vuelven a surgir y anticipan el pesimismo barroco. El mundo empieza a considerarse como un lugar donde reinan los vicios y los bienes engañosos. Los poetas expresan su anhelo de paz y tranquilidad (huida del mundo) a través del empleo de tópicos literarios como el *beatus ille* y el *aurea mediocritas* (que hacen referencia a la vida modesta y apacible alejada de toda ambición).
- La **exaltación del heroísmo** nacional se plasma en los poemas dedicados a las principales glorias y gestas nacionales, como, por ejemplo, la batalla de Lepanto.

Caller Herrin' (1881), de John Everett Millais; es un ejemplo de *beatus ille* en el arte.

La métrica y el estilo

Los versos y las estrofas italianos importados por Garcilaso de la Vega (lira, soneto o tercetos encadenados) conviven con los de la tradición castellana (octosílabos, estribillos...).

Los poetas de la segunda mitad del siglo XVI adoptan la naturalidad de estilo propugnada por Garcilaso de la Vega. Sin embargo, surgen algunos autores, como Fernando de Herrera, que defienden el artificio, el ornamento y una mayor complicación formal.

Actividades

5 ¿Cuál es el tema y la métrica de estos poemas?

A

Aquí la envidia y mentira
me tuvieron encerrado.
Dichoso el humilde estado
del sabio que se retira
de aqueste mundo malvado,
y con pobre mesa y casa
en el campo deleitoso
con solo Dios se compasa
y a solas su vida pasa,
ni envidiado ni envidioso.

Fray Luis de León, en *Antología poética del Siglo de Oro,* Anaya.

B

Vivo sin vivir en mí,
y tan alta vida espero,
que muero porque no muero.
Vivo ya fuera de mí,
después que muero de amor;
porque vivo en el Señor,
que me quiso para sí:
cuando el corazón le di
puso en él este letrero:
«Que muero porque no muero».

Santa Teresa de Jesús,
En *Antología poética de los siglos XV y XVI,* Anaya.

Fray Luis de León

La ascética y la mística fueron las dos manifestaciones de la poesía religiosa de la segunda mitad del siglo XVI.

> La **ascética** describe los esfuerzos que debe realizar el hombre para renunciar a lo terreno y purificarse moralmente.

Fray Luis de León (1527-1591) poseía una profundísima cultura: era conocedor de los clásicos grecolatinos, de las Sagradas Escrituras, de los grandes humanistas del Renacimiento y de la literatura de su época. En su poesía se aprecia una conjunción magistral de todas ellas.

Su obra poética consta de veintitrés poemas originales. Lo más significativo son sus odas «Vida retirada», «En la Ascensión», «Al apartamiento», «Noche serena» o «A Francisco de Salinas».

Más información

Además de su poesía, escribió textos en prosa *(La perfecta casada, De los nombres de Cristo)* y realizó traducciones de autores grecolatinos y de la Biblia, como la del *Cantar de los Cantares*, por la que estuvo preso cinco años.

POESÍA DE FRAY LUIS DE LEÓN

Temas
El anhelo de una vida apartada, en armonía y en paz, dedicada al estudio; la práctica de la moderación y el desprecio de toda ambición; la contemplación de la naturaleza, símbolo de la perfección del mundo natural y el reflejo de la belleza divina...

Estrofas
Emplea de forma casi exclusiva la lira.

Tópicos literarios
Recurre a tópicos clásicos como el *beatus ille* (defensa de la vida retirada) y el *aurea mediocritas* (debe aspirarse a un punto medio, al equilibrio), que combina con temas religiosos.

Estilo
Reproduce la naturalidad de estilo garcilasiano, al que añade hondura de pensamiento, perfección formal y equilibrio en el lenguaje.

San Juan de la Cruz

> La **mística** describe las vivencias espirituales que experimenta el alma en su camino hacia la unión con Dios.

La poesía de **san Juan de la Cruz** (1542-1591) es puramente mística. Su obra ha sido dividida en poemas mayores, escritos en liras, y poemas menores, donde emplea tanto metros italianos como castellanos. La cumbre de su obra lírica son sus tres grandes poemas, todos ellos reflejo de sus experiencias místicas.

- *Cántico espiritual:* en el que se recrea el proceso místico del camino hacia Dios. La Esposa (el alma) recorre la naturaleza en busca del Esposo (Dios) hasta encontrarlo (éxtasis místico).
- *Noche oscura del alma:* también es reflejo de las tres vías. La huida de una mujer (el alma), en medio de la noche, culmina con su unión con el Amado (Dios).
- *Llama de amor viva:* que expresa el júbilo producido por la unión con Dios.

En su poesía se aprecia la huella de la poesía tradicional castellana (romances, glosas, octosílabos y estribillos), de la italianizante (bucolismo, endecasílabos y liras) y de la Biblia (el amor divino). La experiencia mística se describe en términos amorosos y trasciende lo racional, de ahí que solo pueda expresarse mediante un lenguaje paradójico y contradictorio, plagado de símbolos, metáforas, antítesis, paradojas, oxímoron...

VÍAS DE LA MÍSTICA

1. La vía purgativa
El hombre debe realizar una serie de esfuerzos para renunciar a lo terrenal y purificar su alma.

2. La vía iluminativa
Se accede a la contemplación de Dios y sus misterios.

3. La vía unitiva
Culminación del proceso místico en el que el alma se funde con Dios.

Actividades

1 Lee la «Vida retirada» y describe en qué consiste la vida a la que aspira fray Luis:

¡Qué descansada vida
la del que huye del mundanal ruïdo
y sigue la escondida
senda por donde han ido
los pocos sabios que en el mundo han sido! [...]

Despiértenme las aves
con su cantar süave no aprendido,
no los cuidados graves[1]
de que siempre es seguido
quien al ajeno arbitrio[2] está atenido[3].

Vivir quiero conmigo;
gozar quiero del bien que debo al cielo,
a solas, sin testigo,
libre de amor, de celo,
de odio, de esperanzas, de recelo.

Del monte en la ladera
por mi mano plantado tengo un huerto,
que con la primavera,
de bella flor cubierto
ya muestra en esperanza el fruto cierto.

Y como codiciosa
de ver y acrecentar su hermosura,
desde la cumbre airosa
una fontana[4] pura
hasta llegar corriendo se apresura;

y luego, sosegada,
el paso entre los árboles torciendo,
el suelo de pasada
de verdura vistiendo,
y con diversas flores va esparciendo.

El aire el huerto orea[5]
y ofrece mil olores al sentido;
los árboles menea
con un manso ruïdo,
que del oro y del cetro[6] pone olvido.

Fray Luis de León, *Poesía*,
Cátedra.

[1]**Graves:** difíciles, molestos. [2]**Arbitrio:** autoridad, poder. [3]**Está atenido:** está sujeto, está pendiente de algo. [4]**Fontana:** fuente. [5]**Orea:** seca o refresca el aire una cosa. [6]**Cetro:** riqueza y poder.

a) ¿Quiénes son estos sabios a los que envidia el poeta? ¿En qué reside la sabiduría, según fray Luis?

b) La vida retirada se opone al «mundanal ruido» caracterizado por el «arbitrio ajeno», los «celos», el «oro», el «cetro»... ¿A qué aluden estos términos?

c) **Relacionar-ampliar-preguntar.** En la sociedad actual, ¿qué realidades podríamos asociar al «mundanal ruido»?

d) Realiza el análisis métrico de los cinco primeros versos. Señala las sinalefas y las diéresis. ¿Cómo se denomina esta estrofa?

2 Lee ahora este fragmento de «Noche serena»:

Cuando contemplo el cielo,
de innumerables luces adornado,
y miro hacia el suelo
de noche rodeado,
en sueño y en olvido sepultado,

el amor y la pena
despiertan en mi pecho un ansia ardiente;
despiden larga vena[1]
los ojos hechos fuente,
Loarte[2], y digo al fin con voz doliente:

«[...] ¡Oh, despertad, mortales!
¡Mirad con atención en vuestro daño!
Las almas inmortales,
hechas a bien tamaño[3],
¿podrán vivir de sombras y de engaño?

¡Ay, levantad los ojos
a aquesta celestial esfera!
Burlaréis[4] los antojos
de aquesta lisonjera
vida, con cuanto teme y cuanto espera. [...]

¿Quién es el que esto mira
y precia[5] la bajeza de la tierra,
y no gime y suspira,
y rompe lo que encierra
el alma y de estos bienes la destierra?

Fray Luis de León,
en *Antología poética de los siglos XV y XVI*, Anaya.

[1]**Vena:** humor, disposición variable del ánimo. [2]**Loarte:** amigo de fray Luis. [3]**Tamaño:** tan grande. [4]**Burlaréis:** evitaréis. [5]**Precia:** aprecia.

3 Señala qué recursos literarios se han empleado en los versos subrayados en los dos poemas anteriores.

4 ¿Que temas y tópicos propios del autor se aprecian en ambas composiciones?

5 Lee este poema y responde a las preguntas:

La Esposa

¿Adónde te escondiste,
Amado, y me dejaste con gemido?
Como el ciervo huiste,
habiéndome herido;
salí tras ti clamando, y eras ido.

Pastores, los que fuerdes
allá por las majadas al otero,
si por ventura vierdes
aquel que yo más quiero,
decilde que adolezco, peno y muero.

Buscando mis amores,
iré por esos montes y riberas;
ni cogeré las flores,
ni temeré las fieras,
y pasaré los fuertes y fronteras.

Pregunta a las criaturas

¡Oh, bosques y espesuras,
plantadas por la mano del Amado!
¡Oh, prado de verduras,
de flores esmaltado!,
decid si por vosotros ha pasado.

Respuesta a las criaturas

Mil gracias derramando,
pasó por estos sotos con presura,
e, yéndolos mirando,
con sola su figura
vestidos los dejó de hermosura.

La Esposa

¡Ay, quién podrá sanarme!
Acaba de entregarte ya de vero;
no quieras enviarme
de hoy más ya mensajero,
que no saben decirme lo que quiero.

Y todos cuantos vagan,
de ti me van mil gracias refiriendo,
y todos más me llagan,
y déjame muriendo
un no sé qué que quedan balbuciendo.

Mas, ¿cómo perseveras,
¡oh, vida!, no viviendo donde vives,
y haciendo porque mueras
las flechas que recibes,
de lo que del Amado en ti concibes? [...]

El Esposo

Vuélvete, paloma,
que el ciervo vulnerado
por el otero asoma
al aire de tu vuelo y fresco toma.

La Esposa

[...] En la interior bodega,
de mi Amado bebí, y, cuando salía
por toda aquesta vega,
ya cosa no sabía,
y el ganado perdí que antes seguía.

Allí me dio su pecho,
allí me enseñó ciencia muy sabrosa,
y yo le di de hecho
a mí, sin dejar cosa;
allí le prometí de ser su esposa.

San Juan de la Cruz, «Cántico espiritual»,
Cántico espiritual y poesía completa, Crítica.

a) ¿Quién es la Esposa y quién es el Amado?

b) Demuestra que el autor refiere el amor divino con expresiones propias del amor humano («la herida de amor»). Localiza ejemplos que justifiquen esta afirmación.

c) Divide el texto en partes y resume su contenido.

d) En el texto están presentes las tres vías. Indica en qué versos o estrofas.

- Purgativa: la Esposa está dispuesta a superar todos los obstáculos a la hora de buscar al Amado.
- Iluminativa: a través de la contemplación de la naturaleza, reflejo de la belleza divina, se puede llegar a conocer a Dios.
- Unitiva: se consuma la unión de los esposos.

e) ¿Qué trata de imitar el poeta en el verso subrayado? ¿Por qué las criaturas no saben decirle lo que quiere? Ten en cuenta el carácter inefable de la experiencia mística.

f) La poesía mística emplea un lenguaje contradictorio y paradójico. Demuéstralo.

g) Señala otros recursos literarios relevantes en la construcción del texto (anáforas, paralelismos, polisíndeton, apóstrofes).

APLICA LO APRENDIDO
COMENTARIO DE TEXTO

Soneto XXIII

En tanto[1] que de rosa y de azucena
se muestra la color en vuestro gesto,
y que vuestro mirar ardiente, honesto,
enciende el corazón y lo refrena;

y en tanto que el cabello, que en la vena[2]
del oro se escogió, con vuelo presto[3]
por el hermoso cuello blanco, enhiesto[4],
el viento mueve, esparce y desordena:

coged de vuestra alegre primavera
el dulce fruto, antes que el tiempo airado
cubra de nieve la hermosa cumbre.

Marchitará la rosa el viento helado,
todo lo mudará[5] la edad ligera
por no hacer mudanza en su costumbre.

Garcilaso de la Vega,
Poesía castellana completa, Cátedra.

[1]**En tanto:** mientras. [2]**Vena:** filón, masa de metal o piedra que rellena una antigua quiebra de las rocas de un terreno.[3]**Presto:** diligente en la ejecución de algo. [4]**Enhiesto:** derecho. [5]**Mudará:** cambiará.

Comprensión del texto

1 ¿A qué persona se dirige el poeta? ¿Emplea la fórmula de respeto? ¿Por qué?

2 ¿Cómo se describe a dicha persona? ¿Qué rasgos físicos se detallan?

3 ¿Qué intención tiene el poema: aconsejar, ordenar, recriminar? Justifica tu respuesta.

4 ¿Qué visión del amor transmite el poema? Justifica tu respuesta.

optimista | pesimista

Tema y análisis del contenido

5 Resume en tres líneas el contenido del poema y, después, indica la idea principal en una línea.

6 Describe con tus palabras a la mujer. ¿Se ajusta al canon de belleza de la época? Justifica tu respuesta.

7 ¿Dirías que la descripción es estática o dinámica? ¿Qué verbos apoyan tu respuesta?

8 El poema utiliza dos tópicos literarios clásicos: el *carpe diem* y el *tempus fugit*. ¿En qué consisten? ¿En qué versos se desarrollan?

9 ¿Cuál de los dos tópicos anteriores se corresponde con el tema central del poema?

10 Según Garcilaso, ¿qué actitud debemos adoptar ante la fugacidad de la vida?

11 ¿Cuál es el punto de vista del yo lírico?

Comentario resuelto. Consulta este modelo de comentario en el banco de recursos de anayaeducacion.es.

Recuerda seleccionar el material de trabajo de esta unidad para tu **portfolio**.

Estructura

12 ¿En cuántas partes se divide el poema? ¿Qué temas se tratan en cada parte?

Estructura del «Soneto XXIII»
- Parte 1
  - Subparte 1: ....
  - Subparte 2: ....
- Parte 2
  - ....

13 ¿Se corresponde la estructuración anterior con la división en estrofas?

14 Completa en tu cuaderno este texto con los datos relativos a la métrica del poema:

> Composición de .... versos de arte .... , con rima .... distribuida en dos .... y dos .... . El esquema métrico es el siguiente: ....

Análisis del lenguaje

15 En el poema hay una sucesión de metáforas. Completa esta tabla en tu cuaderno:

TÉRMINO METAFÓRICO	TÉRMINO REAL
alegre primavera	juventud
....	goce de la vida
tiempo airado	....
cubrir de nieve	....
....	cabeza
viento helado	....
rosa y azucena	....

16 ¿Qué acepción de *ligera* escoge el poeta?

17 Localiza en el soneto algún ejemplo de estos recursos literarios:

a) Hipérbaton

b) Antítesis

c) Epíteto

d) Paralelismo

Repaso interactivo. Accede a este juego en el banco de recursos de **anayaeducacion.es**.

Redacción del comentario

18 Una vez analizado el poema, debes redactar el comentario. Para ello, puedes seguir estas indicaciones:

- Comienza relacionando la vida y obra de Garcilaso de la Vega con las características propias del Renacimiento y localizando la composición dentro de la producción literaria del poeta.
- Expón de forma clara y ordenada los datos más relevantes que hayas obtenido del análisis del texto: tema, tópicos, estructura, adjetivación, recursos literarios, esquema métrico, etc.
- Finaliza con tu valoración sobre el texto:

a) ¿Es muy actual el mensaje que quiere transmitir Garcilaso?

b) ¿Estás de acuerdo con la necesidad de disfrutar del presente? ¿Por qué?

c) Comentad en grupo si sentís que el tiempo pasa rápidamente en vuestras vidas.

Grabado de Garcilaso de la Vega en *Joyas literarias para niños* (1935).

6

EL GRAN AZUL

Desde el espacio exterior, la Tierra se ve como una esfera azul que brilla en la inmensidad del universo. Azules son también nuestros océanos, que cubren las tres cuartas partes de la superficie del planeta y contienen casi doscientas mil especies identificadas. Del mismo color es la ballena azul, el mayor mamífero conocido, que protagoniza la lectura principal de la unidad.

La temperatura, la química, las corrientes y la vida del medio marino garantizan que la Tierra sea habitable para la humanidad. Sin embargo, hoy en día, el deterioro de las aguas costeras es continuo, debido a la contaminación y a la acidificación de los océanos, lo que está desgastando su ecosistema y biodiversidad.

Plano abierto. Accede al vídeo de la unidad en el banco de recursos de **anayaeducacion.es**.

Intercambia opiniones

LA VIDA MARINA

¿Por qué son tan importantes los océanos para la vida en la Tierra?

¿Qué riesgos conlleva para el ser humano su degradación? ¿Cómo te afectaría esto a ti?

¿Cómo afecta la pesca o el turismo a la biodiversidad marina?

¿Qué sueles hacer para evitar dejar basura en la playa? ¿Qué podrías mejorar?

¿Qué animales marinos en peligro de extinción conoces?

¿Cuál de ellos es tu preferido? ¿Por qué?

Pradera de *Posidonia oceanic*
en el fondo marino de Cabo de Gata (Almería

QUÉ VAS A ENCONTRAR EN ESTA UNIDAD

1 LECTURA ODS

Vas a conocer cómo es la ballena azul gracias a un texto expositivo. ¿Sabes que es un mamífero marino en peligro de extinción? Consulta los vídeos en **anayaeducacion.es** y reflexiona sobre la vida submarina: metas ONU 14.c, 14.1, 14.2, 14.4 y 14c.

2 COMUNICACIÓN

¿Podrías enumerar qué características comparten los textos expositivos? Pon en práctica tus destrezas comunicativas en el **Taller de comunicación.**

3 GRAMÁTICA

¿Sabrías diferenciar entre sujeto expreso y sujeto omitido? ¿Cómo se llaman las oraciones que no tienen sujeto? ¿Podrías identificar las funciones del sintagma adjetival en la oración?

4 LITERATURA

La publicación de la obra *La vida de Lazarillo de Tormes* marca el nacimiento de un nuevo género: la novela picaresca. ¿Sabes que está considerada la primera novela moderna? ¿Podrías describir a un pícaro? ¿De qué forma se gana la vida?

ORTOGRAFÍA El anexo de ortografía te ayudará a resolver las actividades propuestas a lo largo de la unidad sobre **las letras *g* y *j*.**

1 LECTURA

Comprensión oral

Escucha el texto locutado de la lectura y responde a las siguientes preguntas:

- ¿Qué longitud pueden llegar a medir las ballenas azules?
- ¿De qué se compone su dieta? ¿Cuántos kilogramos consumen al día?
- ¿Son animales silenciosos?
- ¿Cuánto engorda al día una cría de ballena?
- ¿Cuánto vivió la ballena azul más longeva?
- ¿Por qué estuvieron al borde de la extinción?
- ¿Cómo están consideradas en la actualidad?

Ballena azul

La ballena azul es el animal conocido más grande que jamás haya poblado la Tierra. Estos majestuosos mamíferos marinos dominan los océanos con sus 30 metros de longitud y hasta 180 toneladas de peso. Solo su lengua puede pesar tanto como un elefante, y el corazón, como un automóvil.

Las ballenas azules alcanzan estas **desorbitadas** dimensiones con una dieta compuesta casi exclusivamente de un animal parecido a un camarón diminuto, el krill. En determinados momentos del año, una ballena azul adulta consume unas 3,5 toneladas de krill al día.

Las ballenas azules son ballenas barbadas, ya que desde su mandíbula superior se extienden unas hileras de placas **córneas**, llamadas barbas. Para alimentarse, estos gigantes tragan una enorme cantidad de agua y **expanden** la piel **plisada** de su garganta y vientre para absorberla. Después, usan su enorme lengua para expulsarla a través de las capas finas y superpuestas de la barba. Por último, se tragan los miles de ejemplares de krill que se quedan dentro.

La ballena azul

Hábitat de la ballena azul

Bajo el agua, la ballena azul presenta un color completamente azul, pero en la superficie es más gris azulada con motas. El vientre tiene un tono amarillento debido a los millones de microorganismos que habitan en su piel. La ballena azul tiene una cabeza ancha y plana, y un cuerpo largo y estilizado rematado con aletas anchas y triangulares.

Las ballenas azules, presentes en todos los océanos del mundo, suelen vivir en solitario o en parejas, aunque ocasionalmente se las puede ver en pequeños grupos. Suelen pasar el verano alimentándose en aguas polares, para llevar a cabo prolongadas migraciones hacia el ecuador conforme llega el invierno.

Estas gráciles nadadoras recorren el océano a más de cuatro nudos, pero son capaces de alcanzar los 17 nudos cuando están inquietas. Las ballenas azules se encuentran entre los animales más ruidosos del planeta. Emiten distintos pulsos, gruñidos y gemidos, y se cree que, en condiciones óptimas, las ballenas azules pueden oírse entre sí a más de 1 500 kilómetros de distancia. Los científicos creen que, además de para comunicarse, emplean estas vocalizaciones, junto a su excelente oído, para navegar por sonar en las oscuras profundidades del océano.

Bebés descomunales

Cuando llegan al mundo, las crías de ballena azul ya se encuentran entre las criaturas más grandes del planeta. Tras cerca de un año de gestación en el útero materno, el bebé de ballena azul emerge con un peso de hasta 2,5 toneladas y una longitud de ocho metros. Durante su primer año de vida, se alimenta exclusivamente de leche materna y engorda unos 90 kilos al día.

Las ballenas azules se encuentran entre los animales más longevos de la Tierra. Los científicos han descubierto que pueden calcular la edad de un ejemplar muerto contando las capas de los tapones que tienen en el oído, que están hechos de un material parecido al cerumen. La ballena azul de mayor edad conocida, según este método, vivió alrededor de 110 años. Se calcula que la longevidad media está entre los 80 y los 90 años.

Se cree que actualmente entre 10 000 y 25 000 ballenas azules surcan los océanos de todo el mundo. A principios del siglo XX estuvieron al borde de la extinción debido a la caza intensiva que los balleneros llevaron a cabo para obtener su aceite. Entre 1900 y mediados de la década de los 60, se exterminaron alrededor de 360 000 ballenas azules. Finalmente, en 1966 la Comisión Ballenera Internacional determinó su protección, pero desde entonces su situación solo ha mejorado ligeramente.

Las ballenas azules tienen pocos depredadores, aunque se sabe que sufren ataques de tiburones y orcas, y muchas mueren o quedan heridas al chocar con grandes barcos. En la actualidad, las ballenas azules están clasificadas como especie en peligro de extinción en la Lista Roja de la Unión para la Conservación Mundial (IUCN, por sus siglas en inglés).

www.nationalgeographic.es

Vocabulario

Desorbitado: que sobrepasa los límites de lo razonable o natural.

Córneo: que tiene consistencia parecida a la del cuerno.

Expandir: hacer que algo ocupe más espacio.

Plisado: con pliegues.

Estilizado: esbelto, elegante.

Ecuador: círculo imaginario perpendincular al eje de la Tierra, a la que divide en dos partes.

Cerumen: sustancia amarillenta producida por las glándulas de los oídos.

Longevidad: larga duración de la vida.

Hipertexto. Conoce y contextualiza las revistas divulgativas como *National Geographic* en el banco de recursos de **anayaeducacion.es**.

Comprende el texto

Pasión por leer. Disfruta de otros textos expositivos en el banco de recursos de **anayaeducacion.es**.

Extrae información

1 ¿Con qué se compara el peso de la lengua y el corazón de la ballena azul?

2 ¿Por qué se las denomina *ballenas barbadas?*

3 ¿Por qué su vientre tiene un color amarillento?

4 ¿Qué aguas surcan en verano y en invierno?

5 ¿Cómo se comunican?

6 ¿Cuánto tiempo dura la gestación de la ballena azul? ¿De qué se alimentan las crías durante el primer año?

7 ¿Qué daña o puede provocar la muerte de las ballenas azules?

8 Ordena los apartados siguientes según su aparición en el contenido del texto:

tamaño · alimentación · descripción · longevidad · gestación · velocidad · situación actual

Reflexiona sobre la lengua

9 Realiza estas actividades:

a) ¿Por qué se escriben con *g* estas palabras del texto?

gestación · emerge

- Escribe en tu cuaderno otras cuatro palabras que sigan la regla y escribe una oración con cada una de ellas.

b) Completa en tu cuaderno esta palabra del texto y explica su significado: _ON_ _ _IDAD

c) Relaciona estas palabras del texto con su significado y explica qué regla de uso de la *j* siguen:

ejemplares · majestuosos · pareja

- Individuos de una especie.
- Conjunto de dos personas, animales o cosas.
- Imponentes, grandiosos.

ORTOGRAFÍA CONSULTA EL ANEXO 5

10 ¿Con qué significado se utiliza la palabra *nudo* en el texto?

11 ¿Qué significa *desorbitadas?* Separa esta palabra en lexema o raíz y morfemas. ¿Qué tipo de palabra es?

12 Busca sinónimos para estos adjetivos que se mencionan en el texto y describen a estos animales marinos:

MAJESTUOSOS · ruidosos · GRÁCILES · GIGANTES

13 Estas palabras son *homófonas.* Explica su significado y escribe una oración con cada una:

orca · horca

Interpreta y analiza

14 **Mesa redonda.** ¿Las ballenas son mamíferos? Justifica tu respuesta con ejemplos del texto. ¿Qué otros mamíferos marinos conoces?

15 **Rastreador de problemas.** ¿Por qué a principios del siglo XX se exterminaron unas 360 000 ballenas azules? ¿Qué opinión te merece este hecho? ¿Podría ocurrir esto en la actualidad?

16 ¿Por qué crees que las ballenas azules tienen pocos depredadores?

17 Señala qué intención comunicativa tiene el texto:

a) Convencer al lector de que es necesario proteger a las ballenas azules.

b) Informar sobre las características, la forma de vida y la situación actual de las ballenas azules.

c) Hacer una descripción de cómo son las ballenas azules y sus crías.

Valora y relaciona con tu mundo

18 **RPPCS.** ¿Crees que es necesario considerar a las ballenas azules una especie en peligro de extinción para protegerlas? ¿Se te ocurren otras medidas que garanticen su supervivencia?

19 ¿Cómo te sientes al saber que muchas especies marinas están desapareciendo y otras están a punto de hacerlo?

Amplía tu vocabulario

LA AVENTURA

La revista mensual *National Geographic,* dirigida actualmente por Susan Goldberg, está especializada en publicar textos que informan sobre temas relacionados con la ciencia, la **aventura** y la **naturaleza,** como el de la ballena azul, el mayor mamífero conocido.

1 En la naturaleza, se producen distintos fenómenos atmosféricos que pueden condicionar los planes de aventura. ¿Sabías que *ciclón, tifón* y *huracán* designan lo mismo y que es el lugar donde ocurren lo que determina su nombre? Investiga y relaciona las dos columnas:

Huracán	Océano Índico y océano Pacífico sur
Tifón	Océano Pacífico occidental
Ciclón	Océano Atlántico occidental y océano Pacífico oriental

2 En un paseo por la naturaleza, subes y bajas terrenos. Busca en el diccionario y clasifica los siguientes verbos según se correspondan con una de esas dos acciones: *ascender, descender, trepar, apearse, aminorar, escalar, empinar, mitigar, encaramar, encumbrar, aupar.*

3 Una persona aventurera disfruta de la naturaleza y no se caracteriza por ser perezosa. Busca sinónimos de este adjetivo en esta nube de palabras. ¿Qué relación tienen con *perezosa* los adjetivos restantes?

gandula, holgazana, activa, indolente, remolón, diligente, vago, haragán

4 ¿Qué significa el adverbio *aventuradamente?* Escribe una oración en la que evidencies su significado.

5 ¿Cuál de estas opciones utilizarías para expresar el hecho de que vas a comenzar una aventura? Elige dos y escribe una oración con cada una de ellas:

- *Embarcarse en una aventura.*
- *Emprender una aventura.*
- *Involucrarse en una aventura.*

6 Clasifica cada actividad según el elemento de la naturaleza (agua, tierra, aire) en que se practican:

remo	*paracaidismo*	*buceo*
barranquismo	*piragüismo*	*escalada*
cometa	*esnórquel*	*eslalon*
vela	*parapente*	*ala delta*
senderismo	*surf*	*windsurf*

7 En equipo, escribid el mayor número de verbos que indiquen movimiento corporal. ¿Qué grupo ha escrito más?

8 ¿Qué actividades al aire libre practicas? ¿Cómo te hacen sentir? ¿Cuál te gusta más? ¿Hay alguna que te gustaría probar? ¿Por qué?

2 COMUNICACIÓN

EL TEXTO EXPOSITIVO

2.1 La exposición

Exponer, de forma oral o escrita, es presentar o explicar ideas, datos u otras cuestiones para informar a alguien de algo.

Clases de exposiciones

Según el público al que se dirigen, las exposiciones pueden ser:

- **Divulgativas.** Pretenden difundir ideas, hechos o novedades a amplios sectores de la sociedad. Las exposiciones divulgativas van dirigidas a un público no especializado, por lo que se adaptan a su nivel de conocimientos.
- **Especializadas.** Se orientan al mundo de la ciencia, la técnica, la economía, el arte o la investigación para difundir los nuevos descubrimientos entre personas con profundos conocimientos en la materia. Van dirigidas a científicos y técnicos. Se mantienen en un elevado nivel de conocimientos y suelen versar sobre cuestiones muy concretas.

Características

Utilizan un lenguaje muy claro, explican de forma detallada los conceptos novedosos y no usan un léxico especializado.

Emplean un léxico científico-técnico especializado y presuponen en el lector un conocimiento profundo de la materia.

Actividades

1 Lee este texto y contesta a las preguntas:

El flamenco, Patrimonio Cultural Inmaterial de la Humanidad

El flamenco es una expresión artística resultante de la fusión de la música vocal, el arte de la danza y el acompañamiento musical, denominados respectivamente cante, baile y toque. La cuna del flamenco es la región de Andalucía, situada al sur de España, aunque también tiene raíces en otras regiones como Murcia y Extremadura. El cante flamenco lo interpretan, en solo y sentados generalmente, un hombre o una mujer. Expresa toda una gama de sentimientos y estados de ánimo —pena, alegría, tragedia, regocijo y temor— mediante palabras sinceras y expresivas, caracterizadas por su concisión y sencillez.

El baile flamenco, danza del apasionamiento y la seducción, expresa también toda una serie de emociones, que van desde la tristeza hasta la alegría. Su técnica es compleja y la interpretación es diferente, según quién lo interprete: si es un hombre, lo bailará con gran fuerza, recurriendo sobre todo a los pies; y si es una mujer, lo ejecutará con movimientos más sensuales. El toque de la guitarra flamenca ha trascendido, desde hace mucho tiempo, su primitiva función de acompañamiento del cante. Este se acompaña también con otros instrumentos como las castañuelas, y también con palmas y taconazos.

El flamenco se interpreta con motivo de la celebración de festividades religiosas, rituales, ceremonias sacramentales y fiestas privadas. Es un signo de identidad de numerosos grupos y comunidades, sobre todo de la comunidad étnica gitana que ha desempeñado un papel esencial en su evolución. La transmisión del flamenco se efectúa en el seno de dinastías de artistas, familias, peñas de flamenco y agrupaciones sociales, que desempeñan un papel determinante en la preservación y difusión de este arte.

ich.unesco.org

a) ¿Por qué este texto es una exposición?

b) ¿De qué está informando? ¿Cuál es su tema?

c) ¿Es una exposición divulgativa o es más bien especializada? Explica por qué.

d) Resume el contenido del texto.

Webquest. Accede a esta actividad en el banco de recursos de **anayaeducacion.es** e investiga sobre el flamenco.

La estructura

La estructura de una exposición no es fija, pero, en términos muy generales, pueden diferenciarse tres partes:

- La **introducción** o **inicio,** que presenta o enmarca el tema y su importancia.
- El **cuerpo** o **desarrollo** del tema que se expone. Esta parte central, generalmente dividida en varios párrafos, se ordena según diferentes criterios:

CRITERIOS PARA ORDENAR UNA EXPOSICIÓN

- **Orden lógico** → Por ejemplo, si el tema es la literatura del Barroco, la exposición puede ordenarse así: → Ejemplo: I. Poesía / II. Teatro / III. Narrativa
- **Orden cronológico** → El tema se desarrolla en el tiempo: → Ejemplo: un programa de actos, un viaje, un hecho histórico...
- **Orden espacial** → La exposición hace referencia a un lugar, como, por ejemplo: → Ejemplo: • una población, • un bosque, • un continente...
- **Orden jerárquico** → Las ideas se desarrollan de lo más a lo menos importante, o viceversa:
- **Orden deductivo** → La exposición va de la idea general a los aspectos parciales: → Ejemplo: Se acerca el verano; subirán las temperaturas y se acabarán las clases.
- **Orden inductivo** → La exposición va de los datos concretos a la observación general: → Ejemplo: Observo que suben las temperaturas y los días son más largos. Estos datos me permiten inducir que se acerca el verano.

- La **conclusión,** que cuando existe, puede incorporar un pequeño resumen y valoración final de la exposición; y a menudo una vuelta al inicio, para dar sentido y coherencia a todo el texto.

El estilo y el lenguaje

Una exposición debe tener las siguientes características de estilo y de lenguaje:

- La **propiedad,** que consiste en usar las palabras que signifiquen de modo exacto los conceptos que estamos exponiendo.
- La **concisión,** que supone decir solo lo necesario y prescindir de lo accesorio, evitando las palabras de significado muy general como *cosa, asunto, hacer...*
- La **claridad** y la **sencillez,** que se logran cuando se utiliza un lenguaje directo, sin dobles sentidos ni imprecisiones, y una correcta puntuación, con abundantes signos (puntos, comas, punto y coma, dos puntos...) que facilitan la expresión de los distintos matices.
- La **relación** y la **jerarquía de las ideas,** que se consigue con la exposición ordenada y lógica de los datos y conceptos.

Actividades

2 Lee y contesta a las preguntas:

> Cuando nacemos, somos frágiles y vulnerables, física y mentalmente. Necesitamos tanto el amparo de nuestros padres que apenas somos capaces de distinguir entre ellos y nosotros. Nos identificamos con ellos en todos los sentidos posibles: necesitamos creerles, amarlos, respetarlos, admirarlos.
>
> A lo largo de la infancia deberíamos hacer el recorrido gradual necesario para formar y consolidar la percepción de quienes somos: seres distintos y separados de nuestros padres, personas capaces de desarrollar su propio sistema de valores, sus propias metas, sus prioridades únicas y personales.
>
> Este proceso, lento y apenas perceptible, empieza a culminar en la adolescencia. Buen número de padres se sienten personalmente rechazados por sus hijos adolescentes. Sin embargo, en esta etapa de la vida del niño se está consumando este proceso, tan ingrato pero también natural y necesario, que culminará con el corte simbólico del cordón umbilical emocional que ató al niño a sus padres durante toda su infancia. Aunque lo parezca, el rechazo del adolescente no es un rechazo personal, sino una necesidad vital de desidentificación. [...]
>
> El corte simbólico del cordón umbilical emocional se dará [...] en torno a los 13 o 14 años. [...] Está ensayando los primeros pasos de esta etapa adulta: se trata de sus libertades, pero también de sus responsabilidades.

Elsa Punset, *Inocencia radical,* Punto de Lectura.

Elsa Punset.

a) Explica por qué este texto es expositivo y señala si es divulgativo o especializado.

b) Resume el texto en cuatro y cinco líneas y titúlalo.

c) ¿Qué orden sigue la exposición? Justifica tu respuesta.

d) ¿Cuál es la conclusión?

3 Lee este programa de actos e indica por qué es un texto expositivo y qué orden sigue:

Carnaval de Cádiz

(11 de febrero - 21 de febrero)

Programa del 20 de febrero

12:00 h Desfile infantil de disfraces y almuerzo tradicional
Plaza de Mina

13:30 h a **18:00 h** Pregón infantil a cargo de Curro Huertas y espectáculos infantiles
Plaza Ingeniero La Cierva

13:00 h Concurso de tangos, pasodobles y cuplés
Plaza de la Candelaria

13:00 h Tortillada popular de camarones
Calle Virgen de la Palma

14:00 h Batalla de coplas y gran mejillonada
Mercado Central Plaza del Palillero

15:00 h Carrusel de coros y comida popular
Plaza del Mentidero

20:30 h Pregón a cargo de Candela Ruiz
Plaza de San Antonio

21:00 h Fiesta temática «Duende y Pescaíto» y pestiñada popular
Plaza de San Francisco

22:00 h Gran Gala del Carnaval
Gran Teatro Falla

22:30 h Noches de Carnaval
Plaza de San Antonio

a) Clasifica los eventos en gastronómicos, musicales, lúdicos, tradicionales...

b) **Espejo.** ¿Cómo se celebran los carnavales en tu localidad? Comparte en clase y valorad las semejanzas y las diferencias.

4 En grupos, elaborad la programación de la Semana Cultural de vuestro centro escolar.

- Dividíos en grupos de cuatro o cinco personas y pensad cómo debe ser esa programación.
- Poned en común vuestra programación con la de los otros grupos y elaborad una definitiva.

Imagen de la exposición *Dibujantas. Pioneras de la ilustración* en Museo ABC de Dibujo e Ilustración, 2019.

Dibujantas, cuyo título hace referencia al aclamado «I Salón de Dibujantas» que tuvo lugar en el Lyceum Club Femenino en 1931, reúne en una exposición las obras de las principales ilustradoras que trabajaron para las publicaciones *Blanco y Negro* y *ABC* desde su fundación —1891 y 1903, respectivamente— hasta finales de los años noventa del siglo XX. La exposición deja patente el rol decisivo que estas publicaciones tuvieron en la profesionalización de la ilustración, así como la oportunidad que supuso para cada una de las mujeres el poder realizar un trabajo digno, remunerado y reconocido.

Dibujantas pretende dar luz sobre la trayectoria y vida de todas las artistas seleccionadas mostrando sus obras al público y sirviendo como punto de partida para líneas de investigación futuras —monográficas o colectivas— que tengan como objetivo resituar la valiosa aportación de todas ellas al mundo de la ilustración y del arte única para descubrir una parte de los tesoros ocultos en la Colección ABC y reivindicar el papel de la mujer en la ilustración española.

Museo ABC

5 Observa el cartel de arriba, lee el texto que lo acompaña y realiza las actividades:

a) Escribe una descripción de la figura del cartel. Inicia tu redacción de lo general a lo particular:
- ¿Es una persona mayor o joven? ¿Es un dibujo de cuerpo entero?
- Diferencia dos partes: cabeza y torso. Inicia la descripción de la cabeza por el aspecto general: características físicas, actitud, carácter, estado de ánimo... y continua con el torso.

b) ¿Representa este cartel la imagen de una mujer moderna, de una pionera en su profesión?

c) Busca en el diccionario la palabra *dibujante*. ¿Cuál es su género? ¿Crees que el género de *dibujantas* está bien construido? ¿Por qué los creadores del cartel lo han utilizado así?

d) ¿Qué tipo de instituciones suelen publicar este tipo de materiales?

e) ¿Cuál es la finalidad del texto que lo acompaña?

f) Identifica las partes en que se estructura el texto: introducción, desarrollo y conclusión. ¿En cuál de ellas se resume el contenido del texto?

g) Resume el texto en unas cuatro líneas y redacta un nuevo título para la exposición.

h) ¿Consideras que el contenido del texto es coherente con el dibujo del cartel?

UNAS JORNADAS MUY ROBÓTICAS

¿TE GUSTARÍA PARTICIPAR EN LAS JORNADAS INTERESCOLARES DE ROBÓTICA QUE SE VAN A CELEBRAR EN VUESTRO CENTRO?

JORNADAS ROBÓTICAS

LEE

Infórmate sobre la robótica.

1 Después del acto de inauguración, las personas que organizan el evento proyectan un informe sobre robótica para dar comienzo a las jornadas. Lee el texto y responde a estas preguntas:

- ¿Cuál es la intención de este texto? ¿A qué modalidad textual corresponde?
- ¿En qué tipo de publicación se podría incluir?

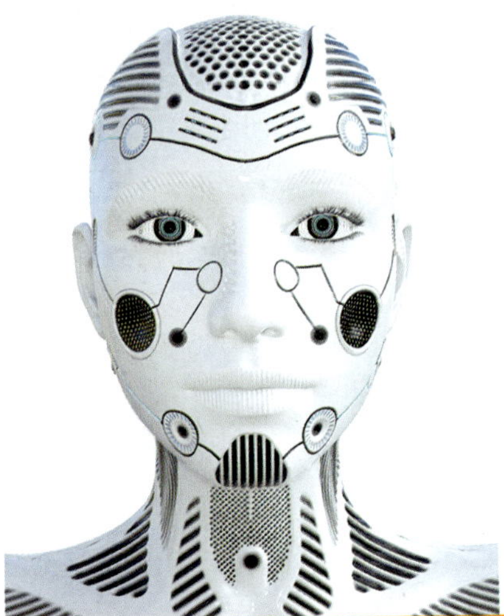

etimología

La palabra *robot* proviene de dos términos checos: *robota*, que significa «trabajo forzado», y *rabota*, que es sinónimo de «servidumbre».

La primera vez que se empleó con el significado actual fue en el año 1920 en la obra del escritor Karel Capek titulada *Los robots universales de Rossum*.

LA ROBÓTICA

¿Qué es la robótica?

La *robótica* es la técnica que aplica la informática en el diseño y el empleo de aparatos que, en sustitución de personas, realizan operaciones o trabajos, por lo general en instalaciones industriales. En ella participan distintas disciplinas y ramas de ingeniería, como la mecánica, la electrónica y la programación.

¿Cuáles son las partes de un robot?

La arquitectura de un robot está estrechamente ligada a la función que este debe desempeñar. Estas son sus partes básicas:

- **Estructura mecánica.** Conjunto de elementos sobre el que se montan el resto de los componentes.
- **Herramientas.** Los robots realizan labores de montaje y manipulación, para lo que necesitan pinzas y herramientas montadas en el extremo del brazo. Las pinzas sirven para agarrar objetos y situarlos en otro lugar.
- **Actuadores.** Son los motores responsables de mover las partes articuladas.
- **Sensores.** Son los dispositivos encargados de recoger la información del entorno y transmitirla al sistema de control para que la procese y actúe en consecuencia.
- **Sistema de control.** En la actualidad, en vez de cables, solo se emplean sistemas programables y, sobre todo, por medio de computadores. Su función es recibir la información que le proporcionan los sensores, analizarla y ajustar de forma constante el funcionamiento del robot al programa.
- **Fuente de energía.** El robot debe tener una fuente de energía adecuada a los componentes que lo forman. Los sensores, el sistema de control y los motores suelen necesitar energía eléctrica. Para evitar interferencias, la alimentación de los motores suele ir separada de la correspondiente a los sistemas de control y de sensores.

Aplicaciones

En la industria, los robots reemplazan al ser humano y ejecutan acciones con precisión y rapidez. Además, en los últimos años se han diseñado robots que se desenvuelven con éxito en situaciones peligrosas para el ser humano: limpieza de residuos tóxicos, exploración espacial, trabajos de minería, salvamento en catástrofes, desactivación de bombas, etc.

2 Reflexiona y responde a estas preguntas:

a) ¿Este texto expositivo es divulgativo o especializado? Justifica tu respuesta.

b) ¿De qué idioma procede la palabra *robot?*

c) ¿Cómo se llama la parte del robot responsable de mover las patas articuladas de un robot?

d) ¿Para qué sirven los sensores?

e) ¿Qué acciones pueden ejecutar los robots? ¿Se te ocurre alguna más fuera del ámbito de la industria?

3 Copia y completa este organizador visual y clasifica las partes de un robot:

Parte mecánica	Parte electrónica	Programación
....	....	....

JORNADAS ROBÓTICAS

ESCUCHA

Conoce los tipos de robots que existen y para qué sirven.

4 En el segundo día de las jornadas, una destacada ingeniera acude a vuestro centro para dar una charla. Escucha el audio y responde a las preguntas:

a) ¿Qué cartel anuncia la ponencia?

b) El audio que acabas de oír es un texto expositivo divulgativo. ¿Por qué?

c) ¿Qué ventaja tiene el hecho de aumentar el número de patas en la construcción de un robot?

d) ¿Cuál de los tipos de robot es el más difícil de fabricar? ¿Por qué?

e) En una misión de rescate, ¿qué tipo de robot elegirías? Justifica tu respuesta.

f) ¿Qué tipo de robot es un dron? ¿Qué funciones tiene?

JORNADAS ROBÓTICAS

ESCRIBE

Redacta un texto expositivo sobre el robot que más te guste.

5 El último día, la organización de las jornadas convoca el concurso *Mi robot preferido*. Para participar, tienes que preparar una presentación digital sobre un robot de entretenimiento. El premio será un fabuloso lote de libros y un videojuego protagonizados por robots.

a) Elige uno de estos robots o dibuja uno nuevo, ponle un nombre e inventa su descripción técnica. ¿Por qué lo has elegido?

b) Para redactar tu texto expositivo, sigue estos pasos:

Redacción del texto expositivo

1. Documéntate sobre el tema y, si consultas en Internet, asegúrate de que las páginas web sean fiables.
2. Detalla antes la estructura de tu escrito, de forma que toda la información que hayas conseguido se distribuya de forma clara.
3. Redacta el texto teniendo en cuenta tu objetivo: divulgar información sobre un robot a jóvenes como tú.
4. Pásalo a limpio con un procesador de textos, de tal modo que marques claramente la separación entre las distintas secciones, así como sus títulos.

- En esta presentación digital incluye tantas diapositivas como epígrafes hayas establecido. Utiliza recursos gráficos que ilustren tu texto: mapas, dibujos, fotografías, esquemas... y usa un cuerpo de letra legible.

Título
1. Definición general
2. Tamaño y características físicas
3. Funciones
4. Puntos fuertes

JORNADAS ROBÓTICAS

HABLA

Expón tu presentación digital.

6 ¡Ha llegado el momento de participar en el concurso! La exposición oral tiene el objetivo de informar sobre un tema, en este caso sobre el robot.

Para asegurarte de que dicha información se va a transmitir de forma eficaz y óptima, sigue estas recomendaciones.

- Elabora un guion detallado mediante el cual organices claramente y de forma esquemática la información que quieres transmitir en tu presentación.
- Ensaya para asegurarte de que cuidas tanto la lengua hablada como los elementos no verbales.
- Pon mucha atención en la pronunciación, el volumen y la velocidad a la que hablas, ya que esto garantizará que el público te oiga y entienda bien. No olvides variar la entonación de vez en cuando para recuperar su atención.
- Intenta captar desde el primer momento la atención de tus compañeras y compañeros. Para lograrlo, puedes contar anécdotas o lanzar preguntas introductorias como esta: *¿Sabíais que este robot canta y toca el piano?*
- Procura no tener el cuerpo rígido e intenta moverte de forma natural. Si quieres dar énfasis a tus palabras, puedes ayudarte de las manos, pero siempre con mesura.
- Utiliza tu presentación digital como apoyo y pasa las diapositivas según vayas avanzando en tu discurso.

7 En gran grupo, evaluad cada presentación teniendo en cuenta estas cuestiones:

- **¿Es clara?**
- **¿Es ilustrativa?**
- **¿Es atractiva?**
- **¿Los contenidos están bien ordenados?**

Reflexiona sobre este ámbito profesional

¿Has pensado alguna vez en qué profesionales trabajan en el diseño y la fabricación de un robot?

En grupos de cuatro haced una lluvia de ideas, buscad información y responded a estas preguntas:

a) ¿Qué estudios crees que habrán superado?

b) ¿Con qué instrumentos crees que trabajan estos profesionales?

c) ¿Dónde consideras que desarrollan su trabajo?

d) ¿Qué es lo que más te llama la atención de trabajar en el ámbito de la robótica? ¿Y lo que menos?

e) ¿Cómo te sentirías interactuando con un robot con forma humana?

f) ¿Qué importancia crees que tiene la robótica en el futuro de la humanidad?

g) ¿Cómo te imaginas los robots del mañana? ¿Qué relación tendrán con los seres humanos?

3 GRAMÁTICA

EL SINTAGMA NOMINAL SUJETO

3.1 Características del SN sujeto

La oración es un enunciado formado, normalmente, por un sintagma nominal sujeto y un sintagma verbal predicado.

> El **sujeto** es una función sintáctica desempeñada por un sintagma nominal, cuyo núcleo (un nombre o un pronombre) concuerda en número y persona con el verbo del predicado.

Por ejemplo:

Nosotros	publicaremos la noticia.
N (PRON.)	
SUJETO (SN)	PREDICADO (SV)

La guitarrista	tocaba muy bien.
N (NOMBRE)	
SUJETO (SN)	PREDICADO (SV)

El sujeto nunca está precedido por una preposición y puede ser sustituido por un pronombre personal: *yo, tú, él, ella, ello, nosotros, nosotras, vosotros, vosotras, ellos* y *ellas*.

Hay construcciones que funcionan como los SN: por ejemplo, los infinitivos *(Nos gusta patinar)* y los adjetivos sustantivados *(Llegaron los extraterrestres)*. Por ello pueden también desempeñar la función de sujeto.

3.2 Clases de sujeto

El sujeto de una oración puede estar expreso o ser elíptico u omitido.

- El **sujeto expreso** aparece en la oración de forma explícita: *Los miembros de la orquesta participaron en el festival.*
- El **sujeto tácito** u **omitido** no está presente en la oración, pero es fácil de identificar, y aparece implícito en las desinencias verbales.

En el ejemplo siguiente, el sujeto ya ha aparecido en la primera oración, por lo que no aparece en la segunda:

- *Los concursantes protestaban.*
- *[Los concursantes] No tenían razón.*

3.3 Concordancia

Normalmente, el núcleo del sujeto y el núcleo del predicado concuerdan en número y persona. Esta concordancia, sin embargo, no se observa:

- Cuando el sujeto es invariable; por ejemplo, cuando el sujeto es un infinitivo: *Nadar es muy sano.*
- Cuando un mismo sintagma nominal sujeto incluye al hablante o al oyente, en cuyo caso el verbo puede aparecer o en primera o en segunda persona. Por ejemplo: *Los estudiantes somos personas muy solidarias* incluye a la persona que habla, por lo que el verbo va en primera persona; *Los estudiantes sois personas muy solidarias* incluye a la persona que escucha y no a la que habla, por lo que el verbo se presenta en segunda persona.

La brújula del español. Accede a esta guía del uso del español correcto en **anayaeducacion.es**.

3.4 Cómo identificar el sujeto de una oración

- Para determinar el sujeto, se ha de identificar el elemento de la oración que concuerda con el verbo en número y persona. Para lograrlo, se puede cambiar el número o la persona del verbo. Automáticamente cambiará el número o la persona del nombre o del pronombre que funciona como sujeto:
  - *Ella tiene una buena voz.*
  - *Tú tienes una buena voz.*
  - *El teléfono sonaba.*
  - *Los teléfonos sonaban.*
- Sustituir el sintagma por los pronombres personales *yo, tú, él...* (pronombres de sujeto), y observar si el verbo cambia de persona:
  - Es sujeto: *Aplaudieron los asistentes al acto.* → *Ellos aplaudieron; Yo aplaudí.*
  - No es sujeto: *Compró un regalo en la librería.* → *Lo compró en la librería.*

3.5 Las oraciones impersonales

Son **oraciones impersonales** las que no tienen ni pueden tener sujeto.

CLASES DE ORACIONES IMPERSONALES

- Las que se forman con verbos atmosféricos *(nevar, granizar, llover, tronar, diluviar, relampaguear, amanecer...).*
  - *Nevó durante todo el día.*
  - *Me asomé a la ventana y vi cómo amanecía.*
- Las que contienen los verbos *hacer* y *haber* en tercera persona del singular.
  - *Hace frío.*
  - *Había un concierto esa tarde.*
  - *Hay mucha gente.*
- También son impersonales algunas construcciones con *se* y el verbo en tercera persona del singular.
  - *Se habla de fútbol.*
  - *Se atiende a los ancianos.*

Actividades

Actividad resuelta

1 Identifica el sujeto sustituyéndolo por un pronombre personal.

- ¿Cuál es el núcleo del sujeto?

Hoy los alumnos salen a las tres.

Solución:

El sujeto de la oración es el sintagma nominal *los alumnos*, que se puede sustituir por el pronombre personal *ellos*: *Hoy ellos salen a las tres.* El núcleo del sujeto es el nombre *alumnos*.

2 Sustituye el sujeto de estas oraciones por un pronombre personal:

- *Mis vecinas son de Jaén.*
- *Tú y yo iremos de excursión.*
- *Luis compra todas las mañanas el periódico en el quiosco de su barrio.*

Actividad resuelta

3 Identifica el sujeto de esta oración cambiando el número del verbo:

Los bailarines salieron a escena.

- ¿Cuál es el núcleo del sujeto?

Solución:

Los bailarines salieron a escena. → *El bailarín* salió *a escena.*

El sujeto es el sintagma nominal *los bailarines*, ya que concuerda en número y persona con el verbo. Su núcleo es el nombre *bailarines*.

4 Identifica el sujeto de estas oraciones como en la actividad anterior:

- *Nuestras amigas llegaron tarde.*
- *Una nube muy intensa arruinó la cosecha.*

5 Observa la concordancia entre el verbo y el sujeto de las siguientes oraciones y explica qué diferencias encuentras:

- *Las alumnas y los alumnos de tercero tenemos más posibilidades de ganar.*
- *Las alumnas y los alumnos de tercero tenéis más posibilidades de ganar.*
- *Las alumnas y los alumnos de tercero tienen más posibilidades de ganar.*

6 Determina el sujeto de los verbos que aparecen destacados en el texto e indica su núcleo:

> Madrid bullía, alegre y despreocupada, como una bella incauta que olvida, irresponsable, la verdad de su destino aciago. Todavía continuaban abiertas las heridas de una guerra devastadora y de un nefasto reinado absolutista, que la habían dejado llena de escombros, de pobreza y de hambre atroz.
>
> Pero la noche de carnaval, los madrileños, cómplices de su insensata ciudad, se escondían tras las máscaras y el brillo para ocultar sus miserias y su miedo.
>
> Una fina capa de hielo hacía resbalar los cascos de los caballos en la plaza del Ángel. El carruaje se detuvo ante la puerta del palacio en el que se celebraba el baile más solicitado de la ciudad, aquel al que todos querían acudir pero que solo unos pocos privilegiados gozarían: el precio del billete sobrepasaba la cantidad de dinero que la mayoría de sus habitantes ganaba en todo un año. La recaudación, eso sí, iría en parte a la beneficencia: la inclusa de la Puerta del Sol o San Bernardino.
>
> Un chapín de tela rosada descendió lentamente del carruaje; un abultado vestido dieciochesco del mismo tono precedía a la aparición de su dueña: una jovencita de largos tirabuzones cuyo rostro se escondía tras una máscara veneciana auténtica.

Rosa Huertas, *Todo es máscara,* Anaya.

7 En esta oración, el SN, cuyo núcleo es un infinitivo, es el sujeto (destacado en azul):

> A mi amigo no le sería fácil separarse de aquel cachorro.

- Escribe en tu cuaderno cinco oraciones que sustituyan este infinitivo por otros infinitivos que desempeñen la misma función.

8 ¿Por qué puede funcionar como sujeto el adjetivo de esta oración?

> A mis hermanas les gusta lo misterioso.

9 Determina qué verbos llevan sujeto expreso, y cuáles, sujeto elíptico en las siguientes oraciones:

- *Ellas tenían mucha experiencia.*
- *Supieron adaptarse al nuevo trabajo.*
- *Era hijo del jefe. Claudio nunca lo dio a entender.*
- *Aquellos libros estaban ilustrados. Aportaban una gran información.*
- *Su nueva bicicleta era muy segura. Cuenta con frenos inteligentes.*
- *El invierno había llegado. Había llenado de frío los caseríos.*

- ¿Cuál es el sujeto que se omite en cada una de las oraciones con sujeto omitido?

Caserío en Navarra.

Actividad resuelta

10 Explica en tu cuaderno por qué es impersonal la siguiente oración:

> Esta tarde habrá cine al aire libre.

Solución:

Es una oración impersonal porque no tiene sujeto y contiene una forma del verbo *haber* en tercera persona del singular.

11 Indica por qué son impersonales estas oraciones:

- *Aquella mañana hubo teatro por televisión.*
- *Hace dos meses.*
- *Sobre la bandeja había cuatro cartas.*
- *Hacía mucho calor.*
- *En su plato ya no queda ni una miga de pan.*
- *¿Cuándo hubo más información que ahora?*

12 Construye oraciones impersonales con *se* a partir de las siguientes oraciones.

> Observa el ejemplo:
> - O. personal: Los viajeros *comen en el autobús.*
> - O. impersonal: Se prohíbe *comer en el autobús.*

- *Los equipos bailan en autobús.*
- *Ellas ayudaban a los principiantes.*
- *Los turistas pasean por el paseo marítimo.*
- *Los corredores y las corredoras salieron puntualmente de la plaza Mayor.*
- *La empresa confía en los trabajadores.*

13 Forma una oración impersonal con cada uno de estos verbos atmosféricos:

LLOVER DILUVIAR NEVAR TRONAR
granizar RELAMPAGUEAR amanecer
OSCURECER ANOCHECER

APLICA LO APRENDIDO

Repasa la gramática

Solución paso a paso

1 Observa y sigue los pasos para identificar el sujeto de una oración e indicar de qué tipo es:

Mi prima salía pronto de entrenar.

Paso 1. Identifica el elemento de la oración que concuerda con el verbo en número y persona. Para ello, busca el verbo de la oración y modifica el número o la persona, automáticamente cambiará el número o la persona del nombre o del pronombre que funciona como sujeto:

Mi prima salía pronto de entrenar.
↓
Mis primas salían pronto de entrenar.

Paso 2. Sustituye el sintagma por los pronombres personales *yo, tú, él...*

Mi prima salía pronto de entrenar.
↓
Ella salía pronto de entrenar.

Paso 3. Una vez que hayas comprobado que el sintagma nominal sujeto es Mi prima, puedes concluir que es un sujeto expreso, puesto que aparece de forma explícita en la oración.

Paso 4. Por último, busca el núcleo del sintagma nominal. Para ello, busca el nombre o pronombre:

Mi prima.
NÚCLEO (prima)

2 Identifica el sujeto en las oraciones siguientes e indica de qué tipo es, como en la actividad anterior:

- *Vosotros limpiaréis la cocina.*
- *Hacía mucho frío.*
- *Las ciclistas formaban un gran equipo.*
- *Se felicitó a los concursantes.*

3 Indica por qué no se manifiesta la concordancia entre los pronombres y el verbo en las siguientes oraciones:

- *Nos encanta salir de paseo.*
- *Les ilusiona ir de excursión.*
- *Te apasionan las novelas históricas.*
- *Me interesa la robótica.*

4 Explica la concordancia entre el núcleo del sujeto y el verbo en las siguientes oraciones:

a) Las bailarinas sois muy exigentes.

b) Los aspirantes estábamos expectantes.

5 Completa con la forma verbal adecuada y justifica tu respuesta:

A) *Un grupo de estudiantes de astrofísica* .... (ha descubierto/han descubierto) *un nuevo planeta.*

B) *El rebaño* .... (pastaba/pastaban) *en los valles.*

6 ¿Por qué no pueden ser sujeto los siguientes grupos de palabras subrayados?

- *Invocaron a sus dioses.*
- *Se acordaba de su hermana.*
- *Jugaba con sus vecinas.*
- *Informará a su directora.*

7 Distingue las oraciones impersonales de las que no lo son e indica a qué clase pertenecen:

- *Toda la tarde de ayer hizo sol.*
- *Toda la mañana nos estuvimos llamando.*
- *¿Hablaste con tus hermanas?*
- *El invierno pasado nevó mucho.*
- *Hubo algún problema en la grabación del disco.*
- *Se prohíbe comer en la biblioteca.*
- *Ahora la industria fabrica estos juguetes.*

Visualiza la gramática. Accede a este vídeo disponible en el banco de recursos de anayaeducacion.es.

Organiza tus ideas gramaticales

Copia este esquema en tu cuaderno y complétalo:

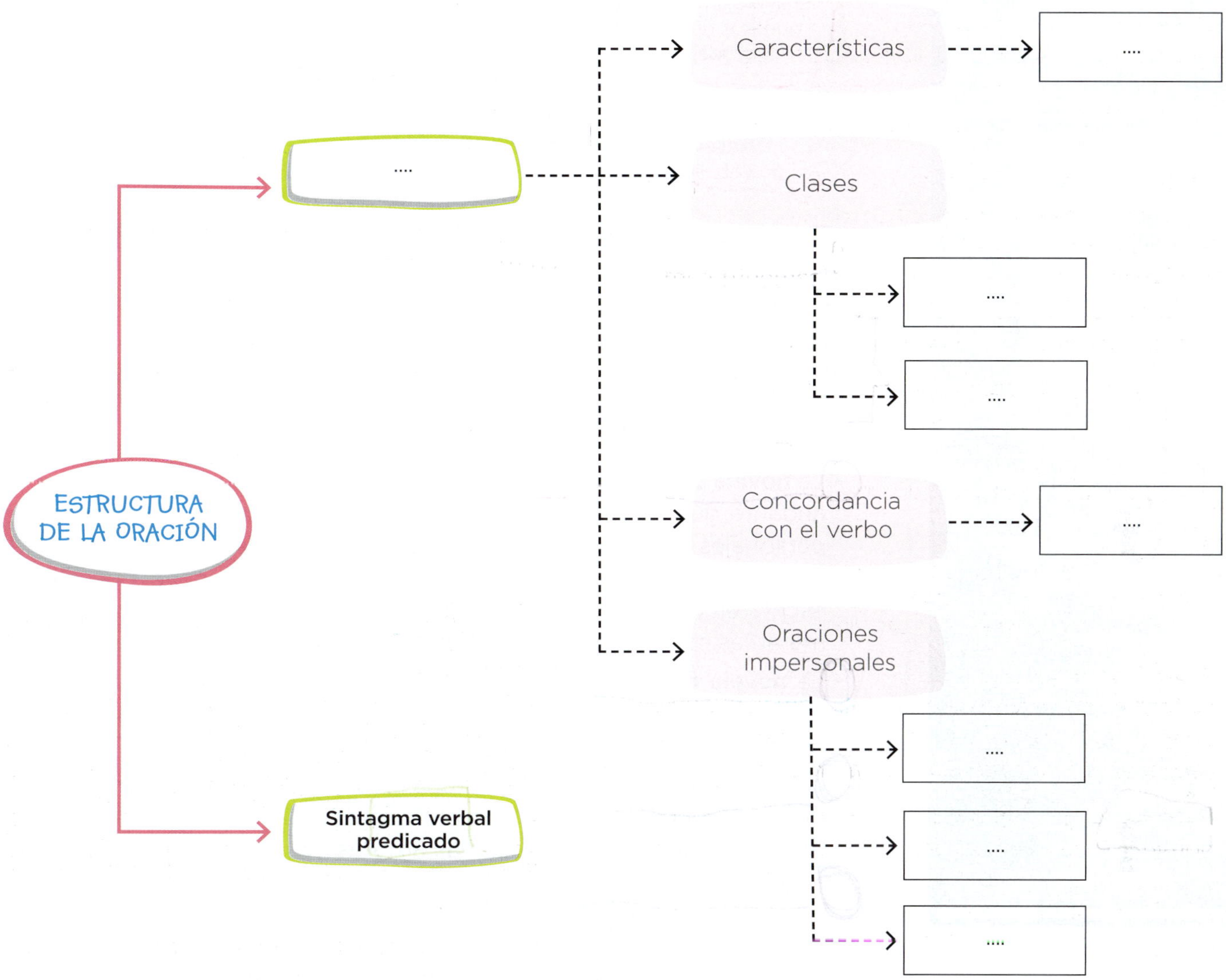

Practica la ortografía

1 Escribe siete nombres acabados en *-aje* y siete verbos acabados en *-ger, -gir*.

2 Copia en tu cuaderno y completa con *g* o con *j*:

ima....en	*reli....ioso*	*hi....iénico*
cora....e	*conser....ería*	*tra....imos*
diri....ente	*ru....ir*	*here....e*
....eometría	*chanta....eaba*	*a....encia*

- ¿Qué regla ortográfica siguen?

3 Busca en el diccionario y explica el significado de estas palabras y escribe una oración con cada una:

ingerir — injerirse

4 Busca tres palabras que contengan el grupo *gen* siguiendo estas indicaciones:

a) Que esté al principio de la palabra.

b) Que esté en su interior.

c) Que esté al final de la palabra.

5 Conjuga el pretérito perfecto simple de los verbos *producir* y *proteger*.

ORTOGRAFÍA CONSULTA EL ANEXO 5

4 LITERATURA

EL RENACIMIENTO: LA PROSA Y EL TEATRO

4.1 La prosa de ficción

Dentro de la prosa de ficción del Renacimiento se aprecian tres tendencias:

El afianzamiento de géneros de siglos precedentes.	La asimilación de modalidades clásicas e italianas.	La aparición de nuevos géneros.
↓	↓	↓
Novelas de caballerías	Novela bizantina y novela pastoril	Picaresca y novela morisca

Las novelas del Renacimiento se clasifican en novelas idealistas y realistas.

Las novelas idealistas

Las **novelas idealistas,** de carácter amoroso, describen un mundo de ficción tanto en personajes como en paisajes, acontecimientos y sentimientos.

Se distinguen los siguientes tipos:

- La **novela de caballerías** es una narración protagonizada por un caballero andante que afronta toda una serie de extraordinarias aventuras contra personajes fantásticos. Su móvil es la defensa de los oprimidos y el servicio a su dama. *El Amadís de Gaula* (1508) es la novela de caballerías escrita en castellano más importante y famosa. De ella se realizaron innumerables continuaciones, hecho que constata su éxito editorial.
- La **novela bizantina** está protagonizada por una pareja de enamorados que, al ser separados, sufren toda una suerte de desdichas (naufragios, aventuras, largos viajes, etc.) antes de reencontrarse.
- La **novela pastoril** está ambientada en una naturaleza idealizada (la región de Arcadia en Grecia, por ejemplo) y protagonizada por pastores cultos y delicados que cuentan sus penas amorosas.
- La **novela morisca** es una narración idealizada de sucesos históricos relativos a las luchas fronterizas entre musulmanes y cristianos.

Cubierta de la novela bizantina de *Los trabajos de Persiles y Sigismunda.*

Los pastores de Arcadia, conocida popularmente como *Et in Arcadia ego* (1637-1638), es un cuadro del pintor francés Nicolas Poussin.

Las novelas realistas: la picaresca

Las **novelas realistas** ofrecen un retrato de la sociedad de la época prestando atención a su defectos, miseria, hambre, corrupción...

El *Lazarillo de Tormes* es la primera novela realista escrita en castellano. Con su publicación se originó un nuevo género literario, genuinamente español, denominado la **picaresca.** Estas son sus principales aportaciones:

La figura del antihéroe

El pícaro protagonista procede de las capas más bajas de la sociedad, no es un caballero, ni un pastor idealizado. No se mueve por el amor, la fama o la justicia. Su móvil es sobrevivir en medio de la miseria, de la que intentará escapar mediante su astucia e ingenio con engaños o trampas.

La evolución psicológica

El protagonista no se mantiene estático; a lo largo de la novela, vemos cómo crece, cómo fragua su carácter, cómo evoluciona para sobrevivir...

Otros rasgos importantes

- Narración con forma autobiográfica.
- El relato es itinerante; lo constituyen episodios independientes que transcurren en lugares diferentes.
- El pícaro sirve a varios amos.
- La narración es lineal, va de la niñez a la madurez.
- La perspectiva es única; es decir, los hechos se narran siempre desde el mismo punto de vista: el del narrador-protagonista.
- El objetivo que mueve al protagonista es la búsqueda de ascenso social.

Son varias las causas que se aducen para justificar la aparición del género: por un lado, se señala que la novela deriva del ambiente espiritual, material y social de la España de la época; y por otro, que surgió como reacción al idealismo renacentista manifestado en la lírica, en la novela pastoril o en los libros de caballerías.

Actividades

1 ¿Qué características de las novelas de caballerías identificas en este fragmento?

Amadís anduvo cinco días sin hallar aventura, y al fin vio un hermoso y fuerte castillo. Cuando atravesó la puerta, miró a todos lados y no vio nada. El enano le dijo:

—Señor, tomad vuestras armas.

—¿Será menester en este sitio despoblado?

—Sí, porque no dejan salir fácilmente a los que aquí entran. Señor, yo vi aquí al caballero más bravo y más fuerte que conozco. Y en aquella puerta mató a mi señor, sin merced. Ya traje a otros caballeros para vengarle, pero recibieron muerte o vil prisión. Os pido la cabeza de aquel traidor.

—Eres fiel a tu señor —contestó Amadís—, mas no debieras traer aquí a los caballeros sin decirles antes con quién van a combatir.

—Señor, si lo dijera, nadie osaría venir.

—¿Sabes cómo se llama?

—Arcaláus, el encantador.

Amadís de Gaula, «Odres Nuevos», Castalia.

2 **Folio giratorio en grupo.** Lee atentamente este texto y responde a las preguntas:

Después de esto, asenté con un maestro de pintar panderos, para molerle los colores, y también sufrí mil males.

Siendo ya en este tiempo buen mozuelo, entrando un día en la iglesia mayor, un capellán de ella me recibió por suyo. Y púsome en poder un asno y cuatro cántaros y un azote, y comencé a echar agua por la ciudad. Este fue el primer escalón que yo subí para venir a alcanzar buena vida, [...]

Fueme tan bien en el oficio, que al cabo de cuatro años que lo usé, con poner en la ganancia buen recaudo, ahorré para me vestir muy honradamente de la ropa vieja. [..] Desque me vi en hábito de hombre de bien, dije a mi amo se tomase su asno; que no quería seguir en aquel oficio.

Lazarillo de Tormes, «Nueva Biblioteca Didáctica», Anaya.

- ¿Qué rasgos propios de la novela picaresca reconoces?
- ¿En qué persona está el narrador?

4.2 *Lazarillo de Tormes*

La vida de Lazarillo de Tormes y de sus fortunas y adversidades está considerada la **primera novela moderna.**

Fecha y autoría

La obra se publicó en 1554. El mayor enigma que se cierne sobre ella es el relativo a su autoría. Son varias las hipótesis que se manejan: Diego Hurtado de Mendoza, Sebastián de Horozco, Juan de Valdés, Alfonso de Valdés... También se ha señalado la posibilidad de que su autor fuera un judío converso o un erasmista.

Argumento y estructura

El pícaro Lázaro de Tormes cuenta su historia para tratar de justificar su «caso», es decir, el motivo por el que acepta la situación de deshonra en que se halla: casado con la criada y amante de un arcipreste a cambio de un trabajo que le hace olvidar la miseria de su infancia.

La obra consta de un prólogo y siete tratados de extensión desigual.

ESTRUCTURA DEL LAZARILLO DE TORMES

- **Prólogo**
  - En el que se exponen los motivos por los que el pícaro decide relatar su vida.
- **Siete tratados**
  - **Aprendizaje del pícaro** (tratados I, II, III)
    - Se narran el nacimiento, los orígenes humildes, la niñez del pícaro y el servicio a sus tres primeros amos (el ciego, el clérigo y el hidalgo).
    - Estos tres tratados constituyen el aprendizaje de Lázaro. Todos giran en torno al tema del hambre.
    - Con cada amo pasa más necesidad que con el anterior.
    - Estas calamidades despiertan el ingenio del joven, quien, a partir de entonces, hará uso de sus tretas y mañas para sobrevivir.
  - **Ascenso social de Lázaro** (tratados IV-VII)
    - Continúa el relato del servicio a diferentes amos (un fraile, un vendedor de bulas, un pintor de panderos, un capellán y un alguacil) hasta que, finalmente, trabaja como pregonero de vinos para el arcipreste de San Salvador, quien lo casa con su criada y amante.
    - En ellos, se aprecia el ascenso social de Lázaro. Aquí, el tema dominante es la hipocresía. El pícaro, que ha aprendido de las experiencias vividas, pierde su ingenuidad y se envilece.
    - Comprende que para sobrevivir en la sociedad debe practicar la hipocresía, de ahí que acepte el trato deshonroso que le propone el arcipreste.

El vendedor de bulas.

Personajes

- **El pícaro.** El mozo confiado y caritativo de sus inicios se convierte a lo largo de los años en un hombre desengañado, que ha asumido el disimulo y la deshonra como única vía para vivir tranquilo y acomodado. La narración lineal de la vida del pícaro nos permite constatar la degradación moral y espiritual de Lázaro.
- **Los amos.** Los amos de Lázaro contribuyen con mal ejemplo a moldear la personalidad del joven. Cada uno de ellos encarna un vicio: un ciego astuto y mezquino, un clérigo avaro, un hidalgo arruinado que intenta aparentar una falsa riqueza, un fraile lujurioso, un buldero que estafa y tima a la gente, un capellán que lo explota...

Éxito del *Lazarillo*

La novela alcanzó fama rápidamente: fue prohibida por la Inquisición, circuló en copias manuscritas y se tradujo a otras lenguas: francés (1560), inglés (1576), holandés (1579), alemán (1617) e italiano (1622).

Monumento al Lazarillo de Tormes, de Agustín Casillas (Salamanca).

Temas

La obra aborda los siguientes temas:

- **El hambre.** La vida del pícaro constituye una lucha por la subsistencia en contra del hambre y de la pobreza: engaña al ciego para quitarle parte de su comida y al clérigo tacaño que apenas lo alimenta. Tiene que mendigar para mantener y dar de comer al escudero...
- **La hipocresía.** La novela nos descubre constantemente el contraste existente entre el ser y el parecer, la realidad y las apariencias. Él mismo acabará adoptando el fingimiento y el disimulo como medio para alcanzar el ansiado «ascenso social».
- **Crítica social.** El autor sanciona los vicios de distintos estamentos sociales, la moral acomodaticia de Lázaro y los defectos morales de la España del siglo XVI (pobreza, mendicidad, delincuencia, crueldad...).
- **Sátira eclesiástica.** Se denuncian las actitudes de los miembros del clero (falsa religiosidad, hipocresía, avaricia, etc.).
- **La honra.** El *Lazarillo* propone un nuevo concepto de honra basado en las obras y virtudes del individuo y no en su nacimiento. Se rechaza, así, el estéril concepto de *honra,* propio de la época, que encarna, por ejemplo, el hidalgo pobre, a quien su *linaje* le impide trabajar.

Rasgos de la novela

- **Autobiografismo y relato epistolar.** Es un relato con forma autobiográfica que adopta el estilo de una carta, en la que el narrador y protagonista, Lázaro de Tormes, cuenta su vida a un destinatario al que llama Vuestra Merced.
- **Novela de aprendizaje.** El protagonista aprende a base de golpes a sobrevivir y a lograr una situación social que él mismo considera «la cumbre de toda buena fortuna».
- **Realismo.** En la novela tanto los personajes como la realidad se presentan de modo más fiel que en las narraciones anteriores, de carácter idealista (libros de caballerías, novela pastoril, etc.).
- **Humor.** Las penurias sufridas por Lázaro se suavizan a través del humor amargo que se destila a lo largo de los tratados que conforman la obra. El autor se sirve del humor y de la ironía para realizar una crítica de personajes y situaciones.
- **Retrato de los personajes.** El servicio a varios amos permite al autor describir personajes representativos de la sociedad española de la época. En los tres primeros amos quedan retratados el pueblo, la Iglesia y la nobleza.

Estilo y lenguaje

Sobriedad y **claridad** de estilo son los rasgos que definen la prosa del *Lazarillo*. La lengua del *Lazarillo* es cercana, viva y popular. Trata de imitar el habla cotidiana de las gentes de su clase (tono coloquial, frases breves, giros familiares, refranes y sentencias) como corresponde al realismo de la narración. Asimismo, se emplean figuras retóricas (antítesis, paradojas o dobles sentidos).

Actividades

3 Busca información sobre el *Lazarillo de Tormes* y enumera los nueve amos a los que sirvió a lo largo de su vida. Explica con qué vicio se relaciona a cada uno de ellos.

4 Lee el siguiente texto y responde a las preguntas:

> En cuanto entramos, se quitó la capa, y, preguntándome si tenía las manos limpias, la sacudimos y la doblamos, y soplando hasta dejar muy limpio un poyo que allí había, puso la capa en él. Y hecho esto, se sentó junto a ella y me preguntó detalladamente de dónde era y cómo había llegado a esta ciudad. Y yo le di más explicaciones de lo que hubiera querido, porque me parecía que era hora conveniente de mandarme poner la mesa y servir la olla, y no de hacerme preguntas. A pesar de eso, yo le hablé de mí con las mejores mentiras que supe, inventando mis bienes y callando lo demás, porque me parecía que no era el momento apropiado.
>
> Cuando acabó de preguntarme, estuvo un rato en silencio, y yo pronto vi que era mala señal, porque eran ya casi las dos y le veía tantas ganas de comer como a un muerto. Y además de esto, observaba que mi amo había cerrado la puerta con llave, y que ni arriba ni abajo se sentían pasos de persona viva en la casa. Todo lo que yo había visto eran paredes, pero ninguna silla, ni banco, ni mesa, ni tampoco un arca como la del clérigo. En fin, la casa parecía que estaba embrujada.
>
> *Lazarillo de Tormes*, «Clásicos a Medida», Anaya.

- ¿Con qué amo está Lázaro?
- ¿Qué indicios observa Lázaro sobre su situación económica?
- ¿Qué tipo de lenguaje presenta este fragmento? Señala algún ejemplo que justifique tu respuesta.
- Busca ejemplos en el texto que corroboren que la novela tiene forma de relato autobiográfico escrito en primera persona.
- ¿Qué otros rasgos de la novela picaresca presenta este fragmento?

Actividades

5 Lee este texto y responde a las preguntas:

Lazarillo y el vino

Usaba poner cabe sí un jarrillo de vino cuando comíamos, y yo, muy de presto, le asía y daba un par de besos callados y tornábale a su lugar. Mas durome poco; que en los tragos conocía la falta, y, por reservar su vino a salvo, nunca después desamparaba el jarro [...] Mas no había piedra imán que así trajese a sí como yo con una paja larga de centeno, que para aquel menester tenía hecha, la cual, metiéndola en la boca del jarro, chupando el vino, lo dejaba a buenas noches. Mas, como fuese el traidor tan astuto, pienso que me sintió, y desde en adelante mudó propósito, y asentaba su jarro entre las piernas y tapábale con la mano, y así bebía seguro.

Yo, como estaba hecho al vino, moría por él; y viendo que aquel remedio de la paja no me aprovechaba ni valía, acordé en el suelo del jarro hacerle una fuentecilla y agujero sutil, y delicadamente con una muy delgada tortilla de cera taparlo; y al tiempo de comer, fingiendo haber frío, entrábame entre las piernas del triste ciego a calentarme en la pobrecilla lumbre que teníamos, y al calor de ella luego derretida la cera (por ser muy poca), comenzaba la fuentecilla a destilarme en la boca, la cual yo de tal manera ponía, que maldita la gota se perdía. Cuando el pobreto iba a beber, no hallaba nada. Espantábase, maldecíase, daba al diablo el jarro y el vino, no sabiendo qué podía ser.

—No diréis, tío, que os lo bebo yo —decía—, pues no le quitáis de la mano.

Tantas vueltas y tientos dio al jarro, que halló la fuente y cayó en la burla; mas así lo disimuló como si no lo hubiera sentido.

Y luego otro día, teniendo yo rezumando mi jarro como solía, no pensando el daño que me estaba aparejado ni que el mal ciego me sentía, senteme como solía. Estando recibiendo aquellos dulces tragos, mi cara puesta hacia el cielo, un poco cerrados los ojos por mejor gustar el sabroso licor, sintió el desesperado ciego que ahora tenía tiempo de tomar de mí venganza, y con toda su fuerza, alzando con dos manos aquel dulce y amargo jarro, le dejó caer sobre mi boca, ayudándose, como digo, con todo su poder, de manera que el pobre Lázaro, que nada de esto se guardaba, antes, como otras veces, estaba descuidado y gozoso, verdaderamente me pareció que el cielo, con todo lo que en él hay, me había caído encima.

Fue tal el golpecillo, que me desatinó y sacó de sentido, y el jarrazo tan grande, que los pedazos de él se me metieron por la cara, rompiéndomela por muchas partes, y me quebró los dientes, sin los cuales hasta hoy día me quedé.

Desde aquella hora quise mal al mal ciego, y, aunque me quería y regalaba y me curaba, bien vi que se había holgado del cruel castigo. Lavome con vino las roturas que con los pedazos del jarro me había hecho, y, sonriéndose decía:

—¿Qué te parece, Lázaro? Lo que te enfermó te sana y da salud.

Lazarillo de Tormes, «Clásicos Hispánicos», Anaya.

- ¿Cómo reacciona el ciego ante el último engaño? ¿Crees que la venganza es excesiva? ¿Qué consecuencias tiene este episodio para la relación de Lázaro y el ciego?
- ¿Qué rasgos de la personalidad de Lázaro podemos extraer del texto? ¿Crees que es un personaje modélico?
- ¿Cómo es la relación de Lázaro y del ciego? ¿Se trata de una relación afectuosa? Anota las expresiones que cada uno utiliza para referirse al otro.
- Localiza ejemplos de antítesis y de paradoja. Identifica algún pasaje en el que predomine el humor.

4.3 El teatro renacentista

En la primera mitad del siglo XVI, el panorama teatral fue muy variado, ya que convivieron diversas manifestaciones: un **teatro religioso,** ligado a las celebraciones del Corpus; un **teatro escrito por humanistas,** vinculado a las aulas universitarias; y un **teatro profano,** representado en los palacios. Los principales dramaturgos de este período son **Gil Vicente, Torres Naharro** y **Juan del Encina.**

En la segunda mitad de siglo, la dramaturgia resulta más interesante. En estos años decisivos para la historia del teatro español, se produjeron varios hechos que prepararon el terreno al creador del gran teatro nacional, Lope de Vega: la aparición de los primeros teatros públicos («corrales de comedias») y de las primeras compañías de actores profesionales; el triunfo de la influencia italiana, de la mano de **Lope de Rueda;** y las aportaciones teatrales de **Juan de la Cueva.**

Lope de Rueda (1859), Manuel Borrás.

Lope de Rueda

Lope de Rueda es el creador de los **pasos,** composiciones breves que se representaban en los descansos de las comedias con estas características:

- la trama sencilla (un timo, una burla);
- los personajes grotescos (bobos, ladrones, rufianes, criados);
- la escritura en prosa, con un lenguaje coloquial, ágil y vivo;
- la finalidad de entretener y divertir al público.

Juan de la Cueva

El mérito de Juan de la Cueva residió en llevar a escena personajes históricos, leyendas nacionales o hechos de la historia reciente, recogidos en romances y crónicas. Por este motivo se le ha considerado como un precursor de Lope de Vega.

Actividades

6 Lee este fragmento de un paso de Lope de Rueda y responde a las preguntas:

HONZIGERA y PANARIZO son dos ladrones hambrientos que intentan quitar al bobo Mendrugo la cazuela con comida que este llevaba a su mujer a la cárcel.

HONZIGERA.—*(Volviendo, con un rápido movimiento de mano, la cara de Mendrugo hacia él).* Escucha.

MENDRUGO.—Ya escucho, señor.

HONZIGERA.—Mira, en la tierra de Jauja hay un río de miel; y junto a él, otro de leche; y entre río y río hay un puente de mantequilla encadenada de requesones y caen en aquel río de la miel, que no parece sino están diciendo: «Cómeme, cómeme». [...]

PANARIZO.—¡Escucha aquí, necio!

MENDRUGO.—Ya escucho, señor.

PANARIZO.—Mira, en la tierra de Jauja hay unos árboles que los troncos son de tocino.

MENDRUGO.—¡Oh, benditos árboles! [...]

HONZIGERA.—Mira, en la tierra de Jauja las calles están empedradas con yemas de huevos; y, entre yema y yema, un pastel con lonjas de tocino.

MENDRUGO.—¿Y asadas?

HONZIGERA.—Y asadas, que ellas mismas dicen: «Tragadme, tragadme».

MENDRUGO.—Ya parece que las trago. [...]

PANARIZO.—Mira, en la tierra de Jauja hay muchas cazuelas con arroz y huevos y queso.

MENDRUGO.—¿Cómo esta que yo traigo? *(Mira la cazuela).* ¡Anda, si está vacía! *(Honzigera y Panarizo hacen mutis corriendo. Mendrugo, dando voces tras ellos).* ¡Ladrones! ¡Ladrones! *(Se detiene de pronto y mira la cazuela tristemente).* Me han dejado sin un buñuelo. ¡Pobre de mí! ¿Y qué hago yo ahora? *(Pausa).* Pobrecillos, a lo mejor es que tenían hambre... ¡Que Dios les perdone el daño que me han hecho! La culpa la he tenido yo, por creer que hay tierras en donde se puede vivir sin trabajar.

Lope de Rueda, *La tierra de Jauja*, Espasa-Calpe.

a) ¿Qué tipo de pieza teatral es un paso?

b) Según los ladrones, ¿cómo es la tierra de Jauja?

c) ¿Qué enseñanza saca Mendrugo?

d) Pon un ejemplo del texto que explique cómo consigue Lope de Rueda la comicidad.

Actividades

7 Las representaciones teatrales como la de los pasos constituyen una forma divertida de aprender a expresarse oralmente en público: nos ayuda a superar el miedo escénico, a asimilar técnicas de vocalización y de expresión...

a) Formad grupos de cuatro personas y repartíos los papeles de Águeda, Toruvio, Mencigüela y Aloxa. Escuchad, si queréis, la grabación de este texto, os ayudará a declamarlo correctamente.

b) Comparad vuestras actuaciones y decidid qué grupo lo ha hecho mejor y por qué.

Las aceitunas

ÁGUEDA.—... Mira, muchacha, que te mando que no las des a menos el celemín[1] de a dos reales castellanos.

TORUVIO.—¿Cómo a dos reales castellanos? Ven acá, muchacha: ¿a cómo has de pedir?

MENCIGÜELA.—A como quisiereis, padre.

TORUVIO.—A catorce o quince dineros.

MENCIGÜELA.—Así lo haré, padre.

ÁGUEDA.—¿Cómo «así lo haré, padre»? Ven acá, muchacha, ¿a cómo has de pedir?

MENCIGÜELA.—A como mandareis, madre.

ÁGUEDA.—A dos reales castellanos.

TORUVIO.—¿Cómo a dos reales castellanos? Yo os prometo que, si no hacéis lo que yo os mando, que os tengo de dar más de doscientos correonazos. ¿A cómo has de pedir?

MENCIGÜELA.—A como decís vos, padre.

TORUVIO. A catorce o quince dineros.

MENCIGÜELA.—Así lo haré, padre.

ÁGUEDA.—¿Cómo «así lo haré, padre»? Tomad, tomad, haced lo que yo os mando.

TORUVIO.—Deja a la muchacha.

MENCIGÜELA.—¡Ay, madre; ay, padre, que me matan!

ALOXA.—¿Qué es esto, vecinos? ¿Por qué maltratáis así a la muchacha?

ÁGUEDA.—¡Ay, señor! Este mal hombre que me quiere dar las cosas a menos precio y quiere echar a perder mi casa; ¡unas aceitunas que son como nueces!

TORUVIO.—Yo juro por los huesos de mi linaje que no son ni siquiera como piñones.

ÁGUEDA.—Sí son.

TORUVIO.—No son. [...]

ALOXA.—Señor vecino, ¿dónde están las aceitunas? Sacadlas aquí fuera, que yo las compraré, aunque sean veinte hanegas[2].

TORUVIO.—Que no, señor; que no es como piensa vuestra merced, pues las aceitunas no están en casa, sino en la heredad.

ALOXA.—Pues traedlas aquí, que yo las compraré todas al precio que fuere justo.

MENCIGÜELA.—A dos reales quiere mi madre que se venda el celemín.

ALOXA.—Cara cosa es esa.

TORUVIO.—¿No le parece así a vuestra merced?

MENCIGÜELA.—Y mi padre a quince dineros.

ALOXA.—Tenga yo una de ellas.

TORUVIO.—Válgame Dios, señor. Vuesa merced no me quiere entender. Hoy he plantado un renuevo de aceitunas, y dice mi mujer que de aquí a seis o siete años dará cuatro o cinco hanegas de aceituna y que ella las recogería, que yo las acarrearía y que la muchacha las vendería; y que por derecho habría de pedir a dos reales por cada celemín; yo que no, y ella que sí, y sobre esto ha sido la cuestión.

ALOXA.—¡Oh, qué disputa más graciosa; nunca tal se ha visto! Las aceitunas no están plantadas y ¡ha llevado la muchacha tarea sobre ellas!

Lope de Rueda, *El deleitoso (siete pasos)*,
Espasa-Calpe.

[1]**Celemín:** medida de capacidad para cereales y legumbres que equivalía en Castilla a 4,625 litros aproximadamente. [2]**Hanega:** fanega, medida de capacidad que tenía 12 celemines.

Comentario resuelto. Consulta este modelo de comentario en **anayaeducacion.es**.

Tras dejar al ciego, Lázaro sirve a su segundo amo, un clérigo avaro que lo mata de hambre. El clérigo guarda panes en un arca y Lázaro consigue una llave para abrirla. El religioso descubre que le va faltando pan y primero cree que son los ratones, pero más tarde piensa que es una culebra.

Lazarillo y la llave

Se iba a mi cama de pajas y las revolvía, y a mí con ellas, creyendo que la culebra se iba para mí y se escondía entre mis pajas o en mi ropa, porque le habían dicho que estos animales, buscando calor, se acercaban de noche a las cunas de los niños y hasta les mordían y los ponían en peligro.

Yo me hacía el dormido la mayor parte de las veces y por la mañana me decía:

—Mozo, ¿esta noche no sentiste nada? Pues anduve detrás de la culebra, y pienso incluso que se ha de ir para tu cama, porque son muy frías y buscan calor.

—Quiera Dios que no me muerda —decía yo—, que le tengo mucho miedo.

De esta manera mi amo estaba tan despierto y falto de sueño, que la culebra, o culebro, por mejor decir, no se atrevía a roer durante la noche ni a levantarse para ir al arca; pero de día, mientras estaba en la iglesia o por el pueblo, yo hacía mis asaltos. Y viendo él estos daños, y el poco remedio que les podía poner, andaba de noche, como digo, hecho un duende.

Yo tuve miedo de que con aquellas acciones mi amo acabase encontrando la llave, que yo tenía escondida debajo de las pajas, y me pareció lo más seguro metérmela en la boca durante la noche [...]

Pues como iba diciendo, yo metía cada noche la llave en mi boca y dormía sin temor a que el brujo de mi amo diese con ella; mas cuando la desgracia ha de venir, de poco sirven los cuidados. Quiso mi destino, o por mejor decir, mis pecados, que, una noche mientras estaba durmiendo, la llave se me pusiera en la boca, que debía de tener abierta, de tal manera y posición que el aire y resoplido que yo echaba al dormir salía por lo hueco de la llave, que era de las que tiene el mango hueco, y para mi desgracia silbaba tan fuerte, que el miedoso de mi amo lo oyó y creyó sin duda que era el silbido de la culebra, y en verdad debía de parecerlo.

Se levantó en silencio con su garrote en la mano, y a tientas y siguiendo el sonido de la culebra se acercó hasta mí con mucha calma, para que la culebra no lo sintiera. Y al verse cerca de mí, pensó que allí se había escondido, entre las pajas donde yo dormía, buscando mi calor. Levantando bien el palo, pensando que la tenía debajo y que el garrotazo que le iba a dar sería tal que la mataría, con toda su fuerza me descargó en la cabeza un golpe tan grande, que me dejó sin sentido y muy mal descalabrado.

Él contaba que, cuando notó que me había golpeado, según el enorme grito de dolor que yo di por causa del feroz golpe, se había acercado hasta mí, y que llamándome con grandes voces, procuró despertarme. Pero, al tocarme con las manos, tentó la mucha sangre que yo derramaba, y se dio cuenta del daño que me había hecho. Y con mucha prisa fue a buscar lumbre, y, llegando con ella, me encontró llorando, aún con mi llave en la boca, que en ningún momento la abandoné; la mitad, fuera, como creo que estaba cuando silbaba con ella.

Se extrañó el matador de culebras de dónde podía ser aquella llave, la miró, sacándomela entera de la boca, y sospechó lo que era, porque las muescas eran iguales a las de su llave. De inmediato fue a probarla, y con ella probó el engaño. El cruel cazador debió de pensar: «Por fin he hallado el ratón y la culebra que me daban guerra y se me comían mi hacienda».

De lo que sucedió en aquellos tres días siguientes no puedo asegurar nada, aunque esto que he contado se lo oí decir a mi amo cuando recuperé el sentido, el cual lo relataba con todo detalle a cuantos se acercaban por allí.

Lazarillo de Tormes, «Clásicos a Medida», Anaya.

Recuerda seleccionar el material de trabajo de esta unidad para tu **portfolio**.

Recuerda que en tu banco de recursos dispones de:

- Diversos talleres para gestionar tus emociones y de una diana para evaluarlas.
- Fichas para mejorar tu ciudadanía digital.

Comprensión del texto

1 ¿A qué se dedicaba el clérigo durante la noche?

2 ¿Dónde guardaba Lázaro la llave del arca en un principio? ¿Y después? ¿Por qué motivo?

3 ¿Cuándo se dio cuenta el clérigo de que Lázaro era el culpable de los robos?

4 ¿Cuántos días estuvo inconsciente Lázaro tras el incidente?

Tema y análisis del contenido

5 ¿Por qué es una narración con forma autobiográfica?

a) Porque el protagonista narra en primera persona acontecimientos de su propia vida.

b) Porque el protagonista narra en tercera persona hechos que él ha vivido.

6 Redacta un título original al episodio que sirva como resumen del tema.

7 ¿Qué características del pícaro puedes deducir después de la lectura de este fragmento? Justifica tus respuestas con ejemplos del texto.

8 ¿A qué culpa Lázaro de su desgracia?

En definitiva, ¿qué movía al protagonista para que se comportase así?

9 ¿Qué enseñanza aprende Lázaro en este episodio?

Estructura

10 ¿A qué parte de la obra completa crees que pertenece este episodio?

- ¿Consta de planteamiento, nudo y desenlace?
- ¿O comienza directamente en el nudo? Justifica tu respuesta.

11 El fragmento se compone de tres partes de desigual longitud. Completa en tu cuaderno y define la estructura:

PARTES	PÁRRAFOS	CONTENIDO
1.ª PARTE	....	....
2.ª PARTE	....	....
3.ª PARTE	....	....

Repaso interactivo. Accede a este juego en el banco de recursos de anayaeducacion.es.

12 ¿Qué modalidad textual predomina? ¿Sigue las características de dicha modalidad textual? Justifica tu respuesta.

Análisis del lenguaje

13 Busca en el texto los adjetivos que describen el carácter del clérigo. ¿Qué impresión te causan?

14 En el fragmento también hay texto dialogado. Copia un ejemplo de cada modalidad:

Estilo directo

Estilo indirecto

15 Localiza tres ejemplos de antítesis.

16 ¿Qué rasgos evidencian el registro coloquial de Lázaro?

17 La adjetivación es escasa. ¿En qué momentos se concentran los adjetivos? Cópialos.

18 El sufijo *-azo* es un aumentativo y también puede significar 'golpe dado con'. Busca un término del texto que lo contenga.

- ¿Qué otros nombres con este sufijo conoces?

Redacción del comentario

19 Después de realizar las actividades, debes redactar el comentario. Para ello, puedes seguir estas indicaciones:

- Comienza resumiendo las principales características del Renacimiento y de la prosa renacentista; comenta el género literario de la obra y sus rasgos definitorios. Localiza el fragmento dentro de la obra y el episodio dentro del tratado.
- Expón brevemente de forma clara y ordenada los datos más relevantes que hayas obtenido del análisis del texto: tema, argumento, actitud picaresca del protagonista, estructura, lenguaje, recursos literarios...
- Concluye con una valoración sobre el texto. ¿Qué opinas del comportamiento del clérigo? ¿De qué manera podría el hambre justificar los actos de Lázaro? ¿Qué táctica hubieses empleado tú para conseguir comida en esas circunstancias?

ANEXO

ORTOGRAFÍA

1. Acentuación de diptongos, triptongos e hiatos
2. La tilde diacrítica
3. Acentuación de extranjerismos y palabras compuestas
4. Los nombres propios
5. Las letras *g* y *j*
6. Las letras *b* y *v*
7. La letra *h*
8. El dígrafo *ll* y la letra *y*
9. Los signos de puntuación
10. Las palabras juntas y separadas

Accede a más actividades para practicar la ortografía en **anayaeducacion.es**.

1 ACENTUACIÓN DE DIPTONGOS, TRIPTONGOS E HIATOS

DIPTONGOS, TRIPTONGOS E HIATOS

→ El **diptongo** se forma con dos vocales juntas que pertenecen a la misma sílaba: *pei - ne, cau - dal, pen - sión.*

→ El **triptongo** se forma con tres vocales juntas que pertenecen a la misma sílaba: *guau.*

→ El **hiato** lo forman dos vocales seguidas que pertenecen a sílabas distintas: *pe - ón, ca - er, cano - a, moví - a.*

	FORMACIÓN	REGLAS DE ACENTUACIÓN
El diptongo	Está formado por una vocal cerrada átona *(i, u)* y una abierta *(a, e, o)* o viceversa. También, por dos vocales cerradas: *sau - na, pier - na, sui - zo.*	Lleva tilde según las reglas generales de acentuación: Si está formado por dos vocales cerradas *(i, u)* la tilde va en la última: *cuí - date.* Si está formado por una cerrada *(i, u)* y una abierta *(a, e, o)*, la tilde va sobre la abierta: *sa - béis, tum - báis.*
El triptongo	Está formado por una vocal abierta *(a, e, o)* entre dos cerradas átonas *(i, u)*: *con - fiáis, despre - ciéis, buey.* Como ves, la letra *y* se pronuncia como la vocal *i.* Si fuera tónica alguna de las cerradas, no sería un triptongo *(decí - ais).*	Lleva tilde según las reglas generales de acentuación: *vieira, cambiéis.*
El hiato	Está formado por dos vocales abiertas *(a, e, o)* o dos vocales iguales: *a - orta, re - actor, aza - har, co - operación.* Como ves la presencia de la *h* no impide la formación de hiatos. Una vocal cerrada tónica *(í, ú)* seguida o precedida de una vocal abierta *(a, e, o)*: *Marí-a, Pú-a, ca-ída.*	Lleva tilde según las reglas generales de acentuación. Sin embargo, si el hiato está formado por una vocal abierta átona y una vocal cerrada tónica, la cerrada lleva siempre tilde, con independencia de las reglas generales de acentuación: *re - ír, mí - o, bú - ho.*

Actividades

1 Coloca la tilde en las palabras que lo necesiten y clasifícalas en agudas, llanas, esdrújulas o sobresdrújulas:

musica	*musical*	*marmol*
boligrafo	*pension*	*cuentamelo*
angel	*prestaselas*	*reloj*
reflexion	*grua*	*cesped*
caotico	*pared*	*anecdota*

2 Explica por qué llevan o no tilde las palabras de la actividad anterior.

3 Separa en sílabas las palabras siguientes y clasifícalas según contengan un diptongo o un hiato:

penséis	*camión*	*cuidado*
héroe	*peinar*	*miércoles*
aéreo	*poesía*	*realidad*
secretaría	*biología*	*secundaria*
contemporáneo	*Bolivia*	*cohorte*

4 Indica cuáles de estas afirmaciones son correctas y escribe ejemplos. Corrige las que son falsas:

a) La combinación formada por vocal cerrada tónica y vocal abierta átona siempre debe llevar tilde en la vocal cerrada.

b) Los diptongos llevan tilde según las reglas generales de acentuación.

c) Los triptongos, cuando deben llevar tilde, esta recae sobre la vocal abierta.

d) Las vocales que aparecen formando hiato pertenecen siempre a la misma sílaba.

5 Separa las siguientes palabras en sílabas e indica cuáles de ellas contienen triptongo:

Paraguay	*sentiríais*	*guau*
escribíais	*aseáis*	*limpiéis*
puntuéis	*miau*	*cambiáis*

2 LA TILDE DIACRÍTICA

QUÉ ES LA TILDE DIACRÍTICA

La **tilde diacrítica** es el acento gráfico que sirve para distinguir una palabra tónica de una palabra átona que tienen la misma forma. Muchas de estas palabras son monosílabas.

En el siguiente cuadro aparecen reflejados los casos más usuales:

MONOSÍLABOS CON TILDE DIACRÍTICA		MONOSÍLABOS SIN TILDE DIACRÍTICA	
él (pronombre)	*Él es arquitecto.*	**el** (artículo)	*El perro ladra mucho.*
tú (pronombre)	*Tú tienes mucho calor.*	**tu** (determinante posesivo)	*Tu casa está vieja.*
mí (pronombre)	*Esto es para mí.*	**mi** (determinante posesivo)	*Mi madre es rubia.*
sí (pronombre y adverbio de afirmación)	*Lo desea todo para sí.* *Sí, lo haré.*	**si** (conjunción y nota musical)	*Si llueve, no vayas.* *Tocó un si prolongado.*
sé (del verbo *saber* o del verbo *ser*)	*Yo sé la solución.* *Sé más prudente.*	**se** (pronombre)	*Se salió de la sala.*
dé (verbo *dar*)	*Dé usted las gracias.*	**de** (preposición)	*La moto de Juan.*
té (sustantivo)	*Tomaré té con leche.*	**te** (pronombre)	*Te dije la verdad.*
más (adverbio)	*No grites más.*	**mas** (conjunción)	*Quise ir, mas no pude.*

EN INTERROGATIVOS Y EXCLAMATIVOS

Los determinantes, pronombres y adverbios interrogativos y exclamativos *(qué, cuál, quién, cómo, dónde, cuándo, cuánto)* llevan tilde diacrítica cuando introducen oraciones interrogativas o exclamativas, tanto en construcción directa como indirecta.

→ **Construcción directa:** *¿Quién vino?; ¿Dónde vives?; ¿Cuándo lloverá?; ¡Cuánta gente hay!*

→ **Construcción indirecta:** *Dime quién vino; Me pregunto cuándo lloverá; No imaginas cuánta gente hay.*

Actividades

1 Copia en tu cuaderno con el monosílabo correcto:

- *No* .... (sé/se) .... (sí/si) *Luis vendrá a* .... (mí/mi) *fiesta.*
- *Cuando* .... (él/el) .... (té/te) *preguntó,* .... (tú/tu) *respondiste que* .... (sí/si).
- .... (Dé/de) *usted su ayuda a quien* .... (más/mas) *la necesite.*
- *Pedro* .... (sé/se) *preocupó por* .... (sí/si) *volvía a llover,* .... (más/mas) *no ocurrió.*
- .... (El/él) *coche* .... (sé/se) *estropeó ayer y no pienso arreglarlo* ..... (más/mas).
- *Cuando sonó la nota* .... (sí/si) *todos se dirigieron hacia* .... (mí/mi) *con mucha emoción.*

2 Copia y completa las palabras siguientes con la vocal acentuada cuando corresponda:

- *Dime c....mo llegaste hasta mi casa si no sabías por d....nde debías ir.*
- *Qui....n quiera colaborar qu.... me pregunte cu....ndo estará todo preparado.*
- *No quiero saber cu....nto me va a costar todo esto.*
- *¿Cu....l es tu nombre? Nunca sé c....mo llamarte.*
- *C....mo no hagas las tareas, verás cu_nto se enfadan tus padres.*
- *¿Qu.... harás el domingo por la tarde cu....ndo salgas del cine?*

3 ACENTUACIÓN DE EXTRANJERISMOS Y PALABRAS COMPUESTAS

ACENTUACIÓN DE EXTRANJERISMOS

- Los **extranjerismos** que no se han incorporado a la pronunciación y grafía españolas deben escribirse en cursiva o entre comillas, y no se utilizará ningún acento que no sea propio de la lengua de origen *(marketing, camping)*.
- Si los términos se han incorporado por completo, seguirán las reglas generales de acentuación *(bádminton, yogur, carné)*.

ACENTUACIÓN DE PALABRAS COMPUESTAS

- Cuando dos palabras se unen para formar una compuesta, la primera, si lleva tilde, la pierde y la segunda la mantiene si ya la tenía *(decimoséptimo)*.
- En los compuestos formados por palabras separadas por un guion, ambas conservan la tilde, si la llevaban cuando eran palabras simples *(físico-químico)*.
- Los adverbios acabados en *-mente* llevan tilde o no si los adjetivos de los que proceden la lleva o no *(inútilmente, socialmente)*.
- Las formas verbales cuando llevan un pronombre detrás llevan tilde o no de acuerdo con las normas generales de acentuación *(dele, obsérvalo)*.

Actividades

1 ¿Cómo se escriben estas palabras en castellano? ¿Van en cursiva o entre comillas? Utiliza el diccionario de la Real Academia Española (www.rae.es) si necesitas información:

sheriff *rock* *sandwich*
cabare *bufe* *padel*
master *ketchup* *bunker*

2 Escribe en tu cuaderno la palabra española que le corresponde a cada uno de estos extranjerismos:

sponsor *slip* *show*
ranking *boutique* *party*

3 Investiga de qué lengua proceden los siguientes préstamos y escribe una oración con cada uno de ellos:

flash *stop* *morriña*
jazz *órdago* *butifarra*

4 Indica qué nombre reciben los extranjerismos de las siguientes lenguas:

a) inglés
b) francés
c) italiano
d) alemán
e) español de América
f) portugués

5 Los siguientes extranjerismos son ya préstamos del español. Acentúalos correctamente:

padel *chachara*
bunker *ordago*
chale *ketchup*

6 Copia y acentúa correctamente estos compuestos y justifica tu respuesta:

vaiven *tragicomica*
arabe-israeli *puntapie*
cortesmente *vigesimoseptimo*
astur-leones *quitapon*
sacacorchos *amablemente*

7 Escribe correctamente los siguientes compuestos atendiendo especialmente al uso de la tilde:

- *aprende + te + lo*
- *fácil + mente*
- *balón + mano*
- *cien + pies*
- *así + mismo*
- *presta + las*
- *di + me*
- *di + me + lo*

4 LOS NOMBRES PROPIOS

LOS ANTROPÓNIMOS

Los **antropónimos** son nombres propios de personas, apellidos e hipocorísticos *(Miguel, Sánchez, Juana).*

Los antropónimos se escriben con letra mayúscula inicial.

Para escribirlos, hay que tener en cuenta lo siguiente:

- Si un apellido comienza por preposición o por preposición más artículo, estos se escriben con minúscula cuando acompañan al nombre de pila: *Santiago de Torres, Pedro de la Rosa*.

  Pero cuando se omite el nombre de pila, la preposición debe ir con mayúscula: *señor De Torres.*
- Si el apellido comienza con artículo, este debe escribirse con mayúscula: *Antonio La Merced.*
- Los apodos, alias, sobrenombres y seudónimos se escriben con mayúscula, pero no los artículos que pueden acompañarlos: *Javier, el Melenas; Isabel, la Católica.*

Los hipocorísticos

Los hipocorísticos son variantes familiares del nombre de pila. Por ejemplo: *Pepe* (variante de *José*) o *Carmina* (variante de *Carmen*).

LOS TOPÓNIMOS

Los **topónimos** son nombres propios de lugar: *Lugo, El Saler, Gibraltar.* Se escriben con mayúscula:

- Los nombres propios de los accidentes geográficos, pero no los comunes que los acompañan: *mar Mediterráneo, río Guadalquivir, islas Galápagos.*

  Lo mismo ocurre con los nombres de calles, plazas, avenidas: *calle Alcalá, parque de María Luisa*.
- Los nombres y adjetivos que forman parte del nombre de zonas geográficas que abarcan varios países: *el Magreb, Europa del Este, América Latina.*

El artículo de los topónimos

Algunos topónimos incorporan el artículo como parte fija de su denominación y, por eso, deben escribirse con mayúscula: *El Cairo, La Habana...*

Actividades

1 Escribe los nombres de diez antropónimos y de diez hipocorísticos.

2 Escribe cinco ejemplos de cada uno de estos tipos de topónimos:

a) Nombres de ciudades europeas.

b) Nombres de islas.

c) Nombres de ríos españoles.

d) Nombres de sierras y cordilleras del mundo.

3 Copia las siguientes oraciones en tu cuaderno haciendo un uso correcto de las mayúsculas:

- *Mi amigo josé luis, apodado el bailarín, actuará mañana en la calle mayor.*
- *El océano atlántico es el segundo océano más extenso del planeta tierra, después del pacífico.*
- *Vivo en el barrio de nervión, en la calle julio romero de torres.*
- *El señor de la rocha viajará pronto a las palmas.*
- *El parque del retiro está en madrid y data del siglo XVII.*
- *Pedro la vaguada fue un gran estudioso de alfonso X el sabio.*
- *El verano pasado, en agosto, visitamos los picos de europa.*
- *laura, pili y su prima rocío escribieron un correo al señor de la mancha.*
- *el señor de la rocha vive en san martín de valdeiglesias.*

5 LAS LETRAS G Y J

SE ESCRIBEN CON G

En castellano, la **g** representa dos sonidos: *gato, goma, gente, gigante* y *gusano.*

Como ves, ante **a, o, u** no plantea ninguna duda. El problema se presenta ante las vocales **e, i,** porque el mismo sonido puede venir también representado por la letra **j:** *geranio* y *jefe; gitano* y *jirafas.*

Estas reglas ortográficas te ayudarán a escribir correctamente algunas palabras que contengan estos sonidos.

- Las palabras que comienzan por **geo-** *(geografía)* y **gest-** *(gestoría).*
- Los verbos cuyos infinitivos acaban en **-ger** *(coger),* **-gir** *(mugir),* **-gerar** *(exagerar);* excepto *tejer* y *crujir.*
- Las palabras que contienen la sílaba **gen** en cualquier posición *(margen, agencia);* excepto *jengibre.*
- Las palabras que acaban en **-géneo** *(homogéneo),* **-génico** *(fotogénico),* **-genio** *(ingenio),* **-gente** *(indigente),* **-logía** *(zoología),* **-lógico** *(biológico),* **-genario** *(octogenario)* y **-gésimo** *(vigésimo).*

SE ESCRIBEN CON J

- Los verbos cuyos infinitivos acaban en **-jear** *(callejear).*
- Las formas de los verbos cuyos infinitivos no tienen ni **g** ni **j.** Por ejemplo: *produje* (de *producir*), *trajimos* (de *traer*).
- Las palabras que terminan en **-aje** *(traje),* **-eje** *(hereje)* y **-jería** *(mensajería).*
- Las palabras que derivan de otra que contenga **j:** *cajón, cajonera, encajonar.*

Actividades

1 Completa en tu cuaderno con *g* y *j*, según convenga, e indica qué regla ortográfica has seguido en cada caso:

enca....e	*diri....ente*	*....estor*
inteli....encia	*tra....e*	*hetero....éneo*
....enética	*ali....erar*	*re....ente*
enco....er	*tri....ésimo*	*produ....imos*
enca....ar	*te....ido*	*filolo....ía*

2 Indica la palabra que corresponda a cada una de estas definiciones. Una pista: todas las palabras tienen *g* o *j*:

a) Figura, representación, semejanza y apariencia de algo.

b) Ciencia que trata la forma externa e interna del globo terráqueo.

c) Mover o pasar ligeramente las hojas de un libro o de un cuaderno.

d) Persona que niega alguno de los dogmas establecidos por una religión.

3 Conjuga el pretérito perfecto simple de indicativo de *conducir* y *coger.*

4 Escribe cinco palabras que acaben en *-logía.*

5 Completa en tu cuaderno las oraciones con las palabras siguientes: *injerencias, gira, jirones, ingestión.*

- *No son convenientes las .... de personas ajenas a la familia en nuestros asuntos.*
- *El famoso cantante comenzará en breve su ....*
- *Tras la pelea, su camisa quedó hecha ....*
- *La .... excesiva de alimentos grasos no es recomendable para mi dieta.*

6 LAS LETRAS B Y V

SE ESCRIBEN CON B

- Todas las formas de los verbos *beber, caber, deber, haber* y *saber.*
- Los verbos acabados en **-bir** (salvo *hervir, servir* y *vivir*) y **-buir:** *escribir, contribuir.*
- El pretérito imperfecto de indicativo de los verbos de la primera conjugación y, además, el del verbo *ir: cantaba, iba.*
- Las palabras terminadas en **-bundo** o **-bunda:** *meditabundo, vagabunda.*
- Las palabras acabadas en **-bilidad,** menos *movilidad: amabilidad.*
- Las palabras con los prefijos **bio-, bien-** o **bene-:** *biología, bienvenida, beneplácito.*
- Las palabras que empiezan por los prefijos **bi-, bis-, biz-** que significan 'dos' o 'dos veces': *bimotor, bisabuelo, bizcocho.*
- Las palabras que comienzan por las sílabas **bu-, bus-, bur-,** excepto *vudú*: *bucear, buscar, burbuja.*
- Las palabras derivadas y compuestas de aquellas que lleven **b.**

SE ESCRIBEN CON V

- Las palabras que comienzan por **eva-, eve-, evi-, evo-;** excepto *ébano* y sus derivados: *evadir, evento, evidencia, evolución.*
- Los adjetivos llanos acabados en **-avo, -evo, -ivo** (con sus femeninos correspondientes), **-ave, -eve:** *octavo, longevo, imperativo, grave, leve.*
- El pretérito perfecto simple de indicativo y el pretérito imperfecto de subjuntivo de los verbos *andar* y *tener* (y sus derivados): *tuve, anduvierais, mantuviste.*
- Los verbos acabados en **-olver:** *volver.*
- Las palabras terminadas en **-ívoro** (que come): *carnívoro.*
- Las palabras que empiezan por los prefijos **vice-, viz-, vi-** (en lugar de): *vicerrector, vizconde, virrey.*
- Detrás de las sílabas **ad-, ob-** y **sub-:** *adversario, obvio, subversión.*
- Las palabras compuestas y derivadas de las que contengan **v.**

Actividades

1 Escribe en tu cuaderno un sustantivo a partir de cada adjetivo: Ejemplo: *potable → potabilidad*

compatible	*rock*	*contable*
responsable	*visible*	*habitable*
disponible	*estable*	*accesible*

2 Busca en el diccionario cinco palabras que lleven el prefijo *bi-, bis-* o *biz-* (significa 'dos' o 'dos veces') y escribe una oración con cada una de ellas.

3 Completa en tu cuaderno estas oraciones con la forma verbal que se indica entre paréntesis:

- *Ella ....* (pretérito imperfecto de indicativo del *verbo andar*) *siempre muy deprisa.*
- *Nosotros ....* (pretérito imperfecto de indicativo de *ir*) *a verlo todos los días.*
- *Me explicó que ayer ....* (pretérito perfecto simple de *andar*) *todo el día por el centro de la ciudad.*
- *Ellos ....* (pretérito perfecto simple de *contener*) *la risa.*

4 Escribe en tu cuaderno la palabra correspondiente con *b* o *v*:

a) Que implica derivación.
b) Que anda errante, de una parte a otra.
c) Muy anciano o de larga edad.
d) Persona que hace las veces del rector.
e) Convertir en vapor un líquido.

5 Según su dieta, ¿qué adjetivo le corresponde a la vaca y a oso, respectivamente?

6 Copia y completa en tu cuaderno:

Ayer andu....imos todo el día ....uscando una ....i....ienda atracti....a que contri....uyese a nuestro ....ienestar. O....viamente, al acabar la jornada, está....amos cansados y con mucha de....ilidad.

7 Utiliza el diccionario si lo necesitas y escribe una oración con cada una de estas palabras:

revelar	*rebelarse*	*botar*	*votar*
bienes	*basto*	*vienes*	*vasto*

7 LA LETRA *H*

SE ESCRIBEN CON *H*

- Todas las formas de los verbos *haber, hacer, hallar, hablar, habitar* y sus palabras derivadas.
- Las palabras que contengan un diptongo **ue** tras vocal: *cacahuete, alcahueta.*
- Las interjecciones *hala, hurra, hola, eh, ah, oh, bah.*
- Las palabras que empiezan con los grupos vocálicos **hia-** *(hiato),* **hie-** *(hielo),* **hue-** *(hueco),* **hui-** *(huida).*
- Las palabras que empiezan por los prefijos **hepta-** *(heptasílabo),* **hecto-** *(hectómetro),* **hipo-** *(hipotermia),* **hiper-** *(hipertensión),* **hemi-** *(hemiciclo),* **hidro-** *(hidromasaje)* y **hemo-** *(hemoglobina).*
- Muchas de las palabras que empiezan por **hum-** *(humo)* y **horm-** *(hormiga).*

LOS HOMÓFONOS CON *H*

- ***He, ¡eh!, e***
  - **He:** primera persona del presente de indicativo del verbo *haber (Yo he comido bien).*
  - **¡Eh!:** interjección *(¡Eh! Ten cuidado).*
  - **E:** conjunción *(Guillermo e Ignacio).*
- ***Ha, ¡ah!, a***
  - **Ha:** tercera persona del presente de indicativo del verbo *haber (Ella ha viajado por toda Europa).*
  - **¡Ah!:** interjección *(¡Ah! ¡Qué susto!).*
  - **A:** preposición *(Vamos a la playa).*

Actividades

1 Escribe una oración con cada una de estas palabras:

hipótesis	*hemofilia*	*habitar*
ahuecar	*hectolitro*	*huevo*
hiperglucemia	*hipermercado*	*hemofilia*
hidromasaje	*humear*	*hormiguero*

2 Escribe la familia léxica de:

hablar *hacer* *habitar*

3 Selecciona la opción correcta:

- *Mañana no podremos ir* .... (a/ha/ah) *esquiar, dicen que* .... (a/ha/ah) *habido una gran tormenta.*
- *¿Has visto a Diego* .... (e/he/eh) *Isabel?*

4 Utiliza el diccionario *(www.rae.es)*, si lo necesitas, y completa en tu cuaderno estas oraciones con la opción correcta:

- *Este* .... (hecho/echo) *histórico fue relevante en la evolución de la humanidad.*
- *Arrojaron a esa* .... (honda/onda) *fosa esos* .... (deshechos/desechos).
- *Dejé la cama* .... (deshecha/desecha) *de tanto moverme.*
- .... (Ojeé/hojeé) *la revista y leí la noticia que me dijiste.*
- *Debes* .... (herrar/errar) *el caballo, pero no* .... (herrar/errar) *en la elección de la herradura adecuada.*
- *Por* (azar/azahar) ...., *me encontré flores de* (azar/azahar) .... *en el parque.*

8 EL DÍGRAFO *LL* Y LA LETRA *Y*

SE ESCRIBEN CON *LL*

- Las palabras que acaban en **-illa, -illo, -ullo** *(campanilla, corrillo, arrullo)*, excepto *tuyo, suyo, cuyo.*
- Los verbos acabados en **-illar, -ellar, -ullar, -ullir:** *atornillar, querellar, aturullar, escabullir.*
- Las formas verbales que contienen la *ll* en el infinitivo, así como sus derivaciones: por ejemplo, *rallar, rallador, ralladura...*

Recuerda

El **dígrafo** es un signo ortográfico compuesto por dos letras que representan un solo sonido. Son dígrafos en español: *ll, rr, gu.*

SE ESCRIBEN CON *Y*

- Las palabras terminadas en el sonido [*i*] cuando va formando diptongo o triptongo: *doy, buey, jersey.* También, los plurales, si los tienen, de estas palabras (*bueyes, leyes;* excepto *jerséis*). Son excepciones *bonsái* y *saharaui.*
- Detrás de los prefijos **ad-, dis-, sub-:** *adyacente, disyuntiva, subyacente.*
- Las formas verbales que en el infinitivo no tienen una *y:* por ejemplo, de *oír, oyó;* de *caer, cayó;* de *atribuir, atribuyeron.*
- Las formas verbales que tienen la *y* en el infinitivo, así como sus derivaciones: *subrayar, subrayado...*
- Las palabras que contienen la sílaba **yec:** *inyección, proyección, proyecto.*

Actividades

1 Completa en tu cuaderno con *ll* o *y*. Explica la regla ortográfica que has aplicado:

- *Arru....a al chiqui....o, a ver si se duerme con esta pro....ección.*
- *Atravesó el pasi....o haciendo sonar la campani....a.*
- *Se le ca....ó un ladri....o cuando cruzaba la capi....a.*
- *¿Esta si....a es tu....a o su....a?*

2 Copia y completa con una forma del pretérito perfecto simple de indicativo del verbo que está entre paréntesis:

- *Pedro* .... (subrayar) *las ideas principales del texto.*
- *Los matemáticos* .... (hallar) *la solución correcta.*
- *El público se* .... (callar) *cuando comenzó el concierto.*
- *A ese delincuente le* .... (atribuir) *los jueces el delito.*
- *El niño se* .... (caer) *en el parque.*
- *El joven se* .... (escabullir) *tras la reunión.*

3 Escribe una oración con cada una de estas palabras:

querellar *inyección* *disyuntiva* *subyacente*

4 Completa en tu cuaderno la tabla siguiente:

Infinitivo	3.ª p. del singular del pretérito perfecto simple	3.ª p. del plural del pretérito perfecto simple	Gerundio
construir	....	....	....
poseer	....	....	....
leer	....	....	....
huir	....	....	....

5 **Recuerda:** son palabras parónimas las que se pronuncian de forma parecida o tienen parecida forma.

Busca información y completa estas oraciones con el parónimo correcto:

- (Valla/Vaya) *a ver si hay que arreglar la* .... (valla/vaya).
- *Compré queso* .... (rallado/rayado) *para la pasta.*
- *Miguel* .... (ralló/rayó) *la mesa con un alambre.*
- *Aquel señor se* .... (calló/cayó) *rodando por no apoyar bien su* .... (callado/cayado).
- *Que* .... (halla/haya) *muchos niños pequeños es peligroso porque hay cerca un* .... (arrollo/arroyo).

9 LOS SIGNOS DE PUNTUACIÓN

SE USA EL PUNTO (.)

- Al final de un enunciado (punto y seguido), al final de un párrafo (punto y aparte) y al final de un escrito (punto final).
- En las abreviaturas *(ej., pág., Admón., Sr., D.)*, excepto en los elementos químicos *(C, P)*, en las unidades de medida *(km, cm)*, en los puntos cardinales *(N, S, E, O)* y en muchas siglas *(ESO, RENFE, www, UNICEF)*.
- En la inicial de un nombre propio: *A. Machado, M. de Unamuno.*

SE USA LA COMA (,)

- Para separar los componentes de una enumeración, excepto delante de los precedidos por las conjunciones **y, ni, o:** *Ella comía tomates, lechugas, patatas* y *huevos.*
- Para separar los vocativos del resto del enunciado (nombres con los que nos dirigimos a alguien): *Ana, escúchame, por favor.*
- En incisos o explicaciones: *Juan, el primo de Loli, es veterinario.*
- Cuando se suprime un verbo: *Pepe llegó pronto; su tío, tardísimo.*
- En las cifras, entre la parte entera y la decimal: *Ese cuaderno me costó 2,15 €.*

Usos incorrectos de la coma

No se debe usar coma entre sujeto y verbo: **Manuel, leía el periódico.*

SE USA EL PUNTO Y COMA (;)

- En las enumeraciones que ya tienen comas: *Carlos cogía las vacaciones en tres momentos: en Año Nuevo, al pueblo; en Carnaval, a la nieve; y en verano, a la costa.*
- Delante de estas expresiones: *sin embargo, aunque, en otras palabras, pero...*

Recuerda

Después de punto y coma nunca se escribe mayúscula.

Actividades

1 Copia en tu cuaderno y escribe coma y punto y coma donde sea necesario:

> Julio divisó a lo lejos un grupo de soldados y gritó: «Niños venid conmigo» los soldados que acamparon junto al río comían reían hablaban y jugaban a las cartas el centinela siempre alerta estaba atento al exterior sin embargo no se percató del oso que acechaba el campamento con sigilo.

- ¿Qué tipos de punto se utilizan? Justifica su uso.

2 Escribe una oración para cada opción:

a) Uso de la coma para separar el vocativo.

b) Un ejemplo del uso de la coma para introducir una aclaración.

c) Un ejemplo de punto y coma delante de expresiones como *o sea, sin embargo* y *aunque.*

3 Explica el uso de las comas y del punto y coma que aparecen en estos ejemplos:

> Aquella mañana paseamos, conocimos las avenidas, hicimos fotos; sin embargo, no logramos visitar el museo, comer en el restaurante que nos recomendaron ni comprar regalos para la familia.

> En esa papelería los lápices cuestan 1,25 €.

> Al actor protagonista, estrella indiscutible, lo maquilla un profesional; a los secundarios, que hacen papeles menos relevantes, los atiende un equipo de peluqueros y maquilladores; y a los de reparto, que son cientos, nadie.

SE USAN LAS COMILLAS (« », " ")

- Para reproducir literalmente las palabras que se citan en estilo directo o los pensamientos de los personajes: *Dijo: «No pienso hacerlo»; Ella pensaba: «Seguro que no llega a tiempo».*
- Se utilizan también para enmarcar citas textuales: *El comienzo del* Quijote *es memorable: «En un lugar de la Mancha, de cuyo nombre no quiero acordarme...».*

  Cuando dentro de una cita se intercala el nombre del autor de dicha cita, este va entre rayas: *«No pienso recoger todas esas bolsas —dijo Sonia—, estoy muy cansada».*
- Para resaltar una palabra, bien sea por destacar su sentido irónico, por ser un vulgarismo o, en la escritura a mano, por ser un extranjerismo: *No digas "amoto".*
- Para citar el título de poemas o de capítulos de una obra mayor: *El poema «El viaje definitivo» de Juan Ramón Jiménez me gusta mucho.*

Recuerda

Antes de reproducir las palabras en estilo directo o escribir la cita textual es conveniente poner dos puntos. La primera palabra después de los dos puntos y las comillas de apertura va con mayúscula inicial.

SE USA LA RAYA O GUION LARGO (—)

- Para marcar aclaraciones o incisos cuyo contenido se presenta algo aislado con respecto del texto: *Las recogió —a las niñas— y las llevó al cine.*
- Para señalar las intervenciones de los personajes en los diálogos:

  —¿Cómo te llamas? *—Me llamo Luisa.*

SE USAN LOS PARÉNTESIS [( )]

- Para intercalar un inciso que interrumpe el discurso: *Los doctores (habría más de mil) se reunieron en un Congreso Internacional.*
- Para encerrar datos aclaratorios: *Esa joven pertenece a una ONG (Organización No Gubernamental).*

Tres puntos entre corchetes [...]

Se usan tres puntos entre corchetes para indicar que en la transcripción de un texto se ha omitido un fragmento del original.

Actividades

1 Copia en tu cuaderno y coloca las comillas donde sea necesario:

- *En clase leímos A un olmo seco de Antonio Machado.*
- *Te llamé listillo en sentido cariñoso, no te enfades, por favor.*
- *Gritó enérgicamente: Venid todos aquí inmediatamente.*
- *No consigo que mi pequeño deje de decir cocreta.*
- *Siempre pienso ¿En qué trabajaré cuando sea mayor?*

2 Copia y coloca la raya donde sea necesario:

- *Mi prima, que vive en Montequinto alrededores de Sevilla, viene mañana a visitarnos.*
- *Hola, María, ¿vienes conmigo al cine? No puedo, tengo clase de baile.*
- *Las compré yo las bicicletas y se las regalamos a mis sobrinas.*
- *Marta cantaba ¡y qué bien! mientras paseaba.*

3 Copia y escribe el paréntesis donde corresponda::

- *Mi amiga Elisa y eso que es de costumbres fijas no ha participado este año en el carnaval.*
- *El Mulhacén 3478 m es el pico más alto de Sierra Nevada Granada.*
- *Calderón de la Barca 1600-1681 fue un magnífico autor teatral barroco.*
- *La UE Unión Europea propicia la integración de los pueblos y estados europeos.*

SE USAN LOS DOS PUNTOS (:)

- Antes de una enumeración: *Esos son mis amigos: Pedro, Pablo y Lucía.*
- Para separar una ejemplificación del elemento que la introduce: *Son animales mamíferos; por ejemplo: gatos, perros, cerdos, leones...*
- Para introducir un diálogo en estilo directo: *Juan dijo: «Acercaos ahora».*
- Para conectar oraciones yuxtapuestas que poseen cierta relación de dependencia semántica: *Llueve: coge el paraguas.*
- Después de fórmulas de saludo en cartas y documentos administrativos: *Estimado señor: Le comunico su cese como jefe de ventas.*
- Para separar horas y minutos: *Mi vuelo sale a las 11:35.*

SIGNOS DE INTERROGACIÓN (¿ ?) Y EXCLAMACIÓN (¡ !)

Los **signos de interrogación y de exclamación** son signos dobles. Su función principal es delimitar, respectivamente, las secuencias interrogativas y exclamativas directas.

- Los signos de apertura (¿, ¡) se han de colocar justo donde empieza la pregunta o la exclamación, aunque no se corresponda con el comienzo del enunciado:
  - *Hoy es tu cumpleaños, ¿no?;*
  - *Si encuentro trabajo,*
  - *¡menuda fiesta voy a dar!*
- Cuando el sentido de una oración es interrogativo o exclamativo a la vez, pueden combinarse los dos signos en el orden que se quiera, o emplearse ambos: *¡Cómo te has atrevido?; ¿¡Qué estás diciendo!?*
- Para dar énfasis a la entonación pueden escribirse dos o tres signos: *¡¡¡Suerte!!!; ¿¿¿Qué???*

PUNTOS SUSPENSIVOS (...)

Los **puntos suspensivos** tienen como función principal señalar la suspensión o una omisión en el discurso.

Se emplea:

- En enumeraciones incompletas, con el mismo valor que etc.:
  - *Cogí margaritas, amapolas, lavanda...*
  - *Me gustan las películas de terror, cine negro...*
- En enunciados que se dejan incompletos:
  - *Más vale prevenir...*
  - *A caballo regalado...*
- En casos de vacilación o duda, o para sorprender al receptor del mensaje:
  - *Y entonces... cerró la puerta.*

SIGNOS AUXILIARES: GUION (-) Y BARRA (/)

➜ **Guion (-).** Tiene dos usos principales: separar palabras a final de línea o como signo de unión entre palabras: *Hice un curso teórico-práctico.*

➜ **Barra (/).** Se emplea:

- Como signo abreviativo: *c/ por calle, s/n por sin número.*
- Para expresar división o porción: *Cobra un salario de 1 800 euros/mes.*
- Para indicar la existencia de dos o más opciones: *Querido/a amigo/a.*

Actividades

1 Coloca los dos puntos cuando corresponda:

- *Estaban allí todos Juan, Alberto, Marina y Elisa.*
- *La directora dijo «Pueden entrar».*

2 Copia en tu cuaderno y escribe los signos de interrogación y de exclamación en el lugar que les corresponda:

- *Pedro gritó: «He conseguido la beca».*
- *Qué dices, qué haces, tú estás loco.*
- *Si estás dispuesto, por qué no lo haces.*
- *Qué habrá sido ese ruido tan estridente.*
- *Pero usted, se da cuenta, no respeta nada.*

3 Escribe tres ejemplos donde utilices los signos de interrogación y exclamación en un mismo enunciado.

4 Escribe un ejemplo de cada uno de los usos de los puntos suspensivos.

5 Escribe cinco ejemplos de grupos de palabras separados por guion.

6 ¿Qué significan los signos abreviativos *v/; c/c; c/u?*

7 Recuerda que las conjunciones *y, o* en posición inicial deben escribirse como parte de la oración interrogativa y exclamativa.

Ejemplos:

Creo que me dices la verdad...
¿O me estás engañando?

¿Y cómo has llegado a esta parte de la región?

8 Escribe los signos de interrogación y exclamación en el lugar que les corresponda:

–Esa es la única solución. O se te ocurre otra

–Esas son parte de las funciones que tienes para hoy. Y qué más deberes tienes

9 Sustituye con signos de puntuación los asteriscos que aparecen en estos párrafos de la novela *Como agua para chocolate*, de Laura Esquivel.

No olvides repasar todos los signos de puntuación estudiados este curso.

Antes de retirarse* el capitán recorrió a caballo el patio trasero* inhaló profundamente el indeleble olor a rosas que aún permanecía en ese lugar* Cerró los ojos y así permaneció un buen rato* Regresando al lado de Mamá Elena le preguntó*

Tengo entendido que tiene tres hijas *dónde están*

La mayor y la menor viven en Estados Unidos la otra murió*

Se despidió de Mamá Elena con una reverencia* Se fueron tranquilamente* tal y como vinieron* y Mamá Elena quedó muy desconcertada ante la actitud que habían tenido para con ella* no correspondía a la de los matones desalmados que esperaba*

Maldita decencia *Maldito manual de Carreño* Por su culpa su cuerpo quedaba destinado a marchitarse poco a poco* sin remedio alguno* *Y maldito Pedro tan decente* tan correcto* tan varonil* tan* tan amado*

Laura Esquivel, *Como agua para chocolate*, DeBolsillo.

10 LAS PALABRAS JUNTAS Y SEPARADAS

PORQUE, POR QUÉ, PORQUÉ

- **Porque:** es una conjunción causal. Se utiliza para responder o justificar la causa de un hecho *(No fui porque no pude).*
- **Por qué:** es una secuencia formada por la preposición *por* y el pronombre interrogativo *qué (¿Por qué no viniste con nosotros?).*
- **Porqué:** nombre que equivale a 'motivo, causa, razón'. Puede aparecer en plural y acompañado de determinantes *(No entiendo el porqué de su decisión).*

CONQUE, CON QUE, CON QUÉ

- **Conque:** es una conjunción consecutiva. Equivale a: por tanto, por consiguiente *(Terminé de estudiar, conque vámonos al cine).*
- **Con que:** es la secuencia formada por la preposición *con* y la conjunción *que (Me conformo con que recojas tu habitación)* o la preposición *con* y el relativo *que (El mimo con que nos trata).*
- **Con qué:** es la secuencia formada por la preposición *con* y el pronombre interrogativo o exclamativo *qué (¿Con qué lo pintaste?; ¡Con qué descaro me mira!).*

ADONDE, A DONDE, ADÓNDE, A DÓNDE

- **Adonde** es un adverbio de relativo y la expresión **a donde** está formada por una preposición *(a)* y un adverbio de relativo *(donde).* Ambas expresiones son correctas y solo se utilizan con verbos de movimiento *(ir, acudir, marchar...): El hotel adonde vamos no está lejos de la playa; A donde yo voy no puedes venir.*
- **Adónde** es un adverbio interrogativo o exclamativo y *a dónde* está formada por una preposición *(a)* y un adverbio interrogativo. Ambas opciones son correctas: *¿Adónde/a dónde vais por ese camino?; No sé adónde/a dónde iréis todos juntos.*

Actividades

1 Completa con *por qué, porqué* o *porque:*

- *Ignoro .... hizo aquello.*
- *Te dije que no iba .... tenía mucho trabajo.*
- *Ayer te pregunté el .... de tu decisión.*
- *¿... no me lo contaste?*

2 Escribe dos oraciones con *porqué* y otras dos con *porqués.*

- ¿Qué categoría gramatical tienen?
- ¿Qué tipo de palabra suele preceder a estas en una oración?

3 Escribe tres preguntas y tres respuestas empleando correctamente *por qué* y *porque.*

4 Completa con *conque, con que* o *con qué:*

- *No me dijo .... construyó la maqueta del barco.*
- *Hace frío, ... ponte el abrigo para salir.*
- *Es suficiente .... me llames por teléfono.*
- *Llovía mucho, ... regresamos.*
- *Dime .... compañero te llevas mejor.*
- *Te noto cansado, ... duerme un rato antes de viajar*

5 Completa con *adonde, a donde, adónde* o *a dónde:*

- *No puedo entender .... va ese coche tan rápido.*
- *Me marcho .... nadie pueda encontrarme.*
- *¿.... va tu hermana con esas chicas?*
- *¡Si supieras .... se celebra el cumpleaños!*

MÁS PALABRAS JUNTAS Y SEPARADAS

Debes tener cuidado con determinadas palabras y grupos de palabras que, al pronunciarse, suenan igual pero se escriben juntas o separadas y tienen significados distintos. Observa los ejemplos siguientes:

→ **Aparte:** significa:

- 'Distinto o singular' *(Eres un caso aparte).*
- 'Conversación al margen de otros presentes' *(En un aparte me contó la verdad).*
- 'En otro lugar' *(Pon este vaso aparte).*

→ **A parte:** secuencia formada por la preposición *a* + el sustantivo *parte: La gripe ha afectado a parte del equipo.*

→ **Demás:** 'lo restante' *(Lo demás no importa).*

→ **De más:** 'de sobra' *(Has hecho una copia de más).*

→ **Sino:**

- conjunción adversativa *(No quiero té, sino café).*
- Sustantivo que significa 'destino' *(El sino de los pobres).*

→ **Si no:** conjunción + una negación *(Si no trabajas bien, te arrepentirás).*

→ **También:** adverbio de afirmación *(Ese día también llovió).*

→ **Tan bien:** cuantificador + un adverbio de modo *(Bailó tan bien que todos aplaudieron).*

→ **Tampoco:** adverbio de negación *(Tampoco vinieron mis amigos).*

→ **Tan poco:** cuantificador + un adverbio de cantidad o indefinido *(Durmió tan poco que estaba agotado).*

Actividades

1 Copia y completa con la forma apropiada:

- *Ese invierno* .... (tampoco/tan poco) *registró lluvias importantes.*
- .... (Sino/Si no) *puedes venir, avísame pronto.*
- *La directora cedió* .... (aparte/a parte) *de su compañía para la representación teatral.*
- *En el supermercado me dieron dos euros* .... (demás/de más).
- *Pusieron a Marta* .... (aparte/a parte) *del resto del grupo y le gustó* .... (tampoco/tan poco) *que se enfadó.*
- *Bailaban* .... (también/tan bien) *que ganaron un premio.*
- *Ella me confesó en un* .... (aparte/a parte) *su secreto.*

2 En estos fragmentos de la novela *Los girasoles ciegos*, de Alberto Méndez, elige la opción correcta y justifica tu respuesta:

- *Ahora ya puedo hablar de todo aquello, aunque me cuesta recordar, no porque la memoria se haya diluido* .... (sino/si no) *por la náusea que me produce mi niñez.*
- *Es verdad que fui yo quien quiso el sacrificio, pero* .... (también/tan bien) *es cierto que nunca intuí lo horrible que era el mundo.*
- *¡Una manzana que ni siquiera tenía cuatro lados, como todas las* .... (demás/de más), *y aun así, era mi cosmos!*
- *Le castigué a no abandonar aquel patio* .... (sino/si no) *cantaba el himno completo, pero no cantó.*

Suma Piezas es un proyecto educativo de Anaya para Educación Secundaria.

En la realización de esta obra han intervenido:

COORDINACIÓN EDITORIAL: Carmen Carrasco

EQUIPO DE EDICIÓN: Olivia Melara, Carmen Arroyo, Isabel García, Tulia Guisado, Nayeli Rodríguez y Maite Vargas

MAQUETACIÓN: Raquel Horcajo

DISEÑO, GRÁFICOS Y CARTOGRAFÍA: Patricia G. Serrano, Juan Carlos Quignon, Miguel Ángel Castillejos, Miguel Ángel Díaz-Rullo, Míriam Arribas, José M.ª Gil y Rosario Regaño

CORRECCIÓN: Miguel Ángel Alonso y Sergio Borbolla

ILUSTRACIONES: Alya Mark

EDICIÓN GRÁFICA: Mar Merino

FOTOGRAFÍA: Agefotostock (Uwe Zucchi), Agencia EFE (M. A. León; Javier Belver; Ballesteros; Álvaro Sánchez; Ángeles Visdómine; Manuel Bruque; Luca Piergiovanni; Ángel Díaz), Album (akg-images; UNITED ARTISTS, Granger, NYC; sfgp; Oronoz), Archivo Anaya (Cosano, P.; Enríquez, S. García Pelayo, Á.; Martin, J.; Rivera Jove, V.), Cordon Press/Alamy (YAY Media AS; Art Collection; Visions of America, LLC; Historic Images; Science History Images), Ayuntamiento de Madrid, Getty (Robbie Jack/Corbis Entertainment; iStock/Getty Images Plus; Bettmann; Leo Mason/Popperfoto; Jacques Sarrat/Sygma; Peter jones/Corbis Historical; Emad Aljumah; Bldagentur-online/Universal Images Group; jacoblund/ Istock / Getty Images Plus; Klaus Vedfelt/ DigitalVision; Rawpixel; Cavan Images; Thomas Barwick/Taxi; DEA/A. Dagli Orti/De Agostini), Getty/Istock (katiafonti; MR1805), Ayuntamiento de Madrid, Museo ABC de Dibujo e Ilustración, 123RF (y colaboradores).

Agradecimientos: Inmaculada Santiago, Magueite Tambeo

EDICIÓN DE AUDIO: Eva Artaechevarría y Guadalupe González Triano

Fundación Bertelsmann
Por el empleo juvenil

ORIENTACIÓN ACADÉMICA Y PROFESIONAL: elaborada con el asesoramiento de la Fundación Bertelsmann. Coordinación: Juan José Juárez Calvo. Colaboración como expertas: Sara Lozano Santiago, Belén Pérez Castro y Pilar Vázquez Hernández.

COMPROMISO ODS

Nuestras publicaciones mantienen el rigor en el uso y en la selección de los contenidos, en las imágenes y en el lenguaje, para cumplir con la **no discriminación** por razón de género, cultura u opinión.

Grupo Anaya considera la **responsabilidad social** y **medioambiental** como uno de sus valores fundamentales. Por ello, se compromete a:

· mejorar nuestros resultados en materia de medio ambiente,
· reducir nuestras emisiones de carbono,
· hacer uso de los recursos naturales de manera responsable y
· eliminar cualquier impacto negativo de nuestra actividad en los bosques en peligro.

Dichos compromisos, entre otros, hacen que **el 100 % del papel utilizado** en nuestros libros tenga el sello **PEFC.**

Importante:

Las **actividades** propuestas en este libro deben ser realizadas en cuadernos u hojas sueltas; nunca en el propio libro.

Los **enlaces** a las páginas web que aparecen en este libro han sido revisados en la fecha de su impresión. La editorial no se hace responsable de las modificaciones o las anulaciones que se produzcan en ellos con posterioridad a dicha fecha.

ISBN: 978-84-698-6135-6 - Depósito Legal: M-1975-2020 - Printed in Spain.

ET035199/1E1I - 8440076

LIDIA ALVAREZ 3º

3 ESO

LENGUA Y LITERATURA

SALVADOR GUTIÉRREZ, REMEDIOS LUNA,
CRISTINA NÚÑEZ, DESIRÉE PÉREZ,
JOAQUÍN SERRANO

TRIMESTRE 1

USA ESTE CÓDIGO PARA:

acceder al
BANCO DE RECURSOS
disponible en www.anayaeducacion.es

Hazlo siguiendo los pasos que se indican en el apartado «Así es el banco de recursos».

ANAYA

ASÍ ES TU LIBRO

APERTURA

Lectura cuyo tema está vinculado a un ODS.

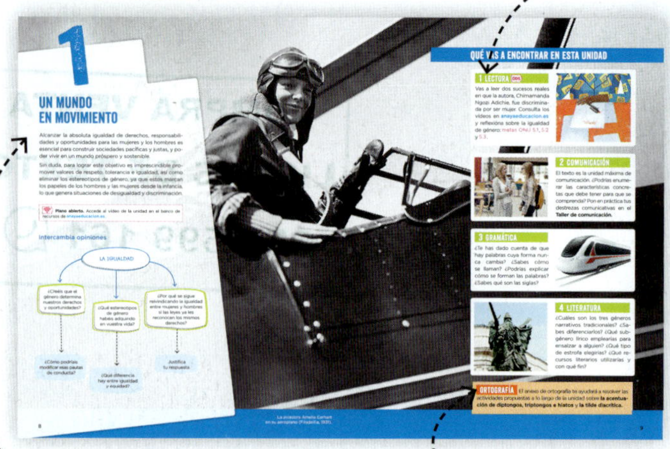

Un **texto,** un **vídeo** y unas **preguntas** para reflexionar sobre un tema relacionado con la lectura inicial.

Anexo de ortografía que permite consultar las normas y ponerlas en práctica.

COMPRENSIÓN LECTORA Y VOCABULARIO

Actividades especialmente diseñadas para mejorar tu **comprensión oral** y **lectora.**

Actividades de ampliación y enriquecimiento de un **vocabulario** relacionado con la lectura.

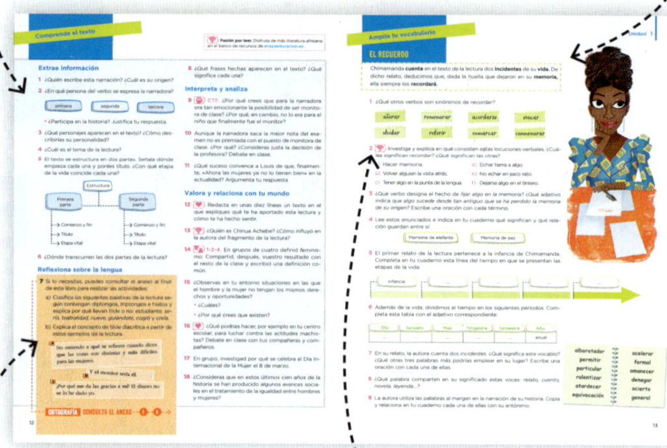

Actividades para fijar la **ortografía.**

Iconos que sugieren qué clave del proyecto puede aplicarse en cada caso.

DESARROLLO DE LOS CONTENIDOS

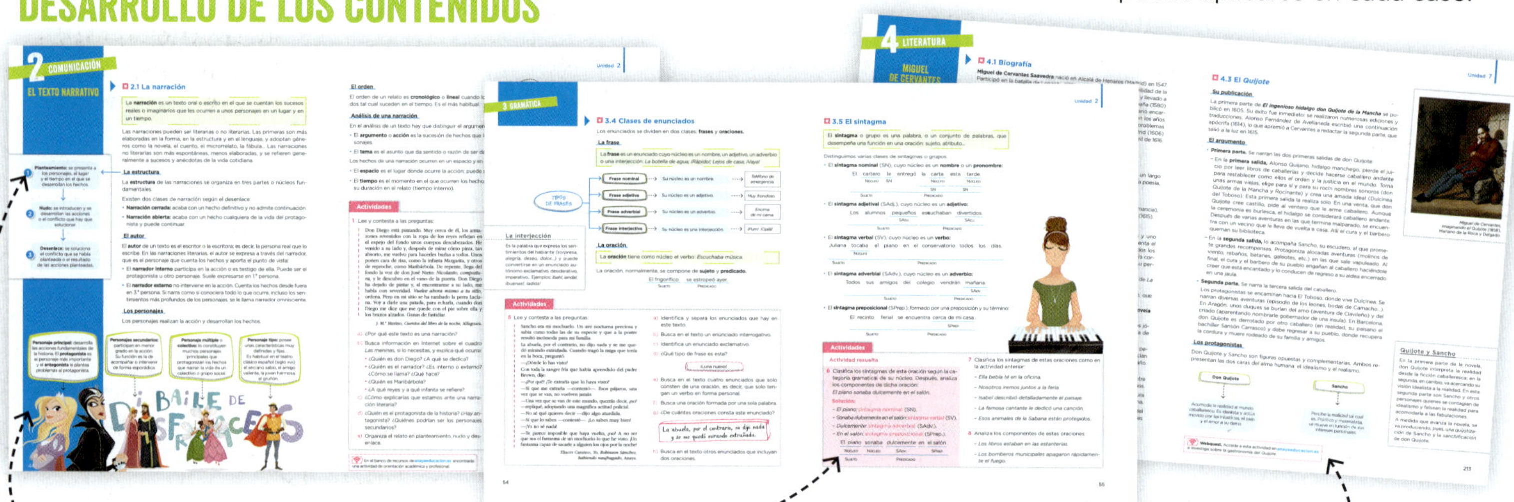

Organizadores visuales para favorecer el aprendizaje.

Actividades resueltas que sirven de modelo.

Recursos digitales para ampliar los contenidos.

LAS CLAVES DEL PROYECTO

Compromiso ODS

Descubre los Objetivos de Desarrollo Sostenible y forma parte activa de nuestro compromiso para lograr un mundo más igualitario y habitable.

Plan Lingüístico

Pon en práctica tus destrezas comunicativas en los diferentes tipos de texto que te proponemos. El lenguaje siempre está presente, ¡comunícate!

Desarrollo del pensamiento

Trabaja estrategias de pensamiento: reflexiona sobre los contenidos que estás aprendiendo y genera ideas, organízalas, priorízalas, arguméntalas, exponlas...

Aprendizaje cooperativo

Implícate en tu aprendizaje y participa en el de todo el grupo; comprobarás que cooperar mejora el rendimiento y la convivencia en clase.

TALLER DE COMUNICACIÓN

Taller de comunicación: una interesante propuesta para mejorar tus **destrezas comunicativas** en un contexto cercano y atractivo.

Proyectos para desarrollar tus **habilidades emprendedoras.**

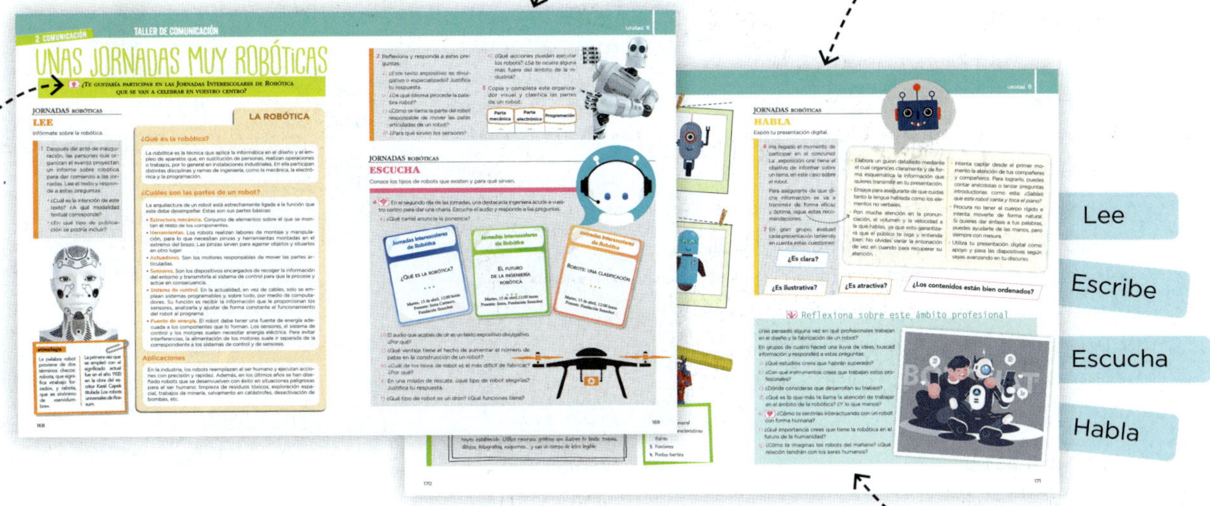

Reflexión sobre un **ámbito profesional.**

Organizador visual de los contenidos gramaticales.

APLICA LO APRENDIDO

Un repaso práctico que contiene una **actividad** solucionada **paso a paso.**

Análisis de un texto literario que pertenece a la época estudiada.

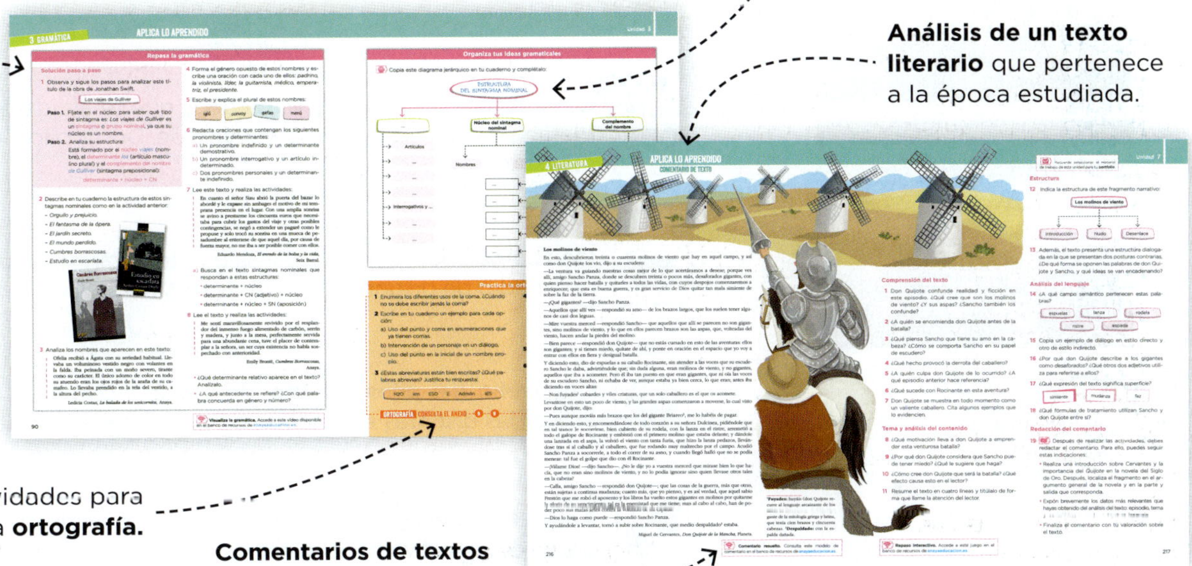

Más actividades para fijar la **ortografía.**

Comentarios de textos resueltos en la web.

Educación emocional

Aprende a conocerte; identifica las situaciones que te generan emociones bloqueantes y gestiónalas con experiencias de autoafirmación constructiva.

Cultura emprendedora

Confía en tus aptitudes y conocimientos, desarrolla la creatividad, adáptate a las situaciones cambiantes y ten una actitud proactiva y responsable.

TIC

Aprende a obtener información, seleccionarla y aplicarla; a planificar, gestionar y elaborar trabajos; a colaborar en Red de forma ética y segura.

Orientación académica y profesional

Valora tus capacidades personales, descubre y despierta tu vocación, entrénate en la toma de decisiones y aprende a orientarte entre distintas opciones.

Evaluación

Descubre diversas estrategias para analizar qué has aprendido y cómo lo has aprendido; entrénate para asumir compromisos o superar dificultades.

ASÍ ES

EL BANCO DE RECURSOS

www.anayaeducacion.es

Un espacio con recursos, técnicas y actividades diseñado para afianzar tus conocimientos.

Accede al banco de recursos registrándote en www.anayaeducacion.es. Solo necesitas tener un correo electrónico, el código que se indica en la primera página de este libro y el permiso de tu padre, madre, tutor o tutora legales.

Más sobre las claves

RECURSOS RELACIONADOS CON

LAS CLAVES DEL PROYECTO

Compromiso ODS, con microvídeos que te ayudarán a conocer cuáles son las metas para alcanzar los Objetivos de Desarrollo Sostenible trabajados en el proyecto.

Plan Lingüístico, con infografías que te darán las pautas para abordar el trabajo por medio de distintos tipos de textos (descriptivo, narrativo, expositivo, etc.).

Desarrollo del pensamiento, donde se incorporan explicaciones sobre cómo aplicar las distintas estrategias de pensamiento planteadas en el proyecto.

Aprendizaje cooperativo, que incluye la descripción de las técnicas de aprendizaje cooperativo propuestas en el proyecto.

Educación emocional, con orientaciones para superar la inquietud generada en diferentes situaciones de tu proceso de aprendizaje (inicio del curso, enfrentarte a un examen, etcétera.).

TIC, mediante fichas que reforzarán tu uso saludable, correcto y seguro de las tecnologías de la información y la comunicación.

Orientación académica y profesional, con información sobre diferentes profesiones vinculadas a los contenidos tratados en la asignatura.

Evaluación, se presentan orientaciones para hacer tu portfolio, así como rúbricas y dianas que facilitan tu autoevaluación.

RECURSOS DESTACADOS DE LA MATERIA

- La brújula del español
- Visualiza la gramática
- Webquest
- Ortografía
- Línea del tiempo
- Repaso interactivo
- Portfolio

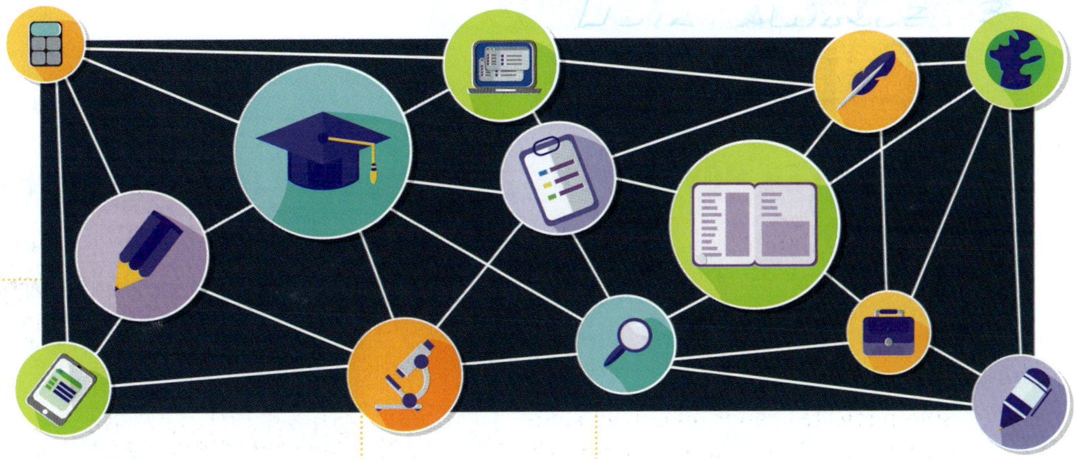

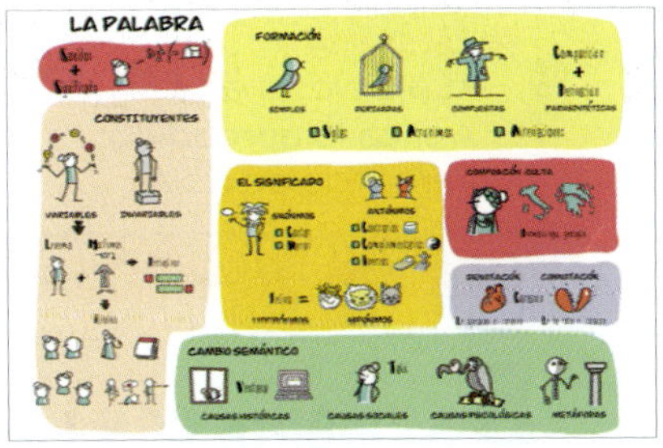

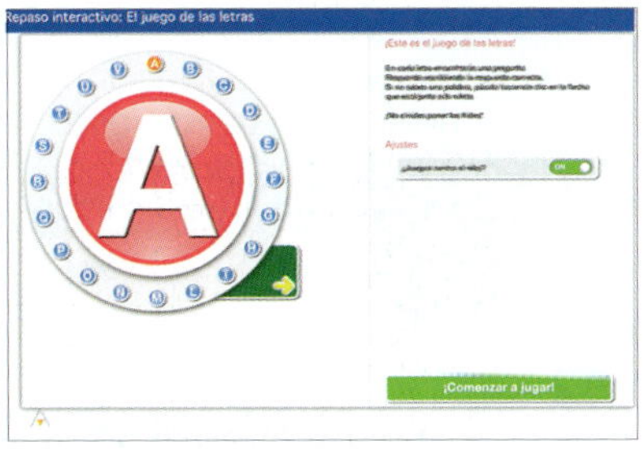

RECURSOS CLASIFICADOS POR UNIDADES

Todos los recursos clasificados para que puedas localizar fácilmente los relacionados con cada apartado de tu unidad.

ASÍ SON
LOS CONTENIDOS DEL CURSO

1 UN MUNDO EN MOVIMIENTO

2 PASADO, PRESENTE Y FUTURO

3 EL PODER DE LA PAZ

4 CUENTA CONMIGO

5 ARMONÍA CON LA NATURALEZA

6 EL GRAN AZUL

7 APRENDER A SER

8 ARTES CONECTADAS

9 EL ORIGEN DEL CASTELLANO

ANEXO

Ortografía

1

UN MUNDO EN MOVIMIENTO

Alcanzar la absoluta igualdad de derechos, responsabilidades y oportunidades para las mujeres y los hombres es esencial para construir sociedades pacíficas y justas, y poder vivir en un mundo próspero y sostenible.

Sin duda, para lograr este objetivo es imprescindible promover valores de respeto, tolerancia e igualdad, así como eliminar los estereotipos de género, ya que estos marcan los papeles de los hombres y las mujeres desde la infancia, lo que genera situaciones de desigualdad y discriminación.

Plano abierto. Accede al vídeo de la unidad en el banco de recursos de **anayaeducacion.es**.

Intercambia opiniones

LA IGUALDAD

- ¿Creéis que el género determina nuestros derechos y oportunidades?
  - ¿Cómo podríais modificar esas pautas de conducta?
- ¿Qué estereotipos de género habéis adquirido en vuestra vida?
  - ¿Qué diferencia hay entre igualdad y equidad?
- ¿Por qué se sigue reivindicando la igualdad entre mujeres y hombres si las leyes ya les reconocen los mismos derechos?
  - Justifica tu respuesta.

La aviadora Amelia Earhart en su aeroplano (Filadelfia, 1931).

QUÉ VAS A ENCONTRAR EN ESTA UNIDAD

1 LECTURA ODS

Vas a leer dos sucesos reales en que la autora, Chimamanda Ngozi Adichie, fue discriminada por ser mujer. Consulta los vídeos en anayaeducacion.es y reflexiona sobre la igualdad de género: metas ONU 5.1, 5.2 y 5.3.

2 COMUNICACIÓN

El texto es la unidad máxima de comunicación. ¿Podrías enumerar las características concretas que debe tener para que se comprenda? Pon en práctica tus destrezas comunicativas en el **Taller de comunicación.**

3 GRAMÁTICA

¿Te has dado cuenta de que hay palabras cuya forma nunca cambia? ¿Sabes cómo se llaman? ¿Podrías explicar cómo se forman las palabras? ¿Sabes qué son las siglas?

4 LITERATURA

¿Cuáles son los tres géneros narrativos tradicionales? ¿Sabes diferenciarlos? ¿Qué subgénero lírico emplearías para ensalzar a alguien? ¿Qué tipo de estrofa elegirías? ¿Qué recursos literarios utilizarías y con qué fin?

ORTOGRAFÍA El anexo de ortografía te ayudará a resolver las actividades propuestas a lo largo de la unidad sobre **la acentuación de diptongos, triptongos e hiatos** y **la tilde diacrítica.**

1 LECTURA

Historias de mujeres y de hombres

Cuento ahora una historia de mi infancia.

Cuando yo era estudiante de primaria en Snukka, una ciudad universitaria del sudeste de Nigeria, mi profesora nos dijo al empezar el trimestre que nos iba a poner un examen y que el que sacara la nota más alta sería el monitor de la clase. Ser el monitor de la clase no era moco de pavo. Si eras el monitor de la clase, todos los días apuntabas los nombres de quienes alborotaban, lo cual ya implicaba de por sí un poder embriagador, pero es que además mi profesora te daba una vara para que la llevaras en la mano mientras recorrías el aula y patrullabas la clase en busca de alborotadores. Por supuesto, no se te permitía usar la vara. Para una niña de nueve años como yo, sin embargo, era una perspectiva emocionante. Yo tenía muchas ganas de ser monitora de la clase. Y saqué la nota más alta del examen.

Y entonces, para mi sorpresa, mi profesora dijo que el monitor tenía que ser un chico. Se le había pasado por alto aclararlo antes; había dado por sentado que era obvio. La segunda mejor nota del examen la había sacado un niño. Y el monitor sería él.

Lo más interesante del caso es que aquel niño era una criatura dulce y amable que no tenía interés alguno en patrullar la clase con un palo. Yo, en cambio, me moría de ganas.

Pero yo era mujer, él era hombre, o sea que el monitor de la clase fue él.

Nunca he olvidado aquel incidente.

Si hacemos algo una y otra vez, acaba siendo normal. Si vemos la misma cosa una y otra vez, acaba siendo normal. Si solo los chicos llegan a monitores de clase, al final llegará el momento en que pensemos, aunque sea de forma inconsciente, que el monitor de una clase tiene que ser un chico. Si solo vemos a hombres presidiendo empresas, empezará a parecernos natural que solo haya hombres presidentes de empresas.

A menudo cometo la equivocación de pensar que algo que a mí me resulta obvio es igual de obvio para todo el mundo. Pongamos por caso a mi querido amigo Louis, que es un hombre brillante y progresista.

Comprensión oral

Escucha el texto locutado de la lectura y responde a estas preguntas:

- ¿En qué país transcurre la historia? ¿En qué continente se encuentra?
- ¿Cómo se llama la ciudad donde estudiaba la protagonista?
- ¿Qué edad tenía?
- ¿Cuántos habitantes tiene la metrópoli Lagos?

Él y yo conversábamos a veces y él me decía: «No entiendo a qué te refieres cuando dices que las cosas son distintas y más difíciles para las mujeres. Tal vez lo fueran en el pasado, pero ahora no. Ahora las mujeres ya lo tienen bien». Yo no entendía cómo Louis era incapaz de ver algo que parecía tan evidente.

Me encanta volver de visita a Nigeria, y gran parte del tiempo que estoy allí lo paso en Lagos, que es la ciudad y núcleo comercial más grande del país. A veces, cuando el calor remite al atardecer y la ciudad se **ralentiza** un poco, salgo con mis amistades o mi familia por los restaurantes y los cafés. Durante una de esas veladas, Louis y yo habíamos salido con amigos.

En Lagos hay un elemento maravilloso del mobiliario urbano: un pequeño contingente de jóvenes enérgicos que esperan delante de ciertos establecimientos y te ayudan muy teatralmente a aparcar tu coche. Lagos es una **metrópoli** de casi veinte millones de personas, con más energía que Londres y más espíritu empresarial que Nueva York, de forma que a sus habitantes se les ocurren mil maneras de ganarse el **sustento**.

Como pasa en la mayoría de las ciudades, puede ser difícil encontrar aparcamiento a la hora de la cena, así que esos jóvenes se ganan la vida encontrando sitios donde aparcar y —aunque haya más sitios disponibles— guiándote hasta el tuyo sin dejar de gesticular y prometerte que te van a cuidar el coche hasta que vuelvas. A mí me impresionó en particular la teatralidad del hombre que nos encontró un sitio para aparcar aquella noche. Así pues, mientras nos marchábamos, decidí darle propina. Abrí el bolso, metí la mano dentro para coger mi dinero y se lo di al hombre. Contento y agradecido, el hombre cogió el dinero que yo le daba, miró a Louis y le dijo:

—¡Gracias, señor!

Louis me miró a mí, sorprendido, y me preguntó:

—¿Por qué me da las gracias a mí? El dinero no se lo he dado yo.

Entonces vi en su cara que lo entendía. El hombre creía que el dinero que yo le había dado venía de Louis. Porque Louis es hombre.

Chimamanda Ngozi Adichie, *Todos deberíamos ser feministas,* Ramdom House.

Vocabulario

Perspectiva: punto de vista desde el cual se considera un asunto o tema.

Patrullar: rondar para mantener el orden.

Incidente: suceso repentino no esperado.

Progresista: de ideas y actitudes avanzadas.

Ralentizar: disminuir la velocidad o imprimir lentitud a algún proceso.

Metrópoli: ciudad principal de gran extensión y con muchos habitantes.

Sustento: apoyo o alimento.

Hipertexto. Conoce a la autora y contextualiza su obra en el banco de recursos de **anayaeducacion.es**.

Comprende el texto

Pasión por leer. Disfruta de más literatura africana en el banco de recursos de **anayaeducacion.es**.

Extrae información

1 ¿Quién escribe esta narración? ¿Cuál es su origen?

2 ¿En qué persona del verbo se expresa la narradora?

primera | segunda | tercera

- ¿Participa en la historia? Justifica tu respuesta.

3 ¿Qué personajes aparecen en el texto? ¿Cómo describirías su personalidad?

4 ¿Cuál es el tema de la lectura?

5 El texto se estructura en dos partes. Señala dónde empieza cada una y ponles título. ¿Con qué etapa de la vida coincide cada una?

Estructura

- Primera parte
  - Comienzo y fin:
  - Título:
  - Etapa vital:
- Segunda parte
  - Comienzo y fin:
  - Título:
  - Etapa vital:

6 ¿Dónde transcurren las dos partes de la lectura?

Reflexiona sobre la lengua

7 Si lo necesitas, puedes consultar el anexo al final de este libro para realizar las actividades:

a) Clasifica las siguientes palabras de la lectura según contengan diptongos, triptongos e hiatos y explica por qué llevan tilde o no: *estudiante, sería, teatralidad, nueve, guiándote, cogió* y *creía*.

b) Explica el concepto de tilde diacrítica a partir de estos ejemplos de la lectura.

a No entiendo a **qué te** refieres cuando dices **que** las cosas son distintas y **más** difíciles para las mujeres.

b Y el monitor sería **él**.

c ¿Por qué **me** da las gracias a **mí**? El dinero no **se** lo he dado yo.

ORTOGRAFÍA CONSULTA EL ANEXO 1 2

8 ¿Qué frases hechas aparecen en el texto? ¿Qué significa cada una?

Interpreta y analiza

9 CTF. ¿Por qué crees que para la narradora era tan emocionante la posibilidad de ser monitora de clase? ¿Por qué, en cambio, no lo era para el niño que finalmente fue el monitor?

10 Aunque la narradora saca la mejor nota del examen no es premiada con el puesto de monitora de clase. ¿Por qué? ¿Consideras justa la decisión de la profesora? Debate en clase.

11 ¿Qué suceso convence a Louis de que, finalmente, «Ahora las mujeres ya no lo tienen bien» en la actualidad? Argumenta tu respuesta.

Valora y relaciona con tu mundo

12 Redacta en unas diez líneas un texto en el que expliques qué te ha aportado esta lectura y cómo te ha hecho sentir.

13 ¿Quién es Chinua Achebe? ¿Cómo influyó en la autora del fragmento de la lectura?

14 1-2-4. En grupos de cuatro definid *feminismo*. Compartid, después, vuestro resultado con el resto de la clase y escribid una definición común.

15 ¿Observas en tu entorno situaciones en las que el hombre y la mujer no tengan los mismos derechos y oportunidades?

- ¿Cuáles?
- ¿Por qué crees que existen?

16 ¿Qué podrías hacer, por ejemplo en tu centro escolar, para luchar contra las actitudes machistas? Debate en clase con tus compañeras y compañeros.

17 En grupo, investigad por qué se celebra el Día Internacional de la Mujer el 8 de marzo.

18 ¿Consideras que en estos últimos cien años de la historia se han producido algunos avances sociales en el tratamiento de la igualdad entre hombres y mujeres?

Amplía tu vocabulario

EL RECUERDO

Chimamanda **cuenta** en el texto de la lectura dos **incidentes** de su **vida.** De dicho relato, deducimos que, dada la huella que dejaron en su **memoria,** ella siempre los **recordará.**

1 ¿Qué otros verbos son sinónimos de *recordar?*

añorar	rememorar	acordarse	evocar
olvidar	referir	enmarcar	conmemorar

2 Investiga y explica en qué consisten estas locuciones verbales. ¿Cuáles significan *recordar?* ¿Qué significan las otras?

a) Hacer memoria.
b) Volver alguien la vista atrás.
c) Tener algo en la punta de la lengua.
d) Echar tierra a algo.
e) No echar en saco rato.
f) Dejarse algo en el tintero.

3 ¿Qué verbo designa el hecho de *fijar algo en la memoria?* ¿Qué adjetivo indica que *algo sucede desde tan antiguo que se ha perdido la memoria de su origen?* Escribe una oración con cada término.

4 Lee estos enunciados e indica en tu cuaderno qué significan y qué relación guardan entre sí:

Memoria de elefante — Memoria de pez

5 El primer relato de la lectura pertenece a la infancia de Chimamanda. Completa en tu cuaderno esta línea del tiempo en que se presentan las etapas de la vida:

infancia → .... → .... → .... → ....

6 Además de la vida, dividimos el tiempo en los siguientes períodos. Completa esta tabla con el adjetivo correspondiente:

Día	Semana	Mes	Trimestre	Semestre	Año
....	....	....	....	....	anual

7 En su relato, la autora cuenta dos *incidentes.* ¿Qué significa este vocablo? ¿Qué otras tres palabras más podrías emplear en su lugar? Escribe una oración con cada una de ellas.

8 ¿Qué palabra comparten en su significado estas voces: *relato, cuento, novela, leyenda...?*

9 La autora utiliza las palabras al margen en la narración de su historia. Copia y relaciona en tu cuaderno cada una de ellas con su antónimo.

alborotador	acelerar
permitir	formal
particular	amanecer
ralentizar	denegar
atardecer	acierto
equivocación	general

2 COMUNICACIÓN

EL TEXTO Y SUS PROPIEDADES

CLASES DE TEXTOS SEGÚN LA INTENCIÓN DEL AUTOR

- Narrativo
- Descriptivo
- Dialogado
- Expositivo
- Argumentativo
- Prescriptivo

2.1 El texto

El **texto** es la unidad máxima de comunicación. Está compuesto de uno o más enunciados relacionados entre sí y tiene un sentido completo.

Un texto debe tener las siguientes propiedades que le dan unidad y sentido y permiten interpretarlo correctamente: **coherencia, adecuación** y **cohesión.**

2.2 La coherencia

Un texto es coherente cuando está ordenado y todas sus partes están ligadas entre sí y tienen relación con el tema principal.

La coherencia del texto se puede ver en la relación que guarda consigo mismo y con el mundo al que hace referencia.

- **En relación consigo mismo,** un texto es coherente si:
  - Todos sus enunciados se vinculan entre sí y tienen que ver con el tema general.
  - Cada uno de los enunciados se relaciona con el que le precede y el que le sigue de una manera lógica.
  - No hay contradicciones entre ellos.
  - Siguen un orden determinado (temporal, de importancia...).
- **En relación con el mundo** al que se refiere, un texto es coherente si lo que dice responde a la experiencia o al conocimiento que tenemos de esa realidad: por ejemplo, no sería coherente decir que un caballo vuela, o que un anciano de noventa años gana una carrera de velocidad.

A veces, en la literatura, se acude a incoherencias que adquieren sentido si se interpretan en determinadas circunstancias o desde otra perspectiva. Por ejemplo, esta fábula de Esopo, según nuestro conocimiento del mundo, sería un texto incongruente, ya que un animal ni piensa, ni habla; pero adquiere coherencia en un texto de ficción como las fábulas:

La zorra y el leñador

Una zorra estaba siendo perseguida por unos cazadores cuando llegó al sitio de un leñador y le suplicó que la escondiera. El hombre le aconsejó que entrara a su cabaña.

Casi de inmediato llegaron los cazadores y le preguntaron al leñador si había visto a la zorra.

El leñador les dijo que no con la voz, pero con la mano disimuladamente señalaba la cabaña donde se había escondido.

Los cazadores no comprendieron las señas de la mano y se confiaron únicamente en lo dicho con la palabra.

La zorra, al verlos marcharse, salió sin decir nada.

El leñador le reprochó a la zorra el porqué, a pesar de haberla salvado, no le daba las gracias. La zorra respondió:

—Te hubiera dado las gracias si tus manos y tu boca hubieran dicho lo mismo.

No niegues con tus actos lo que pregonas con tus palabras.

Esopo, *Fábulas*, «Clásicos a Medida», Anaya.

2.3 La adecuación

Un texto es adecuado cuando se emite teniendo en cuenta las variadas circunstancias en las que se produce y que dependen de estos tres motivos.

MOTIVOS

Finalidad

Sería inadecuado emplear palabras muy informales al solicitar un cambio de examen.

Personas que lo reciben

Sería inadecuado utilizar un lenguaje literario en una conversación de amigos.

Lugar

En un concierto sería inadecuado utilizar el móvil.

Actividades

1 Lee y contesta a las preguntas:

> No la encontrarás en los libros de texto, no viene en la lista de autores de la generación del 98. En ese grupo no hay ni una mujer. Pero ella estaba allí. Carmen de Burgos, escritora, periodista, traductora y activista por los derechos de las mujeres, aparece con ellos hasta en fotos. A la tertulia que organizaba los miércoles en su casa, acudían los intelectuales más importantes de comienzos del siglo XX. Fue la primera corresponsal de guerra.
>
> 
>
> Rosa Huertas, *Mujeres de la cultura*, Anaya.

a) ¿Cuál es el tema de este texto?

b) ¿Qué título le pondrías?

c) ¿Crees que todo el fragmento se refiere al mismo tema? Resúmelo.

d) ¿Crees que cada enunciado añade información al anterior? Justifica tu respuesta con ejemplos del texto.

e) ¿Qué otras características del texto observas en la lectura?

f) En conclusión, ¿crees que este texto es coherente? ¿Por qué?

2 ¿Por qué no es coherente el texto que tienes a continuación, aunque sus enunciados son gramaticalmente correctos?

> SR. MARTÍN.—El que compra hoy un buey tendrá mañana un huevo.
>
> SRA. SMITH.—En la vida hay que mirar por la ventana.
>
> SRA. MARTÍN.—Se puede sentar en la silla, mientras que la silla no puede hacerlo.
>
> SRA. SMITH.—Siempre hay que pensar en todo.
>
> SRA. MARTÍN.—El techo está arriba y el piso está abajo.
>
> Eugène Ionesco, *La cantante calva*, Alianza Editorial.

Webquest. Accede a esta actividad en anayaeducacion.es e investiga sobre Carmen de Burgos.

2.4 La cohesión

La **cohesión** es la propiedad del texto que nos ayuda a percibir su unidad y su coherencia. Se logra mediante estos mecanismos de cohesión: los conectores textuales, la elipsis, la repetición y los mecanismos referenciales.

Los conectores textuales

Los **conectores textuales** son palabras del texto que indican la relación de unos enunciados con otros.

De orden	Aditivos	Explicativos	De contraste	Consecutivos	Ejemplificativos	De rectificación
en primer lugar, en segundo lugar, después, por fin...	*además, asimismo, también, encima, incluso...*	*o sea, esto es, es decir, a saber, de otra manera...*	*sin embargo, antes bien, en cambio...*	*por tanto, por consiguiente, de ahí que, pues...*	*así, por ejemplo...*	*mejor dicho, más bien...*
En primer lugar, se limpian las verduras y se trocean. Después, se rehogan en una sartén.	Le pidió que le trajera una infusión; además, le prepararó una macedonia.	Prefiero seguir mañana; es decir, márchate y mañana continuamos.	Se levantó temprano; sin embargo, llegó tarde a la cita.	Mi hermano quiere ser bailarín, por tanto, estudia ballet clásico.	Prefiero las novelas de ciencia ficción, por ejemplo, *Ubik*.	Soy científica, más bien, bióloga marina.

Lisboa.

La elipsis

La **elipsis** consiste en suprimir aquellas partes del texto que el receptor conoce. Por ejemplo, en la oración *Yo pasaré las vacaciones de verano en la playa, y ella, en la montaña* se sobrentiende en la segunda parte «pasará las vacaciones». La elipsis hace presentes realidades sin nombrarlas, lo que da cohesión al texto y evita las repeticiones que harían la lectura muy pesada.

La repetición

La **repetición de palabras** cohesiona el texto, pues transmite la sensación de que se está hablando siempre del mismo tema. También contribuyen a ello la aparición de palabras de un mismo campo semántico o de experiencia, los sinónimos y antónimos, así como los hiperónimos y los hipónimos.

Los mecanismos referenciales

Uno de los hechos que contribuyen a cohesionar más un texto es la aparición de expresiones que se refieren a los mismos individuos, objetos, acontecimientos o acciones.

SON MECANISMOS REFERENCIALES

- Palabras que se refieren a una misma realidad.
  → Lisboa y la capital de Portugal.
- Los pronombres que sustituyen a los sustantivos que hacen referencia a esa realidad.
  → Me gusta ese profesor. Él nos enseña danza moderna.
- Los determinantes posesivos que se refieren a las personas de las que se está hablando.
  → La periodista parecía inquieta y miraba su reloj continuamente.

Actividades

3 Localiza en este texto todas las palabras que pertenezcan al campo de experiencia de *huerta:*

> Las huertas, sobre todo, son deliciosas. ¡Qué sendas tan lindas hay entre ellas! A un lado, y tal vez, a ambos, corre el agua cristalina con grato murmullo. Las orillas de las acequias están cubiertas de hierbas olorosas y de flores de mil clases. En un instante puede uno coger un gran ramo de violetas. Dan sombra a estas sendas pomposos y gigantescos nogales, higueras y otros árboles, y forman los vallados la zarzamora, el rosal, el granado y la madreselva. [...]
>
> Yo estoy encantado con las huertas y todas las tardes me paseo por ellas un par de horas.

Juan Valera, *Pepita Jiménez,* Cátedra.

4 Identifica las palabras y las expresiones sinónimas que hay en el texto:

> —¿Y soportas, además de la miseria, la vergüenza, tanta humillación, deber a todo el mundo, no pagar a nadie, vivir de mil enredos, trampas y embustes?
>
> —¡Vaya si lo soporto!... Cada cual en esta vida se defiende como puede. ¡Estaría bueno que nos dejáramos morir de hambre, estando las tiendas tan llenas de sustancia! [...]
>
> —Es que tú no tienes vergüenza, Nina; quiero decir decoro, quiero decir dignidad.
>
> —Yo no sé si tengo eso; pero tengo boca y estómago.

Benito Pérez Galdós, *Misericordia,* Hernando.

5 Recuerda que los *hiperónimos* son palabras cuyo significado incluye otros términos de contenido más concreto, que son sus hipónimos: por ejemplo, *herramienta* es el hiperónimo de *destornillador, tenaza, alicate...*

- Copia y relaciona cada hiperónimo con su hipónimo:

Hiperónimos	Hipónimos
Barcos	Sandalias
Felinos	Saturno
Calzado	Lince
Planetas	Avena
Cereales	Fragata

- Busca el hiperónimo de *lince* en este titular de una noticia:

Una pareja de felinos
ha llegado para repoblar Doñana.

6 **Piensa y comparte en pareja.** Indica los recursos que se han utilizado en este texto para hacer referencia tanto al investigador como a los animales marinos petrificados:

> **Los animales marinos petrificados**
>
> Yo no salgo de mi asombro: aquí mismo, a más de 2000 metros de altitud, y a más de un centenar de kilómetros de la costa más cercana, he encontrado las conchas petrificadas de unos animales que parecen caracoles marinos. Las preguntas se agolpan en mi interior. ¿Son estas rocas restos de animales marinos? Si lo son, ¿cómo han llegado ellos hasta aquí? ¿Qué ha ocurrido para que se hayan petrificado y para que hayan quedado incluidos en el interior de una montaña debajo de capas de cientos de metros de roca?
>
> Una posible explicación sería que estos seres vivieron en una época antigua en la que el mar cubría esta zona. Cuando estos murieron, cayeron al fondo, y quedaron enterrados por capas de lodos marinos. Después de mucho tiempo, las capas de lodo se transformaron en roca, junto con las conchas que llevaban en su interior. Algún tipo de fuerza terrestre hizo que estas rocas se elevaran hasta donde están en la actualidad.

VV. AA., *Ciencias de la Naturaleza,* Anaya.

UNA ONG MUY MOVIDA

¿Te animas a colaborar con una ONG que lucha contra el sedentarismo juvenil?

ONG En Movimiento

LEE

Analiza la correspondencia que envía la ONG En Movimiento.

1 Lee este texto y responde a estas cuestiones:

- ¿Qué tipo de texto es? ¿Qué estructura tiene?
- ¿Cuáles son sus diferencias respecto de una carta postal?
- ¿Qué ventajas tiene sobre esta?

Para:

CC:

Asunto: Colabora con Muévete

Estimado amigo:

Hace ya seis meses que te has suscrito a nuestro boletín informativo. Como sabrás, gracias a las noticias que transmitimos mediante este canal, el sedentarismo (ausencia de ejercicio físico en la vida cotidiana) es un problema muy extendido entre los adolescentes que puede tener graves consecuencias en su salud, física y mental.

Según la Organización Mundial de la Salud (OMS), que depende de la ONU (Organización de Naciones Unidas), en el mundo, un 81 % de los adolescentes no se mantiene lo suficientemente activo. En España, el país donde vives, los jóvenes dedican dos horas diarias (o incluso más) a ver la televisión, jugar a videojuegos y usar el ordenador, el móvil o la tableta, actividades que no implican ejercicio físico.

En primer lugar, la falta de actividad física es un factor de riesgo para algunas enfermedades como la diabetes o los accidentes cerebrovasculares. Además, algunos estudios demuestran que las chicas y los chicos más activos tienen un mejor rendimiento escolar y mayor autoestima. Por otra parte, al realizar ejercicio físico se segregan endorfinas, hormonas que proporcionan satisfacción y felicidad.

Sabemos que eres estudiante y que, seguramente, tendrás acceso a un ordenador, Internet, una buena red de amigas y amigos, un cerebro fresco y mucha energía; por eso querríamos pedirte tu colaboración.

¿Te animas a difundir los documentos que detallan nuestras acciones?

Haz clic en este enlace y escucha las instrucciones. https://www.colaboraconenmovimiento.com

¡Muchas gracias!

En Movimiento

2 Lee estos perfiles de tres suscriptores de la página web de En Movimiento e indica cuál se corresponde con el destinatario del correo electrónico.

- Aporta al menos dos razones para justificar tu respuesta.
- Explica qué modificaciones habría que realizar en el texto para poder dirigirlo a las otras dos personas.

Carmela

Estudiante de Secundaria que vive en Tomelloso, provincia de Ciudad Real. Recibe el boletín desde hace cinco años. Ha sido voluntaria para la ONG en dos talleres deportivos.

Riccardo

Un joven italiano que está estudiando en Granada. Gracias a una compañera del instituto, se enteró de la existencia de En Movimiento y se suscribió al boletín hace dos semanas.

Lucas

Estudiante y canguro gaditano de diecinueve años que se suscribió al boletín hace seis meses. Lo hizo porque estaba interesado en donar una pequeña cantidad de su salario.

3 ¿Qué finalidad tiene el correo que has leído? Argumenta tu respuesta.

4 ¿Cómo describirías el tono que se utiliza en la redacción del correo electrónico? Elige los tres adjetivos que mejor lo describan.

EDUCADO FRÍVOLO LASTIMOSO
COMPRENSIVO CERCANO INFORMAL
FORMAL irreverente RESPETUOSO
CORTÉS IRÓNICO EXAGERADO

5 En parejas, reflexionad sobre cómo debería ajustar su uso del lenguaje la ONG en los siguientes casos y ejemplificad vuestras respuestas:

A Para informar de una acción que haya tenido una gran acogida entre los adolescentes.

B Para reclamar a un socio que abone sus cuotas pendientes.

C Para disculparse por haber incluido una información errónea en el boletín.

D Para comunicarse con personas que aún no han manifestado su interés en la ONG.

ONG EN MOVIMIENTO

ESCUCHA

Sigue las instrucciones para hacerte colaborador de la ONG.

6 Escucha el audio que explica cómo hacerse colaborador de EN MOVIMIENTO. ¿Están actuando correctamente estos colaboradores? ¿Por qué?

a) Nacho quiere poner NachoM como contraseña.

b) Laura ha impreso la versión 3 para colgarla en el tablón de anuncios del instituto.

c) Sergio ha escrito este comentario: «A mis amigos les ha encantado», bajo un archivo que no ha descargado todavía.

7 Reflexiona sobre el texto que acabas de escuchar y responde a estas cuestiones:

- Según la intencionalidad que tiene, ¿qué tipo de texto es?
- ¿Qué modo verbal predomina? ¿Por qué?
- ¿Crees que la información está bien organizada? Elabora un esquema.
- ¿Cuál consideras que es la forma idónea de utilizar este texto? Justifica tu respuesta.

A Escuchar el audio de una vez e ir anotando en un cuaderno la información más importante.

B Escuchar cada paso en diferentes momentos del día.

C Escucharlo todo seguido, resumirlo, volverlo a escuchar y hacer un esquema.

D Escuchar un paso, ejecutarlo y pasar a escuchar el siguiente.

8 ¿Dónde pueden compartir su experiencia los colaboradores?

ONG En Movimiento

ESCRIBE

Analiza los comentarios y redacta contenido para la ONG.

9 Tras difundir en tus redes sociales el cartel *Baila al ritmo de tu salud,* recibes una serie de comentarios. Léelos y responde a las preguntas:

- ¿Qué mensajes respetan la cohesión, la coherencia y la adecuación?
- ¿Crees que deberías subirlos a la página web de la ONG? ¿Por qué?
- Corrige el texto C para que tenga unidad y sentido. Para ello, recuerda que los diferentes enunciados han de estar ordenados y relacionados entre sí, el texto debe adecuarse a las personas que lo reciben, los conectores textuales y mecanismos referenciales contribuyen a cohesionar el texto...

Comentarios

A

Pilar

Amigos de En Movimiento, me encanta el cartel y también bailar. De hecho, yo practico danzas urbanas y nada me hace sentir mejor, pero quizá sois un poco alarmistas. Creo que no hay motivo de inquietud. Pili

B

Pablo

¡Hola! Es muy guay toda la información que pasáis. De verdad que hay que ponerse las pilas con este tema. Pablo

C

Anónimo

Hola, mi nombre es Ivonne. Yo os escribo desde Finlandia. Yo estoy muy preocupada por la falta de movimiento entre la juventud. Yo creo importante que nos involucremos para luchar contra la falta de movimiento entre la juventud. Yo creo importantes otras medidas. Educar, construir parques y dar becas deportivas.

10 A partir de estos datos redacta un texto para ayudar a combatir el sedentarismo en tu entorno:

- Determina el tema central de tu texto.
- De los datos que tienes, ¿cuáles vas a poner en relación? ¿Por qué? ¿Cómo lo vas a lograr?
- Organiza el texto en párrafos. Recuerda que cada párrafo debe contener una idea principal.
- Cuando escribas, utiliza conectores para que quede de manifiesto la relación entre los datos que incluyas.
- No te olvides de finalizar tu texto con una conclusión.

De cada cien adolescentes, sesenta pasan más de dos horas al día frente a la pantalla.

Según la OMS, las personas de entre cinco y diecisiete años deberían realizar 1 hora de actividad física diaria.

Más del 30 % de los adolescentes tiene una pantalla en su dormitorio.

Un 48 % de los niños y adolescentes no cumple las recomendaciones contra el sedentarismo: menos de dos horas de pantalla al día y 1 hora de actividad física.

Estos datos negativos se disparan el fin de semana (se eleva al 84 % de los jóvenes).

ONG EN MOVIMIENTO

HABLA

Prepárate para buscar nuevos socios y socias para la ONG.

11 En la ONG te proponen ayudar a buscar colaboradores durante una semana. Lee las pautas y realiza la actividad:

- (A) La persona que busca socias y socios debe ser siempre educada y amable.
- (B) Para hacerse socio, hay que rellenar una ficha personal.
- (C) Al cumplimentar la ficha de socio, también hay que entregar un documento de seguridad para garantizar la Ley Oficial de Protección de Datos (LOPD).
- (D) Cada miembro ha de abonar una cuota mensual de 5 euros.
- (E) Se puede realizar una donación en el momento, sin ser socio. Para ello, basta con enviar un SMS.
- (F) El importe obtenido con todas las donaciones se va a emplear en una campaña para instalar parques deportivos para adolescentes en tu localidad.

• Por parejas, dramatizad las siguientes situaciones:

1. Estudiante A: busca socios. Estudiante B: una mujer con una maleta, con mucha prisa.
2. Estudiante B: busca socios. Estudiante A: un hombre con bolsas de la compra que no utiliza las nuevas tecnologías.

12 En clase, debatid sobre la experiencia anterior y cread un decálogo con consejos para conseguir que otras personas se asocien a una ONG con buen talante.

EN MI OPINIÓN...

COMPARTO TU OPINIÓN, PERO...

ES EVIDENTE QUE...

CONSIDERO QUE...

DESDE MI PUNTO DE VISTA...

EN RESUMEN...

Reflexiona sobre este ámbito profesional

En las ONG, entre otras personas, trabajan **cooperantes.** ¿Sabes en qué consiste esta profesión? En grupos de cuatro, buscad información y responded a estas cuestiones:

- ¿Qué conocimientos y formación tienen los cooperantes?
- ¿Qué motivaciones suelen tener los cooperantes para trabajar en una ONG?
- ¿En qué países o lugares suelen trabajar? ¿Por qué?
- ¿Qué cualidades deben tener para ejercer su labor con éxito?
- ¿Te gustaría poder ser cooperante en el futuro? ¿Por qué?

Después, compartid con el resto de la clase la información que habéis obtenido y estableced un debate sobre las ventajas y los inconvenientes que creéis que tiene esta actividad.

3 GRAMÁTICA

LA PALABRA

3.1 Constituyentes de la palabra

La **palabra** es un conjunto de sonidos asociado a un significado, que en la escritura aparece entre dos espacios en blanco.

- Las **palabras invariables** (adverbios, preposiciones, interjecciones y conjunciones) mantienen siempre fija su forma.
- Las **palabras variables** (nombres, pronombres, determinantes, adjetivos, verbos) pueden modificar su terminación para expresar cambios de género, de número, de persona, de tiempo y de modo.

PASOS PARA EL ANÁLISIS MORFOLÓGICO DE UNA PALABRA

1. Localizar el lexema o raíz.
2. Señalar los morfemas derivativos, es decir, los prefijos o sufijos que la componen.
3. Identificar si hay morfemas flexivos.

ESTRUCTURA DE LAS PALABRAS VARIABLES

Lexema o raíz

Parte de la palabra que contiene su significado fundamental. Cuando está formada por dos raíces, tenemos una palabra compuesta:

Ejemplos
- *clar -o*
- *clar -idad*
- *a- clar -ar*
- *claroscuro*

Morfemas

Flexivos o desinencias

Aparecen al final de palabra y aportan esta información:

Ejemplos
- Género: *cierv -o*
- Número: *tortuga -s*
- Persona: *habl -o*
- Tiempo: *com -ían*
- Modo: *respet -ase*

Derivativos

Prefijos, cuando aparecen antes del lexema:

Ejemplos
- *re- tomar*
- *ante- poned*
- *im- posible*
- *pre- juzgar*

Sufijos, cuando aparecen después

Ejemplos
- *carpint -era*
- *ecológ -ico*
- *seman -al*
- *alt -ísima*
- *flaut -ista*

Actividades

Actividad resuelta

1 Separa los componentes de estas palabras y especifica sus morfemas: *lobos, novelesca*.

Solución:

- Lexemas: *lob*- y *novel*-.
- Morfemas: -*o*-*s* (flexivos de género y número) y -*esc*-*a* (derivativo sufijo y flexivo de género).

2 Analiza morfológicamente estas palabras como en la actividad anterior: *finísimos, llovía, pianistas, bebo, fantástica, impaciente, ovejas, reconducir, bebía, cantando*.

3 Lee el siguiente texto y realiza las actividades:

> El chiquillo se entretuvo tirando piedrecitas al agua. Unas caían en zonas de calma y provocaban breves ondas rápidas. Otras se perdían, absorbidas por un remolino de aguas inquietas.
>
> Josefina Aldecoa, *El juez y otros cuentos*, Diario de León.

a) Identifica dos nombres con sufijos derivativos.

b) Señala las desinencias en los verbos *caían* y *provocaban*.

c) Muestra los sufijos en las voces verbales *tirando* y *absorbidas*.

d) Señala los morfemas flexivos de *zonas* y *breves*.

3.2 La formación de palabras

La composición y la derivación

En castellano podemos formar nuevas palabras a partir de otras simples, mediante los mecanismos de composición y derivación.

- Las palabras **simples** o **primitivas** contienen un solo lexema al que pueden acompañar uno o varios morfemas flexivos: *ratón, pájar -o, mes -as, coche -s, papel.*
- Las palabras **compuestas** están formadas por dos o más voces: *saca - puntas, limpia - para - brisas.*
- Las palabras **derivadas** se forman añadiendo prefijos o sufijos al lexema: *pescad -era, ante -poner, in -útil, valenci -ana.*
- Los sufijos alteran el significado de la voz originaria y algunos pueden cambiar su categoría. De tal manera que el resultado final puede ser:
  - un nombre *(vivir > vivienda; alto > altura; respirar > respiración);*
  - un adjetivo *(vapor > vaporoso; amarillo > amarillento; discutir > discutible; cerca > cercano);*
  - un verbo *(amarillo > amarillear; taladro > taladrar; morder > mordisquear);*
  - un adverbio *(sincero > sinceramente).*
- Las palabras **parasintéticas** se han formado al mismo tiempo por composición y derivación: *sietemesina, picapedrero.*

La parasíntesis

La parasíntesis se produce cuando los dos procedimientos de formación son simultáneos y la palabra resultante no puede existir sin uno de ellos.

Otros mecanismos de formación de palabras y su escritura

Además de la composición y la derivación, en castellano también existen otras formas de crear palabras nuevas.

Siglas

Se forman habitualmente con las letras iniciales de varias palabras que designan una realidad: *UE (Unión Europea).*

Se escriben con mayúsculas, sin puntos ni espacios, y no se separan a final de línea: *BCE, ONG.*

Acrónimos

Son la unión de fragmentos de dos o más palabras: *informática* (información automática). También son acrónimos las siglas que no se deletrean y se pronuncian como una palabra: *sida* (síndrome de inmunodeficiencia adquirida).

Llevan tilde si así lo indican las reglas generales de acentuación. Si es un nombre propio, la inicial se escribe con mayúscula: *Unicef, tac, Ave.*

Otras abreviaciones

Acortamientos: se forman mediante un recorte de las palabras *(profe, bici, foto, bus, quimio).*
Abreviaturas: se forman por supresión de letras en la escritura: *Dra.* (doctora), *D.* (don).

Las abreviaturas se escriben con punto y la palabra que le sigue no necesita comenzar con mayúscula, salvo si es un nombre propio o inicio de enunciado. Llevan tilde si la palabra que se abrevia la lleva (*pág., admón.*).

La composición culta

En la composición culta, las palabras se hallan formadas por raíces de origen latino o griego que se colocan al principio o al final de la palabra para formar términos compuestos:

biblio (libro) + *-teca* (lugar en que se guarda algo) → *biblioteca*

- Raíces grecolatinas: *mega-* (grande), *tele-* (a distancia), *neuro-* (nervio), *bio-* (vida), *-fono* (voz), *-grafía* (escritura), *-algia* (dolor), *-patía* (dolencia).
- Ejemplos de compuestos cultos: *teléfono, biografía, megáfono, neuralgia, dermatólogo, cardiopatía, geología.*

3.3 El significado de las palabras

Esta es la clasificación de las palabras según la relación de significado que existe entre ellas:

- **Sinónimos:** palabras que tienen un significado igual o parecido, como, por ejemplo, *alto - elevado; narrar - contar.*
- **Antónimos:** palabras que tienen significados contrarios, como, por ejemplo, *padres - hijos; lejos - cerca; día - noche, blanco - negro.* Se pueden formar antónimos con los prefijos *a-, i-, in-, im-, des-* o *anti-*: *anormal, ilegal, informal, imposible, descontento, antiestético.*
- **Hiperónimos:** palabras que tienen un significado general que incluye a otras palabras más concretas, que son sus **hipónimos.** Por ejemplo, el hiperónimo *calzado* incluye a los hipónimos *zapato, zapatillas, sandalia, bota, botín,* etc.

Antónimos contrarios

La oposición es gradual, de manera que entre los extremos hay grados intermedios. Por ejemplo, entre *lento* y *rápido* hay grados intermedios *(más rápido, menos lento).*

Antónimos complementarios

Un significado implica inmediatamente lo contrario *(vivo, muerto).*

Antónimos inversos

Significados que presentan una correlación inversa *(comprar/vender, nacer/morir, padre/hijo).*

La denotación y la connotación

Cada hablante puede asociar una palabra, además de a su significado literal **(significado denotativo),** a contenidos y valoraciones que ese vocablo le sugiere **(significado connotativo).** Por ejemplo: el significado denotativo de la palabra *león* es 'animal carnívoro...'; y su significado connotativo hace referencia a la cualidad humana de 'la valentía'.

Actividades

Actividad resuelta

4 Identifica las raíces del cultismo *radiografía* y explica qué significa.

Solución:

Esta palabra está compuesta por dos raíces griegas: ***radio*** (información) + ***grafía*** (escritura). Es una fotografía del interior del cuerpo por medio de rayos X.

5 Señala las raíces de los estos compuestos cultos y explica su significado: *neurología, telegrafía, hemorragia, biología, osteopatía.*

6 Escribe sinónimos de *calma* y *honor.*

7 Indica los antónimos de estas palabras: *amargo, interior, amar, superior.*

8 Enumera algunos hipónimos de los siguientes hiperónimos: *fruta, embarcación, felino, conífera.*

9 Señala los hiperónimos de los siguientes conjuntos de palabras:

- *coche, moto, tren, camión, autobús.*
- *piso, apartamento, chalé.*
- *libro, revista, periódico.*

10 Señala la denotación y las connotaciones de estos términos: *verde, negro* y *rojo.*

- ¿Y las palabras *sangre, tormenta, juventud?*

La brújula del español. Accede a esta guía del uso del español correcto en el banco de recursos de **anayaeducacion.es**.

Los cambios de significado

Las lenguas cambian y se transforman con el paso del tiempo. Cuando estas modificaciones afectan al significado, se produce un cambio semántico.

CAUSAS DEL CAMBIO SEMÁNTICO

Las causas históricas

Hay palabras que cambian de significado al utilizarse en una situación nueva: por ejemplo, el significado original de *ventana* es 'abertura en una pared para dar luz y ventilación a una habitación'. Actualmente, en el ámbito de la informática significa 'área de la pantalla de un ordenador donde se visualiza una aplicación'.

Las causas sociales

Debido a ciertos prejuicios sociales, en nuestra sociedad está mal visto pronunciar determinadas palabras: palabras tabú *(retrete, viejo, ciego...)*. En la lengua, entonces, aparecen otras palabras llamadas eufemismos, que las sustituyen *(servicio, anciano, invidente...)*.

Las causas psicológicas

Por ejemplo, la repugnancia o el miedo que causan ciertos animales provoca que las palabras que hacen referencia a ellos adquieran un significado insultante cuando se aplican a personas *(hiena, buitre)*. Otras cualidades que se les atribuyen también han causado cambios semánticos *(lince, hormiga)*.

La metáfora

La metáfora es un procedimiento que se utiliza para asociar nuevos significados a las palabras. Se produce una metáfora cuando una palabra adquiere el significado de otra, porque las cosas que ambas designan tienen alguna semejanza: *columna vertebral, pata de un mueble, cuello de una botella, falda de un monte, sierra (por cordillera)...*

La metonimia

Designación de una realidad con el nombre de otra con la que mantiene alguna relación de proximidad o contacto: *En aquella sala se exponen tres goyas.*

Actividades

11 Lee el texto y realiza las actividades:

> **ANFITRIÓN.** Palabra llegada a través del francés, que recuerda en última instancia al rey de Tebas, Anfitrión, famoso por lo espléndido de sus banquetes [...] Sobre esta historia escribieron sendos dramas homónimos el romano Plauto (214 a.C.) y el francés Molière (1668). Al final de la versión de este, el criado de Anfitrión, Sosia, exclama: «El verdadero Anfitrión es el Anfitrión en casa del cual se cena». Esta frase se hizo muy popular en Francia y desde entonces el nombre de Anfitrión se transformó en un sustantivo que pasó a designar —primero en Francia y luego en el resto de Europa— al que abre su casa para recibir a unos invitados.
>
> Gregorio Doval, *Palabras con historia*, Ediciones del Prado.

a) Elabora una línea del tiempo que sintetice el cambio de significado que ha sufrido *anfitrión*.

b) ¿A qué causas se puede atribuir dicho cambio?

12 ¿Mediante qué recurso se ha cambiado el significado de *pies* y *brazos* en estos enunciados?

Los pies de la montaña | Los brazos del río

13 Lee estos versos y realiza las actividades:

> Era la edad lisonjera
> en que es un sueño la vida;
> era la aurora hechicera
> de mi juventud florida,
> en su sonrisa primera.
>
> Gertrudis Gómez de Avellaneda.

a) ¿Qué significan en el diccionario las palabras *aurora* y *sueño*? ¿Qué significan esas mismas palabras en estos versos?

b) Explica y comenta la metáfora que la autora ha utilizado.

APLICA LO APRENDIDO

Repasa la gramática

Solución paso a paso

1 Observa y sigue los pasos para analizar morfológicamente estas palabras:

amigas | grupal | redactó

Paso 1. Localiza el lexema o raíz: *amig-*, *grup-*, *redact-*.

Paso 2. Señala los morfemas: *-a-s*, *-al*, *-ó*.

Paso 3. Identifica qué tipo de morfemas son (derivativos o flexivos):

a) Amig-*a-s*. Morfemas flexivos de género femenino y número plural.

b) Grup-*al*. Morfema derivativo.

c) Redact-*ó*. Desinencia verbal de tiempo y modo.

2 Lee el texto y realiza las actividades:

Desde que en 1987 Patricia W. O´Connor desveló para el mundo de las letras españolas el secreto de que María Martínez Sierra fue la autora de la obra que había circulado en el campo literario español e internacional con el nombre —o si se prefiere, el pseudónimo— Gregorio Martínez Sierra, la figura de esta mujer de letras y su multifacética obra —teatro, narrativa, ensayística, libretos y autobiografía— ha ido cobrando importancia para la crítica literaria y cultural dedicada al estudio de las escritoras de principios del siglo XX, la literatura feminista de la misma época, y del modernismo. A la vez, sus proyectos culturales pensados y ejecutados con el fin de desarrollar la educación de las mujeres españolas, fundamentados sobre su ideario feminista de gran profundidad y claridad están siendo reconocidos como importantes propuestas del feminismo español de las primeras décadas del siglo veinte.

Alda Blanco, «María Martínez Sierra. Hacia una lectura de su vida y obra», *Arbor.*

a) Señala en el texto cuatro palabras invariables y cuatro variables. Justifica tu respuesta.

b) Indica el lexema y los morfemas de estas palabras: *desveló, libretos, culturales.*

c) Busca en el texto cuatro palabras formadas con morfemas derivativos prefijos. ¿Qué significado tienen dichos prefijos y qué significa cada una de esas palabras?

d) Señala en el texto cuatro palabras derivadas cuyos morfemas derivativos sean sufijos. ¿Qué significado tienen dichos sufijos y qué significa cada una de esas palabras?

e) Busca en el texto alguna palabra compuesta. Explica en qué consiste dicha composición.

f) ¿Hay en el texto alguna palabra parasintética? Explica tu respuesta.

g) Hay ejemplos de composición culta con elementos del latín o del griego. Explica el vocablo *autobiografía*. ¿De cuántas raíces cultas se compone? Señala y explica alguna otra.

h) Justifica por qué son sinónimas estas expresiones:

mundo de las letras españolas

campo literario español

i) ¿Qué significa *pseudónimo?* ¿Por qué dice el texto que Gregorio Martínez Sierra era el pseudónimo de María Martínez Sierra?

j) Escribe en tu cuaderno los antónimos de estas palabras del texto:

secreto | *profundidad*
feminista | *claridad*

k) ¿Cuál sería el hiperónimo de estas palabras del texto?

TEATRO NARRATIVA ENSAYÍSTICA
libretos AUTOBIOGRAFÍA

l) Explica el significado denotativo y connotativo de estas palabras: *modernismo, feminista, letras españolas.*

Visualiza la gramática. Accede a este vídeo disponible en el banco de recursos de **anayaeducacion.es**.

Organiza tus ideas gramaticales

Completa este mapa conceptual organigrama en tu cuaderno:

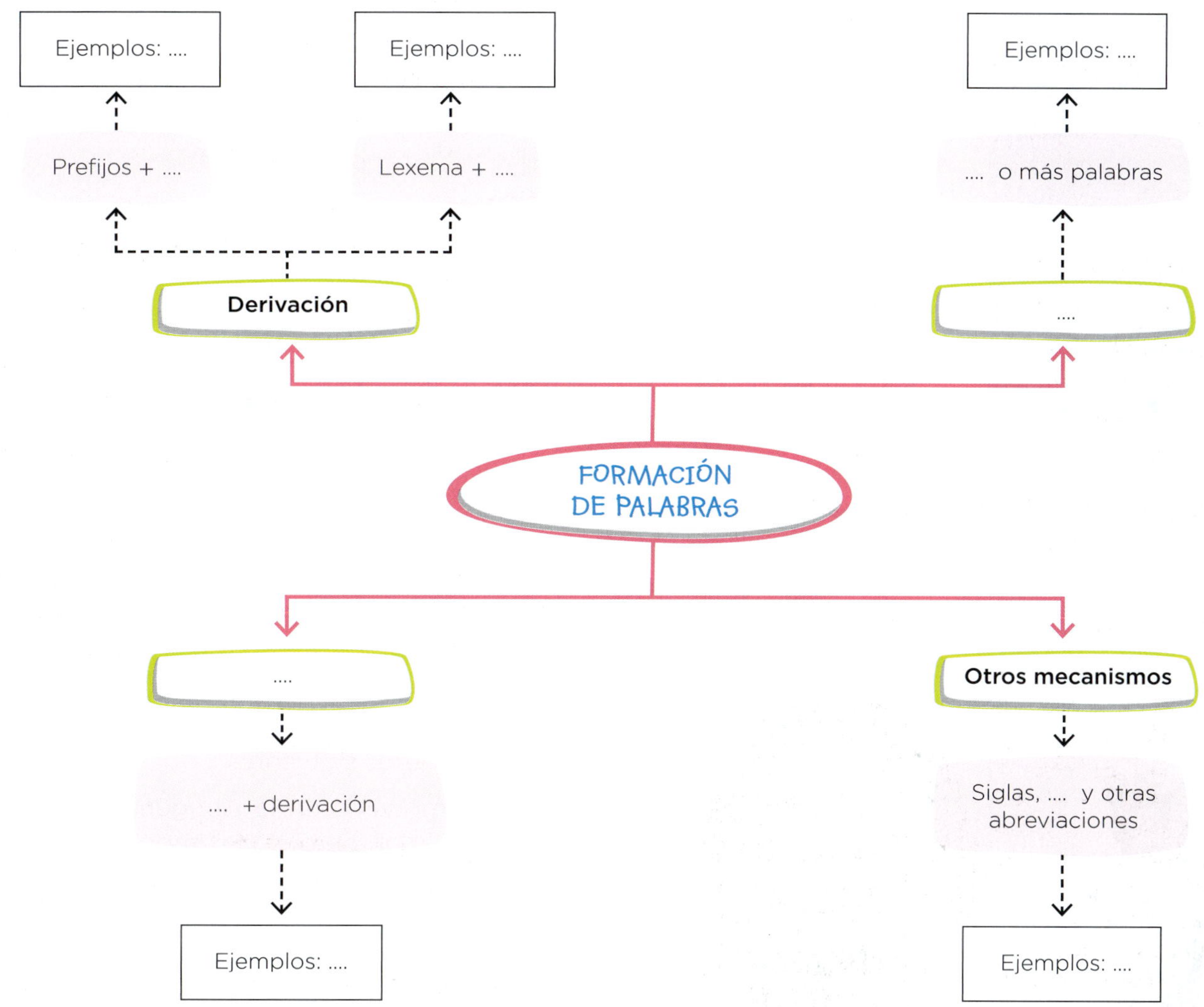

Practica la ortografía

1 Separa estas palabras en sílabas y clasifícalas según contengan un diptongo, triptongo o hiato:

paraguas	*oído*	*celebréis*	*país*
viuda	*búho*	*vocerío*	*cuídate*
huida	*marea*	*atención*	*Uruguay*

- ¿Qué regla de acentuación sigue cada palabra?

2 Escribe dos palabras que ejemplifiquen cada uno de los casos siguientes:

a) Un diptongo formado por dos vocales cerradas.

b) Un hiato formado por una vocal abierta átona y una vocal cerrada tónica.

3 Completa en tu cuaderno con la opción adecuada:

Cuando .... (él/el) te preguntó .... (cómo/como) se prepara el .... (té/te), ... (tú/tu) le respondiste que, en primer lugar, ... (sé/se) hierve el agua, luego se vierte en la tetera, ... (dónde/donde) se añade una cucharada de té por persona, y finalmente se tapa; .... (más/mas) no le explicaste .... (cuánto/cuanto) tiempo debe reposar la infusión antes de servirse. .... (Aún/aun) así, él .... (té/te) dio las gracias por indicarle (qué/que) variedad de té es más apropiada según el momento del día.

4 Copia e indica en tu cuaderno la categoría gramatical de estas palabras y escribe una oración con cada una de ellas: *dé, mí, más, se, sí, tu, el.*

ORTOGRAFÍA CONSULTA EL ANEXO 1 2

4 LITERATURA

LOS GÉNEROS Y SUBGÉNEROS LITERARIOS

Monumento al Cid Campeador en Burgos.

4.1 Los géneros literarios

Los **géneros literarios** son los grupos en los que se clasifican las obras literarias por su función y estructura.

Tradicionalmente, se distinguían tres géneros literarios:

- el **género narrativo,**
- el **género lírico,**
- el **género teatral** o **dramático.**

A partir del siglo XVIII, los autores incluyeron también el **género didáctico.**

4.2 El género narrativo

El **género narrativo** está constituido por las obras en las que un narrador cuenta lo que les ocurre a unos personajes en un tiempo y en un espacio.

El **género narrativo** en un principio se manifestó en verso. Es lo que actualmente conocemos como épica, que agrupa narraciones sobre las hazañas históricas o legendarias de los héroes nacionales. Por ejemplo, en Portugal, Luis de Camoens escribió *Os Lusiadas* en el siglo XVI. Después, la narrativa pasó a escribirse en prosa.

La narrativa en verso: la épica

En la **épica** se distinguen los subgéneros siguientes:

- La **epopeya:** poema extenso compuesto en la Antigüedad que narraba acontecimientos protagonizados por héroes de importancia histórica, en los que la intervención de los dioses adquiría una gran relevancia. Por ejemplo, la *Ilíada* y la *Odisea,* de Homero; la *Eneida,* de Virgilio.
- El **cantar de gesta:** poema épico compuesto en la Edad Media en el que se cantaban las gestas o hazañas de un héroe. En castellano se conserva el *Cantar de Mio Cid*.
- Los **romances:** poemas narrativos breves que se popularizaron en España a partir del siglo XV. Su temática es variada (históricos, líricos, novelescos...). Algunos romances históricos surgieron al descomponerse en distintos fragmentos los cantares de gesta.

La narrativa en prosa

En el género narrativo en prosa se distinguen estos subgéneros:

- La **novela:** narración extensa de ficción en prosa.
- El **cuento:** narración breve de ficción en prosa. Si tiene intención didáctica o moralizadora, se llama apólogo.
- En la actualidad, ha aparecido una variedad del cuento, el **microrrelato:** narración muy breve que no sobrepasa las veinte líneas.
- La **novela corta:** narración de ficción en prosa, de extensión intermedia entre el cuento y la novela.
- La **leyenda:** relato de carácter extraordinario, inventado por la tradición popular a partir de un suceso real o fabuloso.

4.3 El género lírico

El **género lírico** agrupa las obras, escritas generalmente en verso, en las que el escritor o la escritora expresa sentimientos y emociones mediante un lenguaje cuidado.

SUBGÉNEROS LÍRICOS

La sátira

Es una composición en la que el autor censura vicios o defectos, individuales o colectivos, de forma humorística.

Ejemplo

Toda esta vida es hurtar,
no es el ser ladrón afrenta,
que como este mundo es venta,
en él es propio el robar.
Nadie verás castigar
porque hurta plata o cobre:
que al que azotan es por pobre
de suerte, favor o trazas.
Este mundo es un juego de bazas,
que solo el que roba, triunfa y manda.

Francisco de Quevedo,
Poesía original completa, Planeta.

La oda

Es una composición mediante la cual se expresan sentimientos como el amor y la tristeza, o canta a las cosas cotidianas en tonos muy diversos.

Cantar a cualquier cosa que te guste

Ejemplo

Cádiz, salada claridad; Granada,
agua oculta que llora.
Romana y mora, Córdoba callada.
Málaga cantaora.
Almería dorada.
Plateado Jaén. Huelva, la orilla
de las Tres Carabelas...
y Sevilla.

Manuel Machado,
Antología poética, Alianza.

La elegía

Es una composición en la que el autor expresa el sentimiento dolorido producido por la muerte de un ser querido.

Ejemplo

Tanto dolor se agrupa en mi costado,
que por doler me duele hasta el aliento. […]
No hay extensión más grande que mi herida,
lloro mi desventura y sus conjuntos
y siento más tu muerte que mi vida.

Miguel Hernández,
Antología poética, Espasa-Calpe.

La égloga

Es una composición en la que el autor pone el sentimiento amoroso en boca de unos pastores, en una naturaleza idealizada.

Ejemplo

El dulce lamentar de dos pastores,
Salicio juntamente y Nemoroso,
he de cantar, sus quejas imitando;
cuyas ovejas al cantar sabroso
estaban muy atentas, los amores,
de pacer olvidadas, escuchando.

Garcilaso de la Vega,
en *Antología poética de los siglos XV y XVI,* Anaya.

La métrica

La **métrica** estudia los recursos utilizados por el autor o la autora de una obra lírica para conseguir ritmo y musicalidad.

Entre estos recursos destacan la medida silábica de los versos, la rima, los acentos y las pausas.

- **La medida o cómputo silábico de los versos**

Los versos se clasifican por su número de sílabas (bisílabos, trisílabos, pentasílabos...). Los que tienen más de ocho sílabas son de **arte mayor,** y, si tienen ocho o menos, son de **arte menor.**

Para realizar la medida o cómputo silábico, se cuentan las sílabas reales. Hay que tener en cuenta:

Las sinalefas: Cuando una palabra del interior de un verso termina en vocal y la siguiente empieza por vocal, forman una sola sílaba métrica («Dichoso el humilde estado»).

El acento: El acento de la última palabra: si esta es aguda, se suma una sílaba («da dolor» = = 4 sílabas); si es esdrújula, se cuenta una menos («y a mí, solo las lágrimas» = 7 sílabas).

La diéresis: Licencia que permite, al recitar el poema, pronunciar en dos sílabas un diptongo («ruido» = 3 sílabas).

La sinéresis: Licencia métrica que permite pronunciar en una sola sílaba un hiato («cae la nieve en remolino» = 8 sílabas).

La rima

La rima puede ser **asonante** (repetición de vocales: inquieto / pecho) o **consonante** (repetición de vocales y de consonantes: sola / ola).

- **La rima, los acentos y las pausas**

En un texto lírico, mediante la combinación de las sílabas átonas, las sílabas tónicas y las pausas se consigue el ritmo adecuado. A su vez, la rima es la identidad o semejanza de sonidos al final de dos o más versos a partir de la última vocal tónica.

La estrofa

La **estrofa** es un conjunto de versos que forman una estructura fija en la medida silábica y en la rima, y que se repite a lo largo del poema.

El esquema métrico es una combinación de números y de letras que representan la estructura de una estrofa. Los números expresan la medida de los versos y las letras representan la rima:

- Las letras minúsculas señalan los versos de arte menor, y las mayúsculas, los versos de arte mayor.
- Los versos que tienen la misma rima se marcan con la misma letra.
- Cuando un verso no rima con ningún otro se indica con una raya.

¿Qué es poesía? —dices mientras clavas	11 –
en mi pupila tu pupila azul.	10 + 1 = 11 A
¡Qué es poesía! ¿Y tú me lo preguntas?	11 –
Poesía... eres tú.	6 + 1 = 7 a

Gustavo A. Bécquer

Danzas sobre ti mismo, mar:	8 + 1 –
Eternamente solo en ti te enlazas.	11 A
Es tu voz un lamento tembloroso	11 –
o un rugido sin alma.	7 A
Hoy es tu danza gris, oh mar sinnúmero,	12 - 1 –
hoy es tu danza gris, turbia y cansada	11 A

María Eugenia Rincón

4.4 El género teatral o dramático

El **género teatral** o **dramático** está formado por obras dialogadas, concebidas para ser representadas en la escena por actores.

SUBGÉNEROS TEATRALES O DRAMÁTICOS

Géneros mayores

- Tragedia → Obra dramática en la que los personajes (reyes, príncipes, nobles...) luchan contra un destino adverso del que terminan siendo víctimas. Se desarrollan asuntos filosófico-morales, grandes conflictos de poder y fuertes pasiones humanas. Tiene un desenlace trágico.
- Comedia → Obra dramática de carácter alegre y humorístico en la que la historia que se representa pretende provocar la risa del espectador. Tiene un desenlace feliz.
- Drama → Obra dramática en la que los conflictos y las pasiones tienen un tono menos elevado que en la tragedia. Los personajes no son necesariamente reyes o nobles, ni están guiados solo por la fatalidad. El final es también trágico. Puede incluir elementos cómicos y entonces se llama tragicomedia.

Géneros menores

- Auto sacramental → Breve pieza teatral de carácter alegórico y tema religioso.
- Entremés → Pieza teatral breve de carácter cómico que suele referirse a un asunto popular y que originariamente se representaba en los entreactos de las obras principales.
- Sainete → Obra cómica breve, que pinta ambientes y personajes populares, en prosa o en verso, de forma burlesca y satírica.

4.5 Los géneros didácticos

Los **géneros didácticos,** en general más recientes que los anteriores, pretenden transmitir enseñanzas o debatir ideas.

- **La fábula** → Narración en prosa o en verso con intención moralizadora, normalmente protagonizada por animales.
- **La epístola** → Composición literaria en prosa o en verso, escrita en forma de carta.
- **El diálogo** → Composición escrita en forma dialogada en la que dos o más personajes debaten sobre un asunto.
- **El ensayo** → Obra literaria en prosa en la que se reflexiona sobre un tema a partir de la observación y de la experiencia.

Actividades

1 Lee estos dos fragmentos e indica a qué género literario pertenecen:

A

Traten otros del gobierno
del mundo y sus monarquías,
mientras gobiernan mis días
mantequillas y pan tierno,
y las mañanas de invierno
naranjada y agua ardiente,
y ríase la gente.

Luis de Góngora

B

—¡Qué mal —gritó la mona—
que estoy sin rabo!
—¡Qué mal estoy sin astas!
—repuso el asno.
Y dijo el topo:
—Más debo yo quejarme
que estoy sin ojos.
¡No reniegues, Camilo,
de tu fortuna;
que otros podrán dolerse
más de la suya.

J. E. Hartzenbuch

2 Estudia la métrica del poema de Góngora de la actividad anterior y responde:

a) ¿Cuántas sílabas tienen los versos? ¿Cómo se denominan esos versos?

b) Marca en el poema las sinalefas.

c) ¿Qué tipo de rima tiene?

d) Escribe su esquema métrico.

3 Indica en tu cuaderno si las siguientes afirmaciones son verdaderas (V) o falsas (F). Corrige las falsas:

a) *Epístola* significa 'carta'.

b) La oda, subgénero lírico, puede tratar temas diversos.

c) El mejor cantar de gesta francés es el *Cantar de Mio Cid*.

d) El auto sacramental es una obra narrativa de carácter religioso.

e) Los versos octosílabos son de arte mayor.

f) Los protagonistas de una fábula, normalmente, son animales.

4 Explica qué relación hay entre el cantar de gesta y el romance. ¿A qué género literario pertenecen?

5 ¿A qué subgénero narrativo pertenecen los siguientes textos? Justifica tu respuesta:

A

Ya era noche cerrada cuando llegué; las puertas de Ginebra ya estaban cerradas, y decidí pernoctar en Secheron, una aldea que se halla a media legua al este de la ciudad. El cielo estaba sereno; y, como me era imposible descansar, decidí ir a ver el lugar en el que mi pobre William había sido asesinado. Mientras caminaba vi que una tormenta se estaba formando al otro lado del lago.

Mary Shelley, *Frankenstein*, Espasa.

B

Embrazaron los escudos delante del corazón,
las lanzas ponen en ristre envueltas en su pendón,
todos inclinan las caras por encima del arzón[1] [...]
A grandes voces decía el que en buen hora nació:
«¡Heridlos, mis caballeros, por amor del Creador,
aquí está el Cid, don Rodrigo Díaz el Campeador».

Cantar de Mio Cid, en *Poesía medieval*, McGraw Hill.

[1] **Arzón:** elemento de la silla de montar.

6 Lee esta estrofa y realiza las actividades:

Hombres necios que acusáis
a la mujer, sin razón,
sin ver que sois la ocasión
de lo mismo que culpáis [...]

Sor Juana Inés de la Cruz, *Antología poética*, Bruguera.

Sor Juana Inés de la Cruz.

a) Presta atención al acento de la última palabra de cada verso. ¿Hay alguna aguda?

b) ¿Presentan todos los versos el mismo número de sílabas? ¿Qué clase de versos son?

c) Señala si son versos de arte mayor o de arte menor. Justifica tu respuesta.

d) Escribe su esquema métrico. ¿Cómo es su rima?

7 ¿A qué subgénero pertenecen los siguientes textos líricos?

A

¿Quién hace al tuerto galán
y prudente al sin consejo? [...]
¿Quién hace de piedras pan,
sin ser el Dios verdadero? [...]
¿Y quién lo de abajo arriba
vuelve en el mundo ligero[1]?

Francisco de Quevedo, *Antología poética,* Castalia.

[1]**Ligero:** de poca importancia y consideración.

B

Sabia es la piedra
que a merced de los vientos se conoce
y no ignora su destino de arena.
Espera a desmembrarse ya en desierto
y por fuerza amorosa
arrancar a las aguas
la condición de rosa.

Clara Janés, *Las ínsulas extrañas,* Antología.

C

Yo os di la mejor patria que yo pude
para nacer, y ahora, en vuestra muerte,
entre santos dichosa sepultura;
resta que vos roguéis a Dios que mude
mi sentimiento en gozo, de tal suerte,
que, a pesar de la sangre que procura
cubrir de noche oscura
la luz de esta memoria,
viváis vos en la mía;
que espero que algún día
la que me da dolor me dará gloria,
viendo al partir de aquesta tierra ajena,
que no quedáis adonde todo es pena.

Antología poética del Siglo de Oro, Anaya Didáctica.

8 ¿A qué género pertenece este fragmento?

Las novelas mienten —no pueden hacer otra cosa—, pero esa es solo una parte de la historia. La otra es que, mintiendo, expresan una curiosa verdad, que solo puede expresarse encubierta, disfrazada de lo que no es. Dicho así, esto tiene el semblante de un galimatías. Pero, en realidad, se trata de algo muy sencillo. Los hombres no están contentos con su suerte y casi todos —ricos o pobres, geniales o mediocres, célebres u oscuros— quisieran una vida distinta de la que viven. Para aplacar —tramposamente— ese apetito nacieron las ficciones.
Ellas se escriben y se leen para que los seres humanos tengan las vidas que no se resignan a no tener.

Mario Vargas Llosa, *La verdad de las mentiras,* Alfaguara.

9 ¿A qué subgénero dramático pertenece este fragmento? Justifica tu respuesta:

NOVIA.—Tome, madre: un periódico mejicano que me he encontrao esta mañana en el taller. Se lo he guardao a usté porque trae crimen. *(Le da el periódico).*

MADRE.—¿Que trae crimen? *(Lo coge con ansia).*

NOVIA.—Entero y con tos los detalles.

MADRE.—¡Qué alegría me das! Porque como desde hace una porción de tiempo los periódicos nuestros no traen crímenes, me se va a olvidar el leer. ¿Dónde está el crimen? *(Mirando el periódico).* Esto debe de ser... *(Leyendo).* «Tranviario mordido por un senador».

NOVIA.—Eso no es madre. Esos son «ecos de sociedá». El crimen está más abajo. Ahí... *(Señala con el dedo en el periódico).*

MADRE.—¡Ah, sí! Aquí está. *(Leyendo).* [...]

Enrique Jardiel Poncela, *Eloísa está debajo de un almendro,* Vicens Vives.

10 ¿Qué clase de texto es el siguiente? Justifica tu respuesta.

El águila y el escarabajo

Un águila perseguía a una libre, y esta, que no encontraba a nadie a quien pedir auxilio, suplicó a un escarabajo que pasaba. Este le dio ánimos y, cuando el águila se acercó, le ordenó que respetara el derecho de asilo de la liebre. El águila, sin embargo, despreciando la pequeñez del escarabajo, mató a la liebre. Entonces, el escarabajo decidió vengarse. Vigilaba el nido del águila y, cada vez que ponía huevos, volvía hasta ellos y los hacía rodar del nido abajo para destrozarlos. El águila acudió a Zeus, pues estaba consagrada a este dios, y le pidió un lugar donde empollar sus crías a salvo. Zeus le concedió criar en su regazo, pero el escarabajo, al saberlo, haciendo una bola de excrementos, echó a volar y, al llegar al regazo de Zeus, la dejó caer allí. Zeus quiso sacudirse los excrementos, pero, al levantarse, dejó caer los huevos sin darse cuenta. Por esa razón, dicen que, desde entonces, las águilas no crían cuando aparecen los escarabajos.

La fábula enseña que no hay que despreciar a nadie, porque no hay nadie tan débil que, al ser insultado, no pueda tomarse venganza.

Esopo, *Fábulas,* «Clásicos a Medida», Anaya.

4.6 Los recursos literarios

Recursos fónicos

- La **aliteración** es la repetición de uno o varios sonidos iguales o parecidos.
- La **onomatopeya** es la imitación mediante el lenguaje de los sonidos de la realidad a la que se refieren.

Recursos morfosintácticos

- La **anáfora** es la repetición de una misma palabra o palabras al comienzo de una serie de oraciones o versos.
- El **asíndeton** consiste en la supresión de una o más conjunciones necesarias en un enunciado, verso u oración.
- El **paralelismo** es la repetición de una misma estructura sintáctica en dos o más versos sucesivos.
- El **polisíndeton** es la repetición innecesaria de una misma conjunción.
- El **hipérbaton** es la alteración del orden habitual de los elementos de una frase.

Recursos semánticos

- La **metáfora** es la identificación entre dos realidades que presentan cierta semejanza.
- La **metonimia** es el uso de una palabra o una realidad para designar a otra con la que mantiene cierta relación, sea de causa y efecto, de autor y obra, de producto y lugar del que procede...
- La **personificación** es la atribución de cualidades humanas a seres inanimados o irracionales.

Los tópicos literarios

Los **tópicos** o **lugares comunes** son temas que se repiten a lo largo de la historia de la literatura.

- El ***beatus ille*** manifiesta el desprecio de los bienes materiales y elogia la vida ajena a lo mundano.
- El ***collige, virgo, rosas*** invita a gozar de la belleza juvenil, antes de la llegada de la vejez.
- El ***carpe diem*** aconseja aprovechar el momento presente.
- La **edad dorada** expresa el carácter irrecuperable de una época ya pasada considerada mejor que la actual, causa de descontento.
- El ***locus amoenus*** es la descripción de un paisaje hermoso, de un lugar idealizado.
- El **mundo al revés** recrea el tema de los imposibles.
- El ***tempus fugit*** hace referencia a la fugacidad de la vida.
- El ***Ubi sunt?*** (¿Dónde están?) es un tópico mediante el cual el poeta se pregunta por el paradero de los que han muerto.

Amplía la información sobre métrica y recursos literarios en el banco de recursos de anayaeducacion.es.

Ejemplos

Anáfora

Hoy la tierra y los cielos me sonríen,
hoy llega al fondo de mi alma el sol,
hoy la he visto... la he visto y me ha [mirado...
¡Hoy creo en Dios!

Gustavo A. Bécquer

Paralelismo

Quiero morir. No muero.
No me muero. Tal vez
tantos, tantos derrumbes, tantas muertes, [tal vez,
tanto olvido, rechazos, tantos dioses que [huyeron con palabras queridas
no me dejan morir definitivamente.

Idea Vilariño, *Poesía completa*.

Hipérbaton

Hortelano era Belardo
de las huertas de Valencia,
que los trabajos obligan
a lo que el hombre no piensa.

Lope de Vega

Metáfora

Ríense las fuentes
tirando perlas
a las florecillas
que están más cerca.

Lope de Vega

Metonimia

Las mejores raquetas del momento ('los mejores jugadores de tenis').

4.7 Clases de estrofas

Estrofas de dos versos

- Los **pareados** riman los dos versos entre sí. Pueden ser de arte mayor y menor.

Estrofas de tres versos

- El **terceto** es de arte mayor, cuya rima se va combinando: ABA BCB CDC DED...

Estrofas de cuatro versos

- El **cuarteto** es de arte mayor, con rima ABBA.
- La **cuaderna vía** está formada por versos de catorce sílabas que tienen la misma rima (AAAA).
- La **redondilla** es de arte menor, con rima: abba.
- La **seguidilla** es una estrofa de cuatro versos. Los impares son heptasílabos, y los pares, pentasílabos. Riman los pares en asonante. Se llama **seguidilla gitana** si el tercer verso es de arte mayor y los otros hexasílabos.

Estrofas de cinco versos

- La **lira** combina versos de siete y once sílabas con esta rima: aBabB.
- La **quintilla** fue una estrofa muy utilizada en el Barroco. Sus versos son de arte menor y la rima se combina a voluntad del poeta. La rima en la quintilla tiene estas características:
  - No puede haber tres versos seguidos con la misma rima.
  - No puede acabar en un pareado.
  - No tiene que quedar ningún verso suelto.

Estrofas de seis versos

- La **estrofa manriqueña** está formada por versos de cuatro y ocho sílabas distribuidos de esta manera: 8a 8 b 4 c 8a 8b 4c.

Estrofas de diez versos

- La **décima** es una estrofa de diez versos con rima consonante. La que recibe el nombre de espinela la utilizó por primera vez el poeta Vicente Espinel y es de arte menor y sigue esta estructura: abbaaccddc.

Otras composiciones

- El **romance** es una serie ilimitada de versos octosílabos, en la que riman los versos pares en asonante. Se originó al partir en dos hemistiquios el verso largo de los cantares de gesta, pero pronto se hicieron también romances originales. Se ha cultivado en todas las épocas de nuestra historia literaria, desde el siglo XV hasta la actualidad. En el Barroco tuvo su época de esplendor y autores como Lope de Vega, Góngora y Quevedo introdujeron algunas variantes: la rima consonante y el estribillo. En romance se nos ha transmitido también la mejor poesía de tradición oral.
- El **soneto** es un poema de catorce versos en cuatro estrofas: dos cuartetos y dos tercetos. Su estructura clásica es: ABBA ABBA CDC DCD. En los tercetos admite variaciones en la rima.

Ejemplos

Pareado

Todo necio
confunde valor y precio.

Antonio Machado

Terceto

Jurábasme, si ausente yo estuviese,
que ni el agua sabor ni olor la rosa
ni el prado hierba para ti tuviese.

Garcilaso de la Vega

Cuarteto

Remanso de bondad, en que mi herida
me bordas tú de rosas. —Pura, esplende
una estrella en el ocaso. De ella pende
—de tu mano mi corazón— la vida.

Juan R. Jiménez

Redondilla

Si no me le hubieras dado,
no me quejara de ti;
pero una vez dado, sí,
por habérmele quitado;

pues aunque el dar la acción es
más noble y más singular,
es mayor bajeza el dar
para quitarlo después.

Calderón de la Barca

Seguidilla

Las que se publican
No son grandes penas.
Las que se callan y se llevan dentro
Son las verdaderas.

Manuel Machado

Estrofa manriqueña

Recuerde el alma dormida,
avive el seso y despierte
contemplando
cómo se pasa la vida,
cómo se viene la muerte
tan callando.

Jorge Manrique

APLICA LO APRENDIDO

COMENTARIO DE TEXTO

Amor

Amor
desde la sombra
desde el dolor
amor
te estoy llamando
desde el pozo asfixiante del recuerdo
sin nada que me sirva ni te espere.

Te estoy llamando
amor
como al destino
como al sueño
a la paz
te estoy llamando
con la voz
con el cuerpo
con la vida
con todo lo que tengo
y que no tengo
con desesperación
con sed
con llanto
como si fueras aire
y yo me ahogara
como si fueras luz
y me muriera.

Desde una noche ciega
desde olvido
desde horas cerradas
en lo solo
sin lágrimas ni amor
te estoy llamando
como a la muerte
amor
como a la muerte.

Idea Vilariño, *Poesía completa*, Lumen.

Comentario resuelto. Consulta este modelo de comentario en el banco de recursos de **anayaeducacion.es**.

En el **«Portfolio»** del banco de recursos de **anayaeducacion.es**, encontrarás orientaciones sobre cómo elaborar tu portfolio.

Comprensión del texto

1 ¿A quién se dirige la autora en su poema?

2 ¿Desde dónde lo llama? Enumera en tu cuaderno todos los elementos que la autora menciona.

3 ¿Por qué crees que el recuerdo es un pozo asfixiante? Justifica tu respuesta.

4 ¿A qué cuatro elementos también llama la autora, además del amor?

paz	muerte	destino
llanto	olvido	sueño

5 ¿Con qué llama al amor? ¿Qué logra expresar la poeta al enumerar esos elementos?

6 **Lápices al centro.** ¿Con qué fin se compara al amor con la muerte? ¿Por qué la autora lo hace en los últimos versos?

te estoy llamando
como a la muerte
amor
como a la muerte.

Tema y análisis del contenido

7 ¿Cuál es el tema del poema? Elige la opción que consideres correcta:

a) El desamor provoca llanto y pesimismo.

b) Llamada desesperada al amor que conduce a la muerte.

c) Recuerdo de un desengaño amoroso.

8 La frustración del sentimiento amoroso se plasma en una comparación con elementos de la naturaleza. Explica la contraposición de ideas en estos versos:

como si fueras aire
y yo me ahogara
como si fueras luz
y me muriera.

9 ¿En qué momento del día escribe la autora? ¿Crees que se trata de una metáfora? Señala la personificación.

Repaso interactivo. Accede a este juego en el banco de recursos de **anayaeducacion.es**.

10 ¿Qué sentimientos transmite el poema? Elige los que consideres acertados:

dolor	*sosiego*	*gratitud*	*miedo*
culpa	*sorpresa*	*frustración*	*ira*
amor	*desesperanza*	*tristeza*	*pasión*

11 ¿Qué tono caracteriza el poema? ¿Es un poema optimista o pesimista? Justifica tu respuesta.

Estructura

12 ¿En cuántas partes dividirías el poema? Elabora un esquema que refleje su estructura.

13 En cuanto a la métrica: ¿son versos de arte mayor o menor? ¿Qué rima tienen? ¿Cómo consigue la autora dar ritmo y musicalidad a sus versos? Recítalo en voz alta y comprueba el ritmo poético.

Análisis del lenguaje

14 La forma verbal que marca el núcleo central del poema y que se repite a lo largo de todo él es una perífrasis verbal. Cópiala en tu cuaderno.

15 Mediante el poema, la autora expresa su sentir, de ahí que predominen los nombres sobre los verbos. Demuestra esta afirmación.

16 ¿Qué significa llanto «sin lágrimas»?

17 Escribe en tu cuaderno un ejemplo del poema para cada uno de estos recursos:

a) Paralelismo

b) Anáfora

c) Comparación

d) Antítesis

18 La adjetivación es escasa, se reserva para calificar tres nombres: *el pozo, la noche* y *las horas*. Señálalos. ¿Qué tienen en común?

Redacción del comentario

19 Redacta ahora el comentario:

- Busca información sobre Idea Vilariño y recógela en la introducción.
- Expón de forma clara las ideas más importantes que has obtenido del análisis del poema.
- Concluye con tu reflexión y valoración sobre el poema y lo que este te ha transmitido.

2

PASADO, PRESENTE Y FUTURO

En los pueblos y las ciudades donde nacemos, aprendemos los valores que nos acompañan a lo largo de nuestra vida. Gracias al conocimiento de la historia familiar y de nuestro origen, entendemos y conformamos parte de lo que somos: un deseo que alberga la narradora de la lectura de esta unidad, cuyo abuelo emigró de Italia a México cuando ella aún no había nacido.

Recordar el pasado a través de la voz de nuestros seres queridos refuerza, así, nuestro sentido de pertenencia y continuidad, lo que nos permite integrarnos en un entorno diverso e intercultural con libertad y armonía.

Plano abierto. Accede al vídeo de la unidad en el banco de recursos de anayaeducacion.es.

Intercambia opiniones

CULTURA

- ¿En qué os puede ayudar conocer el pasado de vuestra familia, pueblo, ciudad...? ¿De vuestro lugar de origen?
  - ¿Por qué? Justifica tu respuesta.
- ¿Qué valores o tradiciones os han transmitido vuestros padres y madres? ¿Y vuestras abuelas y abuelos?
  - ¿De dónde provienen las tradiciones, las fiestas y el folclore de tu entorno? ¿Es importante preservarlos? ¿Por qué?
- ¿Cómo definiríais *diversidad cultural*?
  - ¿Qué valores aporta a la sociedad?
    - ¿Por qué es positivo que diferentes culturas convivan e interactúen?

QUÉ VAS A ENCONTRAR EN ESTA UNIDAD

1 LECTURA ODS

Vas a disfrutar de un texto intimista y evocador escrito por Ángeles Mastretta, una nieta de emigrantes italianos que nació y creció en México. Consulta los vídeos en anayaeducacion.es y reflexiona sobre la emigración: metas ONU 8.8 y 10.7.

2 COMUNICACIÓN

¿Qué es un texto narrativo? ¿En qué tres partes se estructura? Practica tus destrezas comunicativas en el **Taller de comunicación.**

3 GRAMÁTICA

¿Sabías que los enunciados forman siempre un mensaje completo? ¿Podrías explicar qué es una oración? ¿Sabrías clasificar los sintagmas según la categoría gramatical de su núcleo?

4 LITERATURA

Durante la Edad Media, la poesía era anónima y se transmitía oralmente. ¿Sabes que las jarchas fueron las primeras manifestaciones literarias de la Península redactadas en romance? ¿En qué lengua están escritas las cantigas? ¿Quién fue el Cid Campeador?

ORTOGRAFÍA El anexo de ortografía te ayudará a resolver las actividades propuestas a lo largo de la unidad sobre **los nombres propios.**

Comprensión oral

Escucha el texto locutado de la lectura y contesta a las preguntas:

- ¿Dónde se encuentra la narradora?
- ¿Desde dónde inmigró su abuelo?
- ¿En qué año se casaron sus padres?
- ¿Cuál es el apellido familiar?
- ¿Cuál es el nombre de pila de su abuelo? ¿Y el de su hermana?
- ¿Cuántos años tenía la narradora cuando murió su abuelo?

La emoción de las cosas

Todas las luces están prendidas, pero yo me he quedado a ciegas en la casa de mi madre. Es una casa, en mitad del jardín, que es de todos.

Este lugar lo heredó mi padre de su padre, un inmigrante italiano que llegó a México a finales del siglo XIX. Podría haberse perdido en la nada de las deudas si mi madre no se hubiera aferrado a esta tierra que entonces era un paraje remoto a la orilla de la ciudad.

A mi padre le tocó la guerra, y el matrimonio como lo que debió ser la única secuela posible de aquel sueño de horrores: una tregua [...]. A mi madre le tocaron la belleza y la tenacidad. El matrimonio como una decisión que supuso en su mano y que no fue sino la mano del destino, jugando a hacerla creer que ella mandaba en la desmesura de sus emociones.

Hay una foto en que mi madre sonríe y es divina como una diosa: así, con su cara de niña que por fin se hizo al ánimo de no serlo. Él la lleva del brazo y está como de vuelta, como si de verdad fuera posible no contarle nada de lo que hubo detrás. Es el día de su boda, en la mañana, el 11 de diciembre de 1948. También él sonríe, como si pudieran olvidarse el desaliento y las pérdidas. Se ve dichoso. Mi madre tenía entonces la edad que hoy tiene mi hija.

Temblar como las estrellas

Los emigrantes son polvo de estrellas, sal de la tierra, árboles con alas.

Nosotros, los Mastretta de México, somos nietos de un inmigrante. ¿Y de dónde venimos?

Cuando uno empieza a pensar en estas cosas ha empezado a envejecer. Yo, la nieta de Carlo Mastretta Magnani, el italiano que vino a México en busca de una certidumbre y encontró el azar y a una mujer de nombre Ana como la mejor fortuna, he convertido en un hábito la curiosidad por el pasado. Busco una respuesta en el recuerdo de quienes ya no viven, la busco en los ojos y las historias de quienes también llevan y traen mi sangre. Esos a los que, con dulzura, llamamos familia.

Hablando entre nosotros, imaginamos cómo eran la tierra y los sueños en que nacieron aquellos que no tenían idea de dónde estaba el país en el que naceríamos, en el que han nacido nuestros hijos, soñarán nuestros nietos, los descendientes de un hombre que dejó la tierra suave de las uvas y los montes, el río iluminado que sigue siendo el Po, y vino a quedarse aquí, bajo dos volcanes de nombre arisco y entre hombres y mujeres que nada sabían del sueño que lo movió a dejar su patria.

Recuerdo muy poco del abuelo Carlo, murió cuando yo tenía cuatro años, pero aún me conmueve el atisbo de la memoria en que lo guardo. Me llevaba mi padre a saludarlo en domingo y yo, que tenía a la altura de mis ojos los papeles de su escritorio, miraba hacia arriba y le decía: «Buon giorno, nonno». Entonces él, creo, me miraba como a un juguete, y antes de despedirnos ponía en mis manos una moneda de plata.

Años más tarde, mi padre, detenido cerca del lavabo en que yo enjuagaba los dedos bajo una llave, me dijo como quien recupera de golpe un paisaje remoto: «Tienes manos de campesina italiana».

Él hablaba muy poco de Italia. Uno creía que para olvidarla, pero ahora sé que era solo para no perderla en palabras, para que todo aquello fuera suyo como algo íntimo e irreprochable, como un amor del que nadie pudiera encelarse, o un recuerdo que no se nombra por miedo a perderlo. ¿Para qué contar las heridas y el gozo de antes, si cuando otros los oigan entenderán tan poco?

Yo tenía entonces y ahora manos de campesina italiana. En un tiempo las hubiera usado para cortarle frutos a una vid, hoy y en el nuevo país de nuestro abuelo las uso para escribir, para contar el mundo en un idioma que no es el suyo, para ser mexicana como nunca seré italiana.

Soy, en Italia, una *scrittrice messicana*, y cuando respondo a las entrevistas o tengo que expresar pensamientos más sofisticados que los necesarios para pedir una pasta en Stradella, lo hago sin duda, con alegría y sin remedio, en español.

Ese idioma aprendí de Carlos Mastretta Arista y ese idioma aprendieron los hijos de sus hermanos Marcos, Carolina, Catalina, Teresa y Luis Mastretta Arista. Ahora mismo, para hablar con nuestros primos, los Mastretta de Italia, nos hacemos de un lenguaje tropezado y al mismo tiempo entrañable que aprendimos en la Dante Alighieri o en el camino hacia atrás que, como le digo a Verónica, mi hermana, siempre es arduo.

Nombro a Verónica y vuelvo a preguntarme cuál será el destino del apellido Mastretta que llevamos. Es el segundo de nuestros hijos, será el cuarto de nuestros nietos, el octavo de nuestros bisnietos. En cambio seguirá siendo el primero de los hijos de mis hermanos y el primero de sus hijos y sus nietos y sus bisnietos y sus tataranietos.

Ninguno de los hijos de Carlo Mastretta y Ana Arista vive. Mi padre podría tener cien años; una edad casi infinita para mis hijos. Sin embargo, hay quien vive más de cien: el Titanic bajo el océano, el hotel Palace en Madrid y las galletas Oreo, todavía redivivas en cualquier anaquel. Qué daría yo por haber contado siquiera los sesenta de mi padre que murió a los cincuenta y ocho, a la edad exacta que tengo ahora, sin haberme contado ni una pizca de su vida en Italia.

Siempre necesitamos saber, cuando ya no podemos. Y cuando más nos urge, porque también nosotros, como nuestros abuelos, como los hijos de todo emigrante, somos polvo de estrellas. Y de la misma manera, al recordar, temblamos como tiemblan las estrellas.

Ángeles Mastretta, *La emoción de las cosas,* Seix Barral.

Vocabulario

Emigrante: persona que deja su lugar de origen para establecerse en otro país o región, especialmente por causas económicas.

Inmigrante: persona que llega a un país o región diferente de su lugar de origen para establecerse en él.

Certidumbre: conocimiento seguro y claro de algo, certeza.

Arisco: poco amable.

Atisbo: muestra o indicio de una cosa.

Sofisticado: distinguido, elegante.

Arduo: que es muy difícil y requiere esfuerzo.

Anaquel: estante.

Hipertexto. Conoce a la autora y contextualiza su obra en el banco de recursos de **anayaeducacion.es**.

Comprende el texto

Pasión por leer. Disfruta de otros textos de la literatura mexicana contemporánea en el banco de recursos de **anayaeducacion.es**.

Extrae información

1 ¿Qué tipo de texto es? Justifica tu respuesta:

a) Una autobiografía.

b) Un poema.

c) Una noticia.

- ¿En qué género literario se inscribe?

2 Copia este esquema en tu cuaderno y complétalo:

- Estructura
  - Primera parte
    - Comienzo y fin:
    - Título:
    - Argumento:
  - Segunda parte
    - Comienzo y fin:
    - Título:
    - Argumento:

3 ¿Por qué emigró el abuelo Carlo de su país?

4 ¿Por qué cree la autora que su padre hablaba poco de su país?

5 ¿Cómo se comunican ahora con la familia que se quedó en Italia?

6 ¿Qué edad tiene la narradora? ¿Cómo lo sabes?

7 ¿Cuál es el tema del texto? Resúmelo en una línea.

Reflexiona sobre la lengua

8 ¿Qué tiempos verbales predominan en el texto?

9 Realiza estas actividades:

a) Copia esta tabla y completa con todos los nombres propios del texto:

Nombres propios	
Antropónimos	Topónimos
....	....

b) ¿Hay algún nombre propio hipocorístico?

c) ¿Cómo se escriben todos los nombres propios?

d) **Comprobamos.** En general, los nombres propios no llevan artículo. ¿Qué topónimos conoces que sí lo lleven como parte fija de su denominación? Enumerad cuatro.

ORTOGRAFÍA CONSULTA EL ANEXO 4

10 El abuelo de Ángeles Mastretta emigró a México buscando *certidumbre*. ¿Qué acepción de esta palabra es la que usa la autora?

obligación | respuesta | estabilidad

11 Completa en tu cuaderno el campo semántico de *parentesco* con palabras de la lectura.

Interpreta y analiza

12 Secuencia los recuerdos y las reflexiones de la autora según el orden en que aparecen en la lectura:

a) La muerte de su padre a los cincuenta y ocho años.

b) El río Po iluminado.

c) La foto de boda de sus padres.

d) La curiosidad por el pasado como hábito.

e) El futuro del apellido Mastretta.

f) Ser polvo de estrellas y temblar como ellas.

g) Sus manos de campesina.

13 ¿Por qué cree la autora que su apellido se perderá con las siguientes generaciones?

14 **Análisis asociativo.** En tu opinión, ¿por qué afirma la autora que en México se siente como una *scrittrice messicana*? ¿Por qué utiliza el italiano para describirse? ¿Por qué, en un entorno italiano, habla español?

15 **Petición del oyente.** En grupos, explicad esta oración.

> Los emigrantes son polvo de estrellas, sal de la tierra, árboles con alas.

- ¿Qué recursos literarios ha empleado la autora?

Valora y relaciona con tu mundo

16 ¿Te gusta indagar sobre tus antepasados? ¿Qué sentimientos o emociones sientes al escuchar a tus familiares hablar sobre un pasado que no has conocido o no recuerdas? ¿Cómo conservas tus propios recuerdos?

17 ¿Qué otros motivos, además de los económicos, llevan a las personas a emigrar? Debate en clase.

Amplía tu vocabulario

LA IMAGINACIÓN

Ángeles Mastretta **imagina** cómo serían la tierra y los sueños de sus antepasados. Siente **curiosidad** por el pasado de su familia, porque **conocer** su origen le permitirá encontrar su lugar en el mundo.

1 Busca cuatro sinónimos del verbo *imaginar* y explica el significado de las palabras que no lo sean:

fantasear	examinar	especular	inventar
idear	averiguar	evocar	comprobar

2 Los autores y las autoras crean sus obras literarias *dejando volar su imaginación.* ¿Qué recurso literario se utiliza en esta expresión? ¿Conoces otra expresión similar?

3 ¿Cuáles de estos adjetivos podrían describir la imaginación de un autor o una autora de literatura de ciencia ficción?

DESBORDANTE   pobre   escasa   exuberante   fecunda   poderosa

- Después, elige uno de ellos y escribe una oración.

4 ¿Es lo mismo *imaginar* que *suponer*? ¿Y es lo mismo *suponer* que *sospechar*? Justifica tu respuesta.

5 ¿Para qué se emplea la expresión coloquial *es un suponer?*

6 Muchas veces el acto de imaginar viene promovido por la curiosidad que sentimos por las cosas que no conocemos. Investiga el origen de esta expresión y explica su significado: *La curiosidad mató al gato.*

7 Al saber cómo han sucedido unos hechos ya no necesitamos imaginarlos o inventarlos. Copia en tu cuaderno esta línea del tiempo y clasifica las palabras al margen según corresponda:

Pasado	Presente	Futuro
....	....	....

porvenir, antaño, pretérito, antigüedad, posteridad, actual, remoto, venidero, contemporáneo, vigente, reciente, destino

8 Relaciona cada oración con el significado que tienen las locuciones adverbiales destacadas en cada una:

Locuciones adverbiales	Significado
Conoce algo **a ciencia cierta**.	Directamente del original.
Conoce algo **de buena tinta**.	Sin duda alguna.
Conoce algo **al pie de la letra**.	De una fuente fidedigna.
Conoce algo **de primera mano**.	De pasada.
Conoce algo **de refilón**.	Literalmente, sin añadir o quitar nada.

2 COMUNICACIÓN

EL TEXTO NARRATIVO

2.1 La narración

La **narración** es un texto oral o escrito en el que se cuentan los sucesos reales o imaginarios que les ocurren a unos personajes en un lugar y en un tiempo.

Las narraciones pueden ser literarias o no literarias. Las primeras son más elaboradas en la forma, en la estructura y en el lenguaje, y adoptan géneros como la novela, el cuento, el microrrelato, la fábula... Las narraciones no literarias son más espontáneas, menos elaboradas, y se refieren generalmente a sucesos y anécdotas de la vida cotidiana.

La estructura

La **estructura** de las narraciones se organiza en tres partes o núcleos fundamentales.

1. **Planteamiento:** se presenta a los personajes, el lugar y el tiempo en el que se desarrollan los hechos.
2. **Nudo:** se introducen y se desarrollan las acciones o el conflicto que hay que solucionar.
3. **Desenlace:** se soluciona el conflicto que se había planteado o el resultado de las acciones planteadas.

Existen dos clases de narración según el desenlace:

- **Narración cerrada:** acaba con un hecho definitivo y no admite continuación.
- **Narración abierta:** acaba con un hecho cualquiera de la vida del protagonista y puede continuar.

El autor

El **autor** de un texto es el escritor o la escritora; es decir, la persona real que lo escribe. En las narraciones literarias, el autor se expresa a través del narrador, que es el personaje que cuenta los hechos y aporta el punto de vista:

- El **narrador interno** participa en la acción o es testigo de ella. Puede ser el protagonista u otro personaje. Suele expresarse en 1.ª persona.
- El **narrador externo** no interviene en la acción. Cuenta los hechos desde fuera en 3.ª persona. Si narra como si conociera todo lo que ocurre, incluso los sentimientos más profundos de los personajes, se le llama narrador omnisciente.

Los personajes

Los personajes realizan la acción y desarrollan los hechos.

Personaje principal: desarrolla las acciones fundamentales de la historia. El **protagonista** es el personaje más importante y el **antagonista** le plantea problemas al protagonista.

Personajes secundarios: participan en menor grado en la acción. Su función es la de acompañar o intervenir de forma esporádica.

Personaje múltiple o **colectivo:** lo constituyen muchos personajes principales que protagonizan los hechos que narran la vida de un colectivo o grupo social.

Personaje tipo: posee unas características muy definidas y fijas. Es habitual en el teatro clásico español (siglo XVII): el anciano sabio, el amigo valiente, la joven hermosa, el gruñón...

El orden

El orden de un relato es **cronológico** o **lineal** cuando los hechos son narrados tal cual suceden en el tiempo. Es el más habitual.

Análisis de una narración

En el análisis de un texto hay que distinguir el argumento y el tema.

- El **argumento** o **acción** es la sucesión de hechos que les ocurren a los personajes.
- El **tema** es el asunto que da sentido o razón de ser de la obra.

Los hechos de una narración ocurren en un espacio y en un tiempo.

- El **espacio** es el lugar donde ocurre la acción; puede ser real o ficticio.
- El **tiempo** es el momento en el que ocurren los hechos (tiempo externo) y su duración en el relato (tiempo interno).

El orden de los acontecimientos

El escritor puede alterar este orden y empezar por otras partes de la acción:

- **Por el medio** *(in medias res)*: narra, primero, los sucesos más importantes y continúa, después, rememorando los hechos anteriores y contando los posteriores.
- **Por el final** *(flashback)*: narra el desenlace de la acción y, después, vuelve al principio explicando los hechos anteriores que han llevado a esa situación.

Actividades

1 Lee y contesta a las preguntas:

> Don Diego está pintando. Muy cerca de él, los armazones revestidos con la ropa de los reyes reflejan en el espejo del fondo unos cuerpos descabezados. He venido a su lado y, después de mirar cómo pinta, tan absorto, me vuelvo para hacerles burlas a todos. Unos ponen cara de risa, como la infanta Margarita, y otros de reproche, como Maribárbola. De repente, llega del fondo la voz de don José Nieto: *Nicolasito, compostura,* y le descubro en el vano de la puerta. Don Diego ha dejado de pintar y, al encontrarme a su lado, me habla con severidad. *Vuelve ahora mismo a tu sitio,* ordena. Pero en mi sitio se ha tumbado la perra Laciana. Voy a darle una patada, para echarla, cuando don Diego me dice que me quede con el pie sobre ella y los brazos alzados. Ganas de fastidiar.

J. M.ª Merino, *Cuentos del libro de la noche*, Alfaguara.

a) ¿Por qué este texto es una narración?

b) Busca información en Internet sobre el cuadro *Las meninas*, si lo necesitas, y explica qué ocurre:
- ¿Quién es don Diego? ¿A qué se dedica?
- ¿Quién es el narrador? ¿Es interno o externo? ¿Cómo se llama? ¿Qué hace?
- ¿Quién es Maribárbola?
- ¿A qué reyes y a qué infanta se refiere?

c) ¿Cómo explicarías que estamos ante una narración literaria?

d) ¿Quién es el protagonista de la historia? ¿Hay antagonista? ¿Quiénes podrían ser los personajes secundarios?

e) Organiza el relato en planteamiento, nudo y desenlace.

2 Lee y contesta a las preguntas:

> El chiquillo, desde lo alto del montículo, contempló la maniobra de los tres coches. «Ya falta poco», se dijo. Y miró abajo, al río, y volvió a escuchar la ruidosa lucha del agua con las piedras y la tierra, sus choques sordos, como de derrumbe. «Como si se derrumbase el castillo», pensó. Inconscientemente, para asegurarse de que no era así, buscó al otro lado del río las altas cumbres desgarradas, la montaña encrespada de peñascos que se vencía ligeramente sobre los prados de la ribera.
>
> El chiquillo se entretuvo tirando piedrecitas al agua. Unas caían en zonas de calma y provocaban breves ondas rápidas. Otras se perdían, absorbidas por un remolino de aguas inquietas. «Ya falta poco», volvió a repetir para sí mismo. Y miró a lo lejos. Por las últimas curvas de la carretera se aproximaba una mancha azul. El niño la descubre, observa cómo avanza tambaleándose, agitándose con torpeza de coleóptero.
>
> —Ya está aquí —dice en voz baja.
>
> Los taxistas lo ven bajar corriendo, sorteando las piedras y las matas espinosas.
>
> —¿Viene, chico?
>
> —Sí, ya está aquí.

Josefina Aldecoa, *El juez y otros cuentos*, Diario de León.

a) ¿Qué dos acciones paralelas se narran en el texto? ¿Qué intervenciones del niño las colocan en simultaneidad?

b) Describe el espacio donde se desarrolla la acción.

c) Busca el significado de *derrumbe, encrespada, ondas, coleóptero*.

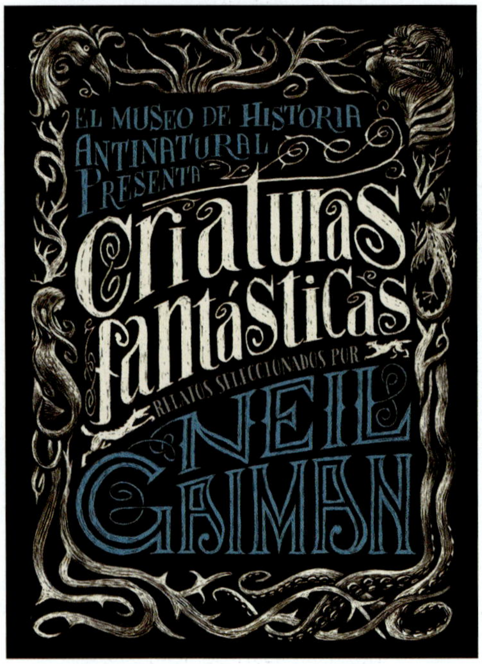

Cubierta de *Criaturas fantásticas*, editado por Anaya en la colección «Narrativa, juvenil», es una recopilación de relatos y cuentos fantásticos a cargo de Neil Gaiman, un autor inglés actual de cómics, relatos y películas.

2.2 Clases de narraciones literarias

La novela

La **novela** es una narración literaria extensa, escrita en prosa, en la que se cuenta un argumento imaginario, y que tiene como finalidad distraer al lector, transportándolo a un mundo de ficción.

La novela es el género literario predominante de los dos últimos siglos.

Existen muchas clasificaciones de novelas. En general, se podría hablar de dos tipos:

- La **novela fantástica** presenta un mundo idealizado, con personajes que realizan acciones inverosímiles en lugares de ensueño y que alcanzan los ideales más valorados (amor, felicidad, riqueza, honor...). Son obras de evasión. En este grupo encontramos la novela rosa, la novela romántica, las novelas de aventuras (del oeste, de caballerías...), de ciencia ficción...
- La **novela realista** presenta historias más verosímiles y ligadas a la vida cotidiana. Sus personajes, ambientes y problemas se hallan mucho más cerca de la realidad. En este grupo tenemos la novela picaresca, la novela de costumbres, la novela histórica, la novela psicológica, la novela realista y la novela naturalista (siglo XIX), la novela social, la novela negra o policíaca, y buena parte de las novelas actuales.

El cuento

El **cuento** es una narración literaria en prosa de extensión corta.

Lo mismo que toda narración, el cuento ha de tener unos **personajes** a los que les ocurren unos hechos (**argumento** o **acción**), en un **espacio** y en un **tiempo,** todo ello contado por un narrador.

La fábula

La **fábula** es una narración literaria de extensión breve en la que los protagonistas son animales. Su principal finalidad es dar un consejo o una advertencia, que se recoge en una **moraleja.**

La fábula puede estar en **prosa** o en **verso.** Han sido grandes fabulistas: Esopo (alrededor del año 600 a. C.), Tomás de Iriarte y Félix de Samaniego (ambos del siglo XVIII).

El microrrelato

El **microrrelato** es una narración literaria muy corta.

Como narración que es ha de tener también los elementos de las narraciones: la acción que ocurre a uno o varios personajes, en un espacio y en un tiempo.

Aunque los límites no son fijos, suele entenderse que no sobrepasen las quince o veinte líneas. En algunos casos, su brevedad llega a ser de una o dos oraciones.

> El último hombre sobre la Tierra está sentado a solas en una habitación. Llaman a la puerta.
>
> Fredric Brown

Webquest. Accede a esta actividad en **anayaeducacion.es** e investiga sobre el microrrelato.

Actividades

3 Lee con atención el siguiente texto y realiza las actividades:

En un agujero en el suelo, vivía un hobbit. [...] Este hobbit era un hobbit acomodado, y se apellidaba Bolsón.

[...] pero ¿qué es un hobbit? Supongo que los hobbits necesitan hoy que se los describa de algún modo, ya que se volvieron bastante raros y tímidos con la Gente Grande, como nos llaman. Son (o fueron) gente menuda de la mitad de nuestra talla, y más pequeños que los enanos barbados. Los hobbits no tienen barba. Hay poca o ninguna magia en ellos, excepto esa común y cotidiana que los ayuda a desaparecer en silencio y rápidamente, cuando gente grande y estúpida como vosotros o yo se acerca sin mirar por dónde va, con un ruido de elefantes que puede oírse a una milla de distancia. [...] Como iba diciendo, la madre de este hobbit —o sea, Bilbo Bolsón— era la famosa Belladonna Tuk, una de las tres extraordinarias hijas del Viejo Tuk, patriarca de los hobbits que vivían al otro lado de Delagua, el riachuelo que corría al pie de la Colina. Se decía a menudo (en otras familias) que tiempo atrás un antepasado de los Tuk se había casado sin duda con un hada. Eso era, desde luego, absurdo, pero ciertamente había todavía algo no del todo hobbit en ellos, y de cuando en cuando miembros del clan Tuk salían a correr aventuras. Por alguna curiosa coincidencia, una mañana de hace tiempo [...] Gandalf apareció de pronto.

J. R. R. Tolkien, *El hobbit,* Círculo de Lectores.

a) ¿A qué parte de una narración consideras que pertenece el fragmento de esta novela?

b) ¿Es una novela fantástica o realista? Justifica tu respuesta con tres ejemplos del texto.

c) Señala en este texto:
- ¿quiénes son los personajes?,
- ¿quién es el protagonista?, ¿quién era su madre?,
- ¿qué personaje se presentó de pronto?

d) ¿Qué alusiones hay al espacio y al tiempo?

4 Lee estos dos textos e indica a qué tipo de novela pertenece cada uno y qué tienen en común:

A

El Padre Primero de los guaraníes se irguió en la oscuridad, iluminado por los reflejos de su propio corazón, y creó las llamas y la tenue neblina. Creó el amor, y no tenía a quién dárselo. Creó el lenguaje, pero no había quién lo escuchara. Entonces encomendó a las divinidades que construyeran el mundo y que se hicieran cargo del fuego, la niebla, la lluvia y el viento. Y les entregó la música y las palabras del himno sagrado, para que dieran vida a las mujeres y a los hombres. Así el amor se hizo comunión, el lenguaje cobró vida y el Padre Primero redimió su soledad. Él acompaña a los hombres y las mujeres que caminan y cantan:

Ya estamos pisando esta tierra,
ya estamos pisando esta tierra reluciente.

Eduardo Galeano, *Amares,*
Alianza Editorial.

B

Nos colocamos todos frente al espejo. Hay un ligero murmullo, mientras vamos buscando nuestras posiciones. Mi maillot está sudado. Siento la humedad en la espalda. Clara me mira y sonríe, y algo se encoge dentro de mí. Ella se coloca en segunda fila. Yo trato de ponerme en la primera, no en el centro, en un lateral. Rita está seleccionando la música con el pianista. Álex está en el centro y resopla mirándome cómplice. Nos colocamos. Veo las figuras en el espejo, todos con las espaldas muy rectas, la cabeza alta, los moños tirantes, los maillots sudados. Respiramos. Me detengo en mi imagen. Ese es mi cuerpo. Lo noto, pulsa dentro de mí, aúlla cansado. Dolorido. Por un instante lo vuelvo a ver como un extraño. Un extraño que me lleva la contraria me reta.

Mónica Rodríguez Suárez,
Biografía de un cuerpo, SM.

a) Lee de nuevo el texto A. ¿Tiene las características de una fábula o de un microrrelato? ¿Por qué?

b) ¿Quién es el personaje principal o protagonista en cada uno de los dos textos?

c) Indica el tema de cada fragmento.

d) Identifica la naturaleza realista o fantástica de cada texto.

e) Resume cada uno de ellos.

UNA EXPOSICIÓN PARA UN MUSEO

EL MUSEO MUNICIPAL HA ORGANIZADO UNA EXPOSICIÓN SOBRE PERSONAS QUE SE HAN CONVERTIDO EN EJEMPLOS DE SUPERACIÓN. ¿TE ANIMAS A COLABORAR CON ELLOS?

EJEMPLOS DE SUPERACIÓN

LEE

Conoce a una brillante pianista y compositora que superó su discapacidad física.

1 El museo te pide que busques información sobre personas célebres que hayan superado una discapacidad y hayan sobresalido en su campo. Acudes a la biblioteca y encuentras este texto. Léelo y responde a las preguntas:

- ¿Qué tipo de texto es?
- ¿En qué tipo de publicaciones podría aparecer?

Recuerda las normas de una biblioteca:

1. No grites ni hables en voz alta.
2. No introduzcas comida o bebida (excepto agua).
3. Respeta la colocación de los materiales en las estanterías. Las obras consultadas las podrás dejar en carritos habilitados para tal efecto.
4. No muevas el mobiliario de lugar, y, antes de abandonar la sala, deja la silla en orden y la mesa limpia.

Música en la oscuridad

Maria Theresia von Paradis (1759-1824)

Maria Theresia von Paradis nació el 15 de mayo de 1759 en la ciudad de Viena. Era hija de Joseph Anton Paradis, secretario imperial en la corte de la emperatriz María Teresa de Austria. No se sabe por qué razón médica, siendo una niña de poco más de dos años, empezó a perder la visión hasta quedarse ciega. Y, aunque fue tratada por algunos de los médicos más respetados de su tiempo, nunca pudo recuperar la vista. A pesar de su discapacidad, Maria Theresia mostró desde bien pequeña un gran talento para la música.

Como no podía leer, memorizaba las notas para poderlas tocar luego en el piano. Parece ser que la emperatriz, en cuyo honor su padre le había puesto el nombre de Maria Theresia, la ayudó económicamente y puso en contacto a la pequeña con los principales compositores de la Viena de su tiempo. [...]

Con tan solo once años dio su primer concierto, tocando el órgano y cantando, y a los dieciséis ya era reconocida por los círculos artísticos vieneses como una cantante e intérprete virtuosa.

En 1783 se embarcó en una larga gira de tres años por Europa, mostrando su talento en ciudades como París, Londres, Berlín o Praga. En París tuvo ocasión de conocer a Valentin Haüy, uno de los pioneros en la integración de los invidentes en la sociedad. En el tiempo que permaneció en la capital francesa, además de triunfar con sus conciertos, colaboró con Haüy en la creación de una escuela para ciegos.

Maria Theresia von Paradis compuso cinco óperas, tres cantatas, conciertos para piano y su famoso concierto Sicilienne. Pudo componer sus obras gracias a un tablero para componer inventado por su compañero Johann Riedinger, compositor y libretista, y a una máquina de escribir para ciegos ideada por Wolfgang von Kempelen.

Su obra fue admirada por grandes compositores de su tiempo como Haydn o Mozart. Al parecer, el gran compositor de Salzburgo le habría dedicado su *Concierto para piano nº 18*.

Con el cambio de siglo, Maria Theresia von Paradis se centró más en la composición que en la interpretación, además de dedicar buena parte de su tiempo a la enseñanza musical. En 1808 fundó su propia escuela para niñas en Viena, donde ejerció como maestra hasta el final de sus días. Maria Theresia von Paradis falleció en Viena el 1 de febrero de 1824.

www.mujeresenlahistoria.com

2 Copia este organizador y complétalo con los datos biográficos del personaje:

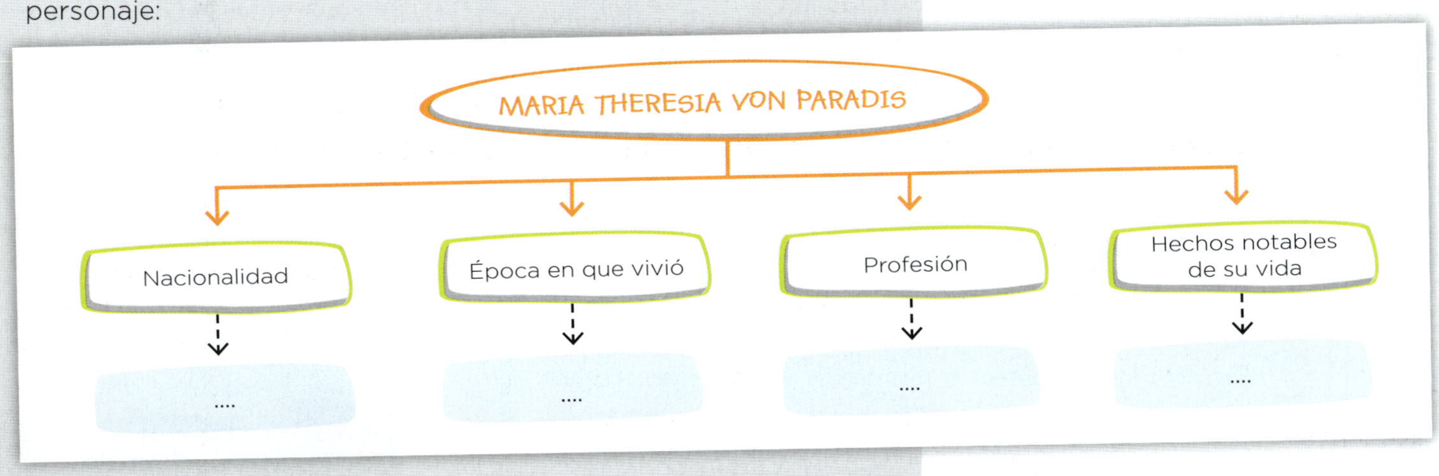

3 Explica qué tipo de narrador hay en el texto que has leído.

4 Reflexiona y responde:

- ¿Qué hecho destacable de la vida de Maria Theresia von Paradis elegirías para escribir el relato de su vida comenzando *in medias res?*
- ¿Crees que sería interesante narrar una biografía recurriendo al *flashback?* ¿De qué modo se acercaría el lector al personaje si se utilizase ese recurso?

EJEMPLOS DE SUPERACIÓN

ESCRIBE

Busca información y escribe una semblanza

5 Elige a uno de estos personajes y documéntate para poder redactar una de las semblanzas que formará parte de la del catálogo de la exposición. ¿Son todos ejemplos de superación? ¿Por qué?

- Organiza la información del personaje elegido en una línea del tiempo y decide qué hechos de su vida te parecen más relevantes.

Elizabeth Murray

Teresa Perales

Stevie Wonder

Nuria del Saz

Jorge Luis Borges

Stephen Hawking

6 Ahora, escribe la semblanza. Sigue estas pautas:

1. Presenta al personaje indicando la fecha y el lugar de su nacimiento y algunas características interesantes sobre su infancia.
2. Ve desgranando poco a poco los hechos más notables de su vida, ordenados de manera cronológica, así como las personas a las que conoció o sus principales aportaciones. Utiliza un párrafo para cada hecho destacable.
3. Enmarca los hechos en un momento y un lugar siempre que te sea posible. Puedes utilizar expresiones como estas: «al año siguiente», «en ese mismo lugar», «tras la muerte de su padre»...
4. Repasa el escrito y busca una frase sugerente para rematar el texto que haga referencia a la importancia del personaje.
5. Pon un título atractivo al texto, que permita intuir cuál es la principal aportación de ese personaje a la historia.

Semblanza: retrato biográfico de una persona.

EJEMPLOS DE **SUPERACIÓN**

ESCUCHA

Descubre una anécdota sobre un científico.

7 Escucha este audio que va a formar parte de la sección «Curiosidades» de la exposición y responde a las preguntas:

RESPONDE

- ¿En qué partes se estructura el texto?
- ¿A qué anomalía visual crees que hace referencia el texto? ¿Qué título le pondrías al texto?
- ¿Qué características de la personalidad de John Dalton lo convirtieron en un científico tan reputado?
- ¿Dónde y cuándo conoció al rey Guillermo IV?
- ¿Por qué motivo crees que este texto forma parte de la sección «Curiosidades»?
- ¿Qué emoción te ha hecho sentir este relato?
- ¿Cómo te sentirías tú en una situación similar?
- ¿Qué valores extraes de esta narración?

EJEMPLOS DE SUPERACIÓN

HABLA

Dramatiza y graba una anécdota sobre tu personaje.

8 ¿Conoces alguna anécdota del personaje que elegiste en la actividad 5? Graba un audio que formará parte de la audioguía de la exposición y cuéntala:

INDICACIONES

1. Tu relato debe tener la estructura propia de los textos narrativos: planteamiento, nudo y desenlace.
2. Puedes elegir el tono de tu anécdota: cómico, de terror, fantástico, trágico...
3. Tu narración debe ir aumentando progresivamente el interés de los lectores.
4. Oculta el final todo el tiempo que puedas. Las anécdotas con gracia suelen tener un final sorprendente o inesperado.
5. Ensaya un par de veces ante el espejo: tu dramatización tiene que resultar clara e interesante.
6. Grábate para incluir el documento sonoro en la sección «Curiosidades» de la exposición.

Reflexiona sobre este ámbito profesional

Asamblea de ideas. Para que un museo funcione, es necesario que numerosos expertos de ámbitos distintos trabajen juntos. En grupos, leed y relacionad en vuestro cuaderno cada profesión con la palabra que le da nombre:

Profesiones	Nombres
Explicación al público del museo de las obras artísticas de una exposición y su contexto.	Conservación
Organización de exposiciones, redacción de los catálogos y los folletos explicativos de exposiciones, organización del personal y trabajo de investigación.	Guía
Gestión y administración de la institución.	Comisariado
Intervención directa sobre las obras de arte para preservar o recuperar su estado original.	Dirección

- ¿Qué otras profesiones crees que se desempeñan en un museo? ¿Qué funciones tienen?
- Elaborad una lista de las cualidades que crees que son necesarias para realizar las tareas que les son propias con gusto y motivación.
- ¿Cuál de estas profesiones te resulta más atractiva? ¿Por qué? ¿Qué estudios crees que tendrías que cursar para poder desempeñar dicha profesión?
- ¿A qué perfil profesional se corresponden las labores que habéis realizado durante este taller?

3 GRAMÁTICA

EL ENUNCIADO, LA ORACIÓN Y EL SINTAGMA

3.1 El enunciado

El **enunciado** es el mensaje mínimo. Está formado por una secuencia lingüística dotada de autonomía, entonación propia y sentido completo: *¡Hola a todos!; ¡Adiós!; ¿Quiénes lo saben?; Creo que hoy llegará tarde.*

CARACTERÍSTICAS DEL ENUNCIADO

- Expresa un pensamiento o mensaje completo.
- Es un mensaje autónomo, que puede aparecer aislado.
- Posee una entonación propia que marca su inicio y su final. Esta entonación se puede representar ortográficamente mediante los signos de interrogación y exclamación.
- Acaba en una pausa larga, que en la escritura corresponde con un punto o un signo de exclamación o de interrogación.

El enunciado consta de dos componentes:

- La **secuencia de palabras,** que se combinan entre sí para expresar la información básica del mensaje: *Está esperando el tren de las cinco.*
- La **modalidad,** que expresa la intención que el hablante imprime a su mensaje. La modalidad es lo que distingue estos dos enunciados: *Se cierra a las ocho./¿Se cierra a las ocho?*

3.2 Enunciados según su modalidad

La **modalidad** o intención comunicativa de un enunciado se expresa mediante la entonación, el modo del verbo y los adverbios.

ENUNCIATIVOS	Transmiten una información, tienen una entonación descendente y un verbo en modo indicativo.	*Ya he comprado pan para la cena.*
INTERROGATIVOS	Solicitan una respuesta del interlocutor, su entonación es ascendente, pueden formularse con interrogativos, se escriben entre signos de interrogación y el verbo está en indicativo.	*¿Cuándo vuelves?* *¿Qué solución has encontrado?* *¿Hace frío?*
EXCLAMATIVOS	Expresan una mayor intensidad, tienen una entonación descendente, se escriben entre signos de exclamación y conjugan el verbo en modo indicativo.	*¡Vamos, que tengo prisa!* *¡Qué plan más entretenido!*
DESIDERATIVOS	Declaran deseo, tienen una entonación exclamativa, pueden escribirse entre signos de exclamación y el verbo está en modo subjuntivo.	*¡Ojalá se haya acordado!* *Espero que haya comprado el pan.*
IMPERATIVOS	Manifiestan órdenes, ruegos, consejos...; su entonación es descendente y el verbo está en modo imperativo o subjuntivo con una negación.	*No se lo digas.* *Ven pronto.*
DUBITATIVOS	Se utilizan para expresar duda o indecisión, su entonación es descendente y el verbo puede estar en modo indicativo o subjuntivo.	*No sé si se dará cuenta.* *Quizá no lo necesite.*

La brújula del español. Accede a esta guía del uso del español correcto en anayaeducacion.es.

3.3 Las funciones del lenguaje

En los enunciados, además de comunicar, el lenguaje tiene otras funciones:

- La **función referencial** o representativa predomina en los **textos descriptivos,** en los **narrativos** y en los **expositivos.** Su finalidad es informar sobre la realidad.
- La función **emotiva** o **expresiva** predomina en los **textos literarios.** Su finalidad es expresar sentimientos y emociones del emisor.
- La función **conativa** o **apelativa,** en los **textos instructivos.** Su finalidad es influir en el receptor.
- La función **fática** o de **contacto,** en los **textos conversacionales** (especialmente cuando el hablante y el oyente están alejados). Su finalidad es iniciar, mantener o cerrar la comunicación.
- La función **metalingüística,** en gramáticas y textos que reflexionen sobre el lenguaje. Su finalidad es referirse a palabras utilizadas en el texto oral y escrito.
- La función **poética,** en todo tipo de textos poéticos, en los juegos de palabras, etc. Su finalidad es embellecer la forma del mensaje.

La expresión de la objetividad y la subjetividad

Un texto es **objetivo** cuando en él predomina la función referencial del lenguaje, es decir, cuando transmite con realismo el contenido del mensaje. Predominan en el lenguaje de la ciencia, de la administración, del ensayo y de algunos géneros periodísticos.

Un texto es **subjetivo** cuando en él predomina la función emotiva, es decir, cuando la opinión y los sentimientos del emisor modifican la objetividad de los hechos que se comunican. Son más frecuentes en el lenguaje poético, en la expresión de deseos y en la exposición de opiniones.

Actividades

1 Distingue los enunciados del texto siguiente y clasifícalos según su modalidad:

> Abrió el armario de un tirón, se puso el anorak y bajó las escaleras a la carrera.
>
> —¡Salgo un momento, mamá!
>
> —¿Que sales? ¡Si tu padre está a punto de llegar!
>
> El quiosco más cercano se encontraba a un kilómetro y medio, al final de la carretera, cerca del portal del Pueblo Viejo. Silvia montó en su bicicleta y pedaleó frenéticamente hasta allí, con un sollozo agazapado en la garganta.

Andreu Martín y Jaume Ribera, *El cartero siempre llama mil veces,* Anaya.

2 Determina la función (o funciones) del lenguaje que predomina en este texto y justifica tu respuesta:

> Este amoroso tormento
> que en mi corazón se ve,
> sé que lo siento, y no sé
> la causa por que lo siento.

Sor Juana Inés de la Cruz, «Redondillas», *Poesía lírica,* Cátedra.

3 Escribe un ejemplo de cada uno de estos tipos de enunciados:

Dubitativo — Exclamativo — Imperativo — Enunciativo — Interrogativo — Desiderativo

4 Lee este fragmento y contesta a las preguntas:

> —[...] Hablamos por teléfono.
>
> —Ya. Pasa. —Miró a los canes—. ¿Te molestan?
>
> —Tranquila. No me dan miedo.
>
> —Pues deberían. Para eso están.
>
> Hablaba muy alto y me obligaba a hablar así. Nuestras voces retumbaban en el techo abovedado del vestíbulo. Le dije que tenía una casa muy bonita.

Belén Martínez, *Hasta la última estrella,* Anaya.

a) ¿Cuántos enunciados hay en este texto?

b) Señala los dos componentes del enunciado: «¿Te molestan?».

c) ¿Qué actitud muestra el hablante en el enunciado: «Pasa»?

d) En los enunciativos, la entonación no se manifiesta en la escritura. Señala dos ejemplos en el texto.

e) Escribe el enunciado enunciativo «Tranquila» como si fuera un enunciado exclamativo.

3.4 Clases de enunciados

Los enunciados se dividen en dos clases: **frases** y **oraciones.**

La frase

La **frase** es un enunciado cuyo núcleo es un nombre, un adjetivo, un adverbio o una interjección: *La botella de agua; ¡Rápido!; Lejos de casa; ¡Vaya!*

TIPOS DE FRASES

Tipo	Núcleo	Ejemplo
Frase nominal	Su núcleo es un nombre.	*Teléfono de emergencia.*
Frase adjetiva	Su núcleo es un adjetivo.	*Muy frondoso.*
Frase adverbial	Su núcleo es un adverbio.	*Encima de mi cama.*
Frase interjectiva	Su núcleo es una interjección.	*¡Pum! ¡Ojalá!*

La interjección

Es la palabra que expresa los sentimientos del hablante *(sorpresa, alegría, deseo, dolor...)* y puede convertirse en un enunciado autónomo exclamativo, desiderativo, imperativo... Ejemplos: *¡bah!, ¡anda!, ¡buenas!, ¡adiós!*

La oración

La **oración** tiene como núcleo el verbo: *Escuchaba música.*

La oración, normalmente, se compone de **sujeto** y **predicado.**

El frigorífico (SUJETO) se estropeó ayer. (PREDICADO)

Actividades

5 Lee y contesta a las preguntas:

Sancho era mi mochuelo. Un ave nocturna preciosa y sabia como todas las de su especie y que a la postre resultó incómoda para mi familia.

La abuela, por el contrario, no dijo nada y se me quedó mirando extrañada. Cuando tragó la miga que tenía en la boca, preguntó:

—¿Dónde lo has visto?

Con toda la sangre fría que había aprendido del padre Brown, dije:

—¿Por qué? ¿Te extraña que lo haya visto?

—Sí que me extraña —contestó—. Esos pájaros, una vez que se van, no vuelven jamás.

—Una vez que se van de este mundo, querrás decir, ¿no? —repliqué, adoptando una magnífica actitud policial.

—No sé qué quieres decir —dijo algo aturdida.

—Sí que lo sabes —contesté—. ¡Lo sabes muy bien!

—¡Yo no sé nada!

—Te parece imposible que haya vuelto, ¿no? A no ser que sea el fantasma de un mochuelo lo que he visto. ¡Un fantasma capaz de sacarle a alguien los ojos por la noche!

Eliacer Cansino, *Yo, Robinson Sánchez, habiendo naufragado*, Anaya.

a) Identifica y separa los enunciados que hay en este texto.

b) Busca en el texto un enunciado interrogativo.

c) Identifica un enunciado exclamativo.

d) ¿Qué tipo de frase es esta?

¡Luna nueva!

e) Busca en el texto cuatro enunciados que solo consten de una oración, es decir, que solo tengan un verbo en forma personal.

f) Busca una oración formada por una sola palabra.

g) ¿De cuántas oraciones consta este enunciado?

La abuela, por el contrario, no dijo nada y se me quedó mirando extrañada.

h) Busca en el texto otros enunciados que incluyan dos oraciones.

3.5 El sintagma

El **sintagma** o grupo es una palabra, o un conjunto de palabras, que desempeña una función en una oración: sujeto, atributo...

Distinguimos varias clases de sintagmas o grupos:

- El **sintagma nominal** (SN), cuyo núcleo es un **nombre** o un **pronombre:**

  El cartero (NÚCLEO) le (SN) entregó la carta (NÚCLEO) esta tarde (NÚCLEO).
  El cartero: SUJETO; le entregó la carta esta tarde: PREDICADO. La carta: SN; esta tarde: SN.

- El **sintagma adjetival** (SAdj.), cuyo núcleo es un **adjetivo:**

  Los alumnos pequeños (SADJ.) escuchaban divertidos (SADJ.).
  Los alumnos pequeños: SUJETO; escuchaban divertidos: PREDICADO.

- El **sintagma verbal** (SV), cuyo núcleo es un **verbo:**

  Juliana tocaba (NÚCLEO) el piano en el conservatorio todos los días.
  Juliana: SUJETO; tocaba el piano en el conservatorio todos los días: PREDICADO.

- El **sintagma adverbial** (SAdv.), cuyo núcleo es un **adverbio:**

  Todos sus amigos del colegio vendrán mañana (SADV.).
  Todos sus amigos del colegio: SUJETO; vendrán mañana: PREDICADO.

- El **sintagma preposicional** (SPrep.), formado por una preposición y su término:

  El recinto ferial se encuentra cerca de mi casa (SPREP.).
  El recinto ferial: SUJETO; se encuentra cerca de mi casa: PREDICADO.

Actividades

Actividad resuelta

6 Clasifica los sintagmas de esta oración según la categoría gramatical de su núcleo. Después, analiza los componentes de dicha oración:
El piano sonaba dulcemente en el salón.

Solución:
- *El piano:* sintagma nominal (SN).
- *Sonaba dulcemente en el salón:* sintagma verbal (SV).
- *Dulcemente:* sintagma adverbial (SAdv.).
- *En el salón:* sintagma preposicional (SPrep.).

El piano (NÚCLEO) sonaba (NÚCLEO) dulcemente (SADV.) en el salón (SPREP.).
El piano: SUJETO; sonaba dulcemente en el salón: PREDICADO.

7 Clasifica los sintagmas de estas oraciones como en la actividad anterior:
- *Ella bebía té en la oficina.*
- *Nosotros iremos juntos a la feria.*
- *Isabel describió detalladamente el paisaje.*
- *La famosa cantante le dedicó una canción.*
- *Esos animales de la Sabana están protegidos.*

8 Analiza los componentes de estas oraciones:
- *Los libros estaban en las estanterías.*
- *Los bomberos municipales apagaron rápidamente el fuego.*

APLICA LO APRENDIDO

Repasa la gramática

Solución paso a paso

1 Observa y sigue los pasos para determinar si estos enunciados son oraciones o frases e indicar su intención comunicativa:

a) *¿Cerca de Cádiz?*

b) *Boabdil entregó las llaves de la ciudad de Granada en 1492.*

Paso 1. Determina si el enunciado es una frase o una oración; para ello, busca su verbo y, si no lo hay, identifica su núcleo:

a) Es un enunciado, ya que expresa mensaje completo, pero carece de verbo; está formado por una frase adverbial, cuyo núcleo es un adverbio *(cerca)*.

b) Es un enunciado formado por una oración cuyo sujeto es *Boabdil* y el predicado es *entregó las llaves de la ciudad de Granada en 1492*, cuyo núcleo es el verbo *entregó*.

Paso 2. Indica la intención comunicativa de cada enunciado, para ello fíjate en qué intenta transmitir, en su entonación...:

a) Interrogativa.

b) Enunciativa afirmativa.

2 Clasifica los siguientes enunciados en oraciones y frases y analízalos como en la actividad anterior:

- *¿Llegarás pronto?*
- *La subida a primera división de tu equipo.*
- *¡Qué susto!*
- *La chispa de la vida.*
- *Lejos de la playa.*
- *¡Cuántos árboles había!*
- *Dos tazas de té, por favor.*
- *Fue Pedro.*
- *Ojalá.*
- *¿Y mi tableta?*
- *¿Has visto mi gorra?*
- *¿Azúcar?*
- *¿Te apetece un zumo de manzana?*

3 Descompón en sintagmas las siguientes oraciones y clasifícalos:

- *El timbre de la puerta sonaba insistentemente.*
- *Le gustaba mucho esa alegre canción.*
- *Patricia siempre se sentaba cerca de mí.*

4 Lee este texto y realiza las actividades:

—¿Qué hace usted aquí? —le preguntó Valeria sorprendida.

—Sobre eso mismo, niña, te iba a interrogar. ¿Qué haces tú aquí?

—Mi madre y yo hemos alquilado el faro. Se supone que no tiene que haber nadie más.

—¿Que habéis alquilado el faro? Los faros no se alquilan. A un faro se viene a trabajar —dijo el hombre con una voz grave, segura, profunda—. A procurar que los marinos lleguen sanos y salvos a sus puertos. A sus casas. A sus familias.

—Ya no hay fareros —afirmó Valeria tajante.

—¿Ah, no? ¿Y qué soy yo, entonces?

—Yo no sé quién es usted. No nos han presentado.

—Cierto, pequeña.

—No me llame pequeña. Me llamo Valeria.

–Acércate para que te vea mejor. Con esta poca luz apenas puedo ver tu rostro. [...] No tienes cara de llamarte Valeria.

—¿Pues qué cara hay que tener para poder llamarse así? Tengo este nombre por mi bisabuela. Ella también se llama Valeria.

—No me parece que tu bisabuela tuviera cara de llamarse Valeria.

—¿Lo dice por mis ojos rasgados y el color de mi piel?

—Sí. Tú vienes de algún país de Asia. Y allí, te lo puedo asegurar, no hay nadie con ese nombre.

—Soy adoptada. Mi madre fue a buscarme a mi pueblo en China y me adoptó. Ella duerme ahí abajo, en el segundo piso.

Ana Alcolea, *La noche más oscura*, Anaya.

a) ¿Cuántos enunciados aparecen en las cuatro últimas intervenciones? ¿Cuál es la intención del autor en cada uno?

c) Indica un enunciado que ejemplifique cada una de las modalidades de enunciados según la intención del hablante. ¿Qué modalidades no aparecen en el texto?

d) Convierte este enunciado en exclamativo y pronuncia los dos en voz alta. ¿Qué diferencias aprecias en la entonación?

Los faros no se alquilan.

Visualiza la gramática. Accede a este vídeo disponible en el banco de recursos de anayaeducacion.es.

Organiza tus ideas gramaticales

Copia este mapa conceptual jerárquico en tu cuaderno y complétalo:

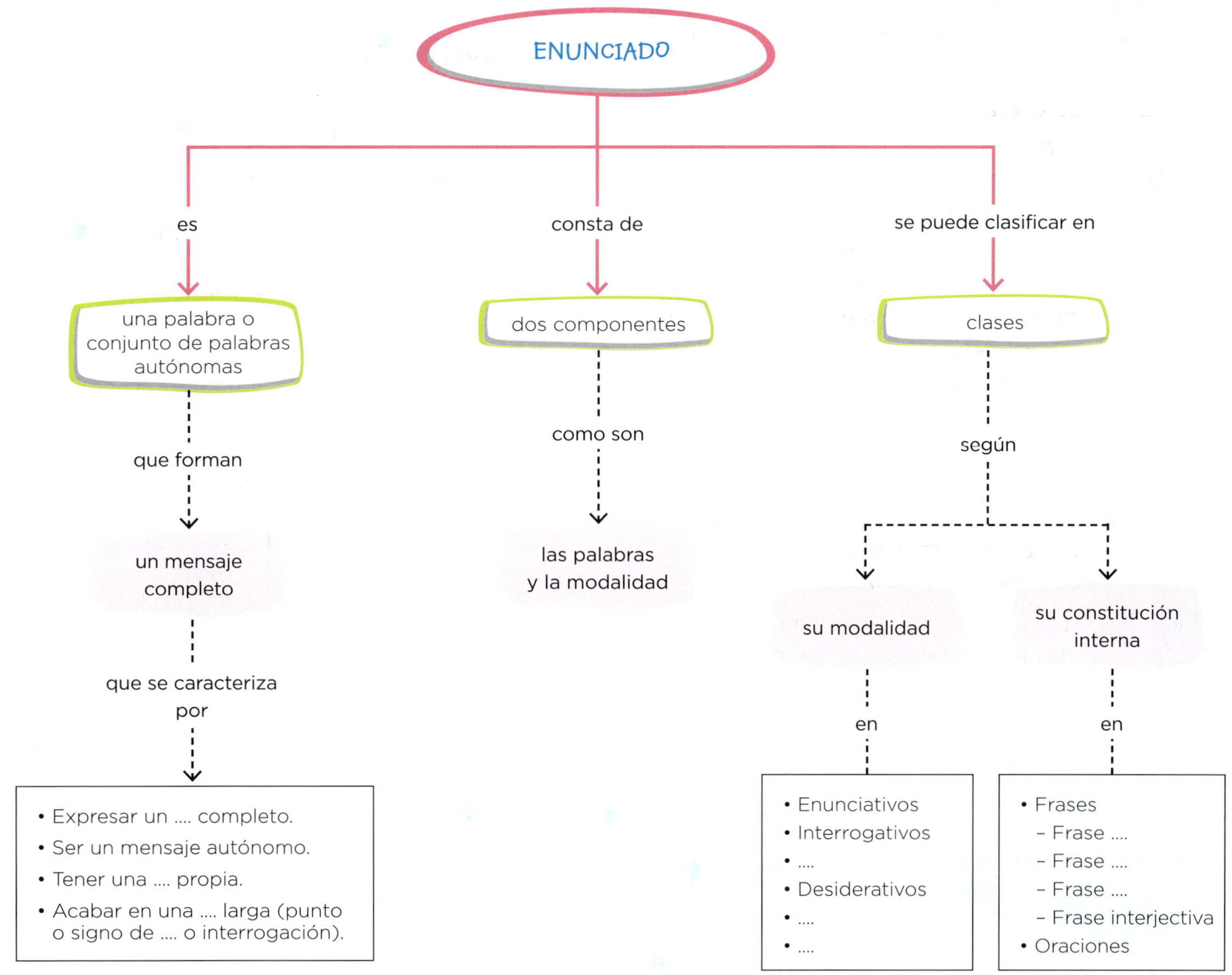

Practica la ortografía

1 Copia las siguientes oraciones en tu cuaderno haciendo un uso correcto de las mayúsculas:

- *Ella nació en la Línea de la Concepción.*
- *El rey Sancho IV El Bravo nació en 1258.*
- *Durante mis vacaciones, visité la Habana y Santiago de cuba.*

2 Escribe en tu cuaderno el nombre de dos topónimos para cada una de estas opciones:

ríos | montañas | golfos | mares | lagos

3 ¿Cómo se escribe la preposición que precede a un apellido? ¿Y el artículo?

ORTOGRAFÍA CONSULTA EL ANEXO 4

4 LITERATURA

LA EDAD MEDIA: LA LÍRICA

La Reconquista

En el siglo XIII, los reinos cristianos se unieron y derrotaron a los musulmanes en la batalla de las Navas de Tolosa (1212, Jaén). Paulatinamente, la zona musulmana quedó reducida al reino de Granada, cuya toma por parte de los Reyes Católicos en 1492 marcó el fin de la Reconquista.

4.1 Contexto histórico y social de la Edad Media

La Edad Media es el período histórico que se extiende desde la caída del Imperio romano (siglo V) hasta el Renacimiento (siglo XV).

La historia y la política

En el año 711 se produjo la invasión árabe de la península ibérica. En el norte se formaron núcleos de resistencia cristianos, que se constituyeron en reinos y que avanzaron hacia el sur para ocupar las tierras antes conquistadas por los musulmanes. Este proceso se llama **Reconquista.**

La sociedad

El modelo de organización social de la Edad Media fue el **feudalismo:** un sistema de obediencia y dependencia que se establecía entre un señor y su vasallo. La sociedad medieval estaba compartimentada en tres estamentos o grupos sociales. A la cabeza se encontraba el rey.

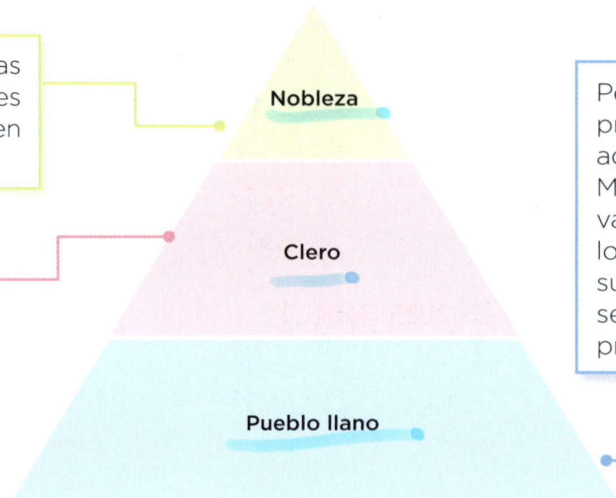

Señores feudales que poseían las tierras y disfrutaban de enormes privilegios. Estaba especializada en la guerra.

Monjes y clérigos que también gozaban de posesiones y de privilegios. Su labor en los monasterios, dedicados al estudio, así como a la conservación y transmisión de la cultura, fue muy importante.

Personas sin posesiones y privilegios, cuya principal actividad era la agricultura. Mantenían una relación de vasallaje con los nobles, a los que entregaban parte de sus cosechas o prestaban servicios a cambio de protección.

A finales del siglo XIV, las ciudades se convirtieron en el centro de la actividad económica. Con ellas surgió una nueva clase desvinculada del sistema feudal: la **burguesía,** formada por artesanos y comerciantes.

La visión del mundo

El **teocentrismo,** que sitúa a Dios como el centro del universo, de la sociedad, de la política y de la cultura, es la base del pensamiento medieval.

A partir del siglo XIV, se produjo una crisis del pensamiento medieval y se impuso una nueva mentalidad: comienzan a valorarse la vida y sus placeres, la fama, el dinero, el individualismo, la sensualidad y la libertad.

El arte y la cultura

La cultura y el arte medieval estaban estrechamente vinculados a la Iglesia. Las principales vías de difusión fueron los monasterios, depositarios del saber y focos, y la Escuela de Traductores de Toledo, que durante los siglos XII y XIII reunió a sabios de las tres culturas (árabe, judía y cristiana) para traducir al latín y al castellano obras de la cultura oriental y de la occidental clásica y cristiana. Este trabajo sirvió de base a la gran obra científica, histórica y literaria del rey Alfonso X.

En la Edad Media convivieron dos corrientes literarias: la **popular,** constituida por textos anónimos transmitidos de forma oral para un público iletrado; y la **culta,** de autor conocido y fijada por escrito.

Las glosas

Las primeras palabras escritas en castellano que conocemos están recogidas en unos documentos del siglo X: las glosas emilianenses y las glosas silenses. Fueron escritas por unos monjes que anotaban al margen de textos escritos en latín la traducción de palabras que el lector ya no entendía.

4.2 La lírica primitiva

Entre los siglos XI y XV se desarrollaron tres fenómenos poéticos paralelos: las **jarchas mozárabes,** la **lírica galaicoportuguesa** y la **lírica popular castellana.** La lírica primitiva es una poesía popular de temática variada caracterizada por la anonimia, la transmisión oral, la brevedad, los versos de arte menor y el empleo de repeticiones. Las jarchas y las cantigas se recogieron por escrito tempranamente; en cambio, la lírica popular castellana se transmitió de forma oral hasta el siglo XV.

Arcos de herradura de influencia mozárabe.

Las jarchas mozárabes (siglos XI-XII)

Las jarchas son los primeros testimonios de la lírica peninsular en lengua romance.

Son breves poemas escritos en **mozárabe,** lengua romance hablada por los cristianos que vivían en los territorios árabes. Se incluían al final de composiciones cultas árabes o hebreas denominadas moaxajas.

Garid vos, ¡ay yermaniellas!,
¿cóm' contenir el mio male?
Sin el habib non vivreyo:
¿ad ob l'irey demandare?

Decidme, ay hermanitas,
¿cómo contener mi mal?
Sin el amado no viviré:
¿adónde iré a buscarlo[1]?

Lírica española de tipo popular, Cátedra.

[1]Versión en castellano actual.

La lírica galaicoportuguesa (siglos XII-XIV)

Las **cantigas** son composiciones escritas en gallegoportugués.

Ondas del mar de Vigo,
¿habéis visto a mi amigo?
¡Ay Dios!, ¿si vendrá en seguida?

Ondas del mar alzado,
¿habéis visto a mi amado?
¡Ay Dios!, ¿si vendrá en seguida? […]
¿Habéis visto a mi amado,
por quien tengo cuidado[1]?
¡Ay Dios!, ¿si vendrá enseguida?

Francisco Rico, *Mil años de poesía española,* Planeta.

[1]**Cuidado:** preocupación, temor.

Más información

El propio rey Alfonso X el Sabio cultivó la lírica galaicoportuguesa en su obra de tono religioso *Cantigas de Santa María*.

CLASES DE CANTIGAS

- **Carácter culto**
  - Cantigas de amor → El enamorado se queja del desdén por parte de la dama.
  - Cantigas de escarnio → Poemas de tipo satírico.
- **Carácter popular**
  - Cantigas de amigo → Una joven llora la ausencia del amado, al tiempo que hace confidencias a su madre y amigas o dialoga con la naturaleza.

La lírica tradicional castellana

La lírica tradicional castellana se difundió oralmente hasta el siglo xv, momento en que comenzó a ser recopilada en **cancioneros.**

Se trata de composiciones de tema variado: las canciones de trabajo, de fiesta o de boda; las mayas (al inicio del mes de mayo); las albas, canciones puestas en labios de una muchacha que, al amanecer, espera la llegada del amado a quien llama amigo; las alboradas o despedidas de los enamorados al llegar el día, y, lógicamente, las más diversas manifestaciones del amor, como la queja por el amado ausente, la chica que se enamora o la malcasada.

Ya cantan los gallos,
amor mío, y vete:
cata[1] que amanece.

Vete, alma mía,
más tarde no esperes,
no descubra el día
los nuestros placeres.
Cata que los gallos,
según me parece,
dicen que amanece.

Poesía medieval, McGraw Hill.

[1]**Cata:** mira.

Actividades

1 Lee atentamente los siguientes poemas y responde a las preguntas:

A

Estaba yo en la ermita de San Simón,
y cercáronme las olas, que grandes son.
¡Esperando yo a mi amigo!
¡Esperando yo a mi amigo!

Estando en la ermita ante el altar,
cercáronme las olas grandes del mar.
¡Esperando yo a mi amigo!
¡Esperando yo a mi amigo!

Y cercáronme las olas, que grandes son;
no tengo barquero ni remador.
¡Esperando yo a mi amigo!
¡Esperando yo a mi amigo!

Y cercáronme las olas del alto mar;
no tengo barquero, ni sé remar.
¡Esperando yo a mi amigo!
¡Esperando yo a mi amigo!

No tengo barquero ni remador:
moriré, hermosa, en el mar mayor.
¡Esperando yo a mi amigo!
¡Esperando yo a mi amigo!

No tengo barquero, ni sé remar:
moriré, hermosa, en el alto mar.
¡Esperando yo a mi amigo!
¡Esperando yo a mi amigo![1]

B

Al alba venid, bien amigo,
al alba venid.

Amigo, el que yo más quería,
venid al alba del día[2]. […]

C

Tanto amare, tanto amare,
habib, tanto amare
enfermaron olios nidios
e dolen tan male[3].

Margit Frenk (ed.), *Lírica española de tipo popular,* Cátedra.

[1]Versión en castellano actual. [2]Versión en castellano actual. [3]¡Tanto amar, tanto amar, / amado, tanto amar! / Enfermaron (mis) ojos brillantes / y duelen tanto.

- ¿Qué tipo de modalidad de la lírica primitiva ejemplifica cada uno? Justifica tu respuesta.
- Señala el emisor y el destinatario o confidente de cada texto.
- ¿Qué diferencias y semejanzas observas?
- ¿En qué lengua está escrita el poema C?
- ¿De qué se lamentan las muchachas en los poemas A y C? Indica el tema de cada poema.
- ¿En qué momento del día se sitúa la acción del poema B? ¿Qué nombre reciben estas composiciones?
- ¿Señala alguna estructura paralelística que hayas observado en estos poemas?
- ¿Conoces alguna canción actual en la que una joven llore la ausencia del amado del mismo modo que en las cantigas de amigo? Pon ejemplos y argumenta tu respuesta.

4.3 La épica

El mester de juglaría

El **mester de juglaría** es el oficio o arte de los juglares.

Los juglares eran artistas ambulantes que recorrían palacios, plazas y mercados ofreciendo espectáculos. Memorizaban poemas épicos, romances o canciones populares que después recitaban o cantaban acompañados de instrumentos. También hacían juegos malabares, bailes, danzas... Por eso, la épica primitiva está ligada a la oralidad y a la figura del juglar.

Página miniada en la que se observa a un juglar tocando la vihuela.

Los cantares de gesta

El **cantar de gesta** es un poema épico en el que se exaltan las hazañas de un héroe medieval. Tanto los personajes como los hechos que protagonizan están vinculados al pueblo al que van destinados los poemas.

Características de los cantares de gesta

- **Anonimia:** los cantares son anónimos; es decir, se desconoce su autor o autores.
- **Oralidad:** se transmitían de forma oral, por lo que no quedan testimonios escritos. Como consecuencia, muchos textos han sido olvidados y perdidos.
- **Realismo:** los cantares castellanos narran de forma objetiva sucesos reales, de modo que contienen pocos elementos fantásticos. Destacan, también, el detallismo de las descripciones y la exactitud de los datos geográficos.
- **Métrica:** está formado por versos de medida irregular (entre 14 y 16 sílabas), divididos en hemistiquios, mediante una fuerte cesura. La rima es asonante. Los versos contiguos que tienen la misma rima constituyen una tirada.
- **Formulismo poético:** repiten muchas fórmulas, que facilitaban la labor del poeta. Servían bien para apelar al auditorio («Ahora quiero contaros, oíd»), bien para ensalzar al héroe, mediante los épitetos épicos («el de la barba florida»).

Elementos de los cantares de gesta

Lee esta tirada del *Cantar de Mio Cid* (Castalia) y observa sus elementos:

Formulismo: apelación al auditorio.

Formulismo: epíteto épico.

Volvamos ahora al Cid, que en buen hora ciñó espada.
En aquel poyo elevado asentó allí sus mesnadas.
Mientras moros y cristianos pueblen las tierras de España.
Poyo del Cid a este sitio han de llamar en las cartas.
Estando allí nuestro Cid mucha tierra saqueaba.
El val del río Martín le tributó también parias.
A Zaragoza la mora tales noticias llegaban. [...]
Dejó el amparo del poyo y adelante caminaba;
por más allá de Teruel el Cid Ruy Díaz pasaba,
y en los pinares de Tévar, sus mesnadas acampaban.

Realismo: exactitud de los datos geográficos.

Rima asonante (a-a)

hemistiquio — cesura — hemistiquio

4.4 El Cantar de Mio Cid

El **Cantar de Mio Cid** es la obra más importante de la épica medieval castellana, y la única que ha llegado casi completa hasta nuestros días.

Más información

La obra debió de ser compuesta hacia 1140, pero se desconoce su autoría. Podrían ser dos: un juglar de la zona de Medinaceli (Soria) y un poeta de San Esteban de Gormaz (Soria). Se conserva una copia de 1207, firmada por Per Abbat, un simple copista.

El argumento

El poema narra las hazañas del héroe castellano Rodrigo Díaz de Vivar desde que es desterrado por el rey Alfonso VI hasta que recupera su honra y casa a sus hijas con los infantes de Navarra y Aragón.

La estructura

El poema se divide en tres partes o cantares: *Cantar del destierro, Cantar de las bodas de las hijas del Cid* y el *Cantar de la afrenta de Corpes*.

Cantar del destierro	Cantar de las bodas de las hijas del Cid	Cantar de la afrenta de Corpes
(vv. 1-1086)	(vv. 1087-2277)	(vv. 2278- 3730)
El Cid, desterrado injustamente por el rey Alfonso VI, abandona Castilla en compañía de sus hombres leales. Lucha contra los musulmanes y realiza sus primeras conquistas. Tras cada una de ellas, envía presentes al rey en señal de vasallaje y con el fin de recuperar su favor.	El Cid conquista Valencia y se reencuentra con su mujer y sus hijas. Como muestra del favor del rey, este propone al Cid casar a sus hijas con los infantes de Carrión. Aunque el Cid desconfía de los infantes, al final accede y se celebran las bodas.	La cobardía de los infantes provoca que los hombres del Cid los ridiculicen. Debido a ello, los de Carrión se vengan maltratando en el robledal de Corpes a las hijas del Cid, que pide justicia al rey. Los hombres del Cid retan y vencen a los infantes en sendos duelos. Finalmente, se celebran nuevas bodas con los infantes de Navarra y Aragón.

El héroe

Aunque sus hechos sean extraordinarios, el héroe se presenta de forma verosímil. Su figura la determina su personalidad: la mesura (es decir, 'moderación, compostura, cortesía'). Pero en él destacan otras notas:

- La **fidelidad** y la **lealtad.** A pesar de ser desterrado por el rey Alfonso, en ningún momento busca otro señor. Al contrario, trata de ganarse su perdón.
- Las **virtudes heroicas.** Valentía, prudencia y astucia. Se hace respetar y admirar por los suyos. Es magnánimo con los contrarios.
- La **ternura.** Se aprecia en el cariño con que trata a su mujer y a sus hijas.
- La **religiosidad.** Se encomienda a Dios en las batallas y le agradece los triunfos.

El tema

El tema fundamental de la obra es el progresivo engrandecimiento del héroe. A pesar de sus desafortunados inicios, alcanza la fama con su esfuerzo y valentía. Sus victorias le proporcionan riqueza y poder. Recupera la honra y el favor real. Consigue ascenso social, gracias a su enorme riqueza y a las bodas de sus hijas con los infantes de Navarra y Aragón.

La métrica

El poema consta de 3 730 versos de rima **asonante,** agrupados en 152 **tiradas** que mantienen una misma rima y son de extensión variable. Los versos están divididos en dos **hemistiquios,** separados por una fuerte **cesura.** La medida de los versos oscila entre las **diez** y las **veinte sílabas.**

Los recursos lingüísticos de la épica en el Cantar

- **Formulismo.** Invocación a los oyentes y epítetos épicos *(oíd qué dijo Minaya).*
- **Pleonasmo.** Figura retórica que consiste en añadir términos innecesarios *(llora con sus ojos).*
- **Supresión del verbo introductor** en el estilo directo *(Movió Mio Cid los hombros y sacudió la cabeza:/«Albricias, Álvar Fáñez, pues somos expulsados de nuestra tierra»).*
- **Variedad de tiempos verbales.**

Otras características

- **Técnica realista** y **detallismo.** Basados en la minuciosidad de las descripciones y en la exactitud geográfica, así como en el reflejo de costumbres (religiosas, técnicas guerreras, viviendas, vestidos) o aspectos de la vida ordinaria (despedidas, viajes, reuniones privadas, etc.).
- **Dinamismo.** Se obtiene gracias al estilo directo y a la ausencia de verbo introductor. Se alterna el relato de los hechos con los diálogos y monólogos de los personajes.
- El **léxico.** Se centra en tres campos fundamentales: la guerra, los hechos cortesanos y los motivos religiosos.

Detalle de la *Jura de Santa Gadea* (1864), Marcos Hiráldez Acosta.

Actividades

2 Lee los siguientes fragmentos y localiza en ellos algunas de las características de los cantares de gesta:

A

Ya va dejando su tierra   el Campeador leal.
A la izquierda, San Esteban,   que es una buena ciudad.
Alcubilla sigue luego,   que es fin de Castilla ya.
Después cruza la calzada   de Quinea, y va a parar
encima de Navapalos,   donde el Duero ha de cruzar, [...]

B

Comienzan ya a preparar   la gran sala del palacio.
Los suelos con mucha alfombra,   todo bien encortinado.
¡Cuánta seda y cuánta púrpura   y cuánto paño preciado!
¡Gusto os daría vivir   y comer en el palacio!

Cantar de Mio Cid, Castalia.

3 ¿Qué rasgos de la personalidad del Cid se aprecian en los fragmentos siguientes?

A

Alargó entonces las manos   el de la barba florida,
y a las niñas sus dos hijas   en los brazos las cogía;
al corazón acercolas   porque mucho las quería.
Con lágrimas en los ojos   muy fuertemente suspira;
—Oídme, doña Jimena,   tan entera mujer mía;
como yo quiero a mi alma,   otro tanto a vos quería.

B

—Oíd, Minaya, vos sois   en todo mi diestro brazo. [...]
A Castilla a vos quiero   enviar con un mandado
para contar la batalla   que aquí hoy hemos ganado.
Al rey don Alfonso quiero,   que me echó de mí airado,
con vos enviarle en don   treinta escogidos caballos.

[...]

En Santa María, en Burgos,   por mí pagaréis mil misas;
y lo que sobrare, dádselo   a mi mujer y a mis hijas.

Cantar de Mio Cid, Castalia.

4.5 El romancero

El **romancero** es el conjunto de los romances: composiciones anónimas de carácter épico-lírico, relativamente breves, en versos de arte menor.

Su **estructura métrica** consiste en una serie ilimitada de octosílabos con rima asonante en los versos pares (8- 8a 8- 8a). La métrica también deriva de los cantares de gesta: los hemistiquios comenzaron a ser recitados como dos versos separados, de forma que el primer hemistiquio dio lugar al verso impar y libre; y el segundo, al verso par con rima asonante.

Origen de los romances

El **origen** de muchos romances está en la fragmentación de los cantares de gesta. Los episodios más representativos de cada cantar comenzaron a ser recitados de forma independiente. Cada uno de estos episodios dio lugar a un romance. Después, se escribieron otros romances sin relación ya con los cantares de gesta.

CLASIFICACIÓN TEMÁTICA DE LOS ROMANCES

- **Históricos** → Tratan asuntos y personajes procedentes de las obras históricas o crónicas (Bernardo del Carpio, rey don Sancho, Fernán González, los infantes de Lara, el Cid, etc.).
- **Fronterizos** → Reflejan hechos históricos más tardíos, como los conflictos bélicos entre musulmanes y cristianos.
- **Líricos y novelescos** → Son fruto de la invención, expresan emociones, recrean motivos folclóricos, leyendas universales, etc.
- **Ciclos bretón y carolingio** → Narran las hazañas de los héroes de la épica francesa, como los *Doce Pares de Francia*.

Estilo

- **Fragmentarismo.** Los romances recogen lo esencial de la peripecia. Por eso, a veces, carecen de comienzo y presentan final truncado.
- Predominio de la **acción** frente a la descripción.
- Mezcla de **narración** y de **diálogo** en estilo directo, lo que confiere vivacidad al texto.
- **Recursos literarios** propios de la poesía oral: anáforas, paralelismos, repeticiones, enumeraciones.

Actividades

4 ¿Qué situación se narra en este romance?

Que por mayo era por mayo,
cuando hace la calor,
cuando los trigos encañan
y están los campos en flor,
cuando canta la calandria
y responde el ruiseñor,
cuando los enamorados
van a servir al amor;
sino yo, triste, cuitado,
que vivo en esta prisión;
que ni sé cuándo es de día
ni cuándo las noches son,
sino por una avecilla
que me cantaba al albor.
Matómela un ballestero;
¡dele Dios mal galardón!

Antología comentada de la poesía lírica española,
Cátedra.

5 Realiza el análisis métrico de los ocho primeros versos.

4.6 La lírica culta

El mester de clerecía

El **mester de clerecía** ('oficio de los clérigos') es una escuela de poesía culta y escrita en **cuaderna vía** que se desarrolla en los siglos XIII y XIV.

- Los textos son previamente **escritos,** aunque se destinan a un **público iletrado.**
- Los clérigos u hombres de letras escribían en **lengua romance** y no en latín.
- Su finalidad es **didáctica** y **moral,** pues se pretende difundir la fe cristiana y enseñar modelos de conducta y valores.
- Los **temas** son **eruditos** y proceden del **saber escrito,** no de la imaginación del poeta. Se desarrollan primordialmente asuntos **religiosos,** además de **novelescos, históricos, legendarios** y **didácticos.**
- El **lenguaje** es **cuidado** y **selecto,** ya que se tiene **conciencia del oficio de escritor.** Aumenta el uso de **recursos literarios.**

La cuaderna vía

Es una estrofa compuesta por **cuatro versos alejandrinos** (de catorce sílabas), divididos en dos partes (hemistiquios) de siete sílabas, con **una sola rima consonante.**

La métrica de la cuaderna vía

Observa estos versos del *Libro de Alexandre*:

hemistiquio (7 sílabas)	cesura	hemistiquio (7 sílabas)	
Quiero leer un libro	//	d´un rey noble, pagano,	**Una sola rima consonante**
que fue de grant esfuerço,	//	de coraçón loçano,	
conquiso tod´el mundo,	//	metiólo so su mano;	
ternem[1], si lo cumpliere,	//	por non mal escribano.	

[1]**Ternem:** tendremos.

Gonzalo de Berceo

Gonzalo de Berceo es el primer poeta castellano de nombre conocido. Nació a finales del siglo XII en Berceo (La Rioja). Se educó en el monasterio de San Millán de la Cogolla, donde fue clérigo. Berceo recurrió a **fuentes latinas** para la redacción de sus obras. Sus poemas están escritos en **cuaderna vía** y son de **carácter religioso:** escribió vidas de santos y obras dedicadas a la Virgen.

Los milagros de Nuestra Señora

En esta obra de Gonzalo de Berceo, la Virgen interviene para premiar a los devotos, salvar después de la muerte las almas de aquellos que le han sido fieles o ayudar a los hombres a vencer sus pasiones. Son 25 milagros en los que la finalidad del texto es despertar la devoción por la Virgen.

Arcipreste de Hita

Juan Ruiz, arcipreste de Hita, es el autor del *Libro de buen amor*, la obra más representativa del mester de clerecía en el siglo XIV. En ella se narran, en forma de autobiografía ficticia, las fracasadas aventuras amorosas del arcipreste, quien solicita la ayuda de la vieja alcahueta Trotaconventos.

- La obra tiene un carácter **misceláneo.** Los amores del arcipreste se combinan con cuentos y fábulas, digresiones didácticas, novelísticas y satíricas, poemas líricos de carácter juglaresco y religioso y varios episodios alegóricos (batalla de don Carnal y doña Cuaresma).
- La **intención** del libro es advertir de los peligros del «loco amor» (amor carnal), frente al amor verdadero (amor divino).
- **Variabilidad métrica:** combina la cuaderna vía con estrofas de arte menor.
- Se basa en **fuentes** bíblicas y fuentes latinas clásicas y medievales.

Actividades

6 Lee el texto y realiza las actividades:

> De un clérigo leemos que era de sesos ido,
> y en los vicios del siglo fieramente embebido;
> pero aunque era loco tenía un buen sentido:
> amaba a la Gloriosa de corazón cumplido. [...]
>
> Decir no lo sabría por qué causa o razón
> (nosotros no sabemos si se lo buscó o non)
> dieron sus enemigos asalto a este varón
> y hubieron de matarlo, deles Dios su perdón.
>
> Los hombres de la villa, y hasta sus compañeros,
> que de lo que pasó no estaban muy certeros,
> afuera de la villa, entre unos riberos
> se fueron a enterrarlo, mas no entre los diezmeros[1].
>
> Pesole a la Gloriosa por este enterramiento,
> porque yacía su siervo fuera de su convento;
> apareciose a un clérigo de buen entendimiento
> y le dijo que hicieron un yerro muy violento. [...]
>
> « [...] Te mando que lo digas: di que mi cancelario[2]
> no merecía ser echado del sagrario;
> diles que no lo dejen allí otro treintenario[3]
> y que con los demás lo lleven al osario». [...]
>
> Lo que la dueña dijo fue pronto ejecutado:
> abrieron el sepulcro como lo había ordenado
> y vieron un milagro no simple, y sí doblado;
> este milagro doble fue luego bien notado.
>
> Salía de su boca, muy hermosa, una flor,
> de muy grande hermosura, de muy fresco color,
> henchía toda la plaza con su sabroso olor,
> que no sentían del cuerpo ni un punto de hedor. [...]
>
> Todo hombre del mundo hará gran cortesía
> si hiciere su servicio a la Virgo María:
> mientras vivo estuviere, verá placentería[4],
> y salvará su alma al postrimero[5] día.

Gonzalo de Berceo, *Los milagros de Nuestra Señora,* Castalia.

[1]**Diezmeros:** los fieles. [2]**Cancelario:** notario. [3]**Treintenario:** treinta días. [4]**Placentería:** goce espiritual. [5]**Postrimero:** último.

a) ¿Cuáles eran los defectos y las virtudes del clérigo?

b) ¿Por qué es enterrado fuera del convento?

c) ¿Por qué interviene la Virgen? ¿En qué consiste el milagro?

d) Berceo escribía sus obras con la intención de despertar la devoción mariana del pueblo. ¿En qué estrofa se manifiesta este propósito?

e) Realiza el análisis métrico de la segunda estrofa.

7 Lee este fragmento en el que el autor, enamorado de doña Endrina, pide ayuda a Venus, la diosa del amor:

> «Señora doña Venus, mujer de don Amor,
> noble dueña, me humillo yo vuestro servidor;
> sois de todas las cosas y del Amor señor,
> todos os obedecen como a su hacedor.
>
> Reyes, duques y condes y toda criatura
> os temen y os sirven como a vuestra hechura;
> cumplid vos mis deseos, dadme dicha y ventura;
> no me seáis escasa ni esquiva ni dura.
>
> Estoy herido, llagado, de un dardo estoy perdido;
> en el corazón lo traigo, encerrado, escondido;
> no oso mostrar la llaga; me matará el olvido,
> pero decir no oso por quién estoy herido.
>
> Doña Endrina, que mora aquí en mi vecindad,
> de hermosura, donaire, de talle y de beldad,
> supera y vence a todas que hay en la ciudad:
> si el Amor no me engaña, yo os digo la verdad.
>
> Esta dueña me hirió, con flecha enarbolada,
> atravesó el corazón, en él la traigo hincada;
> con toda mi gran fuerza, ser no puede arrancada.
> La llaga va creciendo, dolor no mengua nada.
>
> Cuanto más está el hombre a gran fuego allegado
> se quema mucho más que si está alejado;
> tanto mal no tendría si estuviese alejado,
> ¡Ay!, señora doña Venus, sea de vos ayudado.

Arcipreste de Hita, *Libro de buen amor,* Espasa-Calpe.

a) Observa los cuatro primeros versos del poema. ¿Qué estrofa forman? Descríbela. ¿Cómo se llama cada una de las partes en que se divide cada verso? Este tipo de composición, ¿es propia del mester de juglaría o del mester de clerecía?

b) ¿Estamos ante un poema popular o un poema compuesto por una persona culta? Busca alguna alusión a la cultura clásica para justificar tu respuesta: ¿quién es la diosa del amor?, ¿qué dios hiere los corazones con un dardo?

c) Hay dos imágenes que se suelen emplear en la literatura al hablar del amor. Completa en tu cuaderno estas dos afirmaciones con datos del poema:

- El hombre enamorado está ....
- El amor es un fuego que .... cuanto más .... se está de la persona amada.

4.7 Poesía cortesana del siglo XV

En el siglo XV se desarrolla la lírica culta castellana, inspirada en la **poesía provenzal francesa** y en la **poesía italiana** continuadora de las alegorías de Dante Alighieri. Es de carácter culto, se canta, lee o recita en la **corte** y se recoge en **cancioneros** (antologías de uno o varios autores).

El tema principal es el **amor cortés,** aunque también se desarrollan temas morales, políticos, religiosos, didácticos, filosóficos, satíricos, etc.

Ya no se trata de una poesía de juglares o de clérigos. Ahora los poetas son nobles, hombres de letras, políticos o monarcas. Las figuras destacadas de la lírica cortesana son el **marqués de Santillana** (escribió las **serranillas:** género en el que un caballero se encuentra en el campo con una pastora bella y delicada a la que trata de conquistar; pero ella lo rechaza para preservar su virtud), **Juan de Mena** (*Laberinto de Fortuna*) y **Jorge Manrique.**

Dante Alighieri (1265-1321) nació en Florencia. Escribió la *Divina comedia,* obra cumbre de la literatura universal.

Jorge Manrique

Nació en una de las familias más ilustres de Castilla. Fue soldado y poeta. El reconocimiento poético le llegó con *Coplas a la muerte de su padre,* pues obtuvieron un éxito y una fama inmediatos, y se difundieron a través de numerosos cancioneros.

- El poema fue escrito para honrar la figura de su padre, don Rodrigo Manrique.
- Avisa contra la falsedad de los bienes terrenales y anima a practicar las virtudes para ganar una vida más perdurable.
- Se recrean tópicos como el *ubi sunt?,* el *tempus fugit,* el desprecio del mundo, el poder igualitario de la muerte, la vida como camino, la advertencia de lo efímero de los bienes terrenales...
- Consta de cuarenta coplas de pie quebrado, cuyo esquema métrico es el siguiente: 8a 8b 4c 8a 8b 4c; 8d 8e 4f 8d 8e 4f.
- El poema se divide en tres partes:
  - reflexión sobre la fugacidad de la vida;
  - ejemplificación mediante figuras históricas;
  - elogio de las virtudes y hazañas del maestre don Rodrigo.

El amor cortés

El amor cortés fue un singular e importantísimo movimiento lírico que surgió y floreció en Provenza (sur de Francia) entre los siglos XI y XIII y que dio lugar a la poesía trovadoresca.

Tuvo enorme influencia en la literatura medieval y en la renacentista.

El poeta cantaba su amor a una dama hermosísima y noble, de la que se declaraba vasallo y fiel servidor hasta la muerte.

Actividades

8 Lee la *Copla III* de Jorge Manrique y realiza las actividades:

Nuestras vidas son los ríos
que van a dar en la mar,
que es el morir;
allí van los señoríos
derechos a se acabar
y consumir;
allí los ríos caudales,
allí los otros medianos
y más chicos;
allegados, son iguales
los que viven por sus manos
y los ricos.

Antología comentada de la poesía lírica, Cátedra.

a) ¿Qué tópicos se recrean en los versos subrayados?

b) En la copla aparecen varias metáforas. ¿De qué es metáfora *ríos caudales*? Localiza, al menos, otras dos.

c) Lee los tres últimos versos de la copla. ¿Quiénes son los que viven por sus manos?

d) Realiza el análisis métrico de la estrofa y comprueba que se ha empleado la copla de pie quebrado.

e) **¿Qué te hace decir eso?** Justifica por qué las coplas de Jorge Manrique son una elegía.

APLICA LO APRENDIDO

COMENTARIO DE TEXTO

EL Cid entra en Burgos

Nuestro Cid Rodrigo Díaz   en Burgos con su gente entró.
Es la compaña que lleva,   de sesenta, con pendón.
Por ver al Cid y a los suyos,   todo el mundo se asomó.
Toda la gente de Burgos   a las ventanas salió,
con lágrimas en los ojos,   tan fuerte era su dolor.
Todos diciendo lo mismo,   en su boca una razón:
—¡Dios, qué buen vasallo el Cid!   ¡Así hubiese buen señor!
Aunque de grado lo harían,   a convidarlo no osaban.
El rey don Alfonso, saben,   ¡le tenía tan gran saña!
Antes que fuese la noche   en Burgos entró su carta,
con órdenes muy severas,   y muy requetebién sellada;
mandaba en ella que al Cid   nadie le diese posada,
y aquel que a tal se atreviese,   supiese, por su palabra,
que perdería lo suyo   y aun los ojos de la cara,
y además de cuanto digo,   con la muerte amenazaba.
Gran dolor el que sentían   aquellas gentes cristianas.
Y escóndense así del Cid,   sin osar decirle nada.
El Campeador, entonces,   se dirigió a su posada
y en cuanto llegó a la puerta   se la encontró bien cerrada;
mandatos del Rey Alfonso   pusieron miedo en la casa,
y si la puerta no rompe,   no se la abrirán por nada.
Allí las gentes del Cid   con voces muy altas llaman.
Los de dentro, que las oyen,   no respondían palabra. [...]
No se abre la puerta, no,   pues estaba bien cerrada.
Nueve años tiene la niña,   que ante sus ojos se planta:
—¡Campeador, en buen hora,   que habéis ceñido la espada!
Orden del Rey lo prohíbe,   anoche llegó su carta,
con prevenciones muy grandes,   y venía muy sellada.
A abriros nadie osaría,   nadie os acoge, por nada.
Si no es así, lo perdemos,   lo nuestro y lo de la casa,
y además de lo que digo,   los ojos de nuestras caras.
Ya veis, Cid, que en nuestro mal,   vos no habéis de ganar nada. [...]
Esto la niña le dijo   y se entró para su casa.
Ya lo ve el Cid que del Rey   no cabía esperar gracia.
Alejose de la puerta,   por Burgos picando pasa;
llegó hasta Santa María   y allí del caballo baja.
Con gran fervor se arrodilla   y de corazón rogaba.
Acabada la oración,   enseguida el Cid cabalga.
Luego salió por la puerta,   y el río Arlanzón pasaba.
Junto a la villa de Burgos   en el arenal acampa.
Allí se plantó la tienda   y muy pronto descabalga.
Nuestro Cid Rodrigo Díaz,   que en buen hora ciñó espada,
acampó en el arenal   que nadie lo acoge en casa.
Lo rodean sus amigos   fieles que allí lo acompañan. [...]
Impidiéronle comprar   en la ciudad castellana
de cuanto allí necesita,   cosas que son de vianda;
ni a venderle se atrevían   cuanto para un día basta.

Cantar de Mio Cid, Castalia.

Comentario resuelto. Consulta este modelo de comentario en el banco de recursos de **anayaeducacion.es**.

Recuerda seleccionar el material de trabajo de esta unidad para tu **portfolio**.

Comprensión del texto

1 ¿Quiénes acompañaban al Cid en su entrada en Burgos? ¿Cuántos eran y qué portaban?

2 ¿Cómo los recibieron los burgaleses? ¿Qué sentimiento predominaba en ellos?

3 ¿Qué decía la carta del rey don Alfonso?

4 ¿Acataron las órdenes del rey los habitantes de la ciudad? ¿Por qué?

5 ¿Quién es la única persona que se atreve a hablar con el Cid? ¿Cuántos años tiene? ¿Qué le explica a Rodrigo Díaz? ¿De qué se da cuenta el Cid entonces?

6 ¿Dónde pasaron finalmente la noche el Cid y los suyos? ¿Pudieron abastecerse de víveres?

Tema y análisis del contenido

7 Explica el significado del siguiente verso:

> ¡Dios, qué buen vasallo el Cid! ¡Así hubiese buen señor!

8 ¿Por qué crees que es una niña la única persona que habla con el Cid? ¿Es importante que se precise su edad?

9 En el fragmento se evidencian algunos rasgos de la personalidad del Cid, pero también de su ejército. Refiérelos.

10 ¿Observas alguna pincelada del realismo característico de los cantares de gesta?

11 Resume en una línea el tema del fragmento.

Estructura

12 Especifica a cuál de los tres cantares pertenece el texto. Justifica tu respuesta.

13 El fragmento, de corte narrativo, puede dividirse en tres partes. Copia este esquema y complétalo indicando los versos que abarca cada parte y qué se narra en ellos:

El Cid entra en Burgos

- 1.ª parte
  - Versos: ....
  - ....
- 2.ª parte
  - Versos: ....
  - ....
- 3.ª parte
  - Versos: ....
  - ....

Análisis del lenguaje

14 Extrae del texto un ejemplo de estos rasgos característicos de los cantares de gesta:

a) Formulismo para apelar al auditorio.

b) Epíteto épico.

c) Pleonasmo.

d) Supresión del verbo introductor en el estilo directo.

e) Variedad de tiempos verbales.

f) Hipérbole o exageración.

15 Localiza, en el texto, léxico perteneciente a los siguientes campos semánticos: *guerra* y *religión*.

16 Observa la métrica del poema y responde:

a) ¿Cómo se representa la cesura en el texto?

b) ¿Hay rima asonante o consonante? ¿En qué versos?

c) ¿Cuántas tiradas de versos monorrimos se recogen en el fragmento?

Redacción del comentario

17 Una vez analizado el texto, redacta el comentario. Para ello, sigue estos pasos:

- Comienza con una introducción en la que sitúes la obra en su contexto: época literaria en la que esta se inscribe, fecha de composición, género literario, público al que va destinado, finalidad...
- Expón de forma clara y ordenada todos los datos que has obtenido durante tu análisis.
- Cierra el comentario con una valoración sobre el contenido del texto (actitud del protagonista ante un destierro injusto, lealtad al rey tanto del pueblo como del Cid) y expresa tu opinión sobre la figura del héroe.

Repaso interactivo. Accede a este juego en el banco de recursos de anayaeducacion.es.

3

EL PODER DE LA PAZ

En 1945 se fundaron las Naciones Unidas con el fin de consolidar la paz en el mundo y en 1948 se aprobó la Declaración Universal de los Derechos Humanos, un ideal común para todos los pueblos y las naciones.

La labor de esta organización en la resolución de conflictos y en la defensa de los derechos ha sido importante, pero no suficiente. De hecho, hoy en día siguen activas contiendas en las que millones de niñas, niños y adolescentes se ven forzados a separarse de sus familias a causa de las guerras y sus consecuencias, como Ludi, el joven protagonista de la lectura de esta unidad.

Plano abierto. Accede al vídeo de la unidad en el banco de recursos de anayaeducacion.es.

Intercambia opiniones

LA PAZ

- ¿De qué forma se ven afectados los niños y las niñas por la guerra, el hambre y las migraciones?
  - ¿Cómo crees que será la vida de los niños refugiados?
- ¿Crees que los seres humanos pueden llegar a entenderse y a vivir en paz?
  - ¿Cómo lo podrían lograr?
- ¿Qué significan la paz, la justicia y la libertad para ti?
  - ¿Qué haces en tu día a día para promover un ambiente pacífico a tu alrededor?

QUÉ VAS A ENCONTRAR EN ESTA UNIDAD

1 LECTURA ODS

El protagonista adolescente de *Cuando el frío llegue al corazón* debe comenzar su vida adulta durante la posguerra española. ¿De qué manera afecta a las personas el hecho de abandonar su hogar por culpa de la guerra o sus consecuencias? Consulta los vídeos en **anayaeducacion.es** y reflexiona sobre la paz y la justicia: metas ONU 16.3 y 16.9.

2 COMUNICACIÓN

¿Para qué describimos a las personas, los objetos, los lugares...? Pon en práctica tus destrezas comunicativas en el **Taller de comunicación.**

3 GRAMÁTICA

¿Te has fijado en que los nombres o los pronombres funcionan como núcleo del sintagma nominal? ¿Podrías clasificar todos los determinantes de un texto?

4 LITERATURA

El conde Lucanor es la obra de prosa didáctica más importante del siglo XIV. ¿Conoces su finalidad y su estructura? ¿Sabes que su autor, don Juan Manuel, era sobrino del rey Alfonso X?

ORTOGRAFÍA El anexo de ortografía te ayudará a resolver las actividades propuestas a lo largo de la unidad sobre **los signos de puntuación** y **el dígrafo *ll*** y **la letra *y*.**

1 LECTURA

Comprensión oral

Escucha el texto locutado de la lectura y responde a estas preguntas:

- ¿Qué se describe en el texto?
- ¿Quién realiza dicha descripción?
- ¿Cómo se llama el negocio de Rosa Eva y su marido?
- ¿Qué estaban haciendo cuando el protagonista llega a su casa?
- ¿Desde cuándo no había comido nada Ludi?
- ¿Qué olor se filtraba a través de las junturas del suelo?
- ¿Qué es lo primero que Ludi toca al deshacer su maleta?

En casa de los tíos

El inicio de un verano de los años cincuenta en un ambiente de posguerra marca temporalmente esta obra. El protagonista, un adolescente muy despierto llamado Ludi Rivero Pelayo, se enfrenta una mañana a la noticia de que su padre, el veterinario de Vega (Torrelavega, Cantabria), ha sido encarcelado por colaborar con grupos de resistencia, conspirar contra el Gobierno y participar en actividades presuntamente ilícitas. Ante esta nueva situación, Ludi se traslada a casa de sus tíos, situada sobre su tienda-almacén. Arrastrando su maleta y después de haber peregrinado toda la jornada, llega tarde a esta casa.

Estaban cenando y arquearon las cejas para expresar estupor por mi tardanza; el tío, además, dio un suspiro mezclado con un sorbo de caldo de pollo; la tía Rosa Eva dejó que su propio suspiro agonizara en los labios.

—¿Quieres tomar algo? ¿Has cenado?

Di unos traspiés con la maleta y el paquetón de la ropa y dije que no, gracias, que no tomaría nada, que no tenía apetito. En realidad, me callé el que no había probado cosa alguna después del desayuno.

La vivienda de los tíos estaba situada encima del almacén de Vinos y Comestibles Pelayo Pelayo, exportación e importación, aceites y licores, caramelos de mil y una clases, garbanzos de ensueño, judías de piel suave.

—Acuéstate, ve a descansar, mañana hablaremos, ¿seguro que estás bien?

Al ir por el pasillo me pareció que el suelo se iba inclinando, y que las paredes se torcían, y que la casa toda se ladeaba como el encuadre de una película de miedo [...] Pero al palpar los muros, al seguir pasillo adelante, comprobé que la casa misma era la deforme, de aparejo descompensado y geometrías contradictorias. Los pasillos de la vivienda se superponían al depósito de garbanzos del almacén; los suelos se descompensaban por el peso de los jamones colgados de las vigas de abajo; las columnas de cajas de galletas sostenían el piso del cuarto de baño, de grifos dorados, pero giboso y desencuadernado. La arquitectura del almacén desquiciaba la de la vivienda. No quise encender la luz —o no pude encontrar los interruptores—, solo iba guiándome por el tacto, a ciegas. Confiaba más en el roce con la realidad que en su visión engañosa.

Por las junturas del suelo se filtraba el olor a vino y especias de las bóvedas comerciales. Mi dormitorio quedaba más allá del azafrán y la canela. En la oscuridad arrastré la maleta y el paquete hasta olfatear, sentir, el pimentón de la Vera y un mareo de anises y cafés. Estaba llegando a la cama, fin del viaje y comienzo del sueño.

Desparramé el interior de la maleta; lo primero que noté en mi ciego palpar fueron los tebeos, colores que no veía estallando en la oscuridad.

Descubrí la colcha y abrí las sábanas: un viento de sal y humedad llegó hasta mi nariz. El dormitorio estaba sobre las grandes salazones, y toda la cama olía a bacalao de Noruega.

Me dejé caer sin desvestirme.

La oscuridad hizo crecer los sonidos. Los muelles chirriaron en el somier, pero sobre todo fue la palabra misma, *chirriar,* la que escuché dentro de mi cabeza con sus consonantes arañando las íes como uñas sobre barrotes de hierro, *chirri, churri, chirri, churri.* En la calle, la bocina de un auto hizo *pabú pabú* en vez de *mec mec;* un coche antiguo, pensé, seguramente el Balilla del viejo médico que vive en la plaza.

La casa, por su parte, dormía emitiendo sus propios quejidos domésticos. El armario de la abuela temblaba según se enfriaba la noche, el viejo aparador roncaba, el cristal de las ventanas tintineaba al paso del último tren.

Me sobrecogió un gruñido del piso de madera; el ruido de unos pasos lentos, precavidos. Alguien se acercaba a mi cuarto, se iba a sentar en mi cama, se estaba sentando.

La habitación osciló como un barco.

Me revolví, y desde dentro de mí mismo me subió un tifón inesperado, olas, arcadas, mareos.

No estaba solo; algo frío y sigiloso se posaba junto a mi encogido corazón como si quisiera robarme lo único que yo tenía, la tristeza y el desconsuelo.

Sentí unos labios en la mejilla, pero no hicieron el familiar sonido del beso, sino *smuac,* como si fuera el de una historieta dibujada.

Manuel Gutiérrez Aragón, *Cuando el frío llegue al corazón,* Anagrama.

Vocabulario

Estupor: asombro o sorpresa grande que impide hablar o reaccionar.

Encuadre: parte del espacio que capta el objetivo de una cámara fotográfica o de filmación.

Aparejo: modo en que quedan colocados los materiales en la construcción de un muro.

Desquiciar: alterar.

Aparador: mueble ancho de mediana altura y con cajones.

Hipertexto. Conoce al autor y contextualiza su obra en el banco de recursos de **anayaeducacion.es**.

Comprende el texto

Pasión por leer. Disfruta de otros textos literarios escritos por cineastas en el banco de recursos de **anayaeducacion.es**.

Extrae información

1 ¿Qué partes de la casa de sus tíos describe Ludi y en qué orden? Completa este esquema en tu cuaderno:

.... → pasillo → .... → .... → .... → ....

2 Indica qué sentidos determinan la descripción de Ludi y copia en tu cuaderno un ejemplo para justificar tu respuesta:

vista · olfato · gusto · oído · tacto

- ¿Qué productos se almacenaban debajo de la habitación de Ludi? ¿A qué olía su cama?

3 ¿Quién crees que besa en la mejilla a Ludi? ¿Por qué?

Reflexiona sobre la lengua

4 ¿Qué es una *onomatopeya?* ¿Cuáles aparecen en el texto y qué significan?

5 El autor emplea a menudo la personificación:

> La casa dormía.

- Busca dos ejemplos más.

6 **Recuerda.** Los homónimos homógrafos se escriben igual, pero tienen distinto origen y significado. ¿Cuáles de estas palabras lo son?

vino · ola · sal · sobre · bocina

- Comprueba en el diccionario y escribe una oración con cada una.

7 Realiza estas actividades:

a) ¿Qué signos de puntuación aparecen en este fragmento de la lectura y para qué se han usado?

> No quise encender la luz —o no pude encontrar los interruptores—, solo iba guiándome por el tacto, a ciegas.

b) ¿Qué regla ortográfica siguen estas palabras escritas con el dígrafo *-ll*?

mejilla · pasillo

ORTOGRAFÍA CONSULTA EL ANEXO 8 9

8 Las palabras *especia* y *especie* son parónimas. Explica por qué.

9 ¿Qué sinónimos del verbo *tocar* aparecen en el texto dos veces?

tantear · palpar · acariciar

Interpreta y analiza

10 ¿Qué configuraba la forma de la vivienda? ¿Lo hacía de forma positiva o negativa? Busca la oración en el texto que describe este hecho y justifica tu respuesta.

11 Lee estos fragmentos del texto e indica que recurso literario se utiliza en cada uno:

A La casa [...] dormía emitiendo sus propios quejidos domésticos.

B El armario de la abuela temblaba según se enfriaba la noche.

12 ¿Qué sensaciones experimenta Ludi al recibir un beso en la mejilla? ¿Crees que siente afecto por esa persona? ¿Por qué? ¿Podría cambiar esta consideración a lo largo de la novela?

13 En tu opinión, ¿qué tipo de descripción realiza Ludi? Justifica tu respuesta.

objetiva · subjetiva

Valora y relaciona con tu mundo

14 ¿Residir en casa de sus tíos es una opción voluntaria o impuesta? ¿Cómo crees que afecta esto a Ludi? ¿De qué manera se aprecia esto en la lectura? ¿Qué opináis sobre la actitud de Ludi? ¿Cómo os sentiríais vosotros ante esta situación y qué haríais para afrontarla?

15 Ludi describe la vivienda por la noche. ¿Sería igual si hubiese llegado de día? ¿Has sentido miedo al llegar de noche a un lugar desconocido? ¿Y al día siguiente?

16 **El espejo.** Buscad información sobre la posguerra española: *educación, alimentación, viviendas, tiendas, costumbres...* Comparad con la situación actual; ¿qué ha cambiado más?

Amplía tu vocabulario

EL MIEDO

El director de cine y escritor Manuel Gutiérrez Aragón nos cuenta en la novela *Cuando el frío llegue al corazón* que, en su primera noche en la casa de sus tíos, la oscuridad y los ruidos nocturnos provocan en Ludi **incertidumbre** y **miedo.**

1 Ludi siente *incertidumbre* al no saber qué le deparará el futuro. ¿Cuál de estas palabras es su antónimo?

duda | certeza | pesadumbre | inquietud

2 El *miedo* es la angustia que se experimenta ante situaciones de peligro, real o imaginario. Completa en tu cuaderno estos seis sinónimos de *miedo:*

P_N_C_	P_ _ _R	T_ _ _O_
H_RR_ _	T _ _ _R	S _ _T_

3 Copia y completa las oraciones siguientes con el verbo idóneo: *asusto, sobrecogió, atemorizaron, aterrorizasteis.*

- *Vosotros .... a mis amigos con esa leyenda urbana.*
- *La noticia del hundimiento de dos veleros .... a los veraneantes.*
- *Yo me .... con facilidad.*
- *Las dos explosiones .... a todo el vecindario.*

4 Una fobia es un miedo irracional hacia alguna cosa. Copia y relaciona cada fobia con su significado:

Fobia
Hidrofobia
Fotofobia
Claustrofobia

Significado
miedo a la luz
miedo a los espacios cerrados
miedo al agua

5 ¿Qué frases hechas expresan lo mismo que *sobrecoger*? ¿Y las otras?

Poner los pelos de punta. | Ponerse rojo. | Poner la piel de gallina.

Poner al corriente. | Poner en claro. | Poner un nudo en la garganta.

6 Los miedos se superan con **valor,** una palabra polisémica. Sustituye *valor* por el término adecuado en cada oración: *precio, temple, importancia, validez.*

- *Ella afrontó las dificultades con mucho **valor**.*
- *No sé qué **valor** darán a sus palabras.*
- *El bono descuento de la tienda tiene **valor** solo hasta fin de año.*
- *La presidenta fijó el **valor** de los terrenos.*

7 A las personas valientes se las denomina *leonas.* ¿Por qué?

2 COMUNICACIÓN

EL TEXTO DESCRIPTIVO

2.1 La descripción

Describir es decir con palabras cómo es una persona, un objeto, un lugar o cualquier otra realidad.

Descripción objetiva	Descripción subjetiva
Presenta de forma real y precisa las características de lo que se describe. Su finalidad es transmitir conocimientos, por lo que usa un estilo sencillo y rigor léxico, para que cada palabra designe la realidad descrita. Se utiliza en enciclopedias, libros de texto y textos científicos o técnicos.	Expresa las sensaciones y los sentimientos que produce en el autor lo que describe. Es más propia del campo literario y de las relaciones humanas. En ella, el lenguaje adquiere, a veces, matices poéticos.
• Descripción técnica: texto cuya finalidad consiste en describir fielmente los elementos y las características de una realidad. • Ficha técnica: descripción que muestra esquemáticamente las características de lo descrito...	• La caricatura es una descripción que tiende a la exageración al describir los rasgos, principalmente negativos, de una persona. • El *locus amoenus* ('lugar ameno') es una descripción que idealiza la naturaleza. Es un tema muy utilizado en la descripción literaria de paisajes.

La pantera rosa fue creada por Friz Freleng como una caricatura de sí mismo.

El orden

El orden de una descripción depende del objeto descrito y de lo que se quiere destacar.

- En la **descripción de personas,** pueden destacarse los rasgos físicos, los rasgos morales o ambos.
  - En lo físico, lo más habitual es empezar por el aspecto general, para luego seguir un orden de arriba abajo: la cabeza (cabellos, ojos), el cuerpo...
  - En cuanto a lo moral, se puede empezar por aquella cualidad que más caracteriza a la persona descrita.
- En la **descripción de lugares,** puede seguirse un orden de lo general a lo particular, de lo cercano a lo lejano, de arriba abajo, o viceversa...
- En la **descripción de procesos,** el orden puede ser temporal, según va avanzando el proceso. Por ejemplo, cuando describimos cómo se desarrolla una planta, o cómo se produjo un suceso histórico.
- Otro posible **orden** es el de la **importancia:** de más a menos, o al revés.

Los recursos lingüísticos

El lenguaje y el estilo de un texto descriptivo se caracterizan por estos rasgos:

- Predominan los nombres y los adjetivos. Los nombres van marcando el avance en los detalles; y los adjetivos concretan, matizan o intensifican el valor de los nombres.
- Los enunciados son breves y sencillos.
- Abunda el pretérito imperfecto de indicativo, pero también se usa el presente.
- Suelen utilizarse recursos como la comparación, la metáfora, la hipérbole, etc., para mostrar mejor lo que se describe.

Actividades

1 Reflexiona e indica qué función puede tener la descripción en estos dos tipos de textos:

- Textos literarios (novela, cuento, teatro).
- Textos periodísticos (crónicas, reportajes...).

2 **Interpretación compartida.** Leed los siguientes textos. ¿Qué realidad se describe en cada uno? ¿Son descripciones objetivas o subjetivas?

A

El velocípedo de Ágata era una máquina única. Lo había construido con sus propias manos, y no existía otro igual en toda la ciudad de Londres. Estaba fabricado con un material dorado muy ligero que había forjado en su tiempo libre. La rueda delantera era mucho más grande que la trasera y parecía el ingenio mecánico de un equilibrista.

Ledicia Costas, *La balada de los unicornios*. Anaya.

B

mosca. (Del lat. *musca*).

1. *f.* Insecto díptero, muy común, de unos seis milímetros de largo, de cuerpo negro, cabeza elíptica, más ancha que larga, ojos salientes, alas transparentes cruzadas de nervios, patas largas con uñas y ventosas, y boca en forma de trompa, con la cual chupa las sustancias de que se alimenta.

Diccionario de la lengua española, RAE.

C

No es que fuera exactamente tímido, pero en aquellos tiempos, a la edad de doce años, casi trece, le gustaba mantener un perfil bajo. Se sentaba casi tumbado. Se escondía la cara tras un cómic o una revista de monopatines. Llevaba capucha incluso cuando hacía calor. No es que tuviera feas la nariz o las orejas, ni un acné espantoso; puede que sea parcial, pero me parece que era bastante atractivo, con una elegancia estilo «moco seco en la manga». Lo único que pasaba es que prefería no llamar la atención. Simplemente que lo miraran durante más de uno o dos segundos le provocaba temblores en la rodilla.

Adolfo Muñoz, *Mala magia*, Anaya.

D

Título: *Orgullo y prejuicio*
Autora: Jane Austen
Formato: papel
ISBN: 978-84-698-3334-6
Tamaño: 17,5 × 24,5 cm
Páginas: 184
Encuadernación: rústica hilo
Fecha de publicación: 2017
Colección: Clásicos a Medida
Etapa: ESO y Bachillerato
Género: narrativa

3 Lee el texto y contesta a las preguntas:

Es 14 de septiembre de 2017, cinco de la tarde. Buenos Aires. El sol entra en el departamento del piso doce por una ventana lateral y le da al aire una cualidad ambarina, escenográfica. Sobre la mesa hay budín, tarta casera, sándwiches, masas, dos jarras diminutas con edulcorante líquido, otra con leche, vajilla de porcelana, todo sobre un mantel de damasco francés color bordó (que en las cenas importantes se cambia por otro, también de damasco, color crudo). En el centro, un racimo de uvas de piedras semipreciosas —cuarzo, ágata, jade— y dos candelabros de plata con sus velas apagadas. Sobre un hornillo, una tetera donde un *earl grey* con esencia de bergamota permanece caliente. Él está, como siempre, sentado de espaldas a la pared roja, frente a la mesa, en su silla con apoyabrazos tapizada en verde opaco con chispas blancas.

Leila Guerriero, *Opus Gelber*, Anagrama.

a) ¿Qué se está describiendo en este texto?

b) ¿Qué color predominaba en la estancia? ¿Qué quiere expresar la autora con el adjetivo *escenográfica?*

c) ¿Qué otros colores se mencionan en el texto y a qué hacen referencia?

d) En las descripciones abundan los adjetivos que nos indican cómo son las cosas y las personas. Señala todos los adjetivos del texto.

e) Predomina una forma verbal. ¿Cuál es? Señala en el texto, al menos, cinco ejemplos.

f) ¿Consigue la autora que el lector se haga una idea detallada de lo que se describe? ¿Por qué?

g) ¿Crees que es una descripción objetiva o subjetiva? Justifica tu respuesta.

Función de la descripción

La descripción suele formar parte de otros escritos; y en ellos tiene su función.

- En los textos literarios (novela, cuento, teatro), sirve para presentar a los personajes, los ambientes y los objetos que protagonizan la historia.
- En los textos periodísticos (crónicas, reportajes...), logra acercarnos de forma más viva a las personas y los lugares donde ocurren los hechos.

Descripciones de personas

Existen tres clases de descripciones de personas:

Prosopografía

Se describen solo los rasgos físicos.

Ejemplo

Tenían unos cuarenta años y sus facciones eran enérgicas y angulosas; sus barbas pobladas e hirsutas, que nunca habían conocido el peine ni el cepillo, daban a ambos marineros un feroz aspecto.

Emilio Salgari, *El corsario negro*, Anaya.

Etopeya

Se describen solo los rasgos morales.

Ejemplo

Era dócil y de buen carácter, a la vez que juguetona como un insecto de verano. A pesar de que era vivaz y animada, tenía fuertes y profundos sentimientos y era desacostumbradamente afectuosa.

Mary Shelley, *Frankenstein*, Anaya.

Retrato

Se describen tanto los rasgos físicos como los morales.

Ejemplo

Para sus quince años, Jo resultaba muy alta, delgada y morena; su torpeza manejando sus largas extremidades hacía pensar en un potrillo. Tenía la boca enérgica, una nariz fina y graciosa, ojos grises que parecían verlo todo y que eran alternativamente fieros, burlones o pensativos.

Louisa May Alcott, *Mujercitas*, Anaya.

Actividades

4 En la página anterior has leído una descripción de un lugar de la autora de *Opus Gelber*. ¿Qué clase de descripción realiza ahora? Justifica tu respuesta:

> El rostro es una réplica perfecta del que reproducen cientos de fotos en las que tiene un aire antiguo muy elaborado: una frente amplia desde la que brota el pelo en tonos artificiales, rojizos; una nariz pequeña y respingada; mejillas llenas. Pero el centro, la esencia, la usina son los ojos: bajo las cejas circunflejas que terminan en una línea, los ojos pequeños, marrones, de párpados sombreados en degradé, son lo crudo, lo desnudo, lo invencible, y traccionan hacia el rostro una expresividad inaudita. Una máquina que irradia deleite, estupor, embeleso, curiosidad, burla, asombro, goce, perfidia. Pero nunca turbación, pero nunca duda, pero nunca —jamás— nostalgia.
>
> Leila Guerriero, *Opus Gelber*, Anagrama.

Bruno Gelber, pianista argentino.

5 Redacta en seis o siete líneas un retrato de una persona que conozcas bien.

Actividades

6 Observa esta obra pictórica y redacta una descripción de este cuadro:

Tarde de domingo en la isla de la Grande Jatte (1884-1886), Georges Pierre Seurat.

Antes de realizar la descripción de este cuadro, debes documentarte sobre él. Busca información sobre estos aspectos:

a) Aspectos concretos de la imagen: qué representa, quiénes son los personajes que aparecen, dónde se encuentran, qué están haciendo...

b) Aspectos referidos a su autor y al movimiento pictórico al que pertenece.

7 Describe el cuadro. Tu descripción debe seguir este orden:

a) Breve presentación del cuadro: autor, estilo y época.

b) Descripción detallada de la imagen. Este puede ser el orden: descripción del lugar, de los personajes y su disposición. Fíjate en las formas, las figuras, los colores, la luz, el movimiento o la ausencia de este, las posturas, las vestimentas...

c) Reflexiona sobre el tema central de la obra. ¿Es una escena costumbrista? ¿Por qué?

d) ¿Crees que la composición es compleja? Justifica tu respuesta.

e) ¿Cómo es la perspectiva? ¿Es la luz un elemento importante?

f) ¿Qué opinas de las figuras? ¿Qué te transmiten?

g) Utiliza adjetivos y recursos literarios para describir con detalle la obra.

8 Distribuíos en parejas e intercambiad vuestras descripciones. Explicad qué opináis de la descripción que estáis leyendo.

a) ¿Es una descripción objetiva o subjetiva?

b) ¿En qué orden se ha planteado?

c) Señalad los recursos literarios que vuestro compañero o compañera ha utilizado.

d) ¿Os gusta? ¿Por qué?

UN MUNDO IMAGINARIO

¿Te animas a crear una serie de televisión ambientada en un lugar imaginario como Liliput?

LILIPUT

Localización: en algún lugar del océano Índico, al noroeste de la actual Tasmania. Tiene cinco mil blustrugos de extensión, es decir, unos diecisiete kilómetros cuadrados. Al noroeste de Liliput se halla la isla de Blefuscu, separada por un estrecho de setecientos metros de anchura y setenta glumglufs de profundidad (dos metros) con la marea alta.

Habitantes: personas diminutas, de unos quince centímetros de alto.

Flora y fauna: guarda proporción con sus habitantes: una doceava parte del tamaño natural.

Capital: Mildendo. Está cercada por una muralla de un metro de alto y treinta centímetros de espesor, con fuertes torres defensivas cada veinte metros. La cruzan dos calles principales, que la dividen en cuatro partes, conformando un cuadrado perfecto, de ciento setenta metros de lado, en cuyo centro se levanta el palacio real. Las casas tienen de tres a cinco pisos. Alberga a unos quinientos mil habitantes.

Hechos políticos reseñables: Liliput y Blefuscu están permanentemente enfrentadas por el modo en cómo deben cascarse los huevos cocidos: los liliputienses defienden que deben ser cascados por el lado más estrecho, mientras que los blefuscuenses creen que han de cascarse por el lado más ancho.

Personajes ilustres: el emperador de Liliput tiene veintiocho años y es más alto que todos los demás habitantes de Liliput. Solo con eso infunde respeto y temor en sus súbditos. Sus facciones son firmes y angulosas, de color aceitunado. Su cuerpo y sus miembros son bien proporcionados, sus movimientos graciosos y su porte majestuoso. Viste ropas lisas y sencillas, con un aire entre europeo y asiático. Lleva una espada de unos ocho centímetros de largo, envainada en una funda de oro con diamantes. Adorna su cabeza con un yelmo de oro, rematado con una pluma. Su voz es aguda y clara.

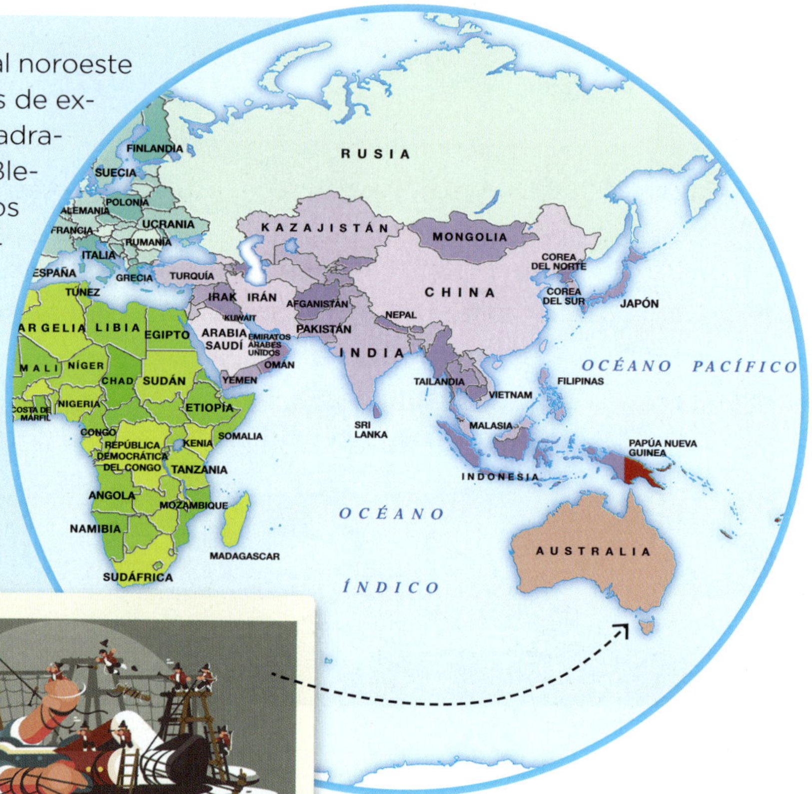

LILIPUT: nación imaginaria que aparece por primera vez en 1726, en la obra *Los viajes de Gulliver,* del escritor irlandés Jonathan Swift.

UN MUNDO IMAGINARIO

LEE

Analiza la descripción del lugar.

1 Lee este texto y responde a las preguntas:

- ¿Cuál es la intención del autor de este texto? ¿A qué modalidad textual corresponde?
- ¿Qué dos gentilicios aparecen en el texto?
- ¿En qué tipo de publicación se podría incluir?

2 Copia y completa este organizador visual con características de Liliput:

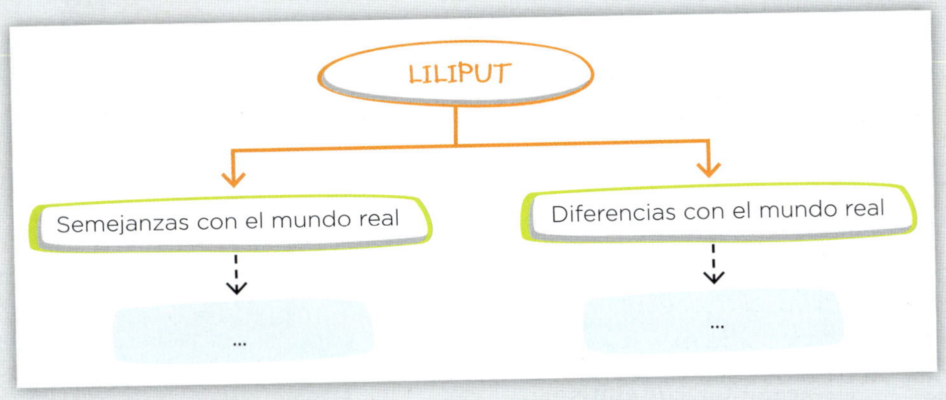

3 Por parejas, reflexionad y responded a estas preguntas:

a) ¿Qué tipo de descripción se utiliza en el texto de la página anterior? ¿Objetiva o subjetiva? Argumentad vuestra respuesta.

b) Buscad en Internet el área de vuestro país y expresadla en blustrugos. ¿Es mayor o menor que la de Liliput?

4 Observa estos planos e indica cuál de ellos representa Mildendo:

UN MUNDO IMAGINARIO

ESCRIBE

Describe el lugar donde se desarrolla la serie.

5 Debes presentar al equipo de producción de la serie una descripción del lugar para lograr que aprueben el proyecto y seleccionen este lugar para la creación de la serie. Redacta, con toda la información que has obtenido, una descripción subjetiva de Liliput.

Sigue estos pasos:

a) Sigue un orden: de lo general a lo particular, de este a oeste...

b) Utiliza enunciados breves y sencillos.

c) Emplea recursos como la comparación, la metáfora, la hipérbole...

d) Elige alguno de estos adjetivos para ayudarte en tu tarea.

TALLER DE COMUNICACIÓN

6 La trama de la serie comenzará con la llegada a Liliput de una persona de otro continente: Tupinamba. Observa la fotografía y escribe una descripción de ella desde la perspectiva de un liliputiense:

a) Detalla sus rasgos físicos: estatura, peso, complexión, color de ojos, de pelo y de piel...

b) A continuación, especifica los rasgos peculiares de su cara, cuerpo y extremidades.

c) Especifica cómo se mueve, cómo son su voz y sus gestos.

d) Termina indicando cómo es su indumentaria y otros complementos que lo adornen.

e) No olvides incluir referencias y comparaciones para que quede de manifiesto la perspectiva liliputiense.

Tupinamba.

7 Tupinamba desea solucionar el conflicto entre Blefuscu y Liliput. En parejas, elegid una de estas soluciones y describidla:

- **a** Solución pacífica y ecuánime.
- **b** Solución ingeniosa y simpática.
- **c** Solución arriesgada y emocionante.
- **d** Solución cómica y disparatada.

8 Ahora que ya has decidido el tono, en grupos, cread estos cinco personajes secundarios para la serie:

- Un objeto animado
- Un animal fantástico
- El hermano de Tupinamba
- La madre del emperador
- La emperatriz de Blefuscu

- Respecto de cada uno de ellos, describid en una ficha los siguientes aspectos:

  - Sus orígenes.
  - Su aspecto físico.
  - Su forma de hablar (y en qué idioma) y de moverse.
  - Su carácter o personalidad.
  - Sus fortalezas y debilidades.
  - Sus gustos y aficiones.

Un mundo imaginario

HABLA

Presenta oralmente las características de la serie.

9 Ha llegado el momento de presentar el proyecto al equipo de producción para conseguir que la serie sea una realidad. Antes de la reunión, ten en cuenta los siguientes consejos:

a) Elabora un dosier con todas las ideas y descripciones.

b) Redacta un borrador que refleje el orden que vas a seguir y que contenga la información básica.

c) Incluye la descripción de situaciones en las que se aprecien las peculiaridades de los personajes para interesar a los productores.

d) Dibuja en tarjetones a cada personaje y escribe cuatro palabras que lo describan. Muestra este recurso a la vez que describes oralmente al personaje.

e) Dramatiza para evocar la voz y los gestos de cada personaje.

10 Formad grupos de cuatro o cinco personas y presentad en clase vuestro proyecto. Elegid el que os parezca mejor y justificad vuestra elección.

Un mundo imaginario

ESCUCHA

Describe el proceso de rodaje de la serie.

11 En la siguiente reunión, la jefa de producción os detalla el proceso de creación de la serie. Escucha el audio e indica si las siguientes propuestas de organización son válidas:

a) La directora de la serie quiere escribir los guiones de todos los capítulos para poder presentarlos a producción.

b) Un guionista quiere escoger a los actores protagonistas.

c) El director de reparto desea ver algunas escenas del episodio piloto antes de comenzar las audiciones.

d) Se está rodando el cuarto episodio, pero aún no se ha escrito el guion del quinto.

12 Por último, elabora un organizador visual que represente de forma esquemática el proceso que se describe en el audio.

Reflexiona sobre este ámbito profesional

Haced una tormenta de ideas para determinar qué profesionales se necesitan para crear y rodar una serie, y responded a las preguntas.

Ejemplos: guionista, localizador de escenarios, cámara, productores, fotógrafo...

- ¿Qué funciones desempeña cada uno?
- ¿Qué cualidades y conocimientos se precisan para realizarlas?
- ¿A cuál de todas las profesiones que habéis mencionado te gustaría dedicarte?
- ¿Qué aspectos de tu personalidad y cuáles de tus talentos te pueden ayudar a tener éxito?
- ¿Qué rasgos y habilidades necesitarías mejorar?

3 GRAMÁTICA

EL SINTAGMA NOMINAL

3.1 Estructura del sintagma nominal

El **sintagma** o **grupo nominal (SN)** es una palabra o un conjunto de palabras que realiza en la oración una función propia de los nombres.

La estructura del sintagma nominal puede estar formado por los siguientes elementos:

- Un **núcleo (N):** un nombre o un pronombre *(La directora del servicio informático; uno de sus amigos).*
- Uno o más **determinantes (Det.):** estos limitan la significación del núcleo *(la tutora, este libro, todos los alumnos).*
- **Complementos del nombre (CN):** adjetivos que modifican al núcleo *(ordenador portátil; llamada urgente)*; **nombres en aposición,** es decir, unidos directamente al núcleo *(el rey Salomón; Cervantes, el soldado...)*; **sintagmas preposicionales** *(la caja de música...).*

3.2 El núcleo del sintagma nominal

El nombre

El **nombre** o **sustantivo** es una clase formada por palabras variables que designan seres o realidades como objetos, acciones, lugares, sentimientos, ideas... Concuerdan con los determinantes y los adjetivos en género y número.

El **género** del nombre (**masculino** y **femenino**) se manifiesta en la concordancia con los determinantes y con los adjetivos *(El segundo día; Esta mano amiga).*

Cuando los nombres hacen referencia a seres vivos, la oposición de sexo se expresa a través de los **morfemas de género:** el masculino acaba generalmente en **-o** o en **consonante** *(gato, actor)*; y el femenino en **-a** o algún sufijo *(gata, actriz, duquesa, zarina...).*

El **número** (**singular** y **plural**) se manifiesta en la concordancia del nombre con los determinantes, adjetivos y verbos: *Los vencejos comunes volverán en verano.*

Existen casos especiales de formación del plural:

- Los nombres que acaban en **-s** o en **-x** tras vocal átona no varían: *la crisis, las crisis; el tórax, los tórax; el rascacielos, los rascacielos...*
- Los nombres que acaban en **-y** añaden en unos casos **-es** y en otros **-s:** *rey, reyes; jersey, jerséis...*
- Los nombres que acaban en **-á, -é, -ó** añaden **-s:** *sofá, sofás; café, cafés* (excepto *aes, oes, noes*).
- Generalmente, los nombres que acaban en **-í** o **-ú** añaden **-es:** *sefardí, sefardíes; hindú, hindúes*; excepto *menús* y *champús*.
- Algunos nombres carecen de plural *(la sed, el caos, el zodiaco, la tez...)*, otros no tienen singular *(las nupcias, los comestibles...)* y otros, en plural, se refieren a un solo objeto *(tijeras, gafas...).*

La brújula del español. Accede a esta guía del uso del español correcto en el banco de recursos de **anayaeducacion.es**.

Clases de nombres según la relación género y sexo

Hay ocasiones en que la lengua recurre a otros procedimientos para mostrar la diferencia de sexo. Según la relación entre la forma de expresar el género y el sexo, se distinguen varias clases de nombres:

- Los **heterónimos** diferencian el género gramatical y el sexo de los seres vivos con nombres de diferente raíz: *marido* y *mujer, toro y vaca.*
- Los **nombres de desinencia común para el masculino y el femenino** diferencian el género y el sexo con los determinantes y los adjetivos (*el pianista famoso* y *la pianista famosa, el estudiante* y *la estudiante*).
- Los **epicenos** son sustantivos de un solo género (masculino o femenino) que, para diferenciar el sexo, añaden los nombres *varón o mujer,* y *macho* o *hembra: una víctima varón y una víctima mujer, la serpiente macho* y *la serpiente hembra.*

El pronombre

El **pronombre** es una categoría formada por palabras que funcionan como nombres, no necesitan determinantes y pueden ser núcleo de sintagmas nominales.

- Pueden funcionar, por ejemplo, como sujeto (*Ella no viene*), complemento directo (*La vio ayer*) o complemento indirecto (*Le regaló un reloj*).
- Pueden sustituir a los sintagmas nominales: *Mis hermanos y mis padres vinieron a verme jugar. Ellos me aplaudieron mucho.*

Los pronombres

Según el acento o mayor intensidad con que pronunciamos un pronombre en un enunciado, distinguimos los **pronombres tónicos** y los **átonos.**

Los pronombres tónicos pueden estar precedidos de una preposición *(para ti, de nosotros, con él)* o no *(yo, tú él, ella, nosotros).*

- **Los personales**

Los **personales** designan a los seres que participan directa o indirectamente en el discurso. Los pronombres de **primera persona** designan al emisor del mensaje *(yo, nosotras);* los de **segunda persona,** al receptor *(tú, vosotros);* y los de **tercera persona,** seres que no son ni emisor ni receptor *(él, ella, ellos, ellas).*

		Singular			Plural		
		1.ª pers.	2.ª pers.	3.ª pers.	1.ª pers.	2.ª pers.	3.ª pers.
Tónicos	sin preposición	yo	tú	él, ella, ello	nosotros, nosotras	vosotros, vosotras	ellos, ellas
	con preposición	mí, conmigo	ti, contigo	él, ella, ello, sí, consigo	nosotros, nosotras	vosotros, vosotras,	ellos, ellas
Átonos		me	te	le, la, lo, se	nos	os	los, las, les, se

Para la segunda persona, se utilizan también *usted* y *ustedes,* que concuerdan en tercera persona con el verbo:

Ejemplos: *Usted parece preocupado; Ustedes vayan entrando.*

- **Los demostrativos**

Los **demostrativos** sitúan la realidad señalada en el espacio o en el tiempo según la posición que guardan respecto del hablante o del oyente: *este* (cerca del hablante), *ese* (cerca del oyente), *aquel* (lejos de ambos).

Ejemplo: *Prefiero aquel.*

Singular		
Masculino	Femenino	Neutro
este	esta	esto
ese	esa	eso
aquel	aquella	aquello

Plural	
Masculino	Femenino
estos	estas
esos	esas
aquellos	aquellas

- **Los indefinidos**

Los **pronombres indefinidos** expresan una cantidad imprecisa: *uno, alguno, ninguno, algo, nada, alguien, nadie, mucho, poco, otro, cualquiera, quienquiera, bastante, más, menos, tanto.*

Ejemplo: *Uno trajo las pinturas, y otra, los pinceles.*

• Los relativos

Los **pronombres relativos** se refieren a un sintagma que aparece con anterioridad en el texto o en el contexto. Este sintagma recibe el nombre de *antecedente* y puede estar expreso o tácito. Son pronombres relativos *que, quien, cual, cuanto.*

Ejemplos: *El ruido que producen es muy molesto. Quien venga será bien atendido.*

• Los interrogativos y exclamativos

Los **pronombres interrogativos** y **exclamativos** *(qué, quién, cuánto, cuál)* introducen enunciados interrogativos y exclamativos.

Ejemplos: *¿Cuál es el tuyo? ¿Quién viene?*

Recuerda

Los pronombres interrogativos y exclamativos son siempre tónicos. Llevan tilde ortográfica aunque sean monosílabos: *¿Qué dices? ¿Quién interviene? ¿Cuánto cuesta? ¿Cuál prefieres?*

Actividades

1 ¿Qué estructura tienen los siguientes sintagmas nominales?

a) Esta lluvia torrencial.

b) Nuestros recuerdos de la infancia.

2 Escribe en tu cuaderno el género opuesto de estas palabras: *yerno, yegua, toro, el estudiante, la concertista, el guía.*

Actividad resuelta

3 Analiza los siguientes pronombres: *estas, yo, muchos, que, cuáles.*

Solución:

- *Estas:* pronombre demostrativo, femenino, plural.
- *Yo:* pronombre personal, primera persona, singular.
- *Muchos:* pronombre indefinido, masculino, plural.
- *Que:* pronombre relativo.
- *Cuáles:* pronombre interrogativo, plural.

4 Analiza estos pronombres como en la actividad anterior:

esto	*nada*	*qué*	*cuánto*	*bastante*
quién	*esas*	*nosotros*	*que*	*demasiado*

5 Copia y completa estas oraciones con pronombres indefinidos:

- *No quiere ....*
- *.... lo entiende.*
- *¿Cuántos limones quedan? Creo que hay ....*
- *.... puede venir a la fiesta.*
- *Tú tienes poca prisa y yo ....*
- *.... tendrán las mismas oportunidades.*

6 Escribe en tu cuaderno una oración con cada uno de estos pronombres:

quien *nada* *cuáles* *contigo* *nos*

7 Lee el siguiente texto y señala el tipo de determinantes y de pronombres a los que pertenecen las palabras destacadas:

Estábamos en el sitio de las barcas y hacía una tarde muy buena. **Yo** quise que remáramos un **poco**, pero Gertru tenía prisa por volver a las siete, y además no quería arrugarse el vestido de organza amarilla. **Yo** **me** senté en la hierba, contra el tronco de un árbol, y **ella** **se** quedó de pie. Se agachaba a recoger piedras planas y las echaba al río; brincaban dos o tres veces antes de hundirse, parecían ranitas, y a **mí** **me** gustaba mirar los círculos que dejaban en el agua. **Me** dijo que por **qué** estaba tan callada, que **le** contase alguna cosa, pero **yo** no sabía **qué** contar…

Carmen Martín Gaite, *Entre visillos*,
Biblioteca El Mundo.

3.3 Los determinantes

Los **determinantes** se anteponen al nombre y concuerdan con él en género y número para formar una expresión que hace referencia a una realidad concreta: *nuestro padre, los amigos, cuatro meses, varios dedos...*

- **El artículo**

El artículo **indeterminado** o indefinido *(un, una, unos, unas)* se usa para presentar realidades nuevas en el discurso *(una rueda)*. El artículo **determinado** *(el, la, los, las, lo)* se utiliza cuando se refiere a una realidad que el oyente ya conoce *(la llave)*.

- **Los demostrativos**

Los **determinantes demostrativos** sitúan la realidad señalada por el nombre en un punto del espacio o del tiempo que normalmente guarda relación con el hablante o el oyente: *estas zapatillas, aquel desierto.*

	Singular		Plural	
	Masculino	Femenino	Masculino	Femenino
Cerca del hablante	este	esta	estos	estas
Cerca del oyente	ese	esa	esos	esas
Lejos de hablante y oyente	aquel	aquella	aquellos	aquellas

Recuerda

Estas son las formas contractas del artículo determinado: *al* (a + el) y *del* (de + el).

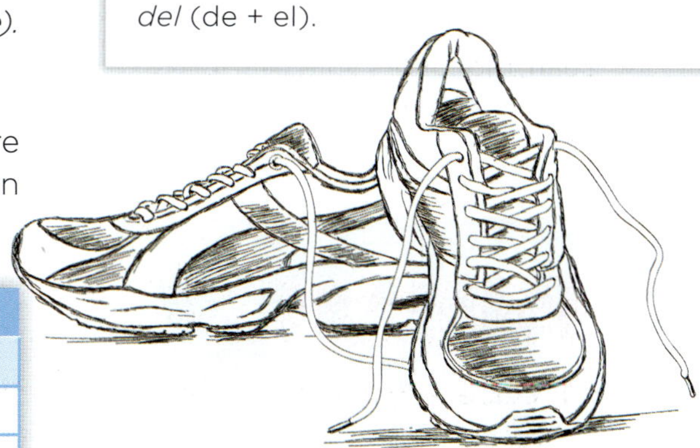

- **Los posesivos**

Los **posesivos** aportan al nombre un significado de posesión o pertenencia en relación con las personas gramaticales.

Los **posesivos** son **determinantes** cuando se anteponen al nombre; son átonos y muchas de sus formas son apocopadas *(mi perro, su gata)*.

		Posesivos átonos		
		1.ª persona	2.ª persona	3.ª persona
		Masc./Fem.	Masc./Fem.	Masc./Fem.
Un poseedor	Singular	mi	tu	su
	Plural	mis	tus	sus
Varios poseedores	Singular	nuestro/nuestra	vuestro/vuestra	su
	Plural	nuestros/nuestras	vuestros/vuestras	sus

Los **posesivos** son **adjetivos** cuando se posponen al nombre *(Una amiga mía)* o aparecen como atributos *(Esta casa es nuestra)* y son tónicos.

		Posesivos tónicos		
		1.ª persona	2.ª persona	3.ª persona
		Masc./Fem.	Masc./Fem.	Masc./Fem.
Un poseedor	Singular	mío/mía	tuyo/tuya	suyo/suya
	Plural	míos/mías	tuyos/tuyas	suyos/suyas
Varios poseedores	Singular	nuestro/nuestra	vuestro/vuestra	suyo/suya
	Plural	nuestros/nuestras	vuestros/vuestras	suyos/suyas

- **Los indefinidos**

Los **determinantes indefinidos** expresan una cantidad imprecisa: *algunas alumnas, varios conceptos, ciertas críticas...*

Son determinantes indefinidos *algún (algún perro), ningún (ningún examen), más (más madera), menos (menos orgullo), cada (cada diputada), varios (varios amigos), cierto (cierto rumor), sendos (sendos amigos), bastante (bastante trabajo), cualquier (cualquier día), mucho (muchas críticas), poco (pocos asistentes), otro (otras opiniones), todo (todo ciudadano).*

- **Los numerales**

Los **determinantes numerales** son siempre cardinales y expresan una cantidad precisa: *cinco semanas, tres mosqueteros, ocho goles.*

Los **cardinales** son determinantes que indican cantidades precisas *(cinco semanas, tres Gracias, ocho goles)*. Según la *Nueva gramática* de la Real Academia Española, cuando van solos pueden interpretarse como un determinante de un sustantivo sobrentendido o como pronombre: *Quiero cinco (libros).*

Los **ordinales** son adjetivos que expresan orden. Pueden aparecer antepuestos o pospuestos: *segundo capítulo, disposición cuarta...* Cuando llevan artículo forman una construcción nominal *(el primero, el segundo, la vigésima)* como sucede con los adjetivos *(lo sencillo, las habituales...)*

Las tres Gracias, detalle de la obra *La Primavera* (1477-1482), de Sandro Boticelli.

- **Los relativos**

Los **determinantes relativos** se refieren a un antecedente, es decir, a una palabra que ha aparecido con anterioridad: *cuyo, cuanto.*

Ejemplo: *Esa es la alumna cuyo padre actuó ayer. Atiende a cuantos alumnos lo solicitan.*

- **Los interrogativos y exclamativos**

Los **determinantes interrogativos** y **exclamativos** son siempre tónicos, por lo que llevan tilde e introducen enunciados interrogativos y exclamativos: *qué, cuánto, cuál...*

Ejemplos: *¡Qué día tan hermoso! ¿Cuántos años tienes?*

Actividades

8 Lee este texto y analiza morfológicamente los pronombres y los determinantes destacados:

> Es uno de junio, pero el tiempo es tan frío como los primeros días de enero. Y si alguien quiere beber un buen vaso de té para calentarse, tiene que gastarse una fortuna en agua embotellada. Es mejor opción hervirte la que sale del grifo, aunque después ten gas el estómago revuelto el resto del día.
> Un coche sale mucho más barato que un paquete de seis botellas. Aunque claro, hoy en día cualquiera que tenga algo de dinero en la IP, la tarjeta de Identificación Personal, puede comprar uno. Hasta los niños pequeños. Al fin y al cabo, nadie puede utilizarlos. Los prohibieron por completo hace veinte años, cuando el cielo perdió definitivamente su color azul y desapareció entre un mar de nubes grises y negras.
>
> Belén Martínez, *Hasta la última estrella*, Anaya.

a) ¿Qué formas contractas del artículo aparecen en el texto?

b) ¿A qué nombres acompañan los determinantes del texto?

c) Busca en el texto un pronombre indefinido, masculino, singular.

3.4 La función de complemento del nombre

Los **complementos del nombre** son los elementos del sintagma o grupo nominal que dependen del núcleo y que modifican su significación.

La función de **complemento del nombre (CN)** la realizan los adjetivos *(reloj preciso, silla cómoda, tecnología potente)* y los **sintagmas nominales precedidos de una preposición** *(la habitación de Paola; verduras con curri)* o en **aposición** *(la reina Isabel; yo, el rey).*

Los adjetivos

Estudiarás los adjetivos en la siguiente unidad.

Los sintagmas preposicionales

Un sintagma nominal puede complementar a otro, al que se une mediante una preposición: *olas de tres metros, cazón en adobo, una casa sin ventanas...*

Los SN en aposición

Los sintagmas nominales en aposición se unen al nombre sin preposición: *Lola Flores, la Faraona; el pintor Picasso, página web.*

TIPOS DE APOSICIÓN

- **Explicativa**: Añade una explicación al nombre. En la lengua oral va detrás de una pausa y, en la escrita, entre comas: *Patricia, nuestra entrenadora; Frank Sinatra, la voz...*
- **Especificativa**: Delimita el significado del sustantivo al que acompaña para diferenciarlo de todos los demás que pertenecen a la misma clase. No va entre pausas: *el príncipe Hamlet; la amenaza fantasma...*

Actividades

9 Lee este texto y copia en tu cuaderno los sintagmas preposicionales (formados por una preposición y un sintagma nominal) y los SN en aposición:

> Así pues, con esa clara intención, lo bautizaron en la parroquia de Vinci, en una celebración que contó con padrinos, testigos y decenas de invitados que festejaron el nacimiento del niño. Cierto que, a dicha celebración, no asistieron ni Caterina, su madre, ni Piero, su padre. Ella, porque era impensable por su clase social que formara parte de la familia, y él, porque precisamente en esos mismos días preparaba su matrimonio con Albiera, la hija de un rico notario florentino, y no parecía prudente verle celebrar aquel festejo.
>
> Pocos días después, Antonio da Vinci, abuelo del recién nacido, escribió en el cuaderno familiar donde anotaba nacimientos y defunciones:
>
> «Año de 1452, me ha nacido un nieto, hijo de Ser Piero, hijo mío, el 15 de abril, sábado, a la tercera hora de la noche. Le pusimos de nombre Leonardo».
>
> Eliacer Cansino, *Leonardo da Vinci*, Anaya.

La dama del Armiño (h. 1490), obra de Leonardo da Vinci.

Repasa la gramática

Solución paso a paso

1 Observa y sigue los pasos para analizar este título de la obra de Jonathan Swift.

Los viajes de Gulliver

Paso 1. Fíjate en el núcleo para saber qué tipo de sintagma es: *Los viajes de Gulliver* es un sintagma o grupo nominal, ya que su núcleo es un nombre.

Paso 2. Analiza su estructura:

Está formado por el núcleo *viajes* (nombre), el determinante *los* (artículo masculino plural) y el complemento del nombre *de Gulliver* (sintagma preposicional):

determinante + núcleo + CN

2 Describe en tu cuaderno la estructura de estos sintagmas nominales como en la actividad anterior:

- *Orgullo y prejuicio.*
- *El fantasma de la ópera.*
- *El jardín secreto.*
- *El mundo perdido.*
- *Cumbres borrascosas.*
- *Estudio en escarlata.*

3 Analiza los nombres que aparecen en este texto:

> Ofelia recibió a Ágata con su seriedad habitual. Llevaba un voluminoso vestido negro con volantes en la falda. Iba peinada con un moño severo, tirante como su carácter. El único adorno de color en todo su atuendo eran los ojos rojos de la araña de su camafeo. Lo llevaba prendido en la tela del vestido, a la altura del pecho.

Ledicia Costas, *La balada de los unicornios*, Anaya.

4 Forma el género opuesto de estos nombres y escribe una oración con cada uno de ellos: *padrino, la violinista, líder, la guitarrista, médico, emperatriz, el presidente.*

5 Escribe y explica el plural de estos nombres:

iglú | convoy | gafas | menú

6 Redacta oraciones que contengan los siguientes pronombres y determinantes:

a) Un pronombre indefinido y un determinante demostrativo.

b) Un pronombre interrogativo y un artículo indeterminado.

c) Dos pronombres personales y un determinante indefinido.

7 Lee este texto y realiza las actividades:

> En cuanto el señor Siau abrió la puerta del bazar lo abordé y le expuse sin ambages el motivo de mi temprana presencia en el lugar. Con una amplia sonrisa se avino a prestarme los cincuenta euros que necesitaba para cubrir los gastos del viaje y otras posibles contingencias, se negó a extender un pagaré como le propuse y solo trocó su sonrisa en una mueca de pesadumbre al enterarse de que aquel día, por causa de fuerza mayor, no me iba a ser posible comer con ellos.

Eduardo Mendoza, *El enredo de la bolsa y la vida*, Seix Barral.

a) Busca en el texto sintagmas nominales que respondan a estas estructuras:

- determinante + núcleo
- determinante + CN (adjetivo) + núcleo
- determinante + núcleo + SN (aposición)

8 Lee el texto y realiza las actividades:

> Me sentí maravillosamente revivido por el resplandor del inmenso fuego alimentado de carbón, serrín y madera, y junto a la mesa, perfectamente servida para una abundante cena, tuve el placer de contemplar a la señora, un ser cuya existencia no había sospechado con anterioridad.

Emily Brontë, *Cumbres Borrascosas*, Anaya.

- ¿Qué determinante relativo aparece en el texto? Analízalo.
- ¿A qué antecedente se refiere? ¿Con qué palabra concuerda en género y número?

Visualiza la gramática. Accede a este vídeo disponible en el banco de recursos de **anayaeducacion.es**.

Organiza tus ideas gramaticales

Copia este diagrama jerárquico en tu cuaderno y complétalo:

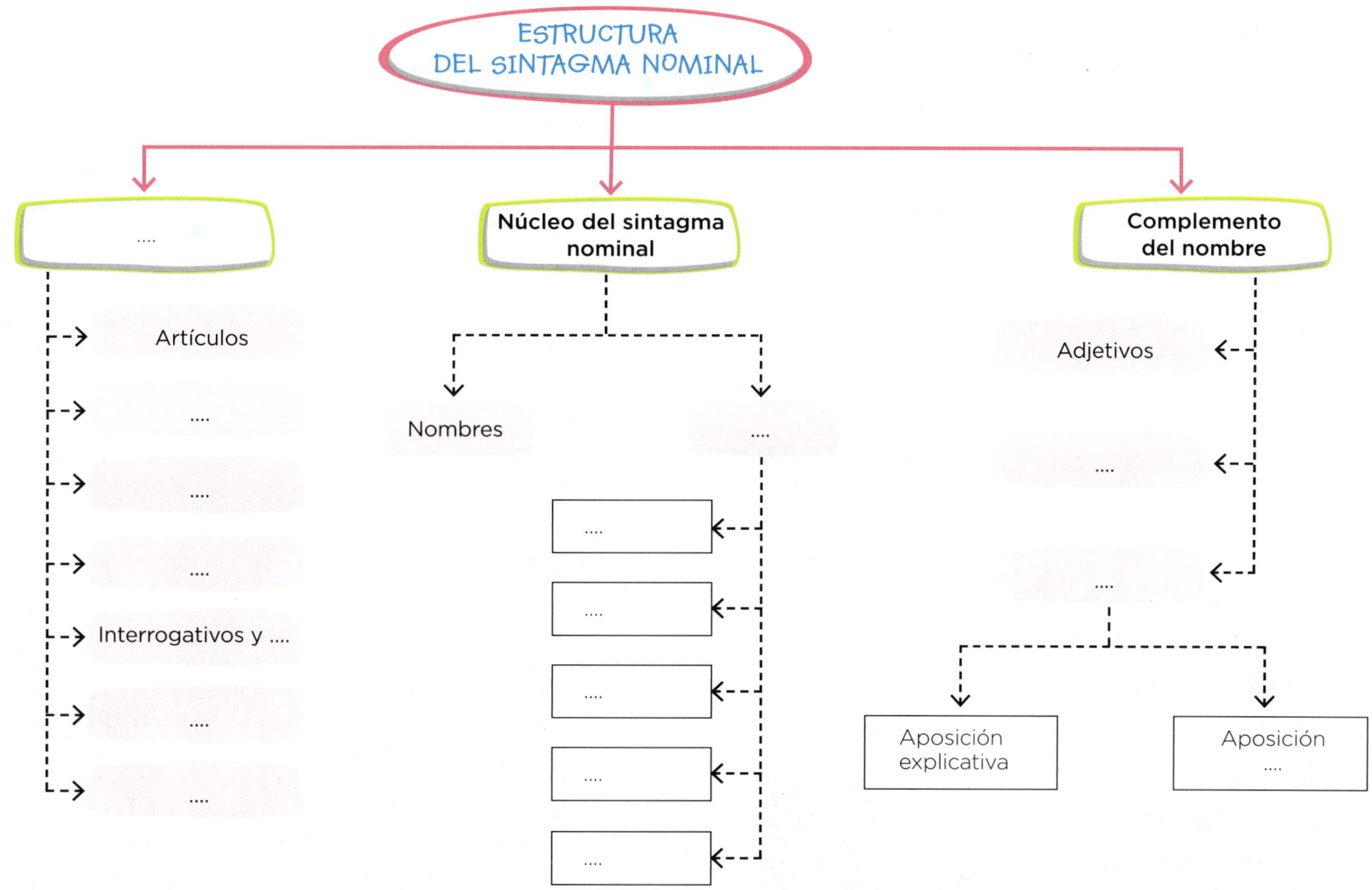

Practica la ortografía

1 Enumera los diferentes usos de la coma. ¿Cuándo no se debe escribir jamás la coma?

2 Escribe en tu cuaderno un ejemplo para cada opción:

a) Uso del punto y coma en enumeraciones que ya tienen comas.

b) Intervención de un personaje en un diálogo.

c) Uso del punto en la inicial de un nombre propio.

3 ¿Estas abreviaturas están bien escritas? ¿Qué palabras abrevian? Justifica tu respuesta:

H2O km ESO E Admón. IES

4 Indica qué regla ortográfica siguen estas palabras:

campanilla	*callada*	*engulles*
adyacente	*murmullo*	*bueyes*
proyectar	*tornillo*	*leyeron*
poseyó	*querellar*	*mascullar*

5 Escribe en tu cuaderno el gerundio de estos verbos: *distraer, releer, atraer, concluir.*

6 Busca en el diccionario estos parónimos y escribe una oración con cada uno:

desmallar/desmayar

falla/faya

pollo/poyo

ORTOGRAFÍA CONSULTA EL ANEXO 8 9

4 LITERATURA

LA EDAD MEDIA: LA PROSA Y EL TEATRO

Literatura europea

El autor Giovanni Boccaccio (1313-1375) vivió en Florencia y en Nápoles. Escribió el *Decamerón,* una obra que contiene cien cuentos. Fue escrita unos pocos años después de que don Juan Manuel escribiera *El conde Lucanor.*

Miniatura del *Decamerón,* de Boccaccio.

4.1 La prosa medieval

En la Edad Media, los textos legislativos, históricos o científicos se escribían en latín, mientras que las narraciones escritas en romance (los cantares de gesta) se redactaban en verso. Como consecuencia, los primeros textos de prosa escrita en romance se produjeron en una época más tardía que la poesía.

Alfonso X el Sabio

Como ya has visto en la unidad anterior, el rey Alfonso X el Sabio fue una figura destacada en el siglo XIII. Dirigió la Escuela de Traductores de Toledo, un centro de estudios en el que colaboraban sabios cristianos, hebreos y árabes. Allí se recopiló y tradujo al castellano todo el saber de la época (historia, derecho, política, astronomía, filosofía, poesía, juegos, etc.).

Bajo el reinado de Alfonso X se fijó una norma lingüística para el castellano, se forjó un modelo de prosa válido para la narración y para la ciencia, y se elevó el castellano a lengua de cultura.

Alfonso X con músicos y amanuenses.

La prosa didáctica

Hasta el siglo XIII, las obras didácticas como los cuentos o apólogos se escribieron en verso; por ejemplo, los insertados en el *Libro de buen amor.*

Gracias a la Escuela de Traductores, la prosa comenzó a usarse también con fines narrativos. Estos relatos procedían de traducciones al castellano de colecciones de cuentos orientales, como el *Calila e Dimna* y el *Sendebar.*

En el siglo XIV, don Juan Manuel escribió *El conde Lucanor.*

Recuerda

Los **apólogos** son relatos ficticios de carácter ejemplarizante y moral.

Webquest. Accede a esta actividad en anayaeducacion.es e investiga sobre Toledo en la Edad Media.

Actividades

1 Investiga sobre Alfonso X el Sabio y su labor literaria e indica las obras más destacadas que escribió en estos ámbitos:

Historia | Leyes | Ciencia

- ¿Cuál era la participación de Alfonso X en estas obras?
- ¿Qué objetivo perseguía con la promoción de la lengua castellana?

2 ¿Sobre qué tema está legislando Alfonso X el Sabio en este texto?

> **Ley III**
>
> Para ser el Estudio General cumplido, cuantas son las ciencias tantos deben ser los maestros que las muestren; de tal manera que cada una de ellas tenga un maestro por lo menos. Pero si de todas las ciencias no pudiesen haber maestros, basta que haya de gramática y de lógica y de retórica y de leyes y de decretos.
>
> Y los salarios de los maestros deben ser establecidos por el rey [...] según la ciencia que él mostrare e según lo conocedor que fuere de ella. Y aquel salario que debiere tener cada uno de ellos débenselo pagar en tres veces: la primera parte le deben dar luego que comenzaran el estudio; y la segunda por la Pascua de Resurrección; y la tercera por la fiesta de Juan Bautista.
>
> *Crestomatía del español medieval*, Gredos.

3 Lee este texto y responde a la pregunta:

- Alfonso X emplea la épica como fuente histórica en la redacción de su *Estoria de España*. ¿A qué cantar y a qué héroe se alude en este fragmento?

> [...] sobre aquellas nuevas, el Cid envió luego por sus parientes e sus amigos, e mostroles lo qu´el rey enviara dezir, e díxoles de cómo non le diera el rey más de nueve días de plazo en qu´él saliesse de la tierra; e que querié saber d´ellos quáles querién ir con él [...]
> E dixo Álvar Háñez Minaya:
> —Señor, todos iremos con vusco e dexaremos Castiella, e ser vos emos vasallos leales.
>
> *Antología comentada de la literatura española. Edad Media,* Castalia.

4 Lee el siguiente cuento recogido en la colección *Calila e Dimna*. ¿A qué género pertenece? Justifica tu respuesta.

> **El perro que mató a la culebra**
>
> Y dio a luz la mujer a un hijo. Estuvieron muy contentos con él. Y aconteció que un día se fue la madre a buscar lo que necesitaba, y le dijo al marido:
>
> —Cuida de tu hijo hasta que yo regrese.
>
> Y se fue. Permaneció él allí un poco, y se le antojó ir a hacer alguna cosa que necesitaba y que no podía excusar, y se fue, y no dejó quien guardase el niño, sino un perro que había criado en su casa. El perro lo cuidó cuanto pudo, pues estaba bien enseñado. Había en la casa una guarida de una culebra negra muy grande. Salió y vino para matar al niño. Cuando la vio el perro, saltó sobre ella y la mató y se ensangrentó todo.
>
> Volvió el dueño de su recado y, al llegar a la puerta, le salió a recibir el perro con enorme gozo, mostrándole lo que había hecho. Pero él, cuando vio al perro todo ensangrentado, no dudó de que había matado al niño. No esperó a verlo y le dio tal golpe al perro que lo mató, lo que no debería haber hecho. Después entró y halló al niño vivo y sano y a la culebra muerta y despedazada. Comprendió que había matado al perro; comenzó a mesarse[1], a llorar, a arañarse y a decir:
>
> —Si Dios hubiera ordenado que este niño no naciese, yo no habría cometido este pecado y esta traición.
>
> Y estando en esto entró su mujer y lo encontró llorando.
>
> Y le dijo:
>
> —¿Por qué lloras y qué significan esta culebra que veo despedazada y este perro muerto?
>
> Y él le hizo saber todo tal como había sucedido. Y su mujer le dijo:
>
> —Este es el fruto del apresuramiento, y del que no medita las cosas antes de hacerlas.
>
> *La memoria de los cuentos*, Espasa-Calpe.

[1]**Mesarse:** arrancarse o estrujarse la barba o el cabello con las manos.

5 Busca información sobre *Calila e Dimna* y escribe un texto en el que expliques en qué consiste esta obra, cuál es su procedencia, en qué lengua fue escrita, su influencia...

Grabado del siglo XII de *Calila e Dimna*.

Don Juan Manuel

El infante don Juan Manuel, sobrino de Alfonso X el Sabio y miembro de la casa real, perteneció a una familia muy interesada por la cultura y por el uso del castellano.

Fue un autor con una profunda conciencia de ser escritor. Esto hizo que demostrara mucho interés por que su nombre quedara unido a sus obras y por que sus textos se conservaran a lo largo del tiempo tal y como él los escribió.

De hecho, era muy consciente de tener un estilo propio y le preocupaba el hecho de que los copistas pudieran estropear sus escritos y que su obra no se transmitiera correctamente.

Don Juan Manuel quiso destacar la trascendencia de la aristocracia durante la primera mitad del siglo XIV, una época en la que esta clase social perdía relevancia y, para ello, dirigió a la nobleza obras en las que aportaba guías de conducta tanto política como religiosa mediante la prosa didáctica.

Su obra principal, ***El conde Lucanor,*** tiene las siguientes características:

CARACTERÍSTICAS DE «EL CONDE LUCANOR»

Protagonistas

La obra está protagonizada por **el conde Lucanor** y **Patronio,** su consejero, quien trata de resolver los problemas que el conde le plantea, utilizando para ello cuentos (ejemplos) de los que luego extrae una enseñanza.

Finalidad

El libro tiene una **finalidad didáctica:** la intención del autor es proporcionar una serie de consejos aplicables a las diferentes situaciones de la vida, pero a la vez busca entretener al lector (enseñar deleitando).

Temas

Los temas son muy variados: las **virtudes,** los **vicios,** la **amistad,** la **honra,** la **salvación del alma,** las **buenas obras,** la **paz,** la **guerra,** las **estrategias militares,** los **problemas de la vida familiar...**

Estructura de los cuentos de *El conde Lucanor*

El libro consta de un prólogo y de cincuenta y un cuentos, que presentan la misma estructura:

De lo que le sucedió a una mujer a la que llamaban doña Truhana

Otra vez hablaba el conde Lucanor con Patronio de esta manera:

—Patronio, un hombre me habló de un asunto y me mostró la manera en que podría llevarlo a cabo. Y os digo que tantas formas de provecho hay en él que, si Dios quiere que se haga como él me dijo, sería para mí muy favorable, pues hay tantas ventajas que se encadenan unas con otras que, al final, además, se logra un gran beneficio.

Y contó a Patronio la manera en que se podría llevar a cabo. Cuando Patronio oyó aquellas palabras, respondió al conde de esta manera:

—Señor conde Lucanor, siempre oí decir que era sensato atenerse a las cosas seguras y no a las esperanzas, pues muchas veces a los que se atienen a las vanas esperanzas les sucede lo que le ocurrió a doña Truhana.

Y el conde preguntó cómo había sido aquello:

Señor conde —dijo Patronio—, hubo una vez una mujer llamada doña Truhana que era bastante más pobre que rica. Y un día iba al mercado y llevaba una jarra de miel en la cabeza. Y, yendo por el camino, comenzó a pensar que vendería aquella jarra de miel y que compraría una partida de huevos, y de aquellos huevos nacerían gallinas; y, después, con el dinero que valdrían, compraría ovejas, y así fue comprando con las ganancias que haría, hasta que se vio más rica que ninguna de sus vecinas. [...]

Y pensando en esto, comenzó a reírse con el gran placer que tenía de su buena fortuna, y riendo, riendo, se dio con la mano en la cabeza y en su frente, y entonces se le cayó la jarra de miel al suelo y se rompió. Cuando vio la jarra rota, comenzó a dar muestras de una gran aflicción, creyendo que había perdido todo lo que pensaba que tendría si la jarra no se hubiese roto. Y porque puso todo su pensamiento en una esperanza vana, no sucedió al final nada de lo que ella pensaba.

Y vos, señor conde, si queréis que lo que os digan y lo que vos penséis sea todo cosa segura, creed y pensad siempre solamente cosas que sean sensatas y no esperanzas dudosas y vanas. Y si las quisierais probar, procurad no aventuraros ni arriesgar nada que os importe confiando solo en un beneficio del que no estáis seguro.

Al conde le gustó lo que Patronio le dijo, y lo hizo así y le dio buen resultado:

Y, porque a don Juan Manuel le gustó este ejemplo, lo hizo poner en este libro e hizo estos versos que dicen así:

En las cosas seguras tenéis que confiar,
Las vanas esperanzas habéis de abandonar.

Don Juan Manuel, *El conde Lucanor,* «Clásicos a Medida», Anaya.

Parte I
- El narrador presenta al conde y a Patronio, su consejero.
- El conde Lucanor plantea un problema a Patronio y le pide consejo.
- Para ofrecerle consejo, Patronio anticipa el tema de un cuento.

Parte II
- Patronio narra el cuento.

Parte III
- Patronio proporciona al conde un consejo que se extrae del cuento.
- Al conde le agrada el consejo y decide seguirlo.
- Don Juan Manuel resume en un pareado la enseñanza.

El ciclo bretón

El ciclo bretón es un grupo de narraciones medievales que, entre otros, tienen como protagonistas al rey Arturo y a los caballeros de la Mesa Redonda. Abordan asuntos como la búsqueda del Santo Grial o los amores de Tristán e Isolda.

Grabado que representa a Amadís de Gaula, impreso en Roma en 1519.

La prosa de ficción

La principal manifestación medieval en la prosa de ficción son las novelas de caballerías.

Los **libros de caballerías** son narraciones en prosa, generalmente de gran extensión, que cuentan las aventuras de un héroe, el caballero andante, que vaga por el mundo luchando contra personajes fantásticos en unos lugares que en muchas ocasiones son exóticos y fabulosos.

El caballero andante es un ser de fuerza considerable, que maneja las armas con gran habilidad y está siempre dispuesto a acometer las empresas más peligrosas. Su objetivo es la defensa de la justicia y de los oprimidos.

El constante luchar del caballero supone una serie ininterrumpida de sacrificios que son ofrecidos a una dama, con la finalidad de conseguir, conservar o acrecentar su amor.

Los temas más frecuentes en los libros de caballerías proceden de las novelas del ciclo bretón.

La novela de caballerías surgió en el siglo XIV (*Libro del caballero Zifar*) y logró su máximo apogeo en los siglos XV y XVI. En 1490 se publicó la obra escrita en valenciano por Joanot Martorell, *Tirant lo Blanc*; y hacia 1492 la versión que conocemos de la novela escrita en castellano, *Amadís de Gaula*. En la primera mitad del siglo XVI, aparecieron gran número de obras; por ejemplo, el ciclo de *Palmerín de Oliva*.

4.2 El teatro medieval

El teatro nació ligado a unas representaciones religiosas cantadas y dialogadas que se organizaban en Pascua y en Navidad. Con el paso del tiempo, estas obras empezaron a representarse fuera de las iglesias y salieron a las plazas públicas, hecho que permitió la creación de un teatro profano (con cantos, bailes y escenas jocosas) del que no ha quedado testimonio alguno; pero del que tenemos noticias por referencias que se hacen en otros textos; por ejemplo, en las *Siete Partidas* de Alfonso X:

> Sin embargo, representaciones hay que pueden los clérigos hacer, así como del nacimiento de nuestro señor Jesucristo, que muestra cómo el ángel vino a los pastores y díjoles como era nacido y otrosí de su aparición como le vinieron los tres reyes a adorar, y de la resurrección, que muestra cómo fue crucificado y resurgió al tercer día».

Alfonso X, *Siete Partidas*, I, título VI, ley XXXIV.

El único texto anterior al siglo XV que se conserva es un drama religioso llamado *Auto o representación de los Reyes Magos* de la segunda mitad del XII.

Auto o representación de los Reyes Magos

En este drama se cuenta la historia de tres reyes que dicen haber visto una estrella, signo del nacimiento del Señor. Cada uno de ellos decide ir a adorar al niño, pero antes visitan a Herodes y le exponen el motivo de su viaje. La obra finaliza con la consulta de Herodes a sus dos consejeros. La obra es de autor desconocido y tiene influencias dramáticas de origen francés, consta de 147 versos de distinta medida y combina el monólogo y el diálogo, aunque predomina el primero.

Actividades

6 Lee el siguiente cuento de *El conde Lucanor* y contesta después a las preguntas:

El ahogado por codicia

Un día, el conde Lucanor le dijo a Patronio:

—Patronio, me han prometido que, si viajo a cierto lugar, me darán unos dineros, lo que me beneficiará mucho. Sin embargo, temo que, si me detengo allí, aunque sea tan solo por breve tiempo, mi vida correrá grave peligro, así que os ruego que me aconsejéis sobre lo que me conviene hacer en este asunto.

—Señor conde —dijo Patronio—, para que hagáis lo que me parece más conveniente, querría contaros lo que le sucedió a cierto hombre que tuvo que pasar un río cuando iba cargado con unas piedras preciosas.

El conde preguntó qué le había pasado a aquel hombre, y Patronio respondió:

—Señor conde, hubo una vez un hombre que iba por un camino cargado con un saco. Llevaba en él una gran cantidad de piedras preciosas, y las piedras eran tantas que costaba mucho acarrearlas. Yendo por el camino, el hombre topó con un río, y no tuvo más remedio que meterse en el agua para cruzar a la otra orilla. Y, como la carga que llevaba a cuestas era tan pesada, cuando estaba en mitad del río, el hombre empezó a hundirse a toda prisa.

Un vecino del lugar que estaba a la orilla del río empezó a gritarle:

—¡Escuchadme, amigo, como no soltéis la carga que lleváis al hombro, os ahogaréis sin remedio!

Pero el que llevaba las piedras preciosas era tan mezquino y tan necio que no se dio cuenta de que, si moría ahogado, no solo perdería la carga que llevaba sino su propia vida, mientras que, si soltaba la carga, perdería las piedras pero salvaría la vida. Pero, como era tan codicioso, no quiso soltar la carga, así que al final murió ahogado.

—En cuanto a vos, señor conde Lucanor —concluyó Patronio—, aunque hacéis bien en anhelar el provecho que os espera en la tierra que decís, os aconsejo que no os quedéis allí por codicia si es que vuestra vida ha de correr peligro. Exponerse a la muerte solo es sensato para defender la propia honra o para cumplir un deber ineludible, pues el que se arriesga por codicia o por simple temeridad, es que valora en poco su vida.

Al conde le pareció que aquel consejo era bueno, así que lo siguió y le fue bien.

Y como don Juan entendió que este ejemplo era muy bueno, ordenó que lo copiaran en este libro e hizo estos versos que dicen:

A quien por codicia mucho se aventura
muy poco tiempo la suerte le dura.

Don Juan Manuel, *El conde Lucanor*, «Clásicos a Medida», Anaya.

a) Detalla la estructura del cuento.

b) ¿Tiene este cuento finalidad didáctica? Razona la respuesta.

c) ¿Cuál es el tema?

d) ¿Qué vicios censura también don Juan Manuel en otros cuentos que hayas leído de él?

7 En el siguiente fragmento del *Auto de los Reyes Magos* se produce el encuentro entre los magos. Léelo y responde a las preguntas:

BALTASAR A MELCHOR

¡Dios os salve, señor! ¿Sois vos estrellero?
Decidme la verdad, de vos saberlo quiero.

GASPAR A MELCHOR

¿Veis tal maravilla?
Nacida es una estrella.

MELCHOR

Nacido es el Creador,
que de las gentes es señor.

BALTASAR

Iré, lo adoraré.

GASPAR

Yo también le rogaré.

MELCHOR

Señores, ¿a cuál tierra queréis andar?
¿Queréis ir conmigo al Creador rogar?
¿Lo habéis visto? Yo lo voy a adorar.

GASPAR

Nosotros iremos también, si lo podemos hallar.

MELCHOR

Vayamos tras la estrella, veremos el lugar.

BALTASAR

¿Cómo podremos probar si es hombre mortal,
o si es rey de tierra o si celestial?

MELCHOR

¿Queréis saber bien cómo lo sabremos?
Oro, mirra e incienso a él ofreceremos:
si fuere rey de tierra, el oro querrá;
si fuese hombre mortal, la mirra tomará,
si rey celestial, estos dos dejará,
tomará el incienso que le pertenecerá.

Teatro medieval castellano, Taurus.

a) ¿Con motivo de qué festividad se representaría dicho auto?

b) ¿Qué propone Melchor para determinar si el niño que ha nacido es un mortal, el rey de la tierra o rey celestial?

APLICA LO APRENDIDO

COMENTARIO DE TEXTO

Lo que sucedió a una zorra con un cuervo que tenía un pedazo de queso en el pico

Hablando otro día el conde Lucanor con Patronio, su consejero, le dijo:

—Patronio, un hombre que se llama mi amigo comenzó a alabarme y me dio a entender que yo tenía mucho poder y muy buenas cualidades. Después de tantos halagos me propuso un negocio, que a primera vista me pareció muy provechoso.

Entonces el conde contó a Patronio el trato que su amigo le proponía y, aunque parecía efectivamente de mucho interés, Patronio descubrió que pretendían engañar al conde con hermosas palabras. Por eso le dijo:

—Señor conde Lucanor, debéis saber que ese hombre os quiere engañar y así os dice que vuestro poder y vuestro estado son mayores de lo que en realidad son. Por eso, para que evitéis ese engaño que os prepara, me gustaría que supierais lo que sucedió a un cuervo con una zorra.

Y el conde le preguntó lo ocurrido.

—Señor conde Lucanor —dijo Patronio—, el cuervo encontró una vez un gran pedazo de queso y se subió a un árbol para comérselo con tranquilidad, sin que nadie le molestara. Estando así el cuervo, acertó a pasar la zorra debajo del árbol y, cuando vio el queso, empezó a urdir la forma de quitárselo. Con ese fin le dijo:

—Don Cuervo, desde hace mucho tiempo he oído hablar de vos, de vuestra nobleza y de vuestra gallardía, pero aunque os he buscado por todas partes, ni Dios ni mi suerte me han permitido encontraros antes. Ahora que os veo, pienso que sois muy superior a lo que me decían. Y para que veáis que no trato de lisonjearos, no solo os diré vuestras buenas prendas, sino también los defectos que os atribuyen. Todos dicen que, como el color de vuestras plumas, ojos, patas y garras es negro, y como el negro no es tan bonito como otros colores, el ser vos tan negro os hace muy feo, sin darse cuenta de su error pues, aunque vuestras plumas son negras, tienen un tono azulado, como las del pavo real, que es la más bella de las aves. Y pues vuestros ojos son para ver, como el negro hace ver mejor, los ojos negros son los mejores y por ello todos alaban los ojos de la gacela, que los tiene más oscuros que ningún animal. Además, vuestro pico y vuestras uñas son más fuertes que los de ninguna otra ave de vuestro tamaño. También quiero deciros que voláis con tal ligereza que podéis ir contra el viento, aunque sea muy fuerte, cosa que otras muchas aves no pueden hacer tan fácilmente como vos. Y así creo que, como Dios todo lo hace bien, no habrá consentido que vos, tan perfecto en todo, no pudieseis cantar mejor que el resto de las aves, y porque Dios me ha otorgado la dicha de veros y he podido comprobar que sois más bello de lo que dicen, me sentiría muy dichosa de oír vuestro canto.

—Señor conde Lucanor, pensad que, aunque la intención de la zorra era engañar al cuervo, siempre le dijo verdades a medias y, así, estad seguro de que una verdad engañosa producirá los peores males y perjuicios.

Cuando el cuervo se vio tan alabado por la zorra, como era verdad cuanto decía, creyó que no lo engañaba y, pensando que era su amiga, no sospechó que lo hacía por quitarle el queso. Convencido el cuervo por sus palabras y halagos, abrió el pico para cantar, por complacer a la zorra. Cuando abrió la boca, cayó el queso a tierra, lo cogió la zorra y escapó con él. Así fue engañado el cuervo por las alabanzas de su falsa amiga, que le hizo creerse más hermoso y más perfecto de lo que realmente era.

Y vos, señor conde Lucanor, pues veis que, aunque Dios os otorgó muchos bienes, aquel hombre os quiere convencer de que vuestro poder y estado aventajan en mucho la realidad, creed que lo hace por engañaros. Y, por tanto, debéis estar prevenido y actuar como hombre de buen juicio.

Al conde le agradó mucho lo que Patronio le dijo e hízolo así. Por su buen consejo evitó que lo engañaran.

Y como don Juan creyó que este cuento era bueno, lo mandó poner en este libro e hizo estos versos, que resumen la moraleja. Estos son los versos:

Quien te encuentra bellezas que no tienes,
siempre busca quitarte algunos bienes.

Don Juan Manuel, *El conde Lucanor,* «Clásicos a Medida», Anaya.

Comentario resuelto. Consulta este modelo de comentario en el banco de recursos de **anayaeducacion.es**.

Recuerda seleccionar el material de trabajo de esta unidad para tu **portfolio**.

Recuerda que en tu banco de recursos dispones de:

- Diversos talleres para gestionar tus emociones y de una diana para evaluarlas.
- Fichas para mejorar tu ciudadanía digital.

Comprensión del texto

1 ¿Qué personas dialogan en el cuento? ¿Qué relación los une?

2 ¿Qué le propone el amigo del conde Lucanor después de alabarlo?

3 ¿Por qué considera Patronio que el conde Lucanor necesita oír su cuento? ¿Qué finalidad tiene su relato? Justifica tu respuesta.

informativa | didáctica

4 ¿Por qué el zorro adula al cuervo?

5 ¿Qué características del cuervo alaba el zorro y en qué orden?

- ¿Con qué dos animales compara el color del plumaje y los ojos del cuervo, respectivamente?
- ¿Por qué crees que la última característica que alaba el zorro ocupa precisamente el último lugar?

6 ¿Qué evitó la narración del cuento?

Tema y análisis del contenido

7 ¿Cuál es la intención didáctica de este cuento?

a) Advertir de que los falsos aduladores solo pretenden sacar provecho a nuestra costa.

b) Advertir de que todas las personas que nos rodean quieren estafarnos.

8 En ocasiones, don Juan Manuel se sirve de composiciones literarias que proceden de la tradición grecolatina para elaborar sus cuentos. ¿A qué subgénero literario pertenece la historia de la zorra y el cuervo? Justifica tu respuesta.

epopeya | tragedia | épica | fábula

9 ¿Por qué el cuervo se dejó llevar con facilidad por las alabanzas de la zorra?

10 ¿Qué significa «verdad engañosa»?

11 En parejas, explicad con vuestras palabras el cuento que Patronio relata al conde.

12 **1-2-4.** ¿Qué opinas de la enseñanza que encierran los versos finales? Debate con el resto de la clase.

Repaso interactivo. Accede a este juego en el banco de recursos de **anayaeducacion.es**.

13 Escribe un pareado que resuma de forma diferente la moraleja del cuento. Comparte tus versos y elegid las dos propuestas que más os gusten.

Estructura

14 En grupos, elaborad un esquema que refleje detalladamente la estructura del cuento.

Análisis del lenguaje

15 Relaciona estos nombres abstractos que aparecen en el texto con su sinónimo:

gallardía	sensatez
dicha	honradez
nobleza	bravura
juicio	alegría

16 ¿Qué recurso literario se emplea en esta oración? ¿Con qué objetivo?

> También quiero deciros que voláis con tal ligereza que podéis ir contra el viento.

- Copia en tu cuaderno otro ejemplo en el que se use el mismo recurso.

17 ¿Por qué no se tutean los personajes del cuento?

Redacción del comentario

18 Después de realizar las actividades, debes redactar el comentario:

- Sitúa la obra y a su autor en su contexto histórico (Edad Media). Aclara la importancia de la prosa medieval y destaca su intención didáctica.
- Expón brevemente los datos más relevantes que hayas obtenido del análisis del texto: personajes, tema, estructura, finalidad, recursos literarios, tradición, lenguaje...
- Concluye con tu valoración sobre el texto:

a) ¿Es acertado el consejo de Patronio?

b) ¿Ayudó al conde en la resolución de su conflicto?

c) ¿Es *adular* un sinónimo de *mentir*? ¿Cómo se puede descubrir a un adulador?

ANEXO

ORTOGRAFÍA

1. Acentuación de diptongos, triptongos e hiatos
2. La tilde diacrítica
3. Acentuación de extranjerismos y palabras compuestas
4. Los nombres propios
5. Las letras *g* y *j*
6. Las letras *b* y *v*
7. La letra *h*
8. El dígrafo *ll* y la letra *y*
9. Los signos de puntuación
10. Las palabras juntas y separadas

Accede a más actividades para practicar la ortografía en **anayaeducacion.es**.

1 ACENTUACIÓN DE DIPTONGOS, TRIPTONGOS E HIATOS

DIPTONGOS, TRIPTONGOS E HIATOS

➜ El **diptongo** se forma con dos vocales juntas que pertenecen a la misma sílaba: *pei - ne, cau - dal, pen - sión.*

➜ El **triptongo** se forma con tres vocales juntas que pertenecen a la misma sílaba: *guau.*

➜ El **hiato** lo forman dos vocales seguidas que pertenecen a sílabas distintas: *pe - ón, ca - er, cano - a, moví - a.*

	FORMACIÓN	REGLAS DE ACENTUACIÓN
El diptongo	Está formado por una vocal cerrada átona *(i, u)* y una abierta *(a, e, o)* o viceversa. También, por dos vocales cerradas: *sau - na, pier - na, sui - zo.*	Lleva tilde según las reglas generales de acentuación: Si está formado por dos vocales cerradas *(i, u)* la tilde va en la última: *cuí - date.* Si está formado por una cerrada *(i, u)* y una abierta *(a, e, o)*, la tilde va sobre la abierta: *sa - béis, tum - báis.*
El triptongo	Está formado por una vocal abierta *(a, e, o)* entre dos cerradas átonas *(i, u)*: *con - fiáis, despre - ciéis, buey.* Como ves, la letra *y* se pronuncia como la vocal *i*. Si fuera tónica alguna de las cerradas, no sería un triptongo *(decí - ais).*	Lleva tilde según las reglas generales de acentuación: *vieira, cambiéis.*
El hiato	Está formado por dos vocales abiertas *(a, e, o)* o dos vocales iguales: *a - orta, re - actor, aza - har, co - operación.* Como ves la presencia de la *h* no impide la formación de hiatos. Una vocal cerrada tónica *(í, ú)* seguida o precedida de una vocal abierta *(a, e, o)*: *Marí-a, Pú-a, ca-ída.*	Lleva tilde según las reglas generales de acentuación. Sin embargo, si el hiato está formado por una vocal abierta átona y una vocal cerrada tónica, la cerrada lleva siempre tilde, con independencia de las reglas generales de acentuación: *re - ír, mí - o, bú - ho.*

Actividades

1 Coloca la tilde en las palabras que lo necesiten y clasifícalas en agudas, llanas, esdrújulas o sobresdrújulas:

musica	*musical*	*marmol*
boligrafo	*pension*	*cuentamelo*
angel	*prestaselas*	*reloj*
reflexion	*grua*	*cesped*
caotico	*pared*	*anecdota*

2 Explica por qué llevan o no tilde las palabras de la actividad anterior.

3 Separa en sílabas las palabras siguientes y clasifícalas según contengan un diptongo o un hiato:

penséis	*camión*	*cuidado*
héroe	*peinar*	*miércoles*
aéreo	*poesía*	*realidad*
secretaría	*biología*	*secundaria*
contemporáneo	*Bolivia*	*cohorte*

4 Indica cuáles de estas afirmaciones son correctas y escribe ejemplos. Corrige las que son falsas:

a) La combinación formada por vocal cerrada tónica y vocal abierta átona siempre debe llevar tilde en la vocal cerrada.

b) Los diptongos llevan tilde según las reglas generales de acentuación.

c) Los triptongos, cuando deben llevar tilde, esta recae sobre la vocal abierta.

d) Las vocales que aparecen formando hiato pertenecen siempre a la misma sílaba.

5 Separa las siguientes palabras en sílabas e indica cuáles de ellas contienen triptongo:

Paraguay	*sentiríais*	*guau*
escribíais	*aseáis*	*limpiéis*
puntuéis	*miau*	*cambiáis*

2 LA TILDE DIACRÍTICA

QUÉ ES LA TILDE DIACRÍTICA

La **tilde diacrítica** es el acento gráfico que sirve para distinguir una palabra tónica de una palabra átona que tienen la misma forma. Muchas de estas palabras son monosílabas.

En el siguiente cuadro aparecen reflejados los casos más usuales:

MONOSÍLABOS CON TILDE DIACRÍTICA		MONOSÍLABOS SIN TILDE DIACRÍTICA	
él (pronombre)	*Él es arquitecto.*	**el** (artículo)	*El perro ladra mucho.*
tú (pronombre)	*Tú tienes mucho calor.*	**tu** (determinante posesivo)	*Tu casa está vieja.*
mí (pronombre)	*Esto es para mí.*	**mi** (determinante posesivo)	*Mi madre es rubia.*
sí (pronombre y adverbio de afirmación)	*Lo desea todo para sí.* *Sí, lo haré.*	**si** (conjunción y nota musical)	*Si llueve, no vayas.* *Tocó un si prolongado.*
sé (del verbo *saber* o del verbo *ser*)	*Yo sé la solución.* *Sé más prudente.*	**se** (pronombre)	*Se salió de la sala.*
dé (verbo *dar*)	*Dé usted las gracias.*	**de** (preposición)	*La moto de Juan.*
té (sustantivo)	*Tomaré té con leche.*	**te** (pronombre)	*Te dije la verdad.*
más (adverbio)	*No grites más.*	**mas** (conjunción)	*Quise ir, mas no pude.*

EN INTERROGATIVOS Y EXCLAMATIVOS

Los determinantes, pronombres y adverbios interrogativos y exclamativos *(qué, cuál, quién, cómo, dónde, cuándo, cuánto)* llevan tilde diacrítica cuando introducen oraciones interrogativas o exclamativas, tanto en construcción directa como indirecta.

→ **Construcción directa:** *¿Quién vino?; ¿Dónde vives?; ¿Cuándo lloverá?; ¡Cuánta gente hay!*

→ **Construcción indirecta:** *Dime quién vino; Me pregunto cuándo lloverá; No imaginas cuánta gente hay.*

Actividades

1 Copia en tu cuaderno con el monosílabo correcto:

- *No* .... (sé/se) .... (sí/si) *Luis vendrá a* .... (mí/mi) *fiesta.*
- *Cuando* .... (él/el) .... (té/te) *preguntó,* .... (tú/tu) *respondiste que* .... (sí/si).
- .... (Dé/de) *usted su ayuda a quien* .... (más/mas) *la necesite.*
- *Pedro* .... (sé/se) *preocupó por* .... (sí/si) *volvía a llover,* .... (más/mas) *no ocurrió.*
- .... (El/él) *coche* .... (sé/se) *estropeó ayer y no pienso arreglarlo* ..... (más/mas).
- *Cuando sonó la nota* .... (sí/si) *todos se dirigieron hacia* .... (mí/mi) *con mucha emoción.*

2 Copia y completa las palabras siguientes con la vocal acentuada cuando corresponda:

- *Dime c....mo llegaste hasta mi casa si no sabías por d....nde debías ir.*
- *Qui....n quiera colaborar qu.... me pregunte cu....ndo estará todo preparado.*
- *No quiero saber cu....nto me va a costar todo esto.*
- *¿Cu....l es tu nombre? Nunca sé c....mo llamarte.*
- *C....mo no hagas las tareas, verás cu_nto se enfadan tus padres.*
- *¿Qu.... harás el domingo por la tarde cu....ndo salgas del cine?*

3 ACENTUACIÓN DE EXTRANJERISMOS Y PALABRAS COMPUESTAS

ACENTUACIÓN DE EXTRANJERISMOS

→ Los **extranjerismos** que no se han incorporado a la pronunciación y grafía españolas deben escribirse en cursiva o entre comillas, y no se utilizará ningún acento que no sea propio de la lengua de origen *(marketing, camping)*.

→ Si los términos se han incorporado por completo, seguirán las reglas generales de acentuación *(bádminton, yogur, carné)*.

ACENTUACIÓN DE PALABRAS COMPUESTAS

→ Cuando dos palabras se unen para formar una compuesta, la primera, si lleva tilde, la pierde y la segunda la mantiene si ya la tenía *(decimoséptimo)*.

→ En los compuestos formados por palabras separadas por un guion, ambas conservan la tilde, si la llevaban cuando eran palabras simples *(físico-químico)*.

→ Los adverbios acabados en *-mente* llevan tilde o no si los adjetivos de los que proceden la lleva o no *(inútilmente, socialmente)*.

→ Las formas verbales cuando llevan un pronombre detrás llevan tilde o no de acuerdo con las normas generales de acentuación *(dele, obsérvalo)*.

Actividades

1 ¿Cómo se escriben estas palabras en castellano? ¿Van en cursiva o entre comillas? Utiliza el diccionario de la Real Academia Española (www.rae.es) si necesitas información:

sheriff · *rock* · *sandwich*
cabare · *bufe* · *padel*
master · *ketchup* · *bunker*

2 Escribe en tu cuaderno la palabra española que le corresponde a cada uno de estos extranjerismos:

sponsor · *slip* · *show*
ranking · *boutique* · *party*

3 Investiga de qué lengua proceden los siguientes préstamos y escribe una oración con cada uno de ellos:

flash · *stop* · *morriña*
jazz · *órdago* · *butifarra*

4 Indica qué nombre reciben los extranjerismos de las siguientes lenguas:

a) inglés
b) francés
c) italiano
d) alemán
e) español de América
f) portugués

5 Los siguientes extranjerismos son ya préstamos del español. Acentúalos correctamente:

padel · *chachara*
bunker · *ordago*
chale · *ketchup*

6 Copia y acentúa correctamente estos compuestos y justifica tu respuesta:

vaiven · *tragicomica*
arabe-israeli · *puntapie*
cortesmente · *vigesimoseptimo*
astur-leones · *quitapon*
sacacorchos · *amablemente*

7 Escribe correctamente los siguientes compuestos atendiendo especialmente al uso de la tilde:

- *aprende + te + lo*
- *fácil + mente*
- *balon + mano*
- *cien + pies*
- *así + mismo*
- *presta + las*
- *di + me*
- *di + me + lo*

4 LOS NOMBRES PROPIOS

LOS ANTROPÓNIMOS

Los **antropónimos** son nombres propios de personas, apellidos e hipocorísticos *(Miguel, Sánchez, Juana).*

Los antropónimos se escriben con letra mayúscula inicial.

Para escribirlos, hay que tener en cuenta lo siguiente:

- Si un apellido comienza por preposición o por preposición más artículo, estos se escriben con minúscula cuando acompañan al nombre de pila: *Santiago de Torres, Pedro de la Rosa.*

  Pero cuando se omite el nombre de pila, la preposición debe ir con mayúscula: *señor De Torres.*
- Si el apellido comienza con artículo, este debe escribirse con mayúscula: *Antonio La Merced.*
- Los apodos, alias, sobrenombres y seudónimos se escriben con mayúscula, pero no los artículos que pueden acompañarlos: *Javier, el Melenas; Isabel, la Católica.*

Los hipocorísticos

Los hipocorísticos son variantes familiares del nombre de pila. Por ejemplo: *Pepe* (variante de *José*) o *Carmina* (variante de *Carmen*).

LOS TOPÓNIMOS

Los **topónimos** son nombres propios de lugar: *Lugo, El Saler, Gibraltar.* Se escriben con mayúscula:

- Los nombres propios de los accidentes geográficos, pero no los comunes que los acompañan: *mar Mediterráneo, río Guadalquivir, islas Galápagos.*

  Lo mismo ocurre con los nombres de calles, plazas, avenidas: *calle Alcalá, parque de María Luisa.*
- Los nombres y adjetivos que forman parte del nombre de zonas geográficas que abarcan varios países: *el Magreb, Europa del Este, América Latina.*

El artículo de los topónimos

Algunos topónimos incorporan el artículo como parte fija de su denominación y, por eso, deben escribirse con mayúscula: *El Cairo, La Habana...*

Actividades

1 Escribe los nombres de diez antropónimos y de diez hipocorísticos.

2 Escribe cinco ejemplos de cada uno de estos tipos de topónimos:

a) Nombres de ciudades europeas.

b) Nombres de islas.

c) Nombres de ríos españoles.

d) Nombres de sierras y cordilleras del mundo.

3 Copia las siguientes oraciones en tu cuaderno haciendo un uso correcto de las mayúsculas:

- *Mi amigo josé luis, apodado el bailarín, actuará mañana en la calle mayor.*
- *El océano atlántico es el segundo océano más extenso del planeta tierra, después del pacífico.*
- *Vivo en el barrio de nervión, en la calle julio romero de torres.*
- *El señor de la rocha viajará pronto a las palmas.*
- *El parque del retiro está en madrid y data del siglo* XVII.
- *Pedro la vaguada fue un gran estudioso de alfonso X el sabio.*
- *El verano pasado, en agosto, visitamos los picos de europa.*
- *laura, pili y su prima rocío escribieron un correo al señor de la mancha.*
- *el señor de la rocha vive en san martín de valdeiglesias.*

5 LAS LETRAS G Y J

SE ESCRIBEN CON *G*

En castellano, la **g** representa dos sonidos: *gato, goma, gente, gigante* y *gusano.*

Como ves, ante **a, o, u** no plantea ninguna duda. El problema se presenta ante las vocales **e, i,** porque el mismo sonido puede venir también representado por la letra **j:** *geranio* y *jefe; gitano* y *jirafas.*

Estas reglas ortográficas te ayudarán a escribir correctamente algunas palabras que contengan estos sonidos.

- Las palabras que comienzan por **geo-** *(geografía)* y **gest-** *(gestoría).*
- Los verbos cuyos infinitivos acaban en **-ger** *(coger),* **-gir** *(mugir),* **-gerar** *(exagerar);* excepto *tejer* y *crujir.*
- Las palabras que contienen la sílaba **gen** en cualquier posición *(margen, agencia);* excepto *jengibre.*
- Las palabras que acaban en **-géneo** *(homogéneo),* **-génico** *(fotogénico),* **-genio** *(ingenio),* **-gente** *(indigente),* **-logía** *(zoología),* **-lógico** *(biológico),* **-genario** *(octogenario)* y **-gésimo** *(vigésimo).*

SE ESCRIBEN CON *J*

- Los verbos cuyos infinitivos acaban en **-jear** *(callejear).*
- Las formas de los verbos cuyos infinitivos no tienen ni **g** ni **j.** Por ejemplo: *produje* (de *producir*), *trajimos* (de *traer*).
- Las palabras que terminan en **-aje** *(traje),* **-eje** *(hereje)* y **-jería** *(mensajería).*
- Las palabras que derivan de otra que contenga **j:** *cajón, cajonera, encajonar.*

Actividades

1 Completa en tu cuaderno con *g* y *j*, según convenga, e indica qué regla ortográfica has seguido en cada caso:

enca....e	*diri....ente*	*....estor*
inteli....encia	*tra....e*	*hetero....éneo*
....enética	*ali....erar*	*re....ente*
enco....er	*tri....ésimo*	*produ....imos*
enca....ar	*te....ido*	*filolo....ía*

2 Indica la palabra que corresponda a cada una de estas definiciones. Una pista: todas las palabras tienen *g* o *j*:

a) Figura, representación, semejanza y apariencia de algo.

b) Ciencia que trata la forma externa e interna del globo terráqueo.

c) Mover o pasar ligeramente las hojas de un libro o de un cuaderno.

d) Persona que niega alguno de los dogmas establecidos por una religión.

3 Conjuga el pretérito perfecto simple de indicativo de *conducir* y *coger.*

4 Escribe cinco palabras que acaben en *-logía.*

5 Completa en tu cuaderno las oraciones con las palabras siguientes: *injerencias, gira, jirones, ingestión.*

- *No son convenientes las .... de personas ajenas a la familia en nuestros asuntos.*
- *El famoso cantante comenzará en breve su ....*
- *Tras la pelea, su camisa quedó hecha ....*
- *La .... excesiva de alimentos grasos no es recomendable para mi dieta.*

6 LAS LETRAS B Y V

SE ESCRIBEN CON B

- Todas las formas de los verbos *beber, caber, deber, haber* y *saber.*
- Los verbos acabados en **-bir** (salvo *hervir, servir* y *vivir*) y **-buir:** *escribir, contribuir.*
- El pretérito imperfecto de indicativo de los verbos de la primera conjugación y, además, el del verbo *ir: cantaba, iba.*
- Las palabras terminadas en **-bundo** o **-bunda:** *meditabundo, vagabunda.*
- Las palabras acabadas en **-bilidad,** menos *movilidad: amabilidad.*
- Las palabras con los prefijos **bio-, bien-** o **bene-:** *biología, bienvenida, beneplácito.*
- Las palabras que empiezan por los prefijos **bi-, bis-, biz-** que significan 'dos' o 'dos veces': *bimotor, bisabuelo, bizcocho.*
- Las palabras que comienzan por las sílabas **bu-, bus-, bur-,** excepto *vudú*: *bucear, buscar, burbuja.*
- Las palabras derivadas y compuestas de aquellas que lleven **b.**

SE ESCRIBEN CON V

- Las palabras que comienzan por **eva-, eve-, evi-, evo-;** excepto *ébano* y sus derivados: *evadir, evento, evidencia, evolución.*
- Los adjetivos llanos acabados en **-avo, -evo, -ivo** (con sus femeninos correspondientes), **-ave, -eve:** *octavo, longevo, imperativo, grave, leve.*
- El pretérito perfecto simple de indicativo y el pretérito imperfecto de subjuntivo de los verbos *andar* y *tener* (y sus derivados): *tuve, anduvierais, mantuviste.*
- Los verbos acabados en **-olver:** *volver.*
- Las palabras terminadas en **-ívoro** (que come): *carnívoro.*
- Las palabras que empiezan por los prefijos **vice-, viz-, vi-** (en lugar de): *vicerrector, vizconde, virrey.*
- Detrás de las sílabas **ad-, ob-** y **sub-:** *adversario, obvio, subversión.*
- Las palabras compuestas y derivadas de las que contengan **v.**

Actividades

1 Escribe en tu cuaderno un sustantivo a partir de cada adjetivo. Ejemplo: *potable* → *potabilidad*

compatible	*rock*	*contable*
responsable	*visible*	*habitable*
disponible	*estable*	*accesible*

2 Busca en el diccionario cinco palabras que lleven el prefijo *bi-, bis-* o *biz-* (significa 'dos' o 'dos veces') y escribe una oración con cada una de ellas.

3 Completa en tu cuaderno estas oraciones con la forma verbal que se indica entre paréntesis:

- *Ella ....* (pretérito imperfecto de indicativo del *verbo andar*) *siempre muy deprisa.*
- *Nosotros ....* (pretérito imperfecto de indicativo de *ir*) *a verlo todos los días.*
- *Me explicó que ayer ....* (pretérito perfecto simple de *andar*) *todo el día por el centro de la ciudad.*
- *Ellos ....* (pretérito perfecto simple de *contener*) *la risa.*

4 Escribe en tu cuaderno la palabra correspondiente con *b* o *v:*

a) Que implica derivación.
b) Que anda errante, de una parte a otra.
c) Muy anciano o de larga edad.
d) Persona que hace las veces del rector.
e) Convertir en vapor un líquido.

5 Según su dieta, ¿qué adjetivo le corresponde a la vaca y a oso, respectivamente?

6 Copia y completa en tu cuaderno:

Ayer andu....imos todo el día ....uscando una ....i....ienda atracti....a que contri....uyese a nuestro ....ienestar. O....viamente, al acabar la jornada, está....amos cansados y con mucha de....ilidad.

7 Utiliza el diccionario si lo necesitas y escribe una oración con cada una de estas

revelar	*rebelarse*	*botar*	*votar*
bienes	*basto*	*vienes*	*vasto*

7 LA LETRA *H*

SE ESCRIBEN CON *H*

- Todas las formas de los verbos *haber, hacer, hallar, hablar, habitar* y sus palabras derivadas.
- Las palabras que contengan un diptongo **ue** tras vocal: *cacahuete, alcahueta.*
- Las interjecciones *hala, hurra, hola, eh, ah, oh, bah.*
- Las palabras que empiezan con los grupos vocálicos **hia-** *(hiato)*, **hie-** *(hielo)*, **hue-** *(hueco)*, **hui-** *(huida).*
- Las palabras que empiezan por los prefijos **hepta-** *(heptasílabo)*, **hecto-** *(hectómetro)*, **hipo-** *(hipotermia)*, **hiper-** *(hipertensión)*, **hemi-** *(hemiciclo)*, **hidro-** *(hidromasaje)* y **hemo-** *(hemoglobina).*
- Muchas de las palabras que empiezan por **hum-** *(humo)* y **horm-** *(hormiga).*

LOS HOMÓFONOS CON *H*

- ***He, ¡eh!, e***
  - **He:** primera persona del presente de indicativo del verbo *haber (Yo he comido bien).*
  - **¡Eh!:** interjección *(¡Eh! Ten cuidado).*
  - **E:** conjunción *(Guillermo e Ignacio).*
- ***Ha, ¡ah!, a***
  - **Ha:** tercera persona del presente de indicativo del verbo *haber (Ella ha viajado por toda Europa).*
  - **¡Ah!:** interjección *(¡Ah! ¡Qué susto!).*
  - **A:** preposición *(Vamos a la playa).*

Actividades

1 Escribe una oración con cada una de estas palabras:

hipótesis	*hemofilia*	*habitar*
ahuecar	*hectolitro*	*huevo*
hiperglucemia	*hipermercado*	*hemofilia*
hidromasaje	*humear*	*hormiguero*

2 Escribe la familia léxica de:

hablar   *hacer*   *habitar*

3 Selecciona la opción correcta:

- *Mañana no podremos ir* .... (a/ha/ah) *esquiar, dicen que* .... (a/ha/ah) *habido una gran tormenta.*
- *¿Has visto a Diego* .... (e/he/eh) *Isabel?*

4 Utiliza el diccionario (*www.rae.es*), si lo necesitas, y completa en tu cuaderno estas oraciones con la opción correcta:

- *Este* .... (hecho/echo) *histórico fue relevante en la evolución de la humanidad.*
- *Arrojaron a esa* .... (honda/onda) *fosa esos* .... (deshechos/desechos).
- *Dejé la cama* .... (deshecha/desecha) *de tanto moverme.*
- .... (Ojeé/hojeé) *la revista y leí la noticia que me dijiste.*
- *Debes* .... (herrar/errar) *el caballo, pero no* .... (herrar/errar) *en la elección de la herradura adecuada.*
- *Por* (azar/azahar) ...., *me encontré flores de* (azar/azahar) .... *en el parque.*

8 EL DÍGRAFO *LL* Y LA LETRA *Y*

SE ESCRIBEN CON *LL*

- Las palabras que acaban en **-illa, -illo, -ullo** *(campanilla, corrillo, arrullo)*, excepto *tuyo, suyo, cuyo.*
- Los verbos acabados en **-illar, -ellar, -ullar, -ullir:** *atornillar, querellar, aturullar, escabullir.*
- Las formas verbales que contienen la *ll* en el infinitivo, así como sus derivaciones: por ejemplo, *rallar, rallador, ralladura...*

Recuerda

El **dígrafo** es un signo ortográfico compuesto por dos letras que representan un solo sonido. Son dígrafos en español: *ll, rr, gu.*

SE ESCRIBEN CON *Y*

- Las palabras terminadas en el sonido [*i*] cuando va formando diptongo o triptongo: *doy, buey, jersey.* También, los plurales, si los tienen, de estas palabras (*bueyes, leyes;* excepto *jerséis*). Son excepciones *bonsái* y *saharaui.*
- Detrás de los prefijos **ad-, dis-, sub-:** *adyacente, disyuntiva, subyacente.*
- Las formas verbales que en el infinitivo no tienen una *y:* por ejemplo, de *oír, oyó;* de *caer, cayó;* de *atribuir, atribuyeron.*
- Las formas verbales que tienen la *y* en el infinitivo, así como sus derivaciones: *subrayar, subrayado...*
- Las palabras que contienen la sílaba **yec:** *inyección, proyección, proyecto.*

Actividades

1 Completa en tu cuaderno con *ll* o *y.* Explica la regla ortográfica que has aplicado:

- *Arru....a al chiqui....o, a ver si se duerme con esta pro....océión*
- *Atravesó el pasi...o haciendo sonar la campani....a.*
- *Se le ca....ó un ladri...o cuando cruzaba la capi....a.*
- *¿Esta si....a es tu...a o su....a?*

2 Copia y completa con una forma del pretérito perfecto simple de indicativo del verbo que está entre paréntesis:

- *Pedro* .... (subrayar) *las ideas principales del texto.*
- *Los matemáticos* .... (hallar) *la solución correcta.*
- *El público se* .... (callar) *cuando comenzó el concierto.*
- *A ese delincuente le* .... (atribuir) *los jueces el delito.*
- *El niño se* .... (caer) *en el parque.*
- *El joven se* .... (escabullir) *tras la reunión.*

3 Escribe una oración con cada una de estas palabras:

querellar *inyección* *disyuntiva* *subyacente*

4 Completa en tu cuaderno la tabla siguiente:

INFINITIVO	3.ª P. DEL SINGULAR DEL PRETÉRITO PERFECTO SIMPLE	3.ª P. DEL PLURAL DEL PRETÉRITO PERFECTO SIMPLE	GERUNDIO
construir	....	....	....
poseer	....	....	....
leer	....	....	....
huir	....	....	....

5 **Recuerda:** son palabras parónimas las que se pronuncian de forma parecida o tienen parecida forma.

Busca información y completa estas oraciones con el parónimo correcto:

- (Valla/Vaya) *a ver si hay que arreglar la* .... (valla/vaya).
- *Compré queso* .... (rallado/rayado) *para la pasta.*
- *Miguel* .... (ralló/rayó) *la mesa con un alambre.*
- *Aquel señor se* .... (calló/cayó) *rodando por no apoyar bien su* .... (callado/cayado).
- *Que* .... (halla/haya) *muchos niños pequeños es peligroso porque hay cerca un* .... (arrollo/arroyo).

9 LOS SIGNOS DE PUNTUACIÓN

SE USA EL PUNTO (.)

- Al final de un enunciado (punto y seguido), al final de un párrafo (punto y aparte) y al final de un escrito (punto final).
- En las abreviaturas *(ej., pág., Admón., Sr., D.)*, excepto en los elementos químicos *(C, P)*, en las unidades de medida *(km, cm)*, en los puntos cardinales *(N, S, E, O)* y en muchas siglas *(ESO, RENFE, www, UNICEF)*.
- En la inicial de un nombre propio: *A. Machado, M. de Unamuno.*

SE USA LA COMA (,)

- Para separar los componentes de una enumeración, excepto delante de los precedidos por las conjunciones **y, ni, o:** *Ella comía tomates, lechugas, patatas* y *huevos.*
- Para separar los vocativos del resto del enunciado (nombres con los que nos dirigimos a alguien): *Ana, escúchame, por favor.*
- En incisos o explicaciones: *Juan, el primo de Loli, es veterinario.*
- Cuando se suprime un verbo: *Pepe llegó pronto; su tío, tardísimo.*
- En las cifras, entre la parte entera y la decimal: *Ese cuaderno me costó 2,15* **€**.

Usos incorrectos de la coma

No se debe usar coma entre sujeto y verbo: **Manuel, leía el periódico.*

SE USA EL PUNTO Y COMA (;)

- En las enumeraciones que ya tienen comas: *Carlos cogía las vacaciones en tres momentos: en Año Nuevo, al pueblo; en Carnaval, a la nieve; y en verano, a la costa.*
- Delante de estas expresiones: *sin embargo, aunque, en otras palabras, pero...*

SE USA LA RAYA O GUION LARGO (—)

- Para marcar aclaraciones o incisos cuyo contenido se presenta algo aislado con respecto del texto: *Las recogió —a las niñas— y las llevó al cine.*
- Para señalar las intervenciones de los personajes en los diálogos:

  —¿Cómo te llamas? *—Me llamo Luisa.*

Actividades

1 Copia en tu cuaderno y escribe coma y punto y coma donde sea necesario:

> Julio divisó a lo lejos un grupo de soldados y gritó: «Niños venid conmigo» los soldados que acamparon junto al río comían reían hablaban y jugaban a las cartas el centinela siempre alerta estaba atento al exterior sin embargo no se percató del oso que acechaba el campamento con sigilo.

- ¿Qué tipos de punto se utilizan? Justifica su uso.

2 Escribe una oración para cada opción:

a) Uso de la coma para separar el vocativo.

b) Un ejemplo del uso de la coma para introducir una aclaración.

c) Un ejemplo de punto y coma delante de expresiones como *o sea, sin embargo* y *aunque.*

3 Explica el uso de las comas y del punto y coma que aparecen en estos ejemplos:

> Aquella mañana paseamos, conocimos las avenidas, hicimos fotos; sin embargo, no logramos visitar el museo, comer en el restaurante que nos recomendaron ni comprar regalos para la familia.

> En esa papelería los lápices cuestan 1,25 €.

4 Escribe una oración en la que uses la raya o guion largo para marcar un inciso y un diálogo.

10 LAS PALABRAS JUNTAS Y SEPARADAS

PORQUE, POR QUÉ, PORQUÉ

- **Porque:** es una conjunción causal. Se utiliza para responder o justificar la causa de un hecho *(No fui porque no pude).*
- **Por qué:** es una secuencia formada por la preposición *por* y el pronombre interrogativo *qué (¿Por qué no viniste con nosotros?).*
- **Porqué:** nombre que equivale a 'motivo, causa, razón'. Puede aparecer en plural y acompañado de determinantes *(No entiendo el porqué de su decisión).*

CONQUE, CON QUE, CON QUÉ

- **Conque:** es una conjunción consecutiva. Equivale a: por tanto, por consiguiente *(Terminé de estudiar, conque vámonos al cine).*
- **Con que:** es la secuencia formada por la preposición *con* y la conjunción *que (Me conformo con que recojas tu habitación)* o la preposición *con* y el relativo *que (El mimo con que nos trata).*
- **Con qué:** es la secuencia formada por la preposición *con* y el pronombre interrogativo o exclamativo *qué (¿Con qué lo pintaste?; ¡Con qué descaro me mira!).*

ADONDE, A DONDE, ADÓNDE, A DÓNDE

- **Adonde** es un adverbio de relativo y la expresión **a donde** está formada por una preposición *(a)* y un adverbio de relativo *(donde).* Ambas expresiones son correctas y solo se utilizan con verbos de movimiento *(ir, acudir, marchar...): El hotel adonde vamos no está lejos de la playa; A donde yo voy no puedes venir.*
- **Adónde** es un adverbio interrogativo o exclamativo y *a dónde* está formada por una preposición *(a)* y un adverbio interrogativo. Ambas opciones son correctas: *¿Adónde/a dónde vais por ese camino?; No sé adónde/a dónde iréis todos juntos.*

Recuerda

- **Demás:** 'lo restante' *(Lo demás no importa).*
- **De más:** 'de sobra' *(Has hecho una copia de más).*
- **Sino:**
  - conjunción adversativa *(No quiero té, sino café).*
  - sustantivo que significa 'destino' *(El sino de los pobres).*
- **Si no:** conjunción + una negación *(Si no trabajas bien, te arrepentirás).*
- **También:** adverbio de afirmación *(Ese día también llovió).*
- **Tan bien:** cuantificador + un adverbio de modo *(Bailó tan bien que todos aplaudieron).*
- **Tampoco:** adverbio de negación *(Tampoco vinieron mis amigos).*
- **Tan poco:** cuantificador + un adverbio de cantidad o indefinido *(Durmió tan poco que estaba agotado).*

Actividades

1 Copia y completa con la forma apropiada:

- *Ese invierno* .... (tampoco/tan poco) *registró lluvias importantes.*
- .... (Sino/Si no) *puedes venir, avísame pronto.*
- *En el supermercado me dieron dos euros* .... (demás/de más).
- *Bailaban* .... (también/tan bien) *que ganaron un premio.*

2 Completa con *por qué, porqué* o *porque:*

- *Ignoro .... hizo aquello.*
- *Te dije que no iba .... tenía mucho trabajo.*
- *Ayer te pregunté el .... de tu decisión.*
- *¿... no me lo contaste?*

3 Completa con *conque, con que* o *con qué:*

- *No me dijo .... construyó la maqueta del barco.*
- *Hace frío, ... ponte el abrigo para salir.*
- *Es suficiente .... me llames por teléfono.*
- *Llovía mucho, ... regresamos.*
- *Dime .... compañero te llevas mejor.*
- *Te noto cansado, ... duerme un rato antes de viajar*

4 Completa con *adonde, a donde, adónde* o *a dónde:*

- *No puedo entender .... va ese coche tan rápido.*
- *Me marcho .... nadie pueda encontrarme.*
- *¿.... va tu hermana con esas chicas?*
- *¡Si supieras .... se celebra el cumpleaños!*

Suma Piezas es un proyecto educativo de Anaya para Educación Secundaria.

En la realización de esta obra han intervenido:

COORDINACIÓN EDITORIAL: Carmen Carrasco

EQUIPO DE EDICIÓN: Olivia Melara, Carmen Arroyo, Isabel García, Tulia Guisado, Nayeli Rodríguez y Maite Vargas

MAQUETACIÓN: Raquel Horcajo

DISEÑO, GRÁFICOS Y CARTOGRAFÍA: Patricia G. Serrano, Juan Carlos Quignon, Miguel Ángel Castillejos, Miguel Ángel Díaz-Rullo, Míriam Arribas, José M.ª Gil y Rosario Regaño

CORRECCIÓN: Miguel Ángel Alonso y Sergio Borbolla

ILUSTRACIONES: Alya Mark

EDICIÓN GRÁFICA: Mar Merino

FOTOGRAFÍA: Agefotostock (Uwe Zucchi), Agencia EFE (M. A. León; Javier Belver; Ballesteros; Álvaro Sánchez; Ángeles Visdómine; Manuel Bruque; Luca Piergiovanni; Ángel Díaz), Album (akg-images; UNITED ARTISTS, Granger, NYC; sfgp; Oronoz), Archivo Anaya (Cosano, P.; Enríquez, S. García Pelayo, Á.; Martin, J.; Rivera Jove, V.), Cordon Press/Alamy (YAY Media AS; Art Collection; Visions of America, LLC; Historic Images; Science History Images), Ayuntamiento de Madrid, Getty (Robbie Jack/Corbis Entertainment; iStock/Getty Images Plus; Bettmann; Leo Mason/Popperfoto; Jacques Sarrat/Sygma; Peter jones/Corbis Historical; Emad Aljumah; Bldagentur-online/Universal Images Group; jacoblund/ Istock / Getty Images Plus; Klaus Vedfelt/ DigitalVision; Rawpixel; Cavan Images; Thomas Barwick/Taxi; DEA/A. Dagli Orti/De Agostini), Getty/Istock (katiafonti; MR1805), Ayuntamiento de Madrid, Museo ABC de Dibujo e Ilustración, 123RF (y colaboradores).

Agradecimientos: Inmaculada Santiago, Magueite Tambeo

EDICIÓN DE AUDIO: Eva Artaechevarría y Guadalupe González Triano

Fundación Bertelsmann
Por el empleo juvenil

ORIENTACIÓN ACADÉMICA Y PROFESIONAL: elaborada con el asesoramiento de la Fundación Bertelsmann. Coordinación: Juan José Juárez Calvo. Colaboración como expertas: Sara Lozano Santiago, Belén Pérez Castro y Pilar Vázquez Hernández.

COMPROMISO ODS

Nuestras publicaciones mantienen el rigor en el uso y en la selección de los contenidos, en las imágenes y en el lenguaje, para cumplir con la **no discriminación** por razón de género, cultura u opinión.

Grupo Anaya considera la **responsabilidad social** y **medioambiental** como uno de sus valores fundamentales. Por ello, se compromete a:

· mejorar nuestros resultados en materia de medio ambiente,
· reducir nuestras emisiones de carbono,
· hacer uso de los recursos naturales de manera responsable y
· eliminar cualquier impacto negativo de nuestra actividad en los bosques en peligro.

Dichos compromisos, entre otros, hacen que **el 100 % del papel utilizado** en nuestros libros tenga el sello **PEFC.**

Importante:

Las **actividades** propuestas en este libro deben ser realizadas en cuadernos u hojas sueltas; nunca en el propio libro.

Los **enlaces** a las páginas web que aparecen en este libro han sido revisados en la fecha de su impresión. La editorial no se hace responsable de las modificaciones o las anulaciones que se produzcan en ellos con posterioridad a dicha fecha.

ISBN: 978-84-698-6135-6 - Depósito Legal: M-1975-2020 - Printed in Spain.

ET035199/1E1I - 8440076